Moritz Grafen

Theoretisch Praktische Einleitung in die Taktik durch historische Beyspiele

Erster Band

Moritz Grafen

Theoretisch Praktische Einleitung in die Taktik durch historische Beyspiele
Erster Band

ISBN/EAN: 9783741172724

Hergestellt in Europa, USA, Kanada, Australien, Japan

Cover: Foto ©ninafisch / pixelio.de

Manufactured and distributed by brebook publishing software (www.brebook.com)

Moritz Grafen

Theoretisch Praktische Einleitung in die Taktik durch historische Beyspiele

Theoretisch-praktische Einleitung in die Taktik

durch historische Beyspiele erläutert.

Aus dem Französischen

des Hn. Joly von Maizeroy

übersetzt

von

Moritz Grafen von Brühl,

Obristen der Königlich-Französischen Infanterie und Obristwachtmeister des Regiments Elsaß.

Mit Kupfern.

Erster Band.

Strasburg

Verlegt von Bauer und Compagnie.

1771.

Mit Erlaubniß der Obern.

Theoretisch-praktische Einleitung in die Taktik

durch historische Beyspiele erläutert.

Aus dem Französischen
des Hn. Joly von Maizeroy
übersetzt
von
Moritz Grafen von Brühl,
Obristen der Königlich-Französischen Infanterie
und Obristwachtmeister des Regiments Elsaß.

Mit Kupfern.

Erster Band.

Strasburg
Verlegt von Bauer und Compagnie.
1771.
Mit Erlaubniß der Obern.

An
den Herrn
Baron von Wurmser,

Herrn zu Vendenheim und andern Orten, Großkreuz des Ordens der militarischen Verdienste, General-Lieutenant der Königlichen Armeen, Inspektor der ausländischen Infanterie, und Obristen des Regimento Elsaß, ꝛc. ꝛc.

Mein General,

Die Ehre unter den Befehlen eines Feldherrn zu dienen, dem der König die Aufsicht über seine deutschen Truppen anvertrauet hat, ist mir viel zu schätzbar, als daß ich nicht alle Gelegenheiten suchen sollte, mich derselben würdig zu machen. Es würde sehr schmeichelhaft für mich seyn, wenn Sie, mein General, die gegenwärtige

Arbeit für eine nicht ganz unglückliche Probe dieses Bestrebens erkennen wollten.

Die Erlaubniß welche Sie mir ertheilt haben, ihr Dero Namen vorzusetzen, ist der edelste Preiß den ich dafür hätte erwarten dürfen, und es würde meinem Herzen nichts mehr zu wünschen übrig bleiben, wenn Sie, mein General, diese Blätter zugleich als ein kleines Denkmal der Erkänntlichkeit genehmigten, womit ich Ihnen zeitlebens verpflichtet seyn werde.

Ich verharre mit der vollkommensten Ehrerbietung,

Mein General,

Dero

gehorsam ergebenster Diener
Gr. von Brühl.

Vorbericht
des
Uebersetzers.

Das Werk dessen Uebersetzung ich der Welt übergebe, kam im Jahr 1766 in Frankreich heraus, und kaum war es in die Hände der Kenner gerathen, so wurde es als ein klassisches Buch über die Taktik angepriesen. Selbst diejenigen Kriegsverständigen, welche mit dem Verfasser, einem Obristlieutenant von der Infanterie, nicht überall einerley Meynung sind, haben seine Sätze mit einer Achtung bestritten, welche allen gelehrten Streitigkeiten zum Muster dienen sollte. Noch ist Hr. von Maizeroy nicht überwunden, und wenn seine Gründe für die tiefe Stellordnung muthige Gegner fanden, so haben sie auch Vertheidiger angetroffen, welche jenen die Wage halten.

So wichtig auch dieser Streit an sich ist, so viel seine Entscheidung auf den Werth einiger Kapitel dieses Buches einfliessen mag, so ist doch der Innhalt desselben überhaupt betrachtet, so weit über allen Widerspruch erhaben, und zumal für junge Kriegsleute von einer so ausgebreiteten Nutzbarkeit, daß ich die Uebersetzung dieses Werkes für den würdigsten Weg hielt, den deutschen Freunden des Kriegswesens für die Nachsicht zu danken, womit sie den Versuch über die Lagerkunst aufgenommen haben. Strenge Verfechter der scientifischen Lehrart werden vielleicht unserm Verfasser öftere Wiederholungen und unerwartete Ausweichungen vorwerfen; allein zu geschweigen, daß in dem Werke viele Sachen vorkommen, welche mehr als einmal gesagt werden mußten, so wollte Hr. von Malzerop nicht blos ein trockenes System, sondern ein angenehmes Lehrbuch schreiben, welches fähige Anfänger, auch ohne Hülfe eines Führers, sollten brauchen können. Die Ausweichungen sind ebenfalls entweder als Nebenstücke, oder doch als Verzierungen des ganzen Gebäudes anzusehen; sie sind dabey so nützlich und so unterhaltend, daß jeder unpartheyische Leser sie ungern vermissen würde. Was die Uebersetzung betrift, so hat der Hr. Verfasser, der seine militarischen Verdienste durch die edelste Denkungsart erhöhet, mich in den Stand gesetzt, den deutschen Leser für die Mängel meiner

Ar-

Arbeit durch beträchtliche Verbesserungen und Zusätze zu entschädigen. Diese letztern belaufen sich, den Anhang nicht gerechnet, auf mehr als zween Bogen, und haben der Uebersetzung diejenige Gestalt gegeben, welche der Verfasser dem Original bey einer zwoten Auflage zu geben gesonnen ist. Mit ähnlichen Materialien bin ich bereits auch für den zweyten Band versehen, und da der Verfasser seit kurzem ein Supplement zu seiner Taktik in zween Theilen herausgegeben hat, aus welchem aber vieles in das Werk selbst eingerückt wird, so soll das übrige den dritten Band meiner Uebersetzung ausmachen, und mit dem zweyten spätstens auf Ostern 1772 ans Licht treten.

Der Anhang von den Schutzwaffen ist im Jahr 1767 besonders heraus gekommen, und vor einiger Zeit von einem geschickten Schweizer-Officier übersetzt worden, welcher, um die Vollständigkeit dieses Lehrbuches zu begünstigen, die Gefälligkeit gehabt hat, mir sein Manuscript zu überlassen. Auch diese Veränderung ist mit Genehmhaltung des Verfassers geschehen, und die Leser werden aus dem Zusammenhange selbst urtheilen, daß man dieser schätzbaren Abhandlung keinen bessern Platz hätte anweisen können. Die Kupfer dieses Bandes sind nach verbesserten Zeichnungen gestochen, und durch zwey aus dem Supplemente vermehrt worden, die in der itzigen Ordnung die 6te und 7te Zahl führen. In der Sprache

che habe ich mich zwar der Reinigkeit befliſſen, aber dennoch ſehr oft lieber den fremden Ausdruck beybehalten, als mich durch ein ſelbſtgemachtes Originalwort in Gefahr ſetzen wollen nicht verſtanden zu werden. Die militariſchen Schriften der Deutſchen werden noch lange mit ausländiſchen Kunſtnamen durchflochten ſeyn, weil die Sprache ſelbſt von dieſer Seite noch nicht reich genug iſt, und unſere meiſten Kriegsſchriftſteller den Ruhm eines Puriſten verachten.

Ich habe es auch gewagt durch das ganze Werk Anmerkungen einzuſtreuen, die ſich durch ein (†) von den übrigen unterſcheiden. Einige darunter werden für Anfänger nicht überflüßig ſeyn. Die andern erwarten ihren Werth von dem Urtheile der Kenner, das ich allemal mit Vergnügen unterſchreiben werde.

Corte, auf der Inſel Corſica
im Jenner 1771.

Der Ueberſetzer.

Vorrede
des
Verfassers.

ine Anweisung zur Taktik sollte billig
bey den ersten Anfangsgründen
anheben; man sollte vorläufig
angeben, wie man die Kriegsleute
anwerben, und wie sehr man sich befleißigen muß, die
Mannschaft wohl auszustechen; wie daraus Geschwader,
Compagnien und Regimenter errichtet werden: hierauf
müßte man erklären, wie man dieselben zum Krieg
an-

anziehen, bewaffnen und in Ordnung stellen soll. Weil aber jede Nation ihre eigenen Kriegsvorschriften hat, und alle diese Stücke zum Unterrichte der Franzosen, in dem Code militaire anzutreffen sind, so habe ich es für unnöthig erachtet, mich bey Besonderheiten aufzuhalten, welche ohne dem keinem Kriegsmanne unbekannt seyn können.

Aus diesen taktischen Anfangsgründen fließt die Wissenschaft der großen Manoeuvres, die Kunst die Armeen in Bewegung zu setzen, und ihre Unternehmungen mit Richtigkeit zu lenken, eine dem Platz und den Umständen gemäße Schlachtordnung zu bestimmen, die Wendungen der verschiedenen Haufen also auf einander zu richten, daß sie mit Uebereinstimmigkeit zu Werke gehen; kurz, alle mögliche Maßregeln zur Erhaltung des Sieges zu nehmen, und sich zugleich sichere Hülfsmittel gegen den Eigensinn des Glückes auszumachen. Diese erhabene Kunst eines Heerführers würde ohne die Herzhaftigkeit der Truppen und eine gute Stellordnung zu nichte werden: sie sind der Grund und die Stütze aller seiner Unternehmungen; sie bewürken die Uebereinstimmung in den Bewegungen, und flößen einen zuversichtlichen Muth zu den herzhaftesten Anschlägen ein.

Die Griechen und Römer sind in allen Künsten unsre Muster gewesen, und was wir sind, das haben wir ihnen zu danken. Diese zwo Nationen welche sich den Ruhm in den Wäffen und in der Gelehrsamkeit streitig machten, sind in beyden unsre Lehrmeister gewesen. Durch die Nachahmung derselben sind wir aus der Barbarey empor gestiegen, und zu einem ausgebesserten Geschmacke gelanget. Durch die Untersuchung ihrer Kriegsregeln haben sich unsre Begriffe aufgeheitert, und unsre geöfneten Augen haben die seltsamen und ungereimten Grundsätze wahrgenommen, die man bisher beobachtet hatte. Man hat endlich die Art erkannt die Truppen zu formieren, sie anzuordnen, und das Kriegsheer mit einem gehörigen Ebenmaaß aus Fußvolk und Reutern zusammen zu setzen. Der Anfang des sechszehnten Jahrhunderts war der Zeitpunkt dieser Veränderung. Seitdem hat man keinen glänzendern Ruhm als in Betretung dieses neuentdeckten Weges erwerben können. Die geschicktesten Kriegsverständigen haben blos die Alten zu Führern gehabt.

Die Geschichte der großen Männer ist das Behältniß ihrer Grundsätze und ihrer Einsichten. Aus ihren Thaten erkennet man ihren Plan. Diese Quelle des Unterrichts ist die beste, und aus ihr sind die ersten Regeln geschöpft worden. Die Regeln sind der Grund der Theorie, und müssen uns in der Ausführung zur Richtschnur dienen. Wenn gleich die Umstände sich verändern, und die Gelegenheiten niemahls in völliger Aehnlichkeit wieder kommen, so entspringen sie doch aus gleichen Gründen, und ähnliche Ursachen haben immer ähnliche Folgen; es kömmt alsdann einer gesunden Unterscheidungskraft zu, nach den Orten und Umständen die gehörigen Einschränkungen anzubringen. Daher ist es einem angehenden Feldherrn so nöthig, die

Wissenschaft des Krieges fleißig auf seinem Gemache zu studieren. Hierdurch erlangt er vor der Zeit eine Erfahrung, welche ihm bey seinen ersten Schritten ein Vertrauen einflößt, da er sonst auf Gerathewohl im Finstern umher tappen, und blos durch seine eigenen Fehler klug werden müßte.

Die Alten, und vornehmlich die Griechen haben vieles über den Krieg geschrieben. „Aelian hat uns in seiner Vorrede den Namen der bekanntesten Schriftsteller seiner Zeit hinterlassen. Er erwehnet des Pyrrhus und seines Sohnes Alexanders, des Cyneas, eines Ministers und Vertrauten des Pyrrhus, dessen Werke vom Cicero wie seine Beredsamkeit gelobet werden. Zu diesen setzt er noch die Bücher des Evangelus, aus welchen Philopömen sich mit Vergnügen unterrichtete. Die Schriften des Aeneas, von welchen Polyb redet, Polyb selbst, der ein Werk über die Taktik geschrieben hatte; den Clearchus, Iphicrates, Pausanias und Eupolemus. Von den Römern ist bekannt, daß der ältere Cato einige Werke über die Kriegszucht geschrieben hat. Wir haben Ursache den Verlust solcher Meisterstücke zu beklagen, welche die Kriegskunst in ihrem ganzen Umfange methodisch abhandelten. Die Schriften so uns nach übrig bleiben, sind aus dem mittlern Alterthum, und sehr unzureichend diesen Schaden zu ersetzen.

Beym Verfalle des römischen Kayserthums, da die Taktik verdorben, und die Kriegszucht vergessen war, bemühten sich einige Männer, die größtentheils nur

nur Gelehrte ohne Kriegserfahrung waren, die alten Grundsätze hervor zu suchen und darüber zu schreiben, welches zu den Zeiten des Verfalles einer Wissenschaft nicht selten geschieht. Der Philosoph Onosander schrieb seine Kriegsunterweisungen, in welchen er alle Grundsätze und Verordnungen vortrug, die er austreiben konnte: Polyänus sammlete allerhand übel ausgesuchte und ungeprüfte Begebenheiten, welche er den Kaysern L. Verus und M. Aurelius unter dem Titel der Kriegsränke zuschrieb. Frontinus, welcher das Kriegswesen ziemlich kannte, verfertigte auch eine Sammlung von Kriegsränken; seine Materien sind in guter Ordnung vorgetragen, aber so kurz gegeben, daß man manche Stellen blos errathen muß. Arrianus und Aelianus suchten blos die Taktik der Griechen und die Ordnung der Phalanx bekannt zu machen. Vegez gieng weiter; er schrieb ein vollkommenes Lehrgebäude der Kriegswissenschaft: ob er gleich nie die Waffen trug, so hat er doch, weil er aus den besten Quellen schöpfte, vortrefliche Lehren gegeben, und ist in den Hauptbegriffen glücklich gewesen; in den Besonderheiten aber hat er geirret, die verschiedenen Zeitpunkte des römischen Kriegswesens öfters verwechselt, und die römischen Gebräuche mit den griechischen vermenget. Hätte nicht Polyb einige Kapitel seiner Geschichte, der Beschreibung der römischen Schlachtordnung, ihrer Waffen und Lagerung gewidmet, so würde man in viele Irrthümer verfallen seyn und viele Mühe gehabt haben, sich ein getreues Gemählde davon aus den Geschichtschreibern zu sammeln. Wir haben auch noch

Vorrede

das dem Kayser Leo dem Philosophen zugeschriebene Werk über die Taktik, (a) woraus die Gewohnheiten seiner Zeit, und die Kriegsgebräuche der Saracenen und Ungarn zu ersehen sind. Uebrigens zeigt uns die damalige Schwäche der römischen Taktik weiter nicht viel nützliches.

Vegezens Werk ist eigentlich das einzige classische Buch, (b) welches alle Theile des Krieges in sich begreift, und dessen Vorschriften auf Gründe gebaut sind. Der Feldmarschall Montecuculi hat vieles darauf gehalten, und der Ritter von Folard legt ihm großes Lob bey; zwey Zeugnisse, welche über seinen Werth keinen Zweifel übrig lassen. Ich habe meinen Text diesem Schriftsteller abgeborgt, als ich von den Schlachtordnungen handelte und sie in gewisse Classen eintheilte. Weil er aber diese Materie nicht bis auf den Grund erschöpft hat, so habe ich mich der übrigen angeführten

Ver-

(a) Betitelt Tactica de instituendis aciebus, die Kunst die Armeen in Schlachtordnung zu stellen.

(b) Classisch oder dogmatisch, werden solche Werke genannt, worinnen die Vorschriften von den Anfangsgründen bis zur Vollkommenheit der Kunst, entweder im Ganzen oder nach einem ihrer Theile ordnungsmäßig vorgetragen sind. Darum rechne ich die Geschichten Polybs, Xenophons und die Commentarien des Cäsars nicht in diese Klasse, ob man gleich darinnen alle Grundsätze der Kriegswissenschaft antrift. Die Cyropädie könnte indessen für ein dogmatisches Buch gelten, weil sie nicht sowohl eine Geschichte, als ein Unterricht für junge Prinzen ist. Xenophons Buch über die Reitkunst ist ebenfalls ein theoretisches Werk. Von allen denen die Aelianus anführt, haben wir nur das Poliorceticon des Aeneas.

Verfasser zur Ergänzung bedienet. Ob sie gleich weit kürzer und unvollständiger sind, so geben sie uns dennoch ein großes Licht.

Man kann in einer so weitläuftigen und in ihrer Ausübung so mannigfaltigen Kunst, auf keine bessere Art zu sichern Regeln gelangen, als wenn man die Alten studiert, ihre größten Feldherren in ihren Unternehmungen beobachtet, und diese hierauf mit den berühmtesten unter den neuern Heerführern vergleichet. So erkennt man, worinnen sie sich nachgeahmt haben, und worinnen sie von einander abgewichen sind: man untersucht die Ursachen die sie dazu hatten, und ziehet Folgerungen daraus, welche in einem ähnlichen Falle unsere Wahl entscheiden können. Weil aber dieses eine weitläuftige und mühsame Arbeit ist, so kann man sich dieselbe durch eine wohl ausgesuchte Sammlung verschiedener in Klassen eingetheilten Begebenheiten erleichtern, davon eine jede auf den ihr zukommenden Lehrsatz angewandt ist.

Unter der Zahl unserer Kriegsbücher sind einige zu trocken und enthalten lauter allgemeine Lehren, andere sind zu bombreich, und noch andere sind blos systematisch. Der Marquis von Feuquieres vereinigt zwar die Beyspiele mit den Vorschriften, allein er schränkt sich blos auf Begebenheiten ein, wovon er ein Augenzeuge war, oder die zu seiner Zeit geschehen sind. Ich meines Orts glaubte, daß ein halb dogmatisches und halb historisches Werk, welches die Lehrgebäude aller Zeiten unter einem Gesichtspunkte vereinigte, worinnen man die Grundsätze der Kunst auf ihrer

prak

praktischen Seite darstellte, und durch die Erzählung einzelner Begebenheiten entwickelte, zumahl wenn es von einer angemessenen Größe wäre, eben so unterhaltend als lehrreich seyn, und diejenigen, welche entweder keinen Geschmack, oder keine Zeit zum vielen Lesen haben, nicht abschrecken würde. Ich wage es nicht aus meinem eigenen Kopfe Regeln zu geben, und ich bin blos der Dollmetscher der größten Meister, deren Theorie sowohl eine Folge ihrer Erfahrung als ihrer Einsichten ist. Dieses sind meine Bürgen, und so glaube ich nicht, daß man mich einer Verwegenheit beschuldigen werde. Wenn ich manche Sachen bestreite, so geschieht es darum, weil die geschicktesten Männer irren können, und weil einmahl verdorbene Grundsätze sich in gefährliche Vorurtheile verwandeln.

Hat gleich die Erfindung des Pulvers und der neuen Waffen einige Veränderungen in dem Mechanismus des Kriegs verursacht, so muß man sich doch nicht einbilden, daß diese Dinge einen großen Einfluß in das Wesen der Taktik und die großen Manöuvres hätten haben sollen. (a) Die Kunst die Operationen zu regieren ist noch die nämliche. Entgegengesetzte Meynungen haben seit ungefähr einem Jahrhundert, falsche Grundsätze in Schwang gebracht, und uns von dem

rech-

(a) Diese Veränderung hat ihren größten Einfluß auf den Vestungsbau gehabt, dem ungeachtet wird man bey reifem Nachdenken finden, daß der Angrif und die Vertheidigung der Plätze nur in der Form und nicht im Grunde geändert werden.

rechten Wege entfernet. Sie sind es, die uns verleitet, die Bataillons auf Unkosten ihrer Tiefe auszudehnen, dünne und wankende Linien ohne Dichtigkeit und Nachdruck zu formieren. Sie haben uns veranlaßt, durch Vermehrung des groben Geschützes und dessen beschleunigte Würkung, einen Vortheil zu suchen, den man sich durch den Anlauf (Choc) nicht mehr verschaffen konnte. Sie sind es endlich, und vielleicht auch die Weichlichkeit, die uns bewogen haben, die Schutzwaffen abzulegen, welche den Muth unterstützten, und ihm eine größere Kühnheit einflößten. In der That haben wir dabey nichts von unserer Macht eingebüßt, weil unsre Nachbarn zu gleicher Zeit eben diese Methode angenommen haben: wurden unsre Kräfte geschwächt, so sind die ihrigen gleichmäßig gefallen. Weil alle europäische Nationen sich untereinander aus Modesucht nachahmen, so nimmt die eine das neue System der andern alsbald ohne große Prüfung an. Hieraus folgt, daß man oft Dinge einführt, die sich sehr schlecht mit dem Nationalkarakter reimen. Die Römer ahmten ganz anders nach; als große Meister erforschten sie zuvor die Natur der Gegenstände sowohl als die Verhältnisse, worinnen sie mit ihrer ganzen Kriegsverfassung stehen mochten, und sobald sie dieselben einmal angenommen hatten, so pflegten sie nichts mehr daran abzuändern. Wenn man erst die Methoden der vornehmsten alten Feldherren mit den neuern verglichen hat, so wird man auch besser im Stande seyn über diese Materie ein erleuchtetes Urtheil zu fällen. Dieses ist eine mit von den Ursachen, warum ich mir

A 5 mehr

mehr angelegen seyn ließ, Erfahrungsfälle zu erzählen, als Vernunftgründe aufzuhäufen. Die Beyspiele können überzeugen, die Lehren aber gelten blos in dem Munde eines berühmten Mannes.

Wer ein Urtheil von der Kunst fällen will, die in den Kriegsverrichtungen der Alten liegt, der muß sich ihre Stellordnungen, ihre Waffen und ihre Gewohnheiten bekannt machen. Dieses wird der Innhalt des ersten Theils des gegenwärtigen Buches über die Taktik seyn und ihm zur Einleitung dienen. Der unterrichtete Leser wird dabey die Bequemlichkeit haben, das was er schon wußte, mit leichter Mühe zu wiederholen, und auch vielleicht Beobachtungen antreffen, die ihm entwischt sind: die andern werden einen kurzgefaßten Abriß vor sich sehen, der ihnen die verschiedenen Methoden der Alten und ihre Art zu schlagen, nach der Zeitordnung darstellen wird.

Der zweyte Theil enthält die Beschreibung verschiedener Schlachten, davon eine jede in die Klasse gebracht ist, worein ihre Stellordnung gehöret. Auf die Erzehlung eines jeden Treffens folgen Anmerkungen, bisweilen auch Vergleichungen, und nach Gelegenheit ist zugleich eine Theorie über die Manoeuvres angehängt. Wenn die schon oft gelieferten Plane der Schlachten von Arbela, Leuctra, Mantinea und Pharsalus auch hier vorkommen, so geschah es darum, weil sie mehr als alle andere sich zu meinem Werke schickten. Ueberdieses scheint es mir, daß es den bisher davon gemachten Beschreibungen an hinlänglicher Genauigkeit fehle. Indem ich sie aber berichtige, so suche ich sie mit darum

rum nicht zuzueignen; ich mache mir vielmehr ein Vergnügen daraus, den Werth der Schriftsteller, die sie uns geliefert haben, und den Nutzen ihrer Mühe zu erkennen.

Der dritte Theil handelt von der Kriegskunst der Türken, Persianer und Mammelucken, und den bey diesen Völkern üblichen Schlachtordnungen. Ich führe etliche Schlachten an, die sie unter sich, oder welche die Türken mit den Christen gehalten haben. Ueber die wichtigsten Materien habe ich Anmerkungen und Erklärungen beygefügt; ich beschreibe auch einige Stellordnungen, von welchen Veges nicht geredet hat. In den Beyspielen so ich anführe, wird man Meisterstücke der Geschicklichkeit sehen, welche in ähnlichen Fällen zu Mustern dienen können. Die zwey letzten Kapitel untersuchen die keilförmige Schlachtordnung der Alten, und liefern einige Anmerkungen über das solardische Lehrgebäude.

Im vierten Theile wende ich ein neues System von taktischen Anfangsgründen auf die verschiedenen Operationen des Krieges an. Ich rede von mancherley Trutz und Wehranstalten, und so fern es die Gränzen meines Planes erlaubten, von allen übrigen Gegenständen der Kriegskunst. Ich habe mich beflissen alles was in der Historie für einen Kriegsmann am nützlichsten und richtigsten ist zusammen zu tragen, bey einer jeden Gelegenheit nachzuahmende Muster und warnende Beyspiele von Fehlern vorzulegen, und endlich die Kunst in ihren Würkungen zu zeigen, und die Grundsätze durch die Erfahrungsfälle zu erläutern.

Die

Vorrede des Verfassers.

Die Gegenstände, worauf ich mein Augenmerk am meisten gerichtet habe, sind die Stellungen der Truppen überhaupt und die Schlachtordnungen. Bey den übrigen Materien habe ich mich in einem Werke, das ich auf ein Paar Bände einschränken wollte, so weit nicht ausdehnen können. Ich muß auch gestehen, daß über die zween Puncte, welche mir am vorzüglichsten angelegen waren, sich noch mehr Anmerkungen hätten machen lassen. Um ein vollkommenes Werk über die Kriegswissenschaft nach dem von mir entworfenen Grundriß zu verfertigen, müßte man alle Gebräuche der Alten und Neuern zusammen bringen, sie mit allen ihren Umständen erläutern und auf jede Operation mehrere, zwar verschiedene, aber auf ein gleiches Ziel gerichtete Beyspiele anwenden, sie zergliedern und mit dem System des Feldzugs verbinden, umständliche Karten und Plane beyfügen, den Seedienst eben so genau als den Landdienst entwickeln, und die Verhältnisse bemerken, die unter ihnen statt finden. Eine so weitschichtige Unternehmung erfordert den Fleiß, die Einsichten, die Muße und den Eifer mehrerer Personen. Bey der Menge unserer heutigen geschickten Kriegsleute, wird diese Gesellschaft wohl nicht schwer zu stiften seyn: es müßte aber unter allen Mitgliedern eine vollkommene Einigkeit in den Grundsätzen herrschen, welche die Anlage des ganzen Werks ausmachen sollen. Dieses wird der Ausführung einer Arbeit, welche eben so vielen Nutzen stiften als den Verfassern Ehre bringen würde, allemal die grösten Hindernisse in den Weg legen.

Theoretisch-praktische Einleitung in die Taktik.

Erster Theil.

Erstes Hauptstück.
Von den ersten Kriegsgebräuchen und der Taktik der alten Asiatischen Völker.

Erster Abschnitt.

Kaum hatten die Menschen sich vermehret, als Mißgunst, Habsucht und Rachgier unter ihnen ausbrachen. Durch diese Leidenschaften angespornt, suchte der Stärkste den Schwächern zu unterdrücken und dieser sah sich gezwungen auf seine Gegenwehr zu denken. Bald

Bald entstunden Gesellschaften, welche sich entweder gutwillig oder aus Zwang gewissen Häuptern unterwarfen. Der freygeschaffene Mensch wurde dienstbar; allein er lebte ohne Furcht unter dem Schutze der Gesetze. Indessen waren eben die Ursachen, die ihn zur Aufopferung seiner Freyheit veranlaßt hatten, auch eine Quelle der Uneinigkeit unter seinen Herren. Die Ehrsucht wollte die Schranken durchbrechen, die sie einschlossen, und indem die Gewalthaber die innere Ordnung aufrecht hielten, brauchten sie zugleich ihre Macht, um ihre Herrschaft auszubreiten. So stieg von Anbeginn die Zwietracht aus dem Schoose der Erde hervor, und streute auf ihrer Oberfläche den ewigen Saamen des Krieges aus.

Die ersten Waffen waren einfach und plump, als Stöcke, Keulen, und mit der Hand geworfene Steine. Durch die Erfindung des Eisens wurden die Werkzeuge der Zerstörung verbessert; man schmiedete Lanzen, Wurfspieße, Pfeile und Schwerdter, man erdachte die Schleudern, und endlich lernte man die Pferde, Kameele und Elephanten bezähmen.

Die Völker welche anfänglich nicht sehr zahlreich waren, zogen irrend umher, sie lebten von dem Ertrag ihrer Heerden und wohnten unter Zelten, wie es noch itzt gewisse Araber und der gröste Theil der Tartarn thun. Da sich aber die Völkerschaften vermehrt und stetige Wohnplätze bezogen hatten, so bedeckten sich die Felder mit Flecken und Dörfern; es erhoben sich Städte, die mit Mauren und Gräben umringt, und von den Künsten verschönert wurden. Die aus dem Kern der Burger gezogene Kriegsheere wurden alsdann

furcht=

furchtbar: oft hatten sie lange Züge zu thun, um auf den Feind los zu gehen, und dann mußte man für ihren Unterhalt sorgen. Man bediente sich der Lastthiere, welche das Gepäcke sowohl als die Mund-und Kriegsbedürfnisse fortbrachten. Anfangs brauchte der Mensch das Pferd blos zu diesem Endzweck, und um sich von der Ermüdung zu erholen; als er aber die Stärke, die Schnelligkeit, und einen gewissen kriegerischen Muth, den er an diesem Thiere wahrnahm, in Erwegung zog, so hoffte er durch dasselbe seine eigenen Kräfte zu vermehren, und auf seinem Rücken mit größerm Vortheil zu fechten, seinem Feinde mehr Schrecken einzujagen und ihn geschwinder zu erreichen. Alsbald suchte man die besten Pferde zum Streit aus und errichtete Reutereyen. Diese Meynung, die man von dem Vortheil eines Mannes zu Pferde, über einen zu Fuße gefaßt hatte, gründete sich auf den Eindruck, den jeder über uns hinausragende Vorwurf bey uns macht: deswegen gerieth man auch auf den Einfall, auf Kameelen, Elephanten und Wagen zu streiten. Auf die Kameele setzte man zween mit Pfeilen und langen Spießen bewaffnete Kriegsknechte, die sich den Rücken zukehrten. Auf den Elephanten wurden Thürme festgemacht, welche mit Bogenschützen oder Spießwerfern angefüllt waren. Die Streitwagen wurden nach der Hand mit scharfen Sicheln bewaffnet.

Ungeachtet aller dieser Erfindungen, welche nur in weiten Ebenen dienen, und gar leicht unbrauchbar gemacht werden konnten, war das Fußvolck allezeit der vornehmste und zahlreichste Theil der Kriegsheere. Gleichwohl hat es auch Völker gegeben, deren Macht in Reuterey bestund: dergleichen waren die Parther, Numidier, Sauromaten, die Gothen und andere Barbarn, die zur Zeit des Verfalles des römischen Reichs aus dem nördlichen Asien hervorbrachen; dergleichen sind noch heutiges Tags die von den Scyten abstammende Tatarn. Allein jene waren ohne Kunst noch Kriegszucht, und diese muß man als Völker betrachten, die ohne festen Sitz in weitläuftigen Ländern umherschweifen, und sich immer andere Wohnplätze aussuchen. Man muß auch gestehen, daß die Landesart, die Regierungsform und das Genie eines Volkes großen Einfluß auf die Gattung seiner Truppen hat, (a) und daß die Unwissenheit oft Gebräuche und Marimen beybehält, die der wahren Kriegswissenschaft zuwider sind. Dieses hat man in Europa zur Zeit seiner Barbarey gesehen. Ueberdas haben die gesitteten Völker, sobald sie eine Kriegspolicey kannten, immer ein gewisses Gleichgewicht zwischen der Reuterey und dem Fußvolk beobachtet, so daß ihnen dieses letztere zur Grundveste ihrer Macht dienen muste.

Jesaias K. 36. v. 9. Das egyptische Reich unterhielt vier mahl hundert tausend Kriegsknechte, welche sorgfältig in den Waffen geübt wurden, und obgleich seine Reuterey für unvergleichlich gehalten ward, so machte sie doch bey

---

(a) Die größte Macht Polens bestehet noch wie zur Zeit der Sarmaten aus Reuterey, weil es ein flaches und pferdevolles Land ist, dessen zahlreicher Adel im Fall der Noth sich versammlen muß. Es gibt darinnen sehr wenig feste Plätze, theils wegen der Armuth des Staats, theils aus einer politischen Ursache: Die Polen fürchten, der König möchte sich derselben wider ihre Freyheit bedienen.

bey weitem den geringsten Theil des Heeres aus. Die Armee des Sesostris bestund aus sechs mahl hundert tausend Mann zu Fuß, vier und zwanzig tausend Reutern und sieben und zwanzig tausend Streitwagen. Bey der Armee des Crösus befanden sich hundert und zwanzig tausend Mann egyptische Hülfsvölker, die aus lauter Fußknechten bestunden, und bey diesem ganzen Heere, welches vier mahl hundert und zwanzig tausend Mann stark war, zählte man mehr nicht als sechzig tausend zu Pferde. Die Perser, deren Kriegsverfassung nach Xenophons Beschreibung der griechischen nahe kam, hatten lauter Fußvölker. Es ist wahr, daß Cyrus zur Ausführung seines Vorhabens, Asien zu erobern, die Nothwendigkeit der Reuterey erkannte; dennoch machte er von siebenzig tausend Persern nur zehn tausend beritten; unter dem Reste seines Heeres das aus hundert und zwanzig tausend Medern, Armeniern und Arabern bestund, waren nur sechs und zwanzig tausend Mann zu Pferde. Dieser Fürst betrug sich als ein geschickter und erleuchteter Heerführer, der kein Sklave der alten Gebräuche ist, der die Wissenschaft besitzt sie zu verbessern, oder wenn er bessere findet, sie fahren zu lassen und seine Anordnungen und Waffen nach den feindlichen einrichtet.

Die Aufführung des Cyrus legt eine für seine Zeit wunderbare Kenntniß des Krieges zu Tage; man bemerkt darinnen richtige Begriffe von der Zusammensetzung und Stellung der Truppen, wie auch von der Einrichtung und dem Ebenmaaße der verschiedenen Waffen. Die Perser, die zu einer harten und mäßigen Lebensart, zu einer strengen Mannszucht und zu häufi-

B gen

gen Uebungen gewöhnt waren, gaben sehr gute Soldaten ab. Ihre Waffen und ihre Art zu streiten, konnte
sich gar wohl für das Land schicken, das sie bewohnten;
da sie aber einen größern Schauplatz betreten, und viele
mächtige Völker überwinden sollten, so sah ihr Anführer
sogleich ein, was ihnen fehlte. Als er seinem Oheim
Cyarares nach Meden zu Hülfe kam, und bemerkte,
daß seine, sowohl als die mit den Medern vereinigte
Völker um die Hälfte schwächer als die feindlichen waren, so urtheilte er, daß er um sich eines glücklichen
Ausschlags zu versichern, die Waffen der Perser verändern müßte. Diese führten nur Pfeile und Wurfspieße;
sie konnten also blos in der Ferne streiten. Er gab
ihnen Schilde, Harnische, Schwerdter und Streit-
axten, damit sie gleich handgemein werden konnten;
eine Art des Gefechts, wobey die Menge wenig Vortheil hat; er bemühete sich sie wohl zu üben, und er
that es mit so gutem Erfolg, daß er glaubte, er könne
seine Schlachtordnung, die gewöhnlich vier und zwanzig
Mann hoch stund, auf eine Höhe von zwölfen herunter
setzen.

Die Jahrhunderte, welche vor dem Zeitalter dieses
Eroberers hergiengen, zeigen uns nichts belehrendes
über das Kriegswesen. Man kennet die Macht der
assyrischen Könige, man weiß die Unternehmungen des
Ninus und der Semiramis, welche die Mauern von
Babylon bauen ließ. In spätern Zeiten machten die
Meder und Babylonier sich furchtbar; allein es ist keine
umständliche Beschreibung ihrer Art zu streiten bis auf
die Schlacht von Thymbra vorhanden. Durch sie
kann man die Taktik der Morgenländer beurtheilen und
ihre

ihre Schlachtordnung sowohl als ihre Waffen kennen lernen. Die Babylonier und Lydier waren in derselben dreyßig Mann hoch gestellet; sie führten größtentheils keine andere Trutzwaffen als Wurfspieße, und kein anderes Schutzgewehr als leichte Schilde. Die Egyptier formirten starke vierecklgte Streithaufen von hundert Mann in der Fronte sowohl als in der Tiefe; sie schienen durch ihre Waffen und Kriegszucht der furchtbarste Theil des Heeres zu seyn. Sie waren es auch in der That, die dem Cyrus am meisten zu thun gaben, wie man aus der Erzählung dieses großen Treffens ersehen wird. Die Beschreibung davon befindet sich im VIten Bande der Sammlungen der französischen Akademie der schönen Wissenschaften durch Herrn Freret verfertigt; und in dem 2ten Theil der ältern Geschichte des Herrn Rollin. Allein diese Schriftsteller, welche bloße Gelehrte waren, haben zwar die Stellung beyder Armeen nach dem Xenophon beschrieben, aber die ganze Einheit der Schlachtordnung des Cyrus haben sie nicht völlig begriffen, noch alle seine Bewegungen richtig genug entwickelt. Ich werde davon die genaueste Beschreibung geben, und die nöthigen Anmerkungen beybringen, welche die bisher noch unbemerkte Vorsatzgründe dieses großen Feldherrn in ein helles Licht setzen können.

Da aber die Perser, deren Stellordnung bey dieser Gelegenheit zufällig war, bald nach dem Tode des Cyrus ausarteten, so vernachläßigten sie seine Vorschriften und verlernten die Mannszucht, die er eingeführt hatte: sie verließen auch seine Art Krieg zu führen, und stellten ihre Truppen wieder in große und sehr tiefe

Haufen, wie die Egyptier und Lydier welche sie überwunden hatten. Die Völker dieses Welttheils haben fast keine Veränderung in der Art ihrer Stellung vorgenommen. Noch heut zu Tage ist die Schlachtordnung der Perser von ungemeiner Tiefe. Die Türken stellen sich in starke Bataillonen und Geschwader; den Mittelpunkt besetzt gemeiniglich der Sultan mit seinen auserlesenen Truppen, nämlich den Janitscharen und Spahis von der Leibwache. Die übrigen stellen sich zur Rechten und Linken nach Völkerschaften oder Provinzen eingetheilt. Die Nachfolger des Cyrus beobachteten dieselbe Gewohnheit. Der König befand sich in der Mitte des Treffens auf seinem Wagen; er war von seinen Verwandten und den Vornehmsten des Reichs, nebst seinen Trabanten zu Fuß und zu Pferd eingeben, welche die Unsterblichen genannt wurden. (a) Dieses waren die einzigen Truppen, die man beständig zu unterhalten und wohl zu bewaffnen pflegte. Die übrigen wurden durch die Satrapen oder Landpfleger, nachdem man sie brauchte, in ihren Statthalterschaften ausgehoben. Da man mit den Anwerbungen allemal bis zum Ausbruch eines Krieges wartete, so wurde das Heer alsdann in größter Eile zusammen gerafft, und bestund aus lauter Leuten ohne Kriegszucht und Erfahrung. Xenophon meldet, daß zu seiner Zeit die reichen und großen Herren ihre Bedienten aufsitzen ließen, um

anstatt

(a) Herodot sagt, sie hätten aus einer unveränderlich festgesetzten Anzahl von 10000 bestanden. Dieses Corps war unter dem Cyrus errichtet worden. Curtius erwähnet eines andern von 15000 Mann, das aus Reuterey und Fußvolk bestund. Man nannte sie Doriphoros, weil sie mit einer gewissen Art Lanzen bewaffnet waren.

anstatt der Reuter zu dienen, die sie liefern mußten, und deren Sold sie einsteckten. Er berichtet ferner, daß ihr Land den Feinden offen stund, die es ganz ungehindert durchstreiften, weswegen sie in Kriegszeiten die Griechen zu Hülfe rufen, und in Sold nehmen mußten. Nach diesen Bemerkungen darf man sich nicht wundern, daß eine Hand voll geübter Soldaten zahlreiche Armeen geschlagen, daß ein Cimon, ein Agesilaus, diese Fürsten auf ihrem Throne zu beben gemacht, und daß Alexander sie endlich von demselben herunter gestoßen hat.

Cyropädie, B. 8.

Zweyter Abschnitt.

Es scheint, daß der Gebrauch Bogenschützen auf Kameele zu setzen, lange vor des Cyrus Zeiten bekannt gewesen. Ihr vornehmster Nutzen war, die feindliche Reuterey durch das Grauen in Unordnung zu bringen, welches der Anblick und der üble Geruch dieser Thiere den Pferden einjagte. Vor der Schlacht bey Thymbra formierte Cyrus einen Haufen von 300 Kameelen, welche ihm in dem Treffen gute Dienste leisteten; allein dieser Gebrauch war von keiner Dauer, und zu Xenophons Zeiten bediente man sich ihrer nur um das Gepäcke zu tragen.

Was die Elephanten betrift, so waren sie vor Alexanders Zeiten bloß in Indien und Afrika bekannt. Die ersten, welche dieser Ueberwinder erhielt, wurden ihm vom Omphis oder Taxilis geschenkt, als er ihm entgegen kam, um sich seine Freundschaft auszubitten.

Arrianus v. Indien.

Bald

Bald darauf wurden sie in ganz Asien eingeführt, und die Nachfolger Alexanders hatten sie in großer Menge. Pyrrhus und die Könige von Macedonien brachten sie auch in Griechenland, und der erstere bediente sich ihrer in Italien gegen die Römer. Diese erschracken zwar anfangs ein wenig darüber, nachher aber machten sie sich nichts daraus, weil sie Mittel fanden sie unbrauchbar zu machen.

Die asiatischen Völker liebten vor allen andern die Streitwagen, welche einen großen Theil ihrer Reuterey ausmachten, und man hat nicht ohne Grund geglaubet, daß es bey der Belagerung von Troja keine andere gegeben habe. Die Wagen, deren man sich damals bediente, waren zweyrädricht, und mit zwey oder vier Pferden neben einander bespannet; daher die Lateiner ihnen den Namen Bigæ oder Quadrigæ beylegten. Es befanden sich nur zween Mann darauf, wovon der eine zum Streiten, der andre zur Lenkung der Pferde bestimmt war. Der erstere war gemeiniglich von vornehmer Geburt und erkannter Tapferkeit. Der so zum Fahren gebraucht wurde, durfte nicht weniger Muth und Geschicklichkeit besitzen: deswegen wird ihrer in der Geschichte jederzeit mit Ruhm erwähnet. Dieses waren jene Streitwagen, von welchen in den heiligen Büchern und beym Homer geredet wird. Diejenigen, mit welchen man in den öffentlichen Spielen um den Preiß stritt, waren nicht anders beschaffen. Die Könige und *Iliade* Standespersonen schickten oft blos ihre Stallmeister zu *B. 11.* diesen Spielen, und diese seltsame Gewohnheit in denselben durch Abgesandte zu streiten, findet man schon in den Zeiten des Herkules und der Belagerung von Troja.

In

In diesen Wagen stund man bis an die Hüften bedeckt. Man bestieg sie vermittelst einer Thüre und eines Trittes, welche an dem Hintertheil angebracht waren; der vordere Platz des Führers war in Form eines Thurmes von sehr dickem Holze verfertiget, dessen Brustlehne ihn bis an die Ellenbogen beschirmte. Cyrus machte große Veränderungen an dem Bau dieser Streitwagen, er gab ihnen mehr Stärke und Weite, so daß sie auch nicht so leicht umfallen konnten: an jedem Ende der Achsen ließ er zwo Sensen befestigen, deren eine wagrecht, die andere aufrecht stund, um Menschen und Pferde, die ihnen vorkamen zu zerschneiden. Nach der Hand wurden noch zwo lange Spitzen an der Deichsel hinzu gefügt, um alles was in den Weeg kam, zu durchbohren, und man bewaffnete auch den Hinterwagen mit scharfen Klingen, um das Hinaufsteigen zu verhindern. Cyrus setzte auch den Führer in den Stand sich gleich seinem Herrn zu vertheidigen; beyde waren probmäßig bewaffnet, und die Pferde stark geharnischt. Es scheint, daß man schon damals anfieng größere Wagen zu verfertigen, welche verschiedene Streiter in sich halten konnten. Abradates Fürst von Susana, ließ einen mit vier Deichseln machen, der mit acht Pferden der Breite nach bespannt war, und welchen er selbst bestieg. Man findet, daß die Wagen des Porus ebenfalls sehr groß waren; sie enthielten sechs Mann, zween mit Schilden, zween Bogenschützen die auf beiden Seiten stunden, und zween zum Führen, welche im Nothfalle sich mit Wurfspießen wehrten.

Cyropädie B. 6.

Curtius.

Die Streitwagen wurden in Asien allezeit als die vornehmste Stärke der Armeen, und für eine dem Feinde fürchterliche Kriegsrüstung angesehen. Schon vor des Cyrus Zeiten war ihre Anzahl sehr groß, weil sie nach tausenden gezählet wurden. Man findet, daß Sesostris nur vier und zwanzig tausend Mann Reuterey, und sieben und zwanzig tausend Streitwagen hatte. Als die Philister ein Bündniß errichteten, um den Saul zu bekriegen, so zählten sie dreyßig tausend solcher Wagen, und nur sechs tausend Mann zu Pferde. Für ein so kleines Volk ist dieses eine fast unglaubliche Zahl. Die Könige von Syrien, welche Nachbarn und Feinde der Juden waren, hatten ihrer ebenfalls eine große Menge. Die Fürsten und Heerführer pflegten gemeiniglich auf solchen Wagen zu streiten, wie man aus Homers Iliade ersiehet. Ahab, König von Israel ward auf seinem Wagen getödtet, und Darius in der Schlacht bey Arbela fast auf dem seinigen gefangen, weil die Pferde sich bäumten, und sich aus dem Haufen der Todten die ihn umgaben, nicht losmachen konnten. (a)

1. B. Samuelis, K. 13. v. 5.

1. B. der Könige, K. 10.

Zu

(a) Diese Menge der Wagen, die man in den ersten Jahrhunderten findet, hat den Dom Calmet zu muthmaßen bewogen, daß bey dieser Gelegenheit sich in der Zahl oder den Ausdrücken ein Irrthum eingeschlichen habe. " Gleiches Urtheil fället der Ritter von Folard über die Schlacht bey Medaba, welche Joab den Ammonitern und Syrern abgewann. Von diesen heißt es, daß sie zwey und dreyßig tausend bewaffnete Wagen ins Feld gestellt hätten. Verschiedene Kritiker haben mit dem Dom Calmet geglaubt, daß die Abschreiber gierret, und drey für dreyßig angesehen haben, weil diese Worte im Hebräischen einander sehr ähnlich sind. Diese Muthmaßung wäre wahrscheinlich, wenn die nämlichen Zahlen in allen Schriftstellen vorkämen.

M. s. seinen Commentar.

Die

Zu Cyrus Zeiten waren sie in kleinerer Anzahl. Bey Thymbra befanden sich nur dreyhundert, die in drey Haufen abgetheilt waren, davon der eine an der Spitze *Cyropädie. B. 7.*

und

Die Meynung derer die sich eingebildet, man habe die Packwagen mitgerechnet, widerleget sich selbst; denn es ist sehr deutlich ausgedrückt, daß es bewaffnete Kriegswagen waren, und überdieses hat kein alter noch neuerer Schriftsteller die Lastthiere und Packwagen jemals bey einem Kriegsheere mitgezählt. Die 70 Dollmetscher haben alle diese Stellen buchstäblich übersetzt, und ihre Entscheidung sollte wohl als ein Gesetz gelten; allein die Vernunft weigert sich zu sehr ihr beyzupflichten. Laßt uns dreyßig tausend Wagen annehmen, die auf zwo oder drey Linien stehen, und folglich zehn tausend in der Fronte zeigen, so muß man auf einen jeden Wagen anderthalb Klafter, oder 9 Rheinische Schuh rechnen, wenn sie einander nicht berühren sollen: dieses würde nun eine Ausdehnung von fünfzehn tausend Klaftern ausmachen: welche Armee hat aber jemals einen solchen Platz eingenommen? wo bliebe überdieses das Verhältniß zwischen der Menge der demüthigten Pferde, und dem Lande der Ammoniter, Philister und sogar der Syrer? Es ist also wahrscheinlich, daß diese Zahl zu den Uebertreibungen gehört, worein die alten Schriftsteller so oft verfallen. Es sey nun, um dadurch die Begebenheiten wunderbar zu machen, oder weil sie aus Unwissenheit der gemeinen Sage gefolgt sind. Nun ist noch die Frage, ob nicht Reuterey statt der Wagen könne verstanden werden? Wahr ist's, daß das hebräische Wort רכב Recheb, und griechisch ὀχέω, eben sowohl Currus, quadriga, als equitatio und equitatum bedeuten kann. Bey der großen Menge von Schriftstellern aber finden sich verschiedene, welche allzudeutlich Wagen bezeichnen, um noch einigen Zweifel übrig zu lassen. Andere hingegen unterscheiden die Wagen von den Reutern. Es ist indessen sicher, daß wenn in der Iliade von Reuterey geredet wird, man schwerlich etwas anders als

Wagen

und die beyden andern auf den Flügeln der Schlachtordnung stunden. Er konnte das Vorurtheil nicht ganz überwinden noch der Gewohnheit widerstehen; er dachte aber doch, daß eine größere Anzahl mehr hinderlich als nützlich seyn müßte, und daß es genug wäre sie zu verbessern, welches er auch that. Nach ihm beobachtete man ungefähr das gleiche Verhältniß. Bey Arbela hatte Darius nur zweyhundert Wagen. Archelaus, der Heerführer des Mithridates, welcher bey Chäronea mit hundert tausend Mann Fußvolk und zehn tausend Reutern gegen den Sylla fochte, hatte nur neunzig Wagen.

Wagen darunter verstehen kann. Bald heißt es, daß die Trojaner, nachdem sie die Griechen in ihre Verschanzungen zurück geschlagen, Feuer anzündeten, und die Nacht vor ihren Wagen zubrachten, ... Bald stellet Nestor in der Schlachtordnung die Wagen mit den Pferden an die Spitze des Heeres. . . . An einem andern Orte findet man: Daß die Griechen, nachdem sie ihr Lager mit Mauern und Gräben umringet, in jene große Oeffnungen machten, damit ihre Wagen durchkommen konnten. Es sey nun bey der Schlachtordnung oder bey andern Stellungen der Truppen, so wird überall von Wagen Meldung gethan, welche, wie schon oben gesagt worden, die einzige Reuterey bey der Belagerung von Troja gewesen zu seyn scheinen. Gleichwohl kann man nicht zweifeln, daß der Gebrauch der Reuter älter als der Streitwagen sey, und daß beyde zugleich im Schwange giengen. Das XIVte Kapitel des 2ten Buchs Mosis erwähnet zu verschiedenen malen der Reuter und Wagen des Pharao, die vom rothen Meere verschlungen worden. Die Bücher Samuels und der Könige geben uns hievon ebenfalls genugsame Beweise.

Wagen. Wenn man die Karthagienser ausnimmt, welche dem Agathocles an die zwey tausend entgegen schickten, als er in Afrika landete, so werden sie niemals in einer größern Anzahl als zu zwey oder dreyhundert angetroffen. Die Art sie zu stellen, ist auch nicht immer dieselbe gewesen. In den ersten Zeiten, da ihrer noch viel waren, wurden sie theils auf die Fronte und theils auf die Flügel in etlichen Linien, zuletzt aber allein auf die Fronte gestellt. In der Iliade findet B. 11. man eine Schlachtordnung, da die Reuter, das ist, die Wagen hinter dem Fußvolke stunden, welches sie zu beyden Seiten überflügelten. Bey den meisten andern Gelegenheiten findet man sie an der Spitze des Fußvolcks. Als Agamemnon die Fronte seines Heeres durchstreifte, fand er den Nestor, welcher durch seine Lehren und seine Beredsamkeit die Truppen aufmunterte, die er zum Treffen stellte. An die Spitze ordnete er seine Geschwader mit ihren Pferden und Wagen; hinter diese sein zahlreiches Fußvolk um sie zu unterstützen, und die so man vor die schlechtesten Soldaten erkannte, in die Mitte, damit sie wider ihren Willen fechten mußten. In einer andern Stelle findet man, daß als Diomedes den Rhesus in seinem Lager überfiel, ihn tödtete und seine Pferde wegnahm, die Thracier auf drey Linien, eine jede bey ihren Wagen stunden. Dieses ist nicht die einzige Stelle, woraus erhellet, daß die Wagen auf etliche Linien geordnet wurden. Was vollends allen Zweifel hierüber hebet, ist dieses, daß wenn sie bey denen Armeen wo sie in so großer Anzahl waren, auf einer Linie gestanden hätten, eine unermeßliche Ebene dazu wäre erfordert worden.

Drit-

Dritter Abschnitt.

Es scheint, daß die bey den asiatischen Völkern so gebräuchliche Streitwagen bey den Juden keinen Beyfall gefunden haben. Bis zu Sauls Regierung hatten sie sogar keine Reuterey; und bey der grösten Macht des Salomo befanden sich nur zwölf tausend Reuter und vierzehnhundert Streitwagen. Wenn man die Kriegsverfassung dieses Volks untersucht, so wird man finden, daß keines aus den damaligen Zeiten bessere Einrichtungen hatte. Alle Mannschaft von zwanzig Jahren wurde angeworben und bey ihrem Stamm eingeschrieben, weil man sie eher nicht als in diesem Alter zum Kriege tauglich zu seyn glaubte. Wenn man sie versammlete, so wurden sie in Hauptmannschaften zu fünfzig und hundert eingetheilt; diese stieß man zusammen, um eine Schaar von tausend Mann zu formieren, die man mit unsern Regimentern vergleichen kann. Als David sich durch die Besiegung Goliaths hervor gethan hatte, so setzte ihn Saul über die Kriegsleute, welches so viel sagen will, daß er ihn zum Hauptmanne machte. Denn bald darauf heißt es, daß Saul, um ihn von sich zu entfernen, ihn zum Fürsten oder Obersten über tausend Mann gesetzt habe. Mit diesen Truppen verrichtete er viele Heldenthaten gegen die Philister, er übertraf alle andern Feldhauptleute, und füllte hiedurch das Maaß seines Ruhmes. Zur Zeit der Richter wurden die Völker erst versammlet, wenn man zu Felde ziehen sollte; sobald aber die Könige aufkamen, so nahmen sie Kriegsknechte in Sold die sie beständig unterhielten. Sie waren zum Theil in die Gränzstädte verlegt, theils zur Leibwache des Königs

be-

bestellt. Ihre Schutzwaffen bestunden in Schilden, Helmen und Harnischen, mit kettenartigen Gelenken oder mit Schuppen. (a) Diese Waffen waren von Erz oder Eisenblech. Ihre Trutzwaffen waren Schwerdter und Spieße oder Hellebarden; der Spieß war ein Handgewehr, bisweilen aber wurde er auch geworfen. (b) Ich finde viel Aehnlichkeit zwischen diesem Gewehr und dem Pilo der Römer, und es wundert mich nicht, daß die Juden der zahlreichen Reuterey ihrer Feinde oft damit Trotz geboten haben. Was ihr Schwerdt betrift, so war es sehr stark, es gab vielleicht dem römischen nichts nach, und sie setzten auch ein gleiches Vertrauen darein. Es scheint, daß dieses Gewehr nicht nur das gemeinüblichste gewesen, sondern daß man sich auch eine besonders schreckliche Vorstellung davon gemacht habe. Wenn GOtt seine Feinde mit der Schärfe des Schwerdts zu schlagen befiehlt, so bedeutet dieses in der Sprache der Schrift Mord und Verderben. Indessen haben nicht alle alte Völker sich desselben mit gleicher Fertigkeit zu bedienen gewußt. Die Juden und Römer haben es am besten benutzt; die Neuern scheinen seinen Gebrauch ganz zu vergessen, und machen ein bloßes Staatsgewehr daraus.

1. B. Samuelis, K. 13. v. 10. u. 11.

Die

(a) Salomo ließ verschiedene Vestungen bauen, welche ihm zu Zeughäusern und Magazinen dienten. Er hielt darinnen seine Streitwagen und einen Theil seiner Reuterey. Asa, König von Juda, der den Serah oder Zara, König von Aethiopien und Egypten überwand, ließ ebenfalls Vestungen anlegen, und hielt allezeit ein marschfertiges Heer auf den Beinen.

2. B. der K. Chr. K. 9. v. 6. K. 14. v. 8.

(b) Der über den David ergrimmte Saul warf seinen Spieß nach ihm.

Die Juden waren nicht alle schwer bewaffnet; es
B. der befanden sich unter ihnen viele Bogenschützen und
Richter Schleuderer. Diese letztern waren besonders geschickt
K. 20. und wohlgeübt, so daß sie fast nie des Zieles verfehlten.
B. 16. Die jüdische Nation, ist wie alle die sich mit gewaff-
neter Hand einen Wohnplatz gesucht haben, immer
sehr kriegerisch gewesen. Sie hatte einen Theil
ihrer Policey und Mannszucht den Egyptern abgeborgt,
und obgleich diese eben nicht als ein streitbares Volk
bekannt sind, so hatten sie dennoch eine vortrefliche
Kriegsverfassung.

Egypten unterhielt 400000 Mann auf den Beinen; (a) es war der Kern seiner Bürger, die durch eine
Hero- männliche und harte Erziehung zu den Kriegsbeschwer-
dot. lichkeiten vorbereitet wurden. Da nun ein jeder dem
B. 2. Handwerk seiner Väter folgte, so war auch der Beruf
der Waffen erblich, und die Gesetze des Krieges, welche ihnen von Kindheit an eingeflößt wurden, ließen sich
sehr leicht im Flor erhalten. Nach den priesterlichen
Geschlechtern waren die militarischen am meisten geehrt.
Ein jeder Soldat hatte zwölf Aruren (b) Landes, die
von allen Steuern frey waren; außer diesem bekam er
täglich 5 Pfund Brod, 2 Pfund Fleisch und eine
Kanne Wein. Sie hatten wenig Strafgesetze; die
Manns-

(a) Diese Zahl und die angebliche Stärke der Armee
des Sesostris scheinet mit den engen Gränzen Egyptens nicht
überein zu stimmen. Man hat eben so viel Recht daran zu
zweifeln, als an der Menge der Streitwagen, nicht aber an
der Kriegszucht, welche allzuwohl erwiesen ist.

(b) Arura ist ein Feldmaaß, welches so viel als einen
halben Acker Land ausmacht.

Mannszucht wurde mehr durch den Trieb der Ehre als durch die Furcht der Strafe aufrecht erhalten. Wer sich feig erzeigt oder die Flucht ergriffen hatte, wurde unehrlich gemacht, und seiner Schande sowohl als seinen innern Vorwürfen überlassen. Bey den Hebräern war ein gleiches eingeführt. Man zwang niemanden zum Streite, der keinen Muth dazu verspürte. Ihre Gesetze verbannten sogar alle diejenigen von dem Heere, welche eine Ursache zur Schwachheit oder eine Abneigung vor der Lebensgefahr haben konnten. Wer in demselben Jahre einen Weinberg gepflanzt, ein Haus gebauet oder sich verheyrathet hatte, der war nicht verbunden in den Krieg zu ziehen, und sobald sie sich dem Feinde näherten, befragten die Anführer ihre Truppen, wer unter ihnen Angst oder Furcht verspürte? Diejenigen, welche sich alsdann angaben, wurden zurück geschickt, damit sie andern ihre Zagheit nicht mittheilen sollten. (a)

5. B. Mosis, K. 20. v. 8.

Diese Grundsätze waren sehr weise und der Gesetzgeber hatte wohl eingesehen, daß eine kleine Anzahl ausgesuchter und freywilliger Soldaten einer zusammengetriebenen Menge vorzuziehen sey, der es an Eifer und Tapferkeit fehlet. Daher hat er auch in den ihnen hinterlassenen Vorschriften hieraus die Grundveste seiner Kriegszucht gemacht. Er ermahnet sie über die große Anzahl ihrer Feinde nicht zu erschrecken, weder ihre Reuter noch Wagen zu fürchten, sondern ihr einziges Ver-

(a) Wer sich fürchtet und ein verzagtes Herz hat, der gehe hin, und bleibe daheim, auf daß er nicht auch seiner Brüder Herz so feig mache, als das seinige ist.

Vertrauen auf einen unerschrockenen Muth und auf den HErrn der Heerschaaren zu setzen. (a) So lange sie diesen Grundsätzen folgten, waren sie immer siegreich, und ob man gleich einwenden kann, daß sie ihre Vortheile oft einem übernatürlichen Beystande zu danken hatten, so ist es dennoch gewiß, daß die Mittel, deren sie sich bedienten, der menschlichen Klugheit angemessen und für alle Völker schicklich waren. Als Gideon unter seinem ganzen Heere dreyhundert Mann aussuchte, denen er brennende und in irdene Töpfe versteckte Fackeln in die eine Hand, und in die andere eine Trompete gab, so war solches im Grunde ein Ueberfall, von dem er sich durch diese List einen desto glücklichern Ausgang versprach. Er hatte wahrgenommen, daß die Midianiter keine gute Wache hielten; er theilte daher seine Leute in drey Haufen, und näherte sich unter der Begünstigung der Nacht ihrem Lager. Das Lermen der Trompeten und das Licht so vieler Fackeln erschreckte die Feinde, die zu einem unerwarteten Angrif unbereitet, in der grösten Unordnung umher liefen. Das ganze Heer, welches unmittelbar nachfolgte, machte sich dieses zu Nutze, und schlug sie aufs Haupt.

Es

(a) Dieses 20te Kapitel des 5ten Buchs Mose enthält viele Kriegsregeln, und man kann es gewissermaßen als das militärische Gesetzbuch der Hebräer betrachten. Es wird darinnen die Verfahrungsart gegen eine Stadt, die durch Vergleich oder durch Sturm übergeht, und die Theilung der Beute festgesetzt. Man ersieht ferner daraus, wie sie sich bey einer Schlacht oder einer Belagerung zu verhalten hatten, und findet zugleich die Befehle kein Land zu verheeren, noch die Obstbäume abzuhauen, eine Vorsicht die zur Verhütung des Mangels bey einem Kriegsheer unentbehrlich ist.

Es ist leicht zu ermessen, wie vielen Vortheil ein kleiner Haufe bey einem nächtlichen Ueberfall besonders gegen einen Feind haben kann, der weder Ordnung noch Mannszucht hält; und dieses um so mehr wenn man eine neue List zu Hülfe nimmt, die wenn sie auch noch so einfältig zu seyn scheint, auf die Menge doch immer großen Eindruck macht. Die weltliche Geschichte liefert uns genug solcher Beyspiele. (a)

Als Judas Maccabäus einer der besten jüdischen Heerführer sich mit sechs tausend Mann im Angesichte der Armee des Antiochus Epiphanes befand, welche unter der Anführung des Nicanor und Gorgias vierzig tausend Mann Fußvolk und sieben tausend Reuter stark war, so schickte er dem Gebrauche gemäß, alle feige und andere durch das Gesetz ausgeschossene Soldaten zurück. Nach dieser Ausmusterung war seine kleine Armee bis auf die Hälfte geschmolzen, welches ihn aber gar nicht abschreckte. Er erfuhr, daß Gorgias mit fünf tausend Mann Fußvolk und tausend Reutern aus dem syrischen Lager aufgebrochen war, um ihn während der Nacht durch einen Umweg in den Rücken zu fallen. Diese Gelegenheit machte er sich auf eine sehr geschickte Art zu Nutze. Nachdem er seine Truppen durch das Andenken ihrer vormaligen Siege aufgemuntert, so führte er sie auf die Feinde los, die sich diesen Besuch nicht vermutheten; er schlug sie, er tödtete ihnen drey tausend Mann und bemächtigte sich ihres Lagers.

z. B. der Maccabäer X. 3. u. 4.

(a) Die Falisker schlugen die Römer in einem Gefechte durch einen ähnlichen Schrecken. Als Priester verkleidet, trugen sie Fackeln und nachgemachte Schlangen vor sich her und kamen als Rasende aufgezogen.

Livius Dec. 1. B. 7.

Lagers. Dieser große Vortheil versicherte ihm aber den Sieg nicht ganz, weil er den Gorgias mit seinem abgesonderten Corps noch zu fürchten hatte. Da ihn dieser in seinem Lager nicht gefunden, so suchte er ihn auf dem Gebürge, in der Meynung, er müsse sich dahin gezogen haben. Judas hielt seine Leute vom Plündern und der Verfolgung der Flüchtigen ab; er versammlete sie und kehrte eiligst zurück, um dem Gorgias entgegen zu gehen. Da dieser auf dem Gebürge den Rauch seines angesteckten Lagers erblickte, und die Hebräer in Schlachtordnung auf ihn anrücken sah, so merkte er, was vorgegangen war. Der Schrecken überfiel seine Leute, welche ihn verließen, ihre Waffen wegwarfen und entflohen. Da nun Judas eines vollkommenen Sieges gewiß war, gieng er ins feindliche Lager zurück, wo er eine unermeßliche Beute machte.

Billig bewundert man hier die große Einsicht des hebräischen Heerführers in dem Entwurfe seiner Unternehmung, seine Lebhaftigkeit in der Ausführung, seine Geistesgegenwart und Klugheit nach dem ersten Siege, und, endlich den Fleiß, womit er seine kleine Armee an eine strenge Mannszucht gewöhnt hatte, welches ihn in den Stand setzte, so große Dinge mit ihr auszuführen. Wenn man den sichtbaren Beystand GOttes bey Seite setzt, der sich freylich an seinem Volke häufig geoffenbaret hat, so wird man finden, daß kein Wunder dazu erfordert wird, um dergleichen Thaten zu verrichten. Man wird überzeugt werden, daß die Geschicklichkeit von dem Muth unterstützt, bey den mißlichsten Umständen durchdringen und Vortheile erhalten kann, welche Wunderwerke zu seyn scheinen.

Hein-

Heinrich IV. König von Frankreich, scheute sich nicht mit 2500 Mann Infanterie und 600 Pferden, die Armee des Herzogs von Mayenne, welche 25000 Mann zu Fuß und 8000 Reuter stark war, bey Arques anzugreifen. Dieser Held theilte jedem Herzen seine Unerschrockenheit mit; er flößte allen seinen Truppen das Vertrauen ein, welches er selbst auf den Beystand des Himmels und die Gerechtigkeit seiner Sache zu setzen schien. Zu gleicher Zeit machte er die weisesten Anstalten, und wußte den Vortheil des Erdreichs so wohl zu benutzen, daß der Erfolg seine Hofnung krönte. Bey dieser Gelegenheit hat man, wie bey der vorigen gesehen, was ein kleines, aber wohlgeübtes, gehorsames und von einem Helden angeführtes Heer ausrichten kann. Dieser außerordentlich kühne und dem Scheine nach verwegene Streich ist nicht der einzige, den man in dem Leben dieses großen Königs antrift. Seine Geschichte ist gleich der maccabäischen mit einer Menge ähnlicher Thaten angefüllt. Sie konnte auch in den Augen derjenigen nicht minder wunderbar scheinen, welche von der Möglichkeit der Unternehmungen blos nach dem Verhältniß der Truppen urtheilen, und nicht wissen, was in gewissen Umständen ein erleuchtetes Vertrauen ausrichten kann, welches von der Ruhmbegierde beseelet und von der Nothwendigkeit fortgerissen wird.

Mem. de Sully T. L

Man hat oben gesehen, daß die Juden einen Theil ihrer Kriegsverfassung und Mannszucht von den Egyptiern entlehnt haben. In verschiedenen Stücken war ihre Einrichtung auch der persischen ähnlich, und diese hingegen hatte viele Verwandschaft mit der griechischen. Cyrus war mit ihren Grundsätzen bekannt, und nach den Begriffen, so er davon erlangt hatte, verbesserte er seine Taktik und seinen Kriegsstaat.

Die Armeen der Hebräer sind zur Zeit der Richter, der Könige und der Hohenpriester stets in Schaaren von tausend Mann, und diese wieder in zween Haufen von fünfhundert Mann getheilt gewesen, welches auf *z. B. der* die Pentacosiarchie der griechischen Phalanx heraus-*Maccabäer, K.* kam, und auch in der Vulgata durch eben den Aus-*3. v. 6.* druck bezeichnet wird. Diese Truppen waren in Centurien, und die Centurien in Decurien getheilet. (a) Unter den Truppen des Cyrus waren die Compagnien zu hundert Mann, welche in vier Geschwader von vier und zwanzig Mann, den Anführer ungerechnet, abgetheilt wurden. Aus zehn Compagnien machte man ein Corps von tausend Mann. In der neuen Schlachtordnung, so er ihnen gab, bestund ein Geschwader aus zwoen Rotten, an deren Spitze ihr Anführer stund. Es hatte also jede Compagnie acht, und die Chiliarchie, oder die Schaar von tausend Mann, achtzig Rotten. *Cyro-* Es heißt ferner, daß zehn solcher Schaaren unter einem *pädie,* Befehlshaber vereiniget wurden, woraus folget, daß *B. 6.* Cyrus eine Art Phalanx von zehn tausend Mann errichtet

---

(a) Diese Eintheilung geschah zur Zeit Mosis auf den *2. B.* Rath des Jethro seines Schwiegervaters. Die Verrichtungen *Mosis,* der Befehlshaber dieser verschiedenen Truppen waren, sie ins *K. 18.* Feld zu führen, sie zu richten und die Policey unter dem Volke zu handhaben. Als sie sich in Canaan niedergelassen hatten, so wurden dißfalls einige Veränderungen gemacht. Man setzte Richter ein, die nicht aus den Städten gehen durften, allein der Kriegsstaat und dessen Verfassung, blieb immer auf gleichem Fuße.

tet hatte, welche mit eben der Kunst wie die griechische in Haupt- und Nebenabtheilungen zerfiel und der nämlichen Bewegungen fähig war.

Die Rüstung der Hebräer übertraf die Waffen der Egyptier. Diese hatten große Schilde, welche sie vom Kopf bis auf die Füße bedeckten aber sehr beschwerlich waren; dabey führten sie überaus lange Picken und kurze aber sehr breite Schwerdter. Die ungemeine Tiefe ihrer Stellung machte sie undurchdringlich, besonders weil man in den damaligen Schlachten noch keine große Wurfmaschinen hatte; allein diese schwerfälligen Massen waren nur im ebenen Felde zu gebrauchen; sie konnten auch sehr leicht eingeschlossen, von der Reuterey beunruhigt, und von den Bogenschützen mißhandelt werden. Crösus konnte sie nicht dahin bringen sich auf kleinere Tiefen zu stellen und eine größere Fronte zu formieren, sondern sie beharrten bey ihrer alten Art, die sie gewohnt waren.

Zweytes Hauptstück.
Von der Stellordnung und Mannszucht der Griechen.

Erster Abschnitt.

Bisher habe ich von der Stellordnung, den Kriegsgesetzen und den Gebräuchen der asiatischen Völker geredet; nun ist es Zeit, daß wir uns mit den Griechen bekannt machen, die sie übertroffen, und es unter allen alten Völkern, bis auf die Römer, in der Kriegswissenschaft am weitesten gebracht haben. Die Belagerung von Troja ist die erste Epoche, die wir von ihrer Taktik angeben können. Man siehet, daß sie dazumal nach eben den Grundbegriffen fochten, denen sie in den nachherigen Jahrhunderten gefolgt sind. Die Stellung ihrer Phalanx, ihre Schutz= und Trutzwaffen, ihre Bewegungen, ihre Maximen, die Gestalt ihres Lagers, die Art ihrer Verschanzungen, kurz, alle ihre Kriegs= gebräuche sind vom Homer mit einem Scharfsinn, mit einer Deutlichkeit und Genauigkeit beschrieben worden, welche die Richtigkeit seines Verstandes und eine große Kenntniß des Krieges an den Tag legen. Vielleicht ist dieses nach ihm keinem Dichter noch andern Schrift= steller durch die bloße Hülfe der Theorie so wohl gelun= gen. Diese Nation muste schon vor dem trojanischen Kriege in der Kriegskunst sehr geschickt gewesen seyn.

Die

Die Iliade lehret uns, die Anordnung, die Zusammensetzung und selbst die Eintheilung ihrer Fußvölker. Achilles brachte zwey tausend fünfhundert Theissalier mit sich, die in fünf Haufen getheilt waren, wovon ein jeder seinen Anführer hatte. Patroclus stellet sie in Schlachtordnung, er fällt die Trojaner an, und treibt sie bis in ihre Stadtmauern zurück. In den Anweisungen, die Nestor dem Agamemnon gibt, räth er ihm, seine Soldaten, welche ohne Unterschied der Länder und Nationen durcheinander gemenge waren, auszusuchen, sie in absonderliche Haufen zu theilen, in Glieder zu stellen, und jedem seinen Posten anzuweisen, damit ein jedes Volk, und jeder Stamm sich im Streit beysammen befinden möge; Seine Ursache ist: daß Freunde, Verwandte und Landsleute sich mit mehr Eifer und Herzhaftigkeit unterstützen müssen, und daß ein jedes Volk, wenn es in einem besondern Haufen gestellet ist, mit andern weder die Ehre noch die Schande seiner Thaten zu theilen hat. Er gibt dieses auch dem Agamemnon als ein Mittel an, um den geschicktesten Anführer, die unerschrockensten Soldaten, den geübtesten und gehorsamsten Haufen kennen zu lernen. Bey einer andern Gelegenheit stellte Nestor indem er sein Fußvolk zum Treffen ordnet, die schlechtesten Soldaten in die Mitte, damit sie durch das gute Beyspiel der ersten aufgemuntert, und von den hintersten gezwungen würden, auch wider ihren Willen zu fechten. Man urtheile hieraus, ob die Griechen nicht schon dazumal richtige Begriffe von einer guten Stellordnung gehabt haben.

C 4 Wir

Wir, die wir uns für sehr große Leute hielten, haben diese Maxime vor kaum fünfzehn Jahren angenommen. (†)

Ihre Mannszucht erscheint in einem eben so vortreflichen Lichte. Homer zeigt uns, wie sehr sie sich dißfalls von den Trojanern und den übrigen asiatischen Völkern unterschieden, welche diesen zu Hülfe gekommen waren. Hier sind seine Worte: Als alle diese verschiedenen Nationen unter ihren besondern Anführern in Schlachtordnung stunden, so naheten sich die Trojaner mit einem durchdringenden und verwirrten Feldgeschrey gleich einer Heerde Braniche, die unter den Gewölbern des Himmels daher schwärmen.... Die Griechen hingegen, welche mit einer martialischen Wuth erfüllt waren, traten in der tiefsten Stille hervor, fest entschlossen einander mannhaft beyzustehen, und mit unverwandtem Fuße zu streiten. An einer andern Stelle heißt es: Man sah die zahlreichen griechischen Phalanxen zur Schlacht anrücken; sie folgten ihren Anführern mit Ehrfurcht und tiefem Stillschweigen, um ihre Befehle desto besser zu vernehmen und ausführen zu können. Es schien als ob Jupiter diese ganze Menge der Sprache beraubt hätte..... ihre Waffen warfen einen Schimmer von sich, der die Augen verblendete. Braucht man wohl einen stärkern Beweiß einer guten Mannszucht, als dieses Stillschweigen und

B. 3.

―――――――――――――――――――――
(†) Noch jetzo werden gemeiniglich nicht die ungeübtesten, sondern die kleinsten Soldaten, und zwar meistens der Parade wegen, in das mittlere Glied gestellt.

und diese Reinlichkeit? Sie leuchtet in den Schlachten nicht weniger durch die Fertigkeit hervor, womit die getrennten Haufen vereinigt, wieder auf den Feind los geführt und in alle die Bewegungen gesetzt werden, welche die Geschicklichkeit der Befehlshaber ihnen angibt. Wenn von einer Verschanzung die Rede ist, so thut Nestor den Vorschlag, das Lager mit starken Mauern einzuschließen und mit hohen Thürmen zu verwahren, damit dadurch die Schiffe und die Truppen bedeckt würden; von einer Entfernung zur andern solle man Thore anbringen, um die Wagen durchzulassen. Endlich räth er, das Lager mit einem breiten, tiefen und pallisadierten Graben zu versehen, um es gegen die B. 7. feindlichen Ausfälle zu schützen und die Quartiere zu versichern. Nach einem mißlungenen Treffen besteht er, Vorwachen zu hundert Mann auszustellen und ihnen wachsame Anführer zu geben, welche ihre Posten zwischen dem Graben und der Mauer nehmen sollen, indeß daß die alten Hauptleute Kriegsrath halten. Nach einem erfochtenen Vortheil, will er nicht, daß die Soldaten sich mit Plünderung der Todten abgeben, sondern den Feind bis zu einer gänzlichen Niederlage B. 4. verfolgen sollen.

Das Gedicht der Iliade ist mit ähnlichen Zeugnissen von der unvergleichlichen Mannszucht und Kriegsgeschicklichkeit der Griechen angefüllt. Sie führten schon damals eben die Schutzwaffen, die sie nachher geführt haben, nämlich den Helm, den Harnisch, die Beinschienen und den Schild. (a) Die Trutzwaffen waren

E 5 Wurf-

(a) Die Schilde waren von Rindsleder. Menelaus hatte einen von siebenfachem Leder, der mit Eisenblech überzogen war.

Wurfspieße, Pfeile, Picken und Degen. Ihr Fußvolk war schon damals in schwere und leichte Truppen abgetheilt. Die Schlacht fieng allemal bey dem Wurfgewehr an; alsdann gieng man mit Picke und Degen auseinander los. Die Picken waren dazumal noch nicht so lang als nachher; sie waren aber weit stärker und dienten sowohl zum werfen als stoßen. Ein jeder Anführer war damit bewaffnet, und der Streit mit diesem Gewehr wurde für den rühmlichsten gehalten. (a)

Die-

war. Die Harnische waren schuppicht oder gekettet; die leinenen giengen besonders im Schwange; sie pflegten auch bisweilen eiserne oder eherne Bruststücke darunter zu tragen. Nach vielen Jahrhunderten bediente man sich noch dieser Harnische. Alexander trug einen von gleicher Art, und Iphicrates führte sie auch bey den Athemiensern ein.

(a) Diese Picke wovon ich bereits in meinem Versuche (†) geredet habe, konnte so wenig als das *Pilum* der Römer zum weiten Werfen gebraucht werden. Aus einigen Stellen der Iliade und der Aeneide erhellet, daß man sie vermittelst eines Riemens der am Arme oder an der Hand festgemacht war, wieder an sich ziehen konnte. Die Lanze, deren sich die Mohren zu Fez und Marocco noch itzt zu Pferde bedienen, läßt sich auf gleiche Art zurück hohlen.

(†) Essais Militaires; unter diesem Titel wollte der Herr Verfasser anfänglich seine Abhandlungen von den Kriegsränken und den Schutzwaffen heraus geben. Er hatte bereits die Erlaubniß zum Drucke in rühmlichen Ausdrücken erhalten, als er seinen Vorsatz änderte und diese beyden Stücke unter ihren eigenen Titeln abgesondert ans Licht stellte. Wenn also diese Versuche in der Folge des Werks angeführt werden, so sind eigentlich die besagten Schriften darunter zu verstehen; wie solches Herr von Malzerov selbst in einer Nacherinnerung zur Vorrede seines Supplements angemerkt hat.

Diomedes wirft dem Paris vor, der ihn mit einem B. 11.
Pfeil verwundet hatte, daß er blos Weiber zu verführen, und sich wie eine Memme von weitem zu schlagen
wüßte.

Bisher haben wir gesehen, wie die Miliz der Griechen in den ersten Zeiten beschaffen war; in der Folge
schlug sie nicht aus der Art. Alle griechischen Staaten
wurden dazumal von Königen regiert; sie warfen aber
das Joch ab und errichteten Republiken. Diese Veränderung ihrer Regierung veränderte ihre Grundsätze
nicht; vielmehr machte das Verlangen zur Freyheit und
die Liebe zum Vaterlande mit ihrer kriegerischen Neigung vereinigt, sie zu unüberwindlichen Soldaten.
Ihre Eifersucht und ihre Zwistigkeiten erregten unter
ihnen einen lebhaften Wetteifer, der zur Erhaltung
ihrer Tapferkeit nicht wenig beytrug. In ihrem ersten
Kriege waren ihre Operationen lebhaft und von kurzer
Dauer; es waren eigentlich nichts als Streifereyen.
Die Armeen bestunden aus lauter Bürgern, die auf
eigne Kosten zu Felde zogen, oder aus Hülfsvölkern,
die von ihren Nachbarn geliefert wurden. Sie verließen
den Gebrauch der Streitwagen, die wir im trojanischen
Kriege bey ihnen gesehen, und es scheint, daß sie sich
ganz auf den Krieg zu Fuße einschränkten. Da diese
kleine Staaten alle gleich arm und ungefähr gleich
stark waren, so dachten sie auf keine Reuterey,
wenigstens war die ihrige in so geringer Anzahl und
so schlecht, daß sie für nichts gerechnet wurde.
Die Athenienser hatten keine bey Marathon, es scheint
aber, daß einige wenige bey Plataa vorhanden war,
und nur seit diesem Treffen fiengen sie an sich ihrer zu

bedie-

bedienen. Die Erfahrung und die auswärtigen Kriege gaben ihnen die Nothwendigkeit berittener Truppen zu erkennen, und sie versäumten keine Zeit ihr Kriegeswesen auch in diesem Stücke zu vervollkomnen. Nachdem die vornehmsten Republicken als Athen und Lacedämon ihre Macht vergrössert hatten, so dauerten die Kriege viel länger, und wurden in entlegenern Gegenden geführt. Die Soldaten mußten auch länger unterhalten werden, welches ohne ihnen einen Sold auszumachen nicht geschehen konnte. Die Unterwürfigen oder durch Bündnisse befreundeten Völker wurden zu einem gewissen Contingent an Mannschaft oder Geld angesetzt, und auch fremde Völker in Sold genommen. Was die Bürger betrift, so wurden sie zu Athen schon im achtzehnten Jahr ausgehoben und zu den Kriegsübungen abgerichtet; im zwanzigsten Jahre legten sie den Eid ab, und wann sie das Loos traf, so mußten sie mit zu Felde gehen. Im fünf und vierzigsten waren sie vom Dienste frey, die Nothfälle ausgenommen, da jedermann die Waffen tragen mußte. Zu Sparta lebten alle Bürger gemeinsam. Die Strenge ihrer Sitten, ihre Erziehung, die rauhe und mäßige Lebensart, wozu man sie gewöhnte, alles dieses mußte ihren Leib abhärten; und sie zur muntern Erduldung der Kriegsbeschwernisse vorbereiten. Die Gesetze des Lycurgus zielten besonders auch dahin ab, unerschrockene Soldaten aus ihnen zu machen, und sie haben vor allen Griechen die strengste und genaueste Kriegszucht beobachtet. Die Macht dieses kleinen Staats, in welchem man kaum neun tausend Bürger zählte, war blos auf die Riesenstärke seines Körpers gegründet. So lang sich diese erhielt, so theilten sie mit Athen die Herrschaft über

Grie-

Griechenland, ja sie waren sogar eine Zeitlang allein darinnen Meister, und breiteten ihre Gewalt über auswärtige Völker aus. Die übrigen Republiken spielten bey weitem keine so glänzende Rolle als Sparta und Athen, sie begnügten sich ihre Freyheit zu verfechten, indem sie sich bald mit dieser, bald mit jener verbanden, um zwischen diesen beyden Nebenbuhlerinnen das Gleichgewicht zu erhalten, oder indem sie Bündnisse errichteten, um ihren Ehrgeiz zu hemmen. Ob sie gleich nicht die nämlichen Einrichtungen hatten, so befeuerte doch der Eifer für ihr Vaterland ihren Muth, und sobald sie von erfahrnen Befehlshabern geführt wurden, so schwungen sie sich über ihre Schwäche hinaus, und erschienen mit Ruhm auf dem Schauplatze des Krieges. So hatte Theben seine Freyheit und Macht der Weisheit und den hohen Gaben des Epaminondas zu danken; allein seine Herrlichkeit währte nur einen Augenblick; sie verschwand mit diesem großen Manne.

Ich habe oben gesagt, daß die Griechen lange Zeit ohne Reuterey gewesen. Als sie welche aufrichteten, so war sie anfänglich in sehr geringer Anzahl. Nach der Schlacht bey Plataa, wo sie des erhaltenen Sieges ungeachtet von der zahlreichen Cavalerie der Perser vieles gelitten hatten, wurde in der ersten allgemeinen Versammlung beschlossen, daß man um sie zu bekriegen, für ganz Griechenland zehn tausend Mann zu Fuß, tausend Reuter und hundert Schiffe aufstellen sollte. Also machte die Reuterey den eilften Theil ihres Heeres aus. Bey Mantinäa waren die Lacedämonier mit ihren Bundsgenossen zwanzig tausend Mann zu Fuße,
und

und zwey tausend Pferde stark. Die Thebaner stunden ungefähr auf gleichem Fuße, und bey Leuctra hatten sie noch weniger, indem man auf acht tausend Mann nur fünf hundert Pferde zählte. Diese Zahl war für eine Gegend wie Griechenland hinreichend, zumal da man diesen Mangel durch eine große Menge leicht bewaffneter Fußknechte ersetzte, deren Unterhalt viel weniger kostete.

Als Alexander den Schluß gefaßt hatte, Asien mit Krieg zu überziehen, so führte er fünf und dreyßig tausend Mann ins Feld, worunter sich fünf tausend Reuter befanden. In dem Treffen bey Arbela bestund seine Armee aus vierzig tausend Mann Fußvolk und sieben tausend Reutern. Diese machten also den sechsten oder siebenten Theil davon aus, und auf diesem Fuße hat das Verhältniß einige Zeit unter seinen Nachfolgern bestanden. (a) Alexander sah die Nothwendigkeit eines guten

*Abhandl. vom Kriege. Kap. 2.

(a) Alle die, welche eine gewisse Proportion zwischen dem Fußvolk und der Reuterey haben bestimmen wollen, sind darinnen einig daß man in Ansehung des Erdreichs, wo man Krieg führt, und der Beschaffenheit des Feindes, den man bekriegt, einen Unterschied machen müsse. Der Herzog von Rohan* bildet seine Armee im flachen Lande aus einem vierten Theil, und bey einem engen Erdreich aus einem sechsten Theil Reuterey. Da aber die Gegenden eines Landes gemeiniglich ungleich sind, so glaube ich, daß das vom Alexander gegebene Verhältniß das beste sey, und daß man die Cavalerie nicht weiter vermehren könne, ohne zu sehr das Fußvolk zu schwächen, auf welchem doch ganz gewiß die vornehmsten und blutigsten Unternehmungen beruhen. Bloß an leichter Reuterey würde ich eine Vermehrung machen, wenn das Land wie Polen

guten Corps schwerer Reuterey gar wohl ein, er legte sich mit gröster Sorgfalt darauf, und ließ sich die Errichtung einer leichten Cavalerie nicht minder angelegen seyn. Diese zog er zum Theil aus den an Macedonien gränzenden Völkern, als den Thraciern und Pdoniern; in der Folge warb er auch Scythen und Dacr an.

So wie bey den Griechen zweyerley Infanterie, nämlich schwer und leicht bewaffnete üblich war, so hatten sie auch verschiedene Gattungen Reuterey. Die sogenannten Kataphracti oder Geharnischte, waren sowohl Mann als Pferd mit Eisen bedeckt; man fand aber gar bald, daß sie zu schwer waren, und daher wurden sie wenig gebraucht. Diejenige Cavalerie aber, welche im eigentlichsten Verstande die Griechische hieß, und den Römern zum Muster diente, hatte keine geharnischte Pferde. Die Rüstung des Reuters war ein Panzerhemd, ein eiserner Helm, Stiefeletten und ein am linken Arme hängender Schild. Ihre Trutzwaffen waren die Lanze und ein breiter Degen an seinem Schultergehänge. Polyb. B. 11.

Diejenigen leichten Reuter, auf welche man am meisten hielt, waren die sogenannten Tarentiner. Sie griffen

---

Polen offen und ohne Festungen ist. Man muß beobachten, daß bey den Völkern, die wie die Türken, Polen und Mohren eine zahlreiche Cavalerie haben, solche blos aus leichten Reutern besteht, gegen die es unnöthig ist, die Zahl der Küraßiers zu vermehren, welche zu keinen Streifereyen gebraucht, sondern zu Hauptvorfällen aufbehalten werden müssen. Alexander verstärkte in seinen asiatischen Feldzügen blos seine leichte Reuterey, die er aus den eroberten Ländern zog; seine Nachfolger hatten auch viel dergleichen Truppen.

griffen wie unsere Husaren den Feind gleichsam fliegend an, und schwenkten sich bald links, bald rechts um ihn herum. Der Reuter war mit verschiedenen Wurfpfeilen bewaffnet, die er aus freyer Hand schoß. Hierauf brauchte er den Degen oder die Streitart, zuweilen auch einen Wurfpfeil, den er bis in die Nähe verspart hatte. Es gab auch reitende Bogenschützen, die man sehr hoch hielt, weil sie den Feind aus einer großen Weite zu beunruhigen anfiengen, ihn umringten, in Unordnung brachten und der schweren Reuterey den Weeg zum Angriffe bahnten. Alexander, welcher alle Gattungen von Cavalerie bey seiner Armee hatte, wußte diese ungemein wohl zu benutzen. Er ermangelte auch nicht Thessalier in Sold zu nehmen, welche für die besten Reuter in ganz Griechenland gehalten wurden; ihre Pferde waren vortreflich, und ihre Schwadronen verbanden die Leichtigkeit mit der zum Anprellen erforderlichen Stärke. Ihr Ruhm war so groß, daß alle griechische Staaten sich wetteifernd um ihre Bundsfreundschaft bewarben, damit sie von ihr einen so nützlichen Beystand erhalten möchten.

Obgleich Epaminondas mit vielem Fleiß ein Corps thebanischer Reuterey formiert hatte, so glaubte er doch zur Versicherung eines glücklichen Erfolgs annoch Thessalier nöthig zu haben.

Aelianus und Arrianus belehren uns von der damaligen Stellart der Schwadronen. Die Scythen und Thracier pflegten die ihrigen in Form eines Keils, die Thessalier aber als ein rautenförmiges Viereck zu ordnen. Die Perser, Sicilianer und die meisten griechischen Völker gaben ihnen die Gestalt eines gemeinen

meinen Vierecks. (a) Dem Arrian zufolge war die beste Proportion des Vierecks diejenige, welche in ihrer Fronte noch so viel Mannschaft enthielt als in ihrer Tiefe, wie achte zu vieren, zwölfe zu sechsen, u. s. w. weil alsdann, wenn man die Länge eines Pferdes für das doppelte seiner Breite rechnet, eine Schwadrone ein vollkommenes Viereck darstellen mußte. Andre nehmen die Länge des Pferds für drey Breiten, und alsdann mußte die Fronte der Schwadrone, um ein Viereck auszumachen, drey mal ihre Tiefe enthalten. Unter diesen verschiedenen Stellordnungen zieht Arrian die letzte vor; er hält sie für die einfachste, für die zuträglichste um die Gleichheit der Glieder und Rotten sowol, als die gute Ordnung im Angriff zu erhalten, und für die leichteste um die zerstreute Schwadrone wieder zu vereinigen. Es haben sehr gelehrte Kriegsverständige

I. Theil.   D   dafür

(a) Aelian liefert uns die verschiedenen Arten die Schwadronen in Rauten zu stellen. Einige waren mit Gliedern und Rotten, andere ohne Glieder noch Rotten, bald hatten sie auch Glieder ohne Rotten, oder aber Rotten ohne Glieder. Der Befehlshaber stund an der Spitze des dem Feinde zugekehrten Winkels; der rechte und linke schlossen sich mit zwey Officiers, die man Flankenbewahrer hieß; der Rückwinkel aber durch einen andern, welcher der Rottenschließer genannt wurde. Der Keil war die Halbscheibe der Raute und schloß sich auf gleiche Art. Der Vortheil den man in dieser Stellordnung zu finden glaubte, war dieser, daß eine Schwadrone nicht Gefahr lief, weder auf den Flanken, noch von hinten angegriffen zu werden, und auf allen Seiten ohne Schwenkung Fronte machen konnte. Aelian setzt den Ursprung dieser Stellordnung über die Zeiten Jasons des Gemahls der Medea hinaus, welcher sie verbessert haben soll; andre haben ihn für den Erfinder derselben gehalten.

dafür gehalten, daß die andern Arten nur bloße Uebungs-evolutionen gewesen, die niemals im Kriege gebraucht worden. Indessen glaubt der neue Uebersetzer des älianischen Werks vom Kriegswesen der Griechen, das Gegentheil unwidersprechlich bewiesen zu haben. Es ist hier der Ort nicht, sich dißfalls in eine Untersuchung einzulassen, die zu weitläuftig wäre; ich verschiebe mein Urtheil bis zu Ende dieses Werks, wo ich alsdann anführen werde, was mir in dieser Sache am wahrscheinlichsten vorkömmt.

Allein die Art die Schwadronen in Rauten, Keule oder Vierecke zu stellen, mag beschaffen gewesen seyn wie sie immer wolle, so bleibt allemal gewiß, daß man die Eigenschaften der Stärke, der Leichtigkeit und der Behendigkeit in den Bewegungen dabey suchte. (a) Die Anzahl der Reuter woraus sie bestunden, mochte wohl nach den Umständen verschieden seyn, indessen war sie doch gemeiniglich hundert und acht und zwanzig Pferde stark. Dieses ist es, was Arrianus eine Epilarchie nennet, die aus zwey Compagnien oder Ilen zusammen gesetzt war, deren Anführer Ilarch hieß. Also hatte eine viereckigte Schwadron eine Fronte von sechzehn Mann zu achten in der Tiefe, oder von vier und zwanzig zu zwölfen. Allein, wenn man die Lacedämonier ausnimmt, die sich allezeit sehr schlecht auf die Reuterey verstunden, so stellten die Griechen ihre Schwadronen niemals höher als acht Pferde, und man befliß sich Zwischenräume zu lassen, die der Fronte fast
gleich

*S.17. (a) Diese Eigenschaften fand man bey den Schwadronen der Perser nicht. Sie stellten sich nach Polybius Berichte auf hundert Mann in der Fronte und acht in der Tiefe.

gleich waren. Oftmals griffen selbst diese acht Glieder nicht zugleich an; die vier ersten sonderten sich ab, um gegen den Feind anzuprellen, und wenn sie getrennt wurden, so zogen sie sich durch die Zwischenräume zurück, um sich wieder zu vereinigen, mittlerweile, daß die andern nun auch angriffen. Die leichte Reuterey stellte sich gemeiniglich an die Spitze oder auf die Flügel der schweren, welche die Linie formierte. Oft mengte man auch zwischen die Schwadronen leicht bewaffnete Fußvölker, die sehr behend und zu dieser Art des Gefechtes bestens abgerichtet waren; eine Methode, welche die allergeschicktesten Heerführer jederzeit mit gutem Erfolg nachgeahmet haben.

Was den Posten betrift, den man der Reuterey in den Schlachten anwieß, so haben alle die, so sie wohl zu gebrauchen wußten, sie jederzeit auf die Flügel gestellt, dafern es der Ort, oder irgend ein besonderer Umstand nicht anders erforderte. Da man in den ersten Zeiten auf die Fronte Linien von Streitwagen stellte, welche statt der Reuterey dienten, so hat man geglaubt, daß die Griechen, nachdem sie diesen Gebrauch abgeschafft, und ächte Reuterey eingeführt hatten, die Gewohnheit sie vor die Infanterie zu stellen, nicht völlig lassen konnten. (a) Diese Muthmaßung ist auf die Stellung der Lacedämonier bey Leuctra gegründet. Es mochte nun aber dieselbe von der Gewohnheit oder von der Unwissenheit des Cleombrotus vielleicht auch von der Lage des Erdreichs hergerührt haben, so ist allemal gewiß, daß man keine schlechtere Anstalt hätte treffen können

---

(a) Dieses ist die Meynung des Uebersetzers Aelians in seiner gelehrten Abhandlung über das Kriegswesen der Griechen.

können. Epaminondas stellte zwar seine Cavalerie eben so; allein er wußte, daß die seinige an Geschicklichkeit der lacedämonischen so sehr überlegen war, daß er keine Gefahr dabey lief; und wäre sie auch zurück getrieben worden, so hätte die Entfernung, worinnen die Phalanx stund, und das Manöuvre, so sie während der Zeit machte, ihren Rückzug vor aller feindlichen Beunruhigung gesichert; wie man aus dem Plan ersehen kann, den ich von dieser berühmten Schlacht geben werde.

Zweyter Abschnitt.

Wenn gleich die Reuterey ein wesentliches Stück eines Heeres ist, so macht die Infanterie doch immer seine Grundveste und Stärke aus: Es ist möglich mit wohl abgerichteten und wohl angeführten Fußvölkern allein zu kriegen, weil ein geschickter Heerführer allezeit sein Erdreich darnach aussuchen, die zu seinen Unternehmungen tauglichsten Maßregeln ergreifen, und sich anders nicht als in einem günstigen Zeitpunkt in ein Treffen einlassen wird. Hingegen würde ein aus lauter Cavalerie bestehendes Kriegsheer niemals große Dinge ausführen können; seine Verrichtungen würden sich auf bloße Streifereyen einschränken, es wäre denn, daß sie mit Völkern ohne Wissenschaft und Kriegszucht zu thun hätten. Die Griechen hatten nach Abschaffung der Streitwagen lange Zeit nichts als Infanterie, mit der sie sich doch sehr viele Geschicklichkeit erwarben. Ihre Stellungsart war die Phalanx; durch dieses Wort verstund man ein zur Schlacht geordnetes starkes Corps Infanterie, von einer sehr großen Fronte und

Tiefe

Tiefe, dessen verschiedene Theile so fest an einander geschlossen waren, daß sie nur ein Ganzes ausmachten, und auch eine gleiche Bewegung zu beobachten hatten. Diese Stellordnung war die allgemeinste, aber auch diejenige, auf die man am ersten verfallen mußte, und welche die asiatischen und afrikanischen Völker, sowohl als die europäischen Barbaren befolget haben. Polidnus * schreibt ihren Ursprung dem Pan, einem Heerführer des Bacchus zu, der sie ausdachte und mit dem Namen Phalanx belegte. Er fügt hinzu: Pan habe ihr auch noch zween hornförmige Flügel vorgesetzt, welches Anlaß gegeben ihn mit Hörnern vorzustellen. Ohne sich in den Finsternissen der Fabel zu verlieren, so ist leicht zu ermessen, daß diese Stellungsart aus dem höchsten Alterthume herrührt, weil sie schon vor Homers Zeiten bey den Griechen eingeführt war, die sie nach der Hand verbessert, und mit weit mehr Kunst als alle andere Völker zusammen gesetzt haben.

Man pflegte den Haupttheil der Schlachtordnung, wo die schwere Infanterie stund, Phalanx zu nennen: da aber die Armeen aus mehrern verbundenen Völkerschaften zusammen gesetzt waren, und ein jedes Volk ein abgesondertes Corps ausmachte, so waren es eben so viel besondere Phalanzen, die zur Hauptschlachtordnung gehörten. Solchergestalt formierten bey der Schlacht von Mantinea, die Athenienser, Lacedämonier, Eleer und Arcadier lauter besondere Phalanxen. Dieses Wort wurde also zur Benennung der ganzen Schlachtordnung sowohl als eines jeden ihrer Theile gleichmäßig gebraucht. Eine jede Nation stellte auch ihre Phalanx nach ihrer Art, und richtete ihre Bewegungen nach ihrer Zusammensetzung ein. Xenophon (a) und Thucydides lehren uns, daß die spartanischen Völker in Haufen von vier bis fünfhundert Mann getheilt gewesen. Ein jedes Corps wurde von einem Polemarchen befehligt, welcher vier Locachen oder Hauptleute unter sich hatte. Die Compagnien waren in zween Theile, wovon ein jeder seinen Anführer hatte, und diese wieder in Pelotons oder Geschwader abgetheilt. Die Vereinigung mehrerer dergleichen Haufen, wann sie neben einander in Schlachtordnung gestellt wurden, hieß die Phalanx, und jeder von ihnen, oder zween zusammen ein Abschnitt oder eine Section. In Athen waren zehn Zünfte, wovon jede eine besondere Schaar oder ein Regiment lieferte, und wenn diese zusammen gestoßen waren, so machten sie die attische Phalanx aus. Bis dahin verstund man unter diesem Worte nichts als die gewöhnliche Stellung des schweren Fußvolks in den Treffen. Um diesen Namen zu erlangen, mußte sie in einer Linie stehen, und mit in der Schlachtordnung begriffen seyn; alsdann blieb ihnen derselbe bey allen Manoeuvres, die von der ersten Stellung abhiengen.

Als Philipp König von Macedonien sich eine gute Infanterie anschaffen wollte, so errichtete er ein Corps von sechstausend Macedoniern, denen er den Namen Phalanx gab. Diese einem fest bestehenden Corps Truppen ertheilte Benennung, die eigentlich blos seiner
Stellart

(a) Xenophon sagt, daß die ganze spartanische Infanterie in vier gleiche Haufen getheilt gewesen, davon nach seinem Berichte jeder 400 Mann stark war. Thucydides setzt sie auf 500: vermuthlich ist ihre Zahl und Stärke nach Erforderniß der Umstände abgeändert worden.

Stewart zukam, hat den falschen Wahn veranlaßt, daß er die Phalanx erfunden habe. Allein Philipp hat blos die Grundsätze und das taktische System der Griechen angenommen und zu verbessern gesucht. Er erlangte auch seinen Endzweck und zwar durch die Strenge seiner Gesetze, durch die großen Belohnungen, die er auf ihre Befolgung setzte, durch die beständige Uebung seiner Truppen und durch die trefflichen Waffen, die er ihnen geben ließ. Diese guten Verordnungen waren der Anfang seines Ruhmes und der Macht des macedonischen Reichs. Alexander vermehrte nachher dieses Corps, welches immer in einem ausnehmenden Verstande den Namen der macedonischen Phalanx behielt, wodurch es von den andern Truppen seiner Armee unterschieden wurde.

Aelianus und Arrianus haben uns die Zusammensetzung der Phalanx auf dem Fuß von 16384 Mann hinterlassen, eine Zahl, die bis auf Eins zertheilt werden kann. Sie wurde auf folgende Art formiret: Erstlich stellte man eine Rotte von 16 Mann, welche in Prorostaten und Epistaren, das ist, in Erste und Andere getheilt war, so daß der Vordermann Prorostates, (†) der folgende Epistates, der dritte wieder Pro-

---

(†) Er heißt auch oft mit Prostates oder Prostata, lateinisch Præstes, und könnte im Deutschen durch Vordermann, so wie der Epistates oder Epistata, lateinisch Subsles, durch Hintermann übersetzt werden. Parastatá oder Allstites, scheinen diejenigen geheißen zu haben, welche jeder Soldat im Gliede rechts und links neben sich hatte, und die wir Seitenmänner nennen können. Vitruv meynet, daß

Protostates, der vierte Epistates u. s. w. bis zum letzten genannt wurde. Diese Protostaten und Epistaten stunden wechselsweise zwischen dem Vordermann oder Rottmeister, welcher Locagos, und dem Rottenschließer, den man Ouragos hieß, welches gemeiniglich zween auserlesene Soldaten waren. Ueberdieses wurde die Rotte noch in zween Theile Dimerien genannt, und jede Dimerie in zwo Enomotien zerfället. Der Soldat, der an der Spitze einer jeden solchen Abtheilung und Nebenabtheilung stund, war ihr Haupt. Also gab es Rotten=, Halbrotten= und Viertelsrotten=Anführer. Zwo zusammen gestellte Rotten formierten eine Dilochie, deren Anführer Dilochit hieß. Dieser Haufe bestund aus . . . . 32 Mann.

Zwo Dilochien gaben eine Tetrarchie . . 64

Zwo Tetrarchien eine Taxiarchie deren Befehlshaber Taxiarch hieß 128

Zwo Taxiarchien bildeten das Syntagma, welches aus 16 Rotten bestund . . . 256

Dieses Corps war vollkommen viereckigt, indem seine Fronte und Tiefe 16 Mann hielt. Bey jedem Syntagma befanden sich fünf Uebervollzähligen, die aber nicht

---

daß diese Parastaten sowohl als die Prostaten und Epistaten, gewisse bey den Hörnern der Phalanx angestellte Befehlshaber gewesen seyn; dahingegen Aelian mit unserm Verfasser die Soldaten jeder Rotte ausdrücklich mit diesen beyden Namen bezeichnet und unterscheidet, so daß das ganze Kriegsheer aus lauter Prostaten und Epistaten bestanden hat, zu gleicher Zeit konnten diese Benennungen dem ungeachtet auch gewissen Officieren zukommen, so wie das Wort Parastata in der Kriegs= und Civilbaukunst noch seine besondern Bedeutungen hat.

nicht im Gliede ſtunden; nämlich ein Trompeter, ein Fähnbrich, ein Furier, ein commandierender Herold, ein beſonderer Rottenſchließer, der ein Officier war. Zwey Syntagmata gaben eine Pentacoſtar-
chie . . . . 512 Mann.
Zwo Pentacoſtarchien, eine Chiliarchie, deren Anführer den Namen Chiliarch
hatte 1024
Zwo Chiliarchien eine Merarchie, deren Befehlshaber Telearch hieß . . . 2048
Zwo Merarchien eine Phalangarchie, die von einem Phalangarchen angeführt
wurde 4096

Dieſer Theil war alſo das Viertel der Phalanx und man nannte ihn auch die einfache Phalanx oder auch ſchlechthin die Phalanx. In der Lebensgeſchichte des Alexanders wird oft der Phalanxen des Cönus, des Craterus, des Perdiccas und des Meleagers erwähnet, welches nichts anders als Viertheile oder Sectionen der ganzen Phalanx bedeutet, von welchen dieſe Feld-herrn Befehlshaber waren.

Zwo einfache Phalanxen machten eine Diphalangarchie, welche auch ein Flügel oder Horn hieß, und die Hälfte der ſchweren Fußvölker ausmachten . . . . 8192 Mann.

Die beyden Flügel oder Diphalangarchien formierten die Tetraphalangarchie, welches ſo viel bedeutet, als ein Corps, das aus vier einfachen Phalanxen oder Sectionen beſteht 16384

D 5 Die

Die ganze Phalanx enthielt also zween Flügel, 4 einfache Phalanxen oder große Sectionen, 8 Merarchien, 16 Chiliarchien, 32 Pentacosiarchien, 64 Syntagmata, 128 Taxiarchien, 256 Tetrarchien, 512 Dilochien und 1024 Rotten.

Der Zwischenraum so zwischen den beyden Flügeln war, wurde der Mund der Phalanx genannt. Es mußte zwischen den einfachen Phalanxen auch eine Absonderung seyn; weil es nöthig war den Leichtbewaffneten einen Durchgang zu lassen, und weil eine volle Linie vor einer allzugroßen Fronte anders nicht als mit größter Schwierigkeit hätte marschieren können. So klein auch diese Zwischenräume seyn mochten, so konnten sie doch gar geschwind vergrößert werden, wenn man die Mannschaft rechts und links zusammen rücken ließ. Dieses war auch leicht zu bewerkstelligen, weil der Soldat in der Schlachtordnung anfangs mehr Platz einnahm, als wenn er die Picke zum Angreifen vorsenkte. Vermöge der Kunst, die in der Zusammensetzung der Rotten lag, konnte man die Fronte der Phalanx augenblicklich vergrößern und vermindern, welches durch verschiedene Bewegungen bewerkstelliget wurde. Um die Tiefe zu verdoppeln, ließ man die geraden Rotten in die ungeraden einrücken, oder auch an die Spitze und den Schluß derselben treten. Wollte man aber die Tiefe um die Hälfte verringern, so ließ man die zwo halbe Rotten oder Dimerien an die Seite der ersten anschließen, oder es mußten die Epistaten, welches die geraden Soldaten von jeder Rotte waren, in die Glieder der Protostaten, das ist in die ungeraden einrücken. Im Aelian findet man alle Manöuvres, deren

die

die Phalanx fähig war. Die treffliche Uebersetzung, womit der Herr von Bussi die französische Sprache bereichert hat, setzt jedermann in den Stand, sich diese Materie aus dem Grunde bekannt zu machen.

Zu dieser Zahl von 16384 schwerer Infanterie, welche die Kriegsverständigen als die schicklichste festgesetzt hatten, fügten sie noch einen Drittel, das ist, 8192 Leichtbewaffnete, und die Hälfte dieser letztern Zahl, nämlich 4096 für die Reuterey hinzu, welche in 64 Ilen oder Compagnien, jede zu 64 Reutern getheilet waren. Dieses war das richtigste Verhältnißmaß, so sie zwischen der schweren und leichtbewaffneten Infanterie sowohl als der Cavalerie, bey einem Kriegsheer festzusetzen für nöthig erachteten. Aber niemals ist ein griechischer Staat vermögend gewesen, für sich eine so starke Macht auf die Beine zu stellen. In der von verschiedenen Bundesgenossen zusammen gesetzten Armee, wovon ein jeder sein Contingent gab, waren alle diese Phalanxen oft in ihrer Zahl sehr ungleich und in ihrer Zusammensetzung sowohl als in ihrer Stellart verschieden. Bey der Schlacht bey Cornea, wollten die Thebaner sich nicht gleich den übrigen, sechzehn Mann hoch stellen, und vermehrten ihre Tiefe. Die Lacedämonier stellten sich niemals über zwölf, bisweilen auch nur acht Mann hoch. Es scheint nur, daß man bey der allgemeinen Anordnung des Treffens darauf bedacht war, diese verschiedenen Truppen der Einförmigkeit so viel möglich zu nähern, und sie mit Uebereinstimmigkeit agiren zu lassen.

Es konnte also nur eine vereinigte Armee nach den obgedachten Eintheilungen gestellet werden, aber auch davon

davon findet man keine Probe. Es scheint nicht einmal, daß sie von den macedonischen Königen beobachtet worden, die doch mächtig genug waren, dergleichen zahlreiche Corps allein zu unterhalten.

Die stärkste macedonische Phalanx, die man jemals gesehen hat, ist unter dem Alexander selten über zwölf tausend Mann gewesen. Die andern Truppen, die mit in der Linie der Schlachtordnung fochten, waren griechische Hülfsvölker oder in Sold genommene Ausländer, die sich in gleicher Ordnung stellten. Nebst diesen hatte er auch noch Peltasten, die das Mittel zwischen der schweren und leichtbewaffneten Infanterie hielten. Es scheint also, daß die von den griechischen Schriftstellern entworfene Zusammensetzung der Phalanx mehr systematisch, als würklich gewesen. Es war ein idealischer Punkt der Richtigkeit und Vollkommenheit, den die Kriegsgelehrten hingezeichnet hatten, und welchem man in der Ausübung nur so viel als möglich beyzukommen suchte. Hat man ja bisweilen ein vollkommen ähnliches Corps formiret, so geschah es blos durch die Vereinigung verschiedener Truppen, um daraus für den damaligen Augenblick eine vollkommene Phalanx zu machen; wie wenn man um unsere heutige Brigade zu bilden, zwey oder drey Regimenter von verschiedner Stärke zusammen stoßen und sie hernach in Hinsicht auf die Bewegungen so die Brigade zu machen hätte, in größere und kleinere Abtheilungen zergliedern wollte.

Aelian. K. 21. Die der Phalanx zugegebene leichte Truppen stellten sich auf drey verschiedene Arten; auf ihre Fronte, auf die Flügel, oder in den Rücken. Auf den Flügeln vertraten sie die Stelle der Cavalerie; sie bedeckten diese Theile

Theile der Schlachtordnung und konnten auch die freindlichen Flanken anfallen. Zuweilen pflegte man sie auch dieselbst winkelförmig zu stellen. Wenn sie auf der Fronte stunden, so fiengen sie die Schlacht mit dem Wurfgewehr an und dienten auch die Elephanten zurück zu jagen, oder die Streitwagen abzuweisen. Ueberdieses führten sie im Felde den sogenannten kleinen Krieg und wurden zu allen Unternehmungen gebraucht, welche Geschwindigkeit erforderten; sie eröffneten und versicherten die Märsche, sie bemächtigten sich der Anhöhen, hohlen Wege und aller Posten, die einigermaßen vortheilhaft seyn konnten; kurz, sie wurden als die Hände und Augen der Phalanx betrachtet. Ihre Schlachtordnung haben die Taktiker auf eine Höhe von acht Mann festgesetzt; sie ward aber eigentlich nach ihrer Anzahl und nach dem Gutfinden des Feldherrn eingerichtet. Die Methode sie beym Anfang der Schlacht hinter die Phalanx zu stellen, um mit ihrem Wurfgewehr über dieselbe wegzuschießen, war eben nicht so gemein als man sichs eingebildet hat. Alexander wollte diese zu seiner Zeit sehr alte Gewohnheit nicht annehmen, weil er seine leichten Truppen besser zu gebrauchen wußte.

Die Griechen waren in ihren Waffen eben so wenig gleichförmig als in ihrer Stellordnung. Einige, als die Lacedämonier, trugen weit längere Picken, und die andern viel kürzere. Die Rüstungen waren auch unterschieden, und wurden bey ein und eben den Völkern von Zeit zu Zeit abgeändert. Als Jphicrates die Schutzwaffen der athenensischen Infanterie zu schwer, und ihre Trutzwaffen zu kurz fand, so gab er ihnen kleinere Schilde;

Schilde; statt der eisernen Harnische bekamen sie leinene, und er verlängerte die Degen und Pfeile. Philopoemen hingegen glaubte, daß er um der achäischen Phalanx desto mehr Festigkeit zu geben, und den Soldaten die Lust zum entlaufen zu benehmen, sie nicht zu schwer bewaffnen könnte. Er verwarf daher die kleinen Schilde und führte die eiserne Rüstung nebst den langen macedonischen Picken ein. Jeder hatte seine eigene Grundsätze; doch kann man sich folgende Hauptbegriffe davon machen. Man unterschied dreyerley Gattungen Fußknechte; die Opliten, die Peltasten und die Psilieren. Die ersten waren am allerschwersten bewaffnet; sie trugen Helme, eiserne Harnische und Beinschienen, einen großen hölzernen Schild mit einer kupfernen oder messingenen Platte belegt, (a) Stiefletten, oder vielmehr Halbstiefeln, lange Picken und kurze Degen. Die Rüstung der Peltasten war leichter; sie hatten einen kleinen runden Schild, Pelta genannt, von welchem sie auch ihren Namen bekommen, und ihre Picken waren etwas kürzer als diejenigen so die Opliten führten. Diese Art Infanterie wurde sehr hoch gehalten, sie fochte auf der Linie der Schlachtordnung und stellte sich wie die erstern in eine Phalanx. Es scheinet, daß Iphicrates bey der eingeführten Veränderung, den Atheniensern die Rüstung der Peltasten gab. Unter den Psilieren verstund man die leichten Truppen, deren dreyerley waren; diejenigen, welche von freyer Hand Wurfspieße und Pfeile schossen, die Bogenschützen und die Schleuderer. Diese hatten keine Schutzwaffen und meistens auch keine Schilde.

Aelian.
K. II.

Arrians
Taktik.

Die

(a) Zuweilen waren sie nur von Leder.

Die Picke der Macedonier, die man Sariſſa hieß, war die allerlängſte. Anfänglich betrug ihre Länge ſechzehn Cubitos oder Ellen, die hernach auf vierzehn herunter geſetzt wurden, welches nach unſerm Maß ungefähr zweiunzehn Schuhe beträgt. Sobald die Phalanx zum Treffen geſchloſſen war, ſo nahm jeder Soldat von einem zum andern gerechnet, nur zwo gevierte Ellen ein. Der Theil des Schaftes der Picke, den er in Händen hielt, war von zwo Ellen, ſo daß alſo die Picken des erſten Gliedes noch zwölf Ellen hervor giengen. Die Sariſſen des zweyten Glieds reichten über die Fronte der Phalanx zehn, die vom dritten acht, die vom vierten ſechs, die vom fünften vier, und die vom ſechſten zwo Ellen weit hinaus. (a) Da die von den folgenden Gliedern nicht mehr über das erſte heraus reichen konnten, ſo wurden ſie aufwärts getragen und auf die Schultern der Soldaten in vorſtehenden Gliede aufgelegt. Manchmal hat man den hintern Gliedern längere Picken als den vordern gegeben, damit ſie auf der

(a) So wie Aelian die Soldaten die Picke halten läßt, wäre nichts davon über die hindere Hand hinaus gegangen, welches aber doch ſehr nothwendig zu ſeyn ſcheinet, um das Gegengewicht zu halten. Polyb hingegen läßt ſie in einer Höhe von vier Ellen vom Abſatze gerechnet, anfaſſen, welches ihre Länge verminderte und die Picken des ſechsten, ja ſelbſt des fünften Gliedes hindern muſte, über die Fronte hervor zu ragen, ausgenommen wenn die Glieder ſo eng geſchloſſen waren, daß der Soldat mehr nicht als eine Elle einnahm. Dieſes hieß man einen Synaspismus machen, und er wurde nur gebraucht, wenn die Phalanx ſich bereitete, feſtes Fußes einem Anfall auszuhalten; alsdann war es noch möglich, daß die Sariſſen vom ſiebenten und achten Gliede hervorſtehen konnten.

der Fronte gleichförmiger vorschießen, und die Sarissen des ersten Gliedes bey einer mindern Länge desto weniger beschwerlich seyn sollten.

Der Zweck der Stellordnung einer Phalanx war, den Feind durch die Gewalt so vieler aufeinander gepreßten Glieder zu überwerfen. Wenn gleich die letztern ihre Picken nicht gebrauchen konnten, so hielt man sie doch nicht für unnütz, weil man glaubte, daß sie vieles zur Hauptwürkung mit beytrügen, wenn sie das Gewicht ihrer Masse auf die vordern fallen ließen. Diese so fürchterlich scheinende Schlachtordnung war es bloß im flachen und ebenen Felde, wo sie gegen die feindliche Spitze geradezu anprellen konnte. Die geringste Hinderniß oder Ungleichheit des Erdreichs nöthigte sie sich zu öffnen und zu theilen; sobald aber dieses geschah, verlohr sie alle ihre Vortheile. Dieses will ich darthun, wenn ich diese Stellordnung mit der römischen, die ich vorerst erörtern muß, vergleichen werde.

Drit-

Drittes Hauptſtück.
Von der römiſchen Taktik.

Erſter Abſchnitt.

Die Römer, welche ſich bloß durch Nachahmung der Griechen in den Künſten hervorthaten, haben in der Kriegswiſſenſchaft nur ſehr wenig von ihnen gelernet. Die Anlage ihrer Taktik wurde gleichſam mit ihnen gebohren, und ob ſie ſich ſchon in eben dem Maße verbeſſerte, als ſie an Stärke und Macht zunahmen, ſo waren dieſe Berichtigungen doch nichts als bloße Zuſäze zu den Grundregeln, die ſie ſelbſt gemacht hatten. Jene ſo weiſen und oft ſo ſtrengen Kriegsgeſetze, jene zur Aufmunterung des Muths und des Welteifers ſo dienlichen Belohnungen, waren einzig und allein die Früchte ihres Nachdenkens. Eine wunderſame und der gröſten Aufmerkſamkeit würdige Sache iſt es, daß die Römer auſſer gewiſſen Veränderungen, welche die Zeitumſtände erforderten, von ihrem erſten Syſtem niemals abgewichen ſind. Sie beharrten dabey und betrachteten es als die Grundveſte, worauf das Gebäude ihrer Größe ſich ſtützte. Da dieſes ſeine volle Höhe erreicht hatte, ſo ward es auch mitten unter den Anfällen und Erſchütterungen vieler politiſchen und moraliſchen Gebrechen, noch lange durch die bloße Stärke ihrer Kriegsverfaſſung aufrecht erhalten. Es fieng erſt alsdann an zu sinken, als ihre Kriegszucht verdorben war und neue Grundsätze die alten verdrungen hatten.

Ob ich gleich in meinen Versuchen schon sehr weitläufig von dem römischen Kriegswesen gehandelt habe, so kann ich gegenwärtig doch nicht umhin die Stellordnung, die Waffen und die Streitart der Legion wenigstens in einem kurzen Abrisse zu entwerfen. Die vernunftmäßige Prüfung derselben, worein ich mich nachher bey ihrer Vergleichnng mit der griechischen Stellordnung einlassen werde, kann um desto nützlicher seyn, da sie zum überzeugenden Beweise dienen wird, daß unsre alten Heerführer sehr triftige Ursachen hatten, ihr den Vorzug einzuräumen. Es scheint ohnehin, daß die Römer, diese Ueberwinder der halben Welt, weit eher als die besiegten Völker zu Mustern dienen sollten. Allein die Meynung muß unsre Wahl nicht entscheiden; blos durch die genaue Zergliederung der Legion, durch die Erforschung der Ursachen ihrer Vortheile von ihrem Ursprung an bis zu ihrem Verfalle, und durch die Vergleichung ihrer Würkungen mit der gegenseitigen Taktik wird man in den Stand gesetzt, von dem Grade ihrer Vorzüge zu urtheilen.

Man kann die Erfindung der Legion mit dem Ursprunge Roms in einen Zeitpunkt setzen. Bey der ersten Abzählung welche Romulus von den streitbaren Bürgern machen ließ, fanden sich ihrer drey tausend, aus denen er seine Infanterie formierte, nebst einem ausgezogenen Kern von dreyhundert Mann, welche nach Befinden der Umstände zu Pferd oder zu Fuße fechten sollten. Diese hießen anfänglich Celeres, nach dem Namen ihres ersten Befehlshabers Fabius Celer, oder vielmehr
wie

wie Julius Scaliger meynet, wegen ihrer Leichtigkeit und Schnelligkeit die Befehle ihres Fürsten zu vollziehen. Hierauf nannte man sie Flexumines und darnach Trossuli, von Trossulum einer toskanischen Stadt, die sie ohne Hülfe der Fußvölker einnahmen. Endlich erhielten sie den Namen Equites, Ritter, welche Benennung ihren Stand und ihre Art zu dienen am allerbesten bezeichnete. Die Republick lieferte ihnen ein Pferd, und sie wurden durch einen goldenen Ring unterschieden. Wer unter diese Classe aufgenommen werden wollte, mußte gewisse Einkünfte haben; doch wurden auch Geburt und geleistete Dienste in Betrachtung gezogen. Ihre Anzahl wuchs mit der Stärke des Staats, bis sie endlich unter der Regierung der Kayser die ganze römische Cavalerie allein ausmachten.

Plinius B. 33.

* Die Legion war anfangs in Compagnien oder Manipuln getheilt, wovon jede eine Fahne hatte. Dieses war zuerst nur ein Bündchen Heu, das an einer langen Stange bevestigt wurde; bald aber setzte man die auf kleinen hölzernen Scheiben abgebildeten Götter an dessen Platz, und in der Folge wurden auch die Bildnisse der Kayser hinzu gethan. Jede Legion hatte eine Hauptfahne, welche die Figur eines Thieres, als ein Pferd, einen Wolf, einen Minotaur vorstellte. Endlich wurde der Adler angenommen, und er blieb auch beständig die Hauptfahne aller Legionen. Die Fahnen der Römer waren heilig, und wurden fast so sehr als die Götter selbst verehret. Wer sie verlohr oder verließ, hatte das Leben verwürkt. Tacitus führt es als einen glücklichen und merkwürdigen Zufall an, daß man bey dem Sieg über die Bructerer eine solche Adlerfahne, die bey der

Sueton beym Tiber.

Niederlage des Varus verlohren gieng, wieder erobert hat.

Ein Manipulus bestund gewöhnlich aus hundert und zwanzig Köpfen, welche in zwölf Decurien oder Cameradschaften zu zehn Mann getheilet wurden, die bey der Armee gemeinsam lebten und sich beysammen lagerten. Dieses war sein ordentlicher Fuß; zuweilen ist er auch bis auf hundert und sechzig Mann vermehrt worden.

*Man unterschied dreyerley Arten Soldaten. Die Hastarii oder Spießknechte, waren die jüngsten und behendesten; sie fochten im ersten Gliede. (†) Die Principes, welche geübter und stärker waren, mußten sie unterstützen; die Triarii als die ältesten, stunden im Rückhalt.

Livius, B. 11.

Die erste Stellordnung der Römer war gleich der Phalanx, eine volle Linie, mit einigen in gewissen Entfernungen angebrachten Zwischenräumen, welches sie aber nicht hinderte, noch eine zwote Linie, oder doch wenigstens eine Reserve zu haben. Dieses dauerte bis zur Einnahme von Veii: nachdem stellte sich die Legion auf drey aus Manipuln formierte Linien, die als ein Schachtbrett geordnet waren; eine Stellart, welche die Römer von den Hetruriern gelernet hatten, und die sie bis zur Vollkommenheit verbesserten. Sie bildeten die erste Linie aus den Manipuln der Spießknechte,

Ebd. B. 8.

(†) Sie hießen auch Hastati, und fochten nicht sowohl im ersten Gliede, als in der ersten Linie oder im Vordertreffen, wie man besser unten sehen wird.

Fnechte, welche unter sich Zwischenräume laßen mußten,
die ihrer Fronte gleich waren. In die zwote stellten sie
die Principes, und zwar den Zwischenräumen der ersten
gegen über. Die Triarier behielt man für die dritte
Linie, welche zur Reserve diente. Die Entfernung
von einer Linie zur andern, betrug ungefähr achtzig
gemeine Schritte. (a)

(a) Verschiedene Autoren haben die Principes ganz irrig
vor die Spießknechte gestellet, (†) und viele vermengen die
Cohorten mit den Manipuln. Der Ritter von Folard ist in
andre Fehler verfallen; er hat sich eingebildet, daß vor Pyr-
thus Zeiten weder Hastarier, noch Principes, noch Triarier
gewesen, und daß die Stellart in Form des Quincunx kurz
vor dem ersten punischen Kriege aufgekommen sey. Er hätte
nur den Livius lesen dörfen, um das Gegentheil zu sehen;
über den Artikel ihrer Waffen war er nicht besser unterrichtet.

(†) Die Vertheidiger dieser Meynung stützen sich auf die
Bedeutung des Worts Principes, vornehmlich aber auf eine
Stelle des Vegez, welche ihnen allerdings günstig ist. Man
darf aber nur die Zeitpuncte unterscheiden, so wird man beyde
Meynungen mit einander vergleichen, und in ihrem Werthe
laßen können. Wahrscheinlich ist es, daß in den ältesten
Tagen Roms, die Principes die erste Linie der Schlachtordnung eingenommen, und vielleicht auch daher ihren Namen
empfangen haben. Es ist aber auch unleugbar, daß in
dem verbesserten Zustande des römischen Kriegswesens,
diese Kernvölker das zwote Treffen formierten, wie solches
Livius ausdrücklich bezeuget: " Haftatorum prima Signa
" deinde Principum erant : Triarii postremos claude-
" bant. Zuerst stunden die Fahnen der Spießknechte; hierauf
" die Principes, die Triarier schloßen die Schlachtordnung
" dieser letztern. " Indessen gab es auch zu Cäsars Zeiten
eine Gattung Principes, welche an der Spitze der schweren

Der Manipulus stellte sich zehn Mann hoch, folglich hatte er eine Fronte von zwölfen oder aber von sechzehn, wenn er bis auf hundert und sechzig Mann verstärkt war. In einer jeden Legion waren zehn Manipula Hastarier, zehn Principes und eben so viel Triarier. Diese letztern bestunden nur aus sechzig Mann, und stellten sich auch nur in fünf Glieder. Ihre Schutzwaffen waren ein offener Helm, (†) ein eisern Brustſtück von zwölf Zoll ins Gevierte, und ein Schild von vier und einem halben Schuh in der Höhe und dritthalb in der Breite. (a) Die Officiers trugen Panzerhemder

Polyb, B. 6.

Infanterie das Treffen anfiengen. Sie waren aber leicht bewaffnet, und nicht nur in diesem Stücke, sondern auch darinnen von den ältern Truppen dieses Namens unterschieden, daß sie nicht in die Stellordnung der Legion gehörten, und eine niedrigere Klasse von Soldaten ausmachten. Die Verwechslung der obgedachten Kernvölker mit diesen leichten Fußknechten, welche auch einige für die alten aber abgearteten Principes halten, hat nicht wenig dazu beygetragen, die Meynungen über diese Materie zu theilen und zu verwirren.

(†) Der römische Helm unterschied sich darinnen von dem griechischen, daß er an seinem untern Rande gleich einer Mütze völlig rund war, dahingegen der griechische über der Stirne eine Art von Schirm oder Visir, und am Hinterkopf ein herabgehendes Nackenstück hatte.

(a) Anfänglich hatten sie nur kleine runde Schilde nach Art der Argier; Camillus gab ihnen den großen Schild der aus zwey zusammen gefügten Brettern bestund, die mit Leder überzogen und mit einer eisernen Platte beschlagen waren. Auf diese schrieb man den Namen des Soldaten und die Nummer seiner Schaar. Wenn er nicht zum Treffen zieng, so bedeckte er ihn mit einem Leder, und hatte auch ein Futteral über den Helm.

Veget, B. 11.

der oder schuppichte Harnische von Eisenblech. Ihre Beinkleidnng bestund in Halbstiefeln mit eisernen Nägeln beschlagen, und am rechten Bein war eine eiserne Schiene bevestigt. Zu ihren Trutzwaffen hatten sie zween Spieße oder Pilen, wovon der eine viel länger und schwerer war, als der andre. Der Schafft des größern hatte sechsthalb Fuß in der Länge und ungefähr zween Zoll in der Dicke. Das Eisen, welches dreyeckigt, rund oder viereckigt war und eine angelsörmige Spitze hatte, schoß neun Zoll lang hervor, und beschützte auch den Schafft bis auf die Hälfte. Dieses fürchterliche Gewehr diente zum werfen und stoßen; weder Schild noch Harnisch konnten ihm widerstehen. Das andere Pilum war ein Wurfspieß von vier Schuhen mit Innbegriff seines Pfeileisens, welches fünf Zoll in der Länge hatte. Die Soldaten waren zum werfen dieser beyden Gewehre abgerichtet. Das Pilum wurde nur ganz in der Nähe geworfen; oft brauchten sie es auch zum schlagen, besonders wenn sie Reuterey vor sich hatten. Dieses war das Gewehr der Hastarier und der Principum. Der Triarier trug eine Picke oder Partisane von zehn bis eilf Schuhen mit einigen Wurfpfeilen in der Höhlung seines Schildes; alle aber hatten breite, zweyschneidige und zwey und zwanzig Zoll lange Pallasche. Sie borg-ten sie den Spaniern ab, und machten ihr zuverläßigstes Gewehr daraus: man trug es auf der rechten Hüfte, weil der Schild, der am linken Arme hieng, ihm auf dieser Seite hinderlich gewesen wäre.

Vegetz. B. 1k. K. 3.

Livius, B. 38.

In der Schlachtordnung nahm ein Fußknecht in allem sechs gevierte römische, das ist, ungefähr fünf französische Fuß ein. Den Angriff machte er lausend,

E 4 oder

oder doch wenigstens in einem sehr schnellen Schritte. Anfänglich warf er seine zwey Pilen und griff sogleich zum Pallasch. Wenn die erste Linie zurück getrieben wurde, so zog sie sich hinter die Principes, um sich wieder zu vereinigen; alsdann griffen diese an ihrer Stelle an, oder sie fügten sich beyderseits ineinander, (†) um mit gesammter Hand und verdoppeltem Nachdruck anzulaufen. Die Triarier, welche mit einem Knie auf der Erde lagen, um vor dem Pfeilschuß sicher zu seyn, griffen erst in der äussersten Noth an. Oefters entschieden sie auch den Sieg, oder wenn sie das Treffen nicht mehr herstellen konnten, so bedeckten sie den Rückzug. Es gab auch Gelegenheiten, da sie zurück blieben und das Lager bewachten, alsdann aber formierte man eine andere Reserve.

Livius, B. 8.

Die Ritter wurden in Turmen von dreyßig, oder nach Vegezens Berichte, von zwey und dreyßig Mann abgetheilt, und vier Mann hoch gestellet. Der Anführer einer Turme hieß Decurio, (††) und es stunden zehn solche Haufen bey einer Legion. Die von den Bunds-

---

(†) Dieses Einrücken der zwoten Linie in die Zwischenräume der ersten, hat ohne Zweifel den Irrthum begünstigt, als ob die Principes jederzeit im ersten Treffen gestanden hätten.

(††) Jede Turme bestund aus drey Decurien von zehn Mann, die von den drey römischen Zünften der Ramnenser, Tatienser und Lucerer zusammen gestoßen wurden. Ein jeder dieser drey Haufen hatte seinen Decurio, so daß ihrer eigentlich drey bey einer Turme waren, welche von dem ältesten dieser dreyen angeführt wurde. Vermuthlich hat Vegez, da er die Turme auf zwey und dreyßig Mann setzt, die beyden Unterdecurionen mit darzu gerechnet.

Varro de L. L. lib. 4. cap. 16.

Bundsgenossen gelieferte Reuterey wurde gleich der römischen, von ausgesuchten Leuten zusammen gesetzt und eben so gestellet. Da die römische Reuterey anfänglich bestimmet war, zu Fuß und zu Pferde zu fechten, so hatten sie keine andere Schutzwaffen, als kleine rindslederne Schilde. Der Reuter hatte zu seinem Anzug eine kurze Weste, damit er sich leicht auf das Pferd heben, und schnell wieder herunter springen konnte, welches im Handgemenge oft zu geschehen pflegte. Seine Lanze war sehr dünne, schwankend und zerbrechlich. So lange die Römer nur in Italien Krieg führten, konnten sie diesen Fehler nicht leicht einsehen, weil die Reuterey ihrer Nachbarn auch nicht besser beschaffen war. Sobald sie aber mit den Griechen und Karthaginensern zu thun bekamen, so erkannten sie gar bald die Nothwendigkeit diesen Gebrauch abzuändern. Sie nahmen sogleich den eisernen Helm, das Panzerhemd, und eine an beyden Enden mit Eisen beschlagene Lanze an, deren Griff ungefähr am dritten Theil ihrer Länge war, damit wenn der Oberschafft zerbrach, das andere kürzere Stück noch dienen konnte. Endlich errichteten sie auch leichte Reuterey aus Numidiern, Spaniern und nachher auch von Galliern.

Wir haben oben gesehen, daß Romulus dreyerley Arten Soldaten, nämlich Hastarier, Principes und Triarier aufgestellt hatte, welche aus der mittlern Klasse der Bürger ausgehoben wurden, denn alle Arme und Leibeigene waren vom Dienste ausgeschlossen, weil Rom seine Waffen nur solchen Leuten anvertrauen wollte, deren eigner Nutzen es erforderte, den Staat zu vertheidigen. Indessen zog man nach der Hand aus der niedrigem Klasse leichte Truppen, welche Rorarii hießen, und wovon einige mit Schleudern andere mit Wurfspießen bewaffnet waren. (a) Im zweyten punischen Kriege führte man statt ihrer die Veliten ein, welche zwar im Grunde mit jenen eins waren, die man aber anfieng in kleinen Haufen zwischen die Reuterey zu mengen. Sie deckten sich blos durch einen leichten Schild und eine lederne Haube, Galea genannt; sie führten einen Pallasch und sieben Wurfpfeile, welche nur eines Fingers dick und drey Fuß lang waren. Das Eisen, dessen Hamen ungefähr sechs Zoll betrug, hatte eine so feine Spitze, daß sie beym ersten Wurf zerbrach oder stumpf wurde, damit der Feind sie nicht zurück schießen konnte. Diese vierte Gattung war ebenfalls in Manipuln eingetheilt, und von derjenigen Mannschaft zusammengesetzt, die außer dem Nothfall unter die Schwerbewaffneten nicht zugelassen werden konnte. Durch dieses Mittel benutzte das Vaterland eine Menge Leute, welche die Staatsklugheit und die Ehre der Waffen anfänglich vom Dienste ausgeschlossen hatte, die aber die Noth des Krieges unentbehrlich machte.

Viele, die vom römischen Kriegswesen ohne hinlängliche Kenntniß geschrieben haben, reden mit Verachtung von dieser Klasse der Fußknechte, und bilden sich ein, sie wären in keine Betrachtung gekommen. Wenn diese

(a) Ihr Name, der von einem Thauregen hergekommen ist, drückte ihre Verrichtungen sehr wohl aus. Diese waren sich ohne Ordnung zu schlagen, und auf allen Seiten umher zu schwärmen, um den Feind mit einem Pfeil- und Steinregen zu beunruhigen.

diese Schriftsteller einige Kenntniß vom Kriege gehabt hätten, so würden sie anders geredet haben. Die leichten Truppen waren einem Heere so nöthig, als es die Arme dem Leibe sind. Sie plagten den Feind, verfolgten ihn wenn er geschlagen war, hielten seinen Rückzug auf, holten Kundschaft ein, und bemächtigten sich der Anhöhen. Zur Zeit der Schlacht fiengen sie das Gefechte durch ihr Wurfgewehr an, und wenn beyde Theile sich näher kamen, so zogen sie sich durch die Zwischenräume zurück, oder man wieß ihnen Posten an, wo sie den Feind durch ihre Pfeile beunruhigen konnten: mit einem Wort, sie dienten bey der Legion, so wie die leichtbewaffneten Griechen bey der Phalanx. Warum sollten also die Römer sich wenig aus ihnen gemacht haben? es müste denn der Mensch aus einer seltsamen Widersinnigkeit gewohnt seyn, alles dasjenige zu verachten, was ihm die nützlichsten Dienste leistet. In der That hatte man in Frankreich noch vor zwanzig Jahren keine bessere Begriffe von den leichten Truppen; allein die so ihren Gebrauch kennen, sind von diesem Vorurtheil völlig genesen.

Vor der Aufrichtung der Veliten waren bey einem jeden Manipul Hastarier, zwanzig leichtbewaffnete Fußknechte, welche den nämlichen Dienst thaten. Die Anzahl der Veliten war aber viel größer. Die Legion enthielt damals zwölf oder funfzehn hundert Hastarier, eben so viel Principes, halb so viel Triarier, zwölf hundert Veliten und zweyhundert und zwanzig Reuter; jede dieser Gattungen war in zehn Manipuln getheilet. (a)

Dieses

(a) Romulus hatte zwar die Legion errichtet; allein Tullus Hostilius bevestigte die Gesetze der Mannszucht. Der Heerführer

Dieses ist die erste Stellordnung der Legion, welche durch die Schärfe der Mannszucht bevestigt, und durch den Reiz der Belohnungen bestecket, die Römer anfänglich zu Beherrschern von ganz Italien machte, und wodurch sie nachmals über die Gallier und Spanier, über die Geschicklichkeit des Hannibal und die Macht des Perseus und Antiochus triumphiert haben. Als die Zerstörer von Karthago, die Ueberwinder Griechenlands und eines Theils von Asien, bereicherten sie sich mit dem Raube der Besiegten, aber indem Rom sich vergrößerte, so schmiedete es durch seine Siege die Ketten, die es einst fesseln sollten. Der Ehrgeiz gewann über die Liebe des Vaterlandes die Oberhand, und Bürger, welche mächtiger geworden als Könige, wollten nicht mehr gehorchen. Daher kamen die wütenden Auftritte des Marius und Sylla, die Kriege des Sertorius, Pompejus und Cäsar; daher entstund die Unterdrückung der

führer hatte bey der Armee eine unumschränkte Gewalt, und das Recht den ersten Officier wie den letzten Soldaten mit dem Tode zu bestrafen. Manlius ließ seinen Sohn hinrichten, weil er wider seine Befehle gestritten, und Papirius ließ den General seiner Reuterey aus gleicher Ursache mit Ruthen streichen, ungeachtet er gesiegt hatte. Wir erstaunen über diese Beyspiele der Strenge, allein wenn die Strafen scharf waren, so waren auch die Belohnungen groß und schmeichelhaft. Sie bestunden in Kronen, Halsbändern, Armringen, Fahnen und Waffen, welche unter öffentlichen Lobsprüchen ausgetheilet wurden. Der Titel Imperator, die Triumphe und die Ehrensäulen, waren für die siegenden Heerführer aufbehalten. Was für mächtige Bewegungsgründe die Ehrsucht anzuflammen! Die Ehrenzeichen können allein der Lebensgefahr die Wage halten, und das Blut eines Kriegsmannes bezahlen.

der Freyheit, die Verachtung der Gesetze, die Ausartung der Kriegszucht; lauter unvermeidliche Folgen der innerlichen Unruhen, und Vorboten des Untergangs eines Staats.

Zweyter Abschnitt.

Bis zur Zeit des Marius, welches die Epoche der zwoten Stellordnung war, bestunden die Armeen aus einer gleichen Anzahl Römer und italiänischer Bundsgenossen, die ihr Contingent lieferten. Bey einer consularischen Armee stunden zwo römische und zwo alliirte Legionen. Ihre Zusammensetzung war eben dieselbe, ausgenommen daß die Bundsgenossen noch einmal so viel Reuterey lieferten. Aus dieser zog der Heerführer einen Drittel, sowohl um ihm zur Wache zu dienen, als um sie bey ausserordentlichen Vorfällen zu gebrauchen. Sie wurden daher auch Extraordinarii genannt, und können als ein Rückhalt von Cavalerie betrachtet werden. In der Schlachtordnung wurde die Infanterie der Bundsgenossen auf die beyden Flügel vertheilt, und die römische in die Mitte gestellt. Die beyderseitige Reuterey stund auf den Flanken, oder sie besetzte die Posten, die man ihr anwies.

In den ersten Zeiten dienten die Bürger auf eigene Kosten, weil die Kriege kurz und in der Nähe waren, und die Truppen nach deren Endigung verabschiedet wurden. Die Klagen des Volkes bey Gelegenheit des vejischen Krieges würkten dem Soldaten einen Sold aus,* welchen die nachmaligen Eroberungen ausserhalb Italien

*J. R. 347.

Italien noch nothwendiger machten, weil die Legionen auf den Beinen erhalten wurden. (a) Man vermehrte auch die Anzahl derselben, und die immerwährenden Kriege verursachten, daß man die Gesetze bey der Wahl der Soldaten nicht mehr so scharf befolgte. Man warb Arme an, und Marius nahm sogar Sclaven und Freygelassene, welches bisher nur in höchsten Nothfällen, als nach der Schlacht bey Cannä geschehen war. Damals wurden die Legionen der Bundsgenossen nicht mehr von den römischen unterschieden, weil alle italiänische Völker nach einem sehr hitzigen Krieg endlich das römische Bürgerrecht erhalten hatten, und also Glieder und Unterthanen der Republick geworden waren.

So lange die Römer mit den Karthaginensern, Griechen und Asiatern zu thun hatten, so dachten sie an keine Veränderung ihrer Taktik, denn nichts war gegen die schwerfällige Phalanx vortheilhafter, als die kleinen Haufen der Manipuln; allein die stürmische Hitze der Gallier, die zahlreiche Reuterey der Numidier, der rasende Muth der Timbrer und Teutonen, dieser Barbaren, welche mit dem Säbel und der Streitart fochten, gab ihnen zu erkennen, daß ihre Stellordnung zu schwach war. Sie hatten sich schon bey verschiedenen Gelegenheiten gezwungen gesehen, in vollen Linien zu schlagen. Oefters ließ man einen Manipul von jeder Klasse zusammen, und formirte daraus einen Haufen, den

---

(a) Der Sold bestund zu Cäsars Zeiten in fünf Assen. Ein Theil wurde für das Brod, die Waffen und Zelten zurück behalten, welche der Staat lieferte. Man gab den Soldaten auch Zugemüß und Speck.

den man Cohors nannte. Was damals nur zufällig Salust.
war, und auf das Gutdünken des Heerführers ankam, de B.
wurde nun eine festgesetzte Regel. Man vereinigte die Jug.
Manipuln der Hastarier, der Principum und der
Triarier, und jede Legion ward aus zehn Cohorten
zusammen gesetzt. Von den Veliten war keine Rede
mehr. Man hatte Bogenschützen, Schleuderer und
Spießwerfer, welche alle unter dem Namen der leichten
Truppen begriffen wurden.

Uebrigens wurde weder in der Form des Dienstes,
noch in der Ordnung der Amtsstuffen etwas verändert.
Der erste Hastarier, der erste Princeps und der erste
Triarier, waren allezeit die ersten Centurionen der Legion.
Sie erhielten diese Stellen durch ihre Verdienste und
konnten auch zum Primipilat (†) gelangen. Der Centurio, welcher mit dieser Würde begleitet war, hatte
allen andern Hauptleuten zu befehlen und Sitz und
Stimme im Kriegsrath. Bey der Legion stunden sechs Vegez.
Tribunen, welche gleichsam die Obristen waren, und B. 2.
von dem Volk und den Bürgermeistern, oft auch von K. 2.
den Feldherren ernannt wurden. Sie hatten niemanden über sich, als den General oder seinen Lieutenant.
Unter den Kaysern findet man einen Präfect, der allen

Tri-

(†) Der *Primipilus* war der erste Centurio unter den
Triariern; er hieß auch *Centurio primi pili*, das ist, der
Hauptmann der ersten Cohors. Bey den französischen Legionen unter Franz I. hatten die Colonels einige Aehnlichkeit
mit diesen Primipilen. Sie waren ebenfalls nur die ersten
Hauptleute, und vielleicht ist dieses der Ursprung der Gewohnheit, daß noch in neuern Zeiten die Obristen Compagnien
haben.

Tribunen Befehle gab; das Lager hatte auch einen Präfect, welchem die Einrichtung und Policey desselben oblag, und einen Aufseher über die Kriegsmaschinen. Die Mannigfaltigkeit der Amtsstuffen vermindert ihren Werth. Die Römer hatten deren wenig, und bey ihnen findet man keine weitläuftigen Listen von hochbestallten Müßiggängern. Die Zeit des Dienstes war anfänglich sechzehn Jahre; kein Bürger war davon ausgenommen, ein Grundsatz, auf welchem die Stärke eines Staats beruhet. Die Ritter waren nur zu zehnjährigen Diensten verpflichtet, weil man diesen Zeitraum von ihnen forderte, ehe sie zu den Bedienungen gelangen konnten. Das Alter worinnen man die Waffen trug, war vom siebenzehnten bis zum sechs und vierzigsten Jahre, nach welchem niemand mehr angeworben werden konnte. Als die Legionen beständig beysammen, und die Soldaten immer bey ihren Fahnen blieben, so waren sie zu zwanzigjährigen Diensten verbunden, welche nach der Hand auf sechzehn herunter gesetzt wurden. Zu der Zeit, da die Republick sich durch Eroberungen vergrößerte, gab man den Veteranern, das ist, den ausgedienten Soldaten Grundstücke zur Belohnung; unter den Kaysern aber bekamen sie eine gewisse Summe Geldes. (a)

Die in Cohorten getheilte Legion stellte sich wie zuvor auf drey Linien, aber mit keinen Zwischenräumen, die

---

(a) Bisweilen geschah es, daß man die dienstfähigen Veteraner zurück berief; viele unter ihnen kamen auch von freyen Stücken wieder; sie waren von den Kriegsarbeiten frey, und als Kerntruppen angesehen. Ihr Name war Evocati.

die der Fronte gleich, sondern nur so groß waren, als sie zum Durchlaß der leichtern Truppen erfordert wurden. Diese letztere Stellordnung haben die neuern befolgt, sobald sie über die Kriegskunst nachgedacht hatten. Franz I. wollte nach dem Beyspiel der Römer Legionen formieren; er ließ in verschiedenen Provinzen welche anwerben; allein man fand in ihrer Zusammensetzung nichts als eine ganz unförmliche Nachahmung der römischen. Man schaffte sie wieder ab, und obgleich Heinrich II. den nämlichen Vorschlag erneuerte, so ward er doch eben so wenig ausgeführt. Noch vor kurzem ist diese Idee mit ziemlicher Hitze wieder aufgewärmt, und sogar ein Versuch davon unter den Augen des Marschalls von Belleisle gemacht worden.

Um aber auf die ältern Zeiten zurück zu kommen, so verblieb man in Frankreich bey den sogenannten Banden, welche zu Ludwigs XII. Zeiten errichtet wurden. Dieses waren Truppen von vier bis fünfhundert Köpfen, woraus man nach der Hand Regimenter von einem oder mehrern Bataillonen gemacht hat, und auf diesem Fuße ist jetzo die Infanterie aller christlichen Mächte.

Die Römer stellten wie die Griechen ihre Reuterey nur auf eine Linie. Weil dieselbe nicht zahlreich war, so wurden ihr auch bisweilen leichte Fußvölker beygefügt, und wir haben ehmals diese Methode nachgeahmt. Bisweilen wurden auch die Schwadronen Lanzierer und Kürisser mit Carabinierern und reutenden Büchsenschützen vermenget. Die Prinzen von Oranien, Moritz und Wilhelm von Nassau führten den Gebrauch ein,

I. Theil.   F   sich

sich auf zwo Linien mit einem Rückhalt zu stellen. Die Infanterie bestund damals aus Pickenieern und Musketenschützen, welche zehn oder acht Mann hoch gestellt wurden. Beym Ende des letzten Jahrhunderts war die Stellordnung noch zu sechs Mann in der Tiefe; nur erst seit Abschaffung der Picken hat man sie auf vier herunter gesetzt, und jetzo stehen wir endlich nach dem Beyspiel der Preussen, nur noch in drey Gliedern.

Die Ursache dieser Veränderungen liegt im Gebrauche des Feuergewehrs, dessen Würkung man erleichtern wollte, und in der grossen Menge des groben Geschützes, auf das wir unser ganzes Vertrauen zu setzen scheinen. Die römischen Cohorten, welche doch Pilen und Wurfpfeile schiessen mußten, haben sich gleichwol niemals einfallen lassen, ihre Tiefe zu vermindern, so lange die gute Kriegszucht bey ihnen aufrecht blieb. Die besten Heerführer sagen auch noch heut zu Tage, daß man bey Schlachten auf dem platten Felde sich nicht auf das Schiessen verlassen, sondern das Feuer des Feindes aushalten und auf denselben losgehen soll. Dennoch hat man aus einem wunderlichen Widerspruche gerade diejenige Stellart angenommen, die am wenigsten dazu tauglich ist; ein deutlicher Beweiß, daß die einmal unterdrückte Vernunft sich dem herrschenden Gebrauche lange vergebens widersetzt.

Unter der Regierung Ludwigs XIV. waren die Pickenierer der Infanterie noch geharnischt; weil aber ihre Rüstung nur die Pistolenkugeln aufhielt, und die Anzahl der Musketierer bey den Feinden wie bey uns zunahm, so wurde dieselbe völlig abgeschafft. Man

bedach-

bedacht nicht, daß man sie hätte kleiner und fester machen, und anstatt der beyden Stücke, welche den Rücken sowohl als den Vorderleib decken, sich mit einem römischen Brustharnisch begnügen können. Der Angriff der Alten war blos wegen der Festigkeit ihrer Schutzwaffen so gewaltsam; ihre Weglegung würkte eine gewiße schüchterne Behutsamkeit, welche verursachte, daß man sich förchtete, einander nahe zu kommen. Wenn gleich der Harnisch keinen Muth gibt, so erhält er ihn doch, er flöst eine größere Kühnheit ein, und vermehrt das Vertrauen. (†)

F 2   Die=

(†) Eine Meynung, welche der Verfasser mit dem Marschall von Sachsen gemein hat, und in seiner Abhandlung von den Schutzwaffen durch merkwürdige Beyspiele beweiset. Diese schätzbare Schrift, worinnen er für die Infanterie das Bruststück und den Helm der Römer zum Schutzgewehr vorschlägt, verdienet von den Kriegsverständigen auf das ernstlichste erwogen zu werden.

Viertes Hauptstück.
Vergleichung
der Legion mit der Phalanx.

Die Griechen und Römer, welche unsre Muster in allen Künsten waren, haben uns auch in der Kriegskunst zu Meistern gedient. Aus ihren Schriften haben die Neuern die besten Grundsätze dieser mörderischen Wissenschaft gezogen, welche den Menschen so schädlich, und gleichwohl zur Ruhe und Erhaltung eines Staats so nöthig ist. Ein iedes von diesen beyden Völkern hatte eine ihm eigene Elementar-Taktik, deren Grundsätze nichts miteinander gemein hatten: die gröste Gewalt der Phalanx bestund in dem Schlusse der Glieder und Rotten, im Zusammenhang ihrer Sectionen, und überhaupt in der Vereinbarung aller ihrer Theile, welche sie zu einem festen Körper machten. Die Natur ihrer Waffen war ihrer Zusammensetzung und Absicht gemäß, welche darauf zielte, dem Feinde eine undurchdringliche Masse entgegen zu setzen, und ihn durch die Gewalt ihres Anlaufs umzustoßen. Die römische Stellordnung aber, welche in kleine einzelne Haufen abgetheilt war, deren Rotten und Glieder sich nicht allzufest zusammen schlossen, hatte einen andern Endzweck. Indem sie sich auf mehrere Linien und zwar mit Zwischenräumen stellte, die der Fronte dieser verschiedenen

Hau-

Haufen gleich waren, so geschah es, um sie nach Befinden der Umstände entweder nacheinander oder alle insgesammt fechten zu lassen. Ihre Waffen stimmten mit dieser Absicht vollkommen überein, und hätten sich zur Dichtigkeit der Phalanx gar nicht geschickt. Der Gebrauch des Pilums, des Pallasches und des Wurfspießes erforderte eine offene, die Picke hingegen eine geschlossene Stellung. Allein die griechische Anordnung war nur auf eine Art zu gebrauchen, und schien auch nur ein Augenmerk zu haben; die römische hingegen schickte sich zu jedem Erdreich, und war zu allen Bewegungen aufgelegt. Die an einem Orte geöffnete oder durchgebrochene Phalanx konnte sich nicht mehr herstellen, denn die Verwirrung ergriff in kurzem alle ihre Theile. Bey der Legion hingegen hatten einige zu Grunde gerichtete oder zurück getriebene Haufen, keinen Einfluß auf die übrigen, die in keinem Verhältniße mit ihnen stunden. (a) Die von der zwoten Linie traten an ihren Platz, mittlerweile daß sie sich wieder in Ordnung stellten, und wenn auch diese auseinander gerissen wur-

(a) In der Legion hatten die Manipuln unter sich keinen andern Zusammenhang, als die Uebereinstimmung, womit sie ihre Bewegungen anstellten. Wann ein Manipul oder eine Cohort niedergerissen wurde, so traf der erlittene Schade sie allein, anstatt daß bey der Phalanx die Einrichtung der Abschnitte den einen von dem andern abhängig machte. Die geometrische Berechnung auf welche sie sich gründete, begünstigte zwar die Richtigkeit der Bewegungen; allein was die Vertheidiger der Phalanx auch immer sagen mögen, so besaß dieselbe keinen Vortheil, den man nicht auch bey der Zusammensetzung der Legion finden konnte, ohne daß hingegen diese die nämlichen Fehler an sich hatte.

worden, so nahm man seine Zuflucht zum Rückhalt. Unter zwoen Armeen muß die, welche bis auf die Letzte frische Truppen behält, den Vortheil über diejenige erhalten, so die ihrigen alle auf einmal hat fechten lassen. Dieses war ein wichtiger Unterschied zwischen der Phalanx und der Legion. Die Römer fochten auf drey Linien, anstatt daß die griechische Anordnung nur eine hatte, und so oft sie wie bey den Karthaginensern aus etlichen bestund, so gereichte es allemal zu ihrem grösten Schaden; weil diese Linien die nöthigen Zwischenräume nicht hatten, um die geschlagenen Haufen durchzulassen, welche sich auf die nachfolgenden warfen, und Schrecken und Unordnung unter ihnen verbreiteten. Diese Streitart schickte sich nur für die römische Stellordnung, welche Biegsamkeit und Schnellkraft genug besaß, um den Truppen eine abwechselnde Bewegung zu verstatten.

Der Erfolg hat zwar die Vorzüge der Legion über die Phalanx am deutlichsten entschieden; sie sind aber auch durch augenscheinliche und so zu reden handgreifliche Vernunftgründe dargethan worden. Wenn einige Neuere sich für das griechische System erklärt haben, so kann man diese Wahl für nichts anders als für die Würkung eines blinden Vorurtheils, oder als einen gefaßten Vorsatz ansehen, sich durch Annahme einer Meynung auszusondern, welche der Vernunft und Erfahrung zuwider läuft. Wenn man zwischen zwoen Kriegssystemen ein Urtheil fällen will, so muß man sie nach ihren Eigenschaften, nach ihrem Zwecke, nach der Gattung ihrer Waffen, und nach ihren Würkungen betrachten. Geschieht diese Untersuchung mit der nöthigen Aufmerksamkeit, so wird das Urtheil gewiß zu Gunsten der Römer ausfallen.   Als

Als die Neuern die Kriegskunst von den Alten zu erlernen anfiengen, so verfielen sie auf keine Phalanx, sondern sie ahmten die letzte römische Stellordnung nach, welche in Cohorten bestund. Die grösten Feldherren als Coligny, Moritz und Gustav haben sie befolgt, und nicht daran gedacht sie zu verändern. Wahr ist es, daß man bey Annehmung der römischen Stellordnung das griechische Gewehr, ich meyne die Picken einführte, welche damals wegen der zahlreichen Reuterey nicht undienlich waren. Je nachdem aber das Feuergewehr sich vermehrte, so nahm die Anzahl der Picken ab. Zu Zeiten des Marschalls von Turenne, war nur noch der Drittel der Infanterie damit bewaffnet, ob es gleich noch viel Reuterey gab, und dieses war die Hauptursache, warum man sie noch beybehielt. Kurz darnach wurden sie bis auf einen Fünftel vermindert; als endlich das Verhältniß der Reuterey gegen das Fußvolk, welches vorhin wie von eins zu zweyen gewesen, auf eines zu sieben herunter kam, so wurden die Picken, besonders seit der Erfindung des Bajonets, für desto unnöthiger gehalten.

Das Betragen der Neuern kömmt mir in diesem Stücke sehr vernünftig vor. So lang sie kein besseres Reich- und Handgewehr als die Picke hatten, so bedienten sie sich dessen, und verwarfen es nicht eher, als bis sie ein anderes kannten, welches zwar um zwey Drittel kürzer, aber eben deßwegen leichter zu bewegen, ihrer Stellordnung gemäßer, und überdiesses noch mit dem Vortheil des Wurfgewehrs versehen war. Die Flinte mit dem außerhalb aufgepflanzten Bajonet, von dem ich hier rede, ist sonder Zweifel das vollständigste

Gewehr, das man jemals gesehen hat, weil es in ein und eben der Hand zweyerley Trutzwaffen, nämlich ein Wurf- und Stoßgewehr vereinigt, welche bey den Alten jederzeit getrennt waren. Um uns von den Vortheilen der römischen Stellordnung vor der griechischen in der Vernunftmäßigkeit des ihr eingeräumten Vorzugs vollends zu überzeugen, so wollen wir zu ihren Würkungen schreiten, und sie beyderseits abgesondert betrachten.

B. 17. K. 3. Die Zeit und der Ort der Schlachten, sagt Polyb, verändert sich auf unendliche Arten. Die Phalanx ist aber nur zu einer einzigen Zeit und auf eine einzige Weise zu gebrauchen. Um sie recht benutzen zu können, muß man ein ebenes und offenes Erdreich, ohne Graben, ohne Hohlweege noch Anhöhen aufsuchen, und niemand wird leugnen, daß es unmöglich, oder doch sehr selten ist, einen Platz von zwanzig Stadien zu finden, der nicht eines dieser Hindernisse in den Weeg legen sollte. Wenn nun der Feind anstatt die Phalanx an diesem Orte aufzusuchen, sich im Lande verbreitet, die Städte verheeret, und alles zu Grunde richtet, so ist dieses Heer, wenn es auf dem ihm vortheilhaften Posten stehen bleibt, das Spiel seiner Feinde; verläßt es aber denselben, so wird es unfehlbar geschlagen.

Dieses ist ein kurzer Abriß der Fehler, die Polyb an der Phalanx bemerkt, und welche unwidersprechlich sind. Es gab einen einzigen Fall der ihr vortheilhaft seyn konnte, gegen eine unzählbare Menge von Umständen die ihr zuwider waren. Ihre Stärke beruhte auf einer

einer einzigen Stellung, und es war nichts leichter als
ihr auszuweichen. Wenn sie in ihrem natürlichen Zu=
stande schlachtfertig stund, so lehnten die Glieder sich
auseinander, und jeder Soldat nahm einen Platz von
drey qvadrirten Schuhen ein. Der Anblick dieser stach=
lichten und mit Schilden bedeckten Fronte war in der
That schrecklich, und gab ihr ein unüberwindliches
Ansehen. Dieses dauerte aber nur so lange sie unbe=
weglich waren; sobald sie sich in Bewegung setzte, so
fieng sie an zu wanken; die Ungleichheit des Erdreichs
verursachte Oeffnungen, und die mindesten Hindernisse
mußten die Einheit ihrer Rotten und Glieder unterbre=
chen. Diese Fehler, welche die Römer einsahen,
machten es ihnen leicht die Phalanx zu überwinden.

Der Legionist brauchte noch so viel Erdreich als der
Phalangite, und zwar wegen der Größe seines Schil=
des, wegen der Stellung die er zur Werfung seiner
Pilen annahm, und wegen des Gebrauchs, den er von
seinem Pallasch zum Hauen und Stechen machte, so
daß bey einer gleichen Länge, ein Glied Phalangiten
die gedoppelte Anzahl Soldaten eines Gliedes Legionisten
enthielt. Hieraus folgte, daß nach der Anmerkung
Polybs, jeder Legionist zween Mann und zehn Sarissen
zu bezwingen hatte. Dieses schien unmöglich zu seyn,
so lange die Phalanx in ihrem eigentlichen Stande
blieb, und ihre Glieder sich gehörig zusammen schloßen.
Allein es war schwer diese Ordnung lange zu behalten,
und wenn sie auch auf einem ebenen und von allen
Hindernißen freyen Erdreich gestanden hätte, so muß=
ten es doch die Römer so geschickt anzugreifen, daß sie
ihre Stellung bald verlassen muste. Die leichten Trup=
pen

pen beunruhigten sie zuerst mit einem Pfeilhagel; hierauf kamen die Hastarier, welche mit ihren Pilen die vordersten Glieder durchlöchern mußten, und sobald sie sich nur ein wenig Luft gemacht hatten, so drangen sie mit dem Degen in der Faust auf sie ein. Wurde diese erste Linie zurück gestoßen, so verursachte die Bewegung, welche die Phalanx beym Nachsetzen machte, unfehlbar einige Unordnung. Das Ebenmaaß der Picken wurde verrückt; es entstunden Zwischenräume, deren die zwote Linie sich bediente, um sie auf den Flanken und im Rücken anzugreifen. Durch dieses Manöuvre erlitt Pyrrhus die Niederlage bey Benevent, die ihn nöthigte Italien zu verlassen, und Perseus die bey Pydna, welche ihn sein Königreich und seine Freyheit kostete. Die Beschreibung dieser letztern Schlacht, die den Römern den Besitz des griechischen Reichs versicherte, wird den ganzen Unterschied zwischen der Phalanx und der Legion mit einem Blick übersehen lassen, und zugleich zeigen, daß bey würklichen Vorfällen die römische Stellordnung unfehlbar die Oberhand behalten muste.

Der Consul Emilius Paulus hatte sich der Vestung Pythium auf dem Berge Olympus versichert. Da diese Eroberung ihm den Eingang in Macedonien öffnete, so suchte er den König auf, welcher ihn mit seinem Heere bey Pydna erwartete: bey seiner Ankunft verschanzte er sich mit aller Sorgfalt, und so hitzig auch die Römer zum Treffen waren, so scheint es doch, daß er gar keine Eile dazu bezeugte, sowohl um seine Truppen ausrasten zu lassen, als um Zeit zu gewinnen, die Stärke und Stellung des Feindes auszuforschen. Ein unerwarteter Zufall veranlaßte das Gefechte als er am
wenig-

wenigsten daran dachte. Zwischen beyden Armeen war
ein kleiner seichter Fluß, der beyden zur Schwemme
diente, und dessen Ufer jede Parthey zu ihrer Sicherheit mit Wachen besetzt hatte. Ein aus dem römischen
Lager entwischtes Pferd lief nach dem gegenseitigen
Ufer; zween Thracier wagten sich bis in das Wasser
um es aufzufangen; sie waren im Begriff es an das
Land zu ziehen, als drey römische Soldaten die es verfolgten, einen von den Thraciern tödteten und sich des
Pferds wieder bemächtigten. Die Wachen dieser
Nation, welche der Mord ihres Kameraden erbitterte,
liefen herbey ihn zu rächen, und setzten über den Fluß.
Anfangs wehrten sich die römischen Wachen; als aber *Livius,*
immer frische Truppen den erstern zu Hülfe kamen, so B. 44.
stund unvermerkt die ganze macedonische Armee diesseits N. 41.
des Flußes. Die Römer rückten ebenfalls aus ihrem
Lager und stellten sich in Schlachtordnung. Als der
Consul die Phalanx zu Gesichte bekam, so schien ihm
dieser Anblick so furchtbar, daß er ihn mit Schrecken
und Entsetzen erfüllte; er gestund sogar nach der Hand,
daß er einige Augenblicke am Siege verzweifelt habe.

Die Römer hatten im Gebrauche laufend anzugreifen, ihre Spieße zu werfen und hierauf den Pallasch zu
ziehen. Ein Theil des linken Flügels der aus Bundsgenossen bestund, folgte dieser Gewohnheit zu seinem
Nachtheil, indem die Soldaten sich in den Picken der
Phalanx verfiengen und gespießt wurden. Der durch
diesen Unfall belehrte Consul hielt die mittlere Schlachtordnung auf, welche eben so angreifen wollte. Er be-
dachte den Vortheil, den er aus der Länge der Linie
und der Ungleichheit des Schlachtfeldes ziehen konnte;

er

er sah wohl ein, daß wenn er darauf bestünde, den Feind von vorne her zu überwältigen, es ihm nimmermehr gelingen würde. Daher befahl er der ersten Linie sich in Pelotonen (a) zu zertheilen, welche nacheinander angreifen, und je nachdem die Phalanx vorrückte, zurück weichen mußten. Was er voraus gesehen, das geschah nach seinem Wunsche. Die macedonische Linie konnte beym Vorrücken ihre Einheit nicht erhalten, sie brach voneinander und bekam verschiedene Oeffnungen. Kaum erblickten die aufmerksamen und wohlunterrichteten Römer einen leeren Raum, so fielen sie in denselben ein, sie griffen die Flanken rechts und links an, und als die Unordnung die Oeffnungen erweiterte, so warfen die Manipuln sich rottenweiß hinein, um dem Feind in den Rücken zu kommen. In kurzer Zeit wurde die Phalanx auf allen Seiten zerrissen und umringet; es gieng an ein gräßliches Metzeln, und der König gerieth beym Anblick seiner zerstörten Infanterie in einen solchen Schrecken, daß er auf nichts als auf die Flucht bedacht war. Er riß seine reitende Leibwache mit sich fort, welche die heiligen Geschwader hießen. Der Rest seiner Reuterey folgte diesem Beyspiel, und entlief ohne einmal den Degen zu ziehen. Dieses veranlaßte den größten Theil der römischen Cavalerie auch noch über die Phalangiten herzufallen, welche fast alle umkamen.

Livius, B. 44.

Es scheinet, daß die erstbeschriebene Methode die macedonische Phalanx zu bekriegen, den Römern auch gegen

---

(a) Das ist in Manipuln. Da die beyden ersten Linien sich anfänglich vereinigt hatten, so ließ er sie wieder ihre schachförmige Stellung annehmen.

gegen die Gallier hätte dienen sollen, denn diese Völker stellten sich ebenfalls in einen festgeschlossenen und zusammenhängenden Haufen, der eine wahre Phalanx ausmachte; (a) nur mit dem Unterschiede, daß sie weder die Ordnung noch die Stellart der Griechen hatten. Indessen waren die Römer so weit entfernt, diesen wie den Griechen bey Pydna zu begegnen, daß ihnen selbst die ganzen Manipuln gegen sie zu schwach schienen. Sie ließen die Principes in die Zwischenräume der Hastarier einrücken, so daß beyde nur eine Linie ausmachten. Die Ursache hievon ist diese: Weil die Gallier kurze Waffen, nämlich die Streitaxt und den Degen führten, weil ihr Anlauf sehr gewaltsam war, und weil sie, wofern sie in die Zwischenräume der Manipuln eingebrungen wären, diese mit gleicher Leichtigkeit und mit eben dem Vortheil hätten angreifen können. Die römischen Feldherren, denen die Gefahr des ersten Anfalles dieser Völker bekannt war, wollten nicht zu viel wagen, noch sich einiger Unordnung aussetzen, daher stellten sie ihnen eine volle Linie entgegen, und die Soldaten mußten die Hitze ihres Anlaufs durch ihre Pilen aufhalten. Der einzige Vortheil der Römer bestund in der Mannszucht und den Waffen. Die Gallier hatten schlecht gehärtete Säbel, die nur zum Hauen taugten, und sich beym ersten Hiebe bogen. Sie waren von Schutzwaffen entblößt, einen Schild von geflochtenen Weiden ausgenommen, welchen der Legionist bald in Stücken hackte, oder er schoß sein Pilum hinein, dessen Spitze mit Widerhacken versehen war.

(a) Die Gallier, Celtiberier und andere Barbaren pflegten sich in Schlachtheere von sechstausend Mann zu stellen. Veget. B. 2. K. 1.

war. Der Feind konnte sich nicht mehr davon los machen, und der schnellere und geübtere Römer stieß ihn mit seinem Pallasch zu Boden.

Die erste Stellordnung der Legion, war wie man gesehen hat, am geschicktesten die griechische Phalanx und die plumpen Haufen der Barbaren zu schlagen, wenn man sich gegen diese letztern einer gegengesetzten Methode bediente. Als aber die Römer, aus den angeführten Ursachen für gut fanden sie abzuändern, so behielten sie dennoch ihre alten Grundsätze und Waffen. Sie hielten das Pilum für hinlänglich, die Reuterey aufzuhalten, und ließen sich keinesweges einfallen die Picken an seine Stelle zu setzen. Die unzählbaren Gelegenheiten, da das römische Fußvolk den Angriffen der feindlichen Reuterey mit Ruhme Trotz bot, beweisen, daß sie in diesem Stücke der griechischen eben so weit als in allen andern überlegen war. Die Phalanx konnte zwar einem Anfall von Reuterey, die gerade in ihre Picken rannte, leicht widerstehen; wenn sie aber sich selbst überlassen von leichter Cavalerie nach Art der Parther geplagt wurde, mußte sie nothwendig unterliegen. Der den feindlichen Pfeilen auf allen Seiten ausgesetzte Phalangite hatte keine dargegen zu schießen, und konnte sich eben so wenig seiner Picken bedienen. Die Waffen des Legionisten waren ungleich vortheilhafter. Das Pilum war nicht so unbehülflich, und weit leichter zu regieren als die Sarisse, es war zwar um zwey Drittel kürzer, aber doch noch immer lang genug, um der Reuterey, der man es vorhielt, furchtbar zu werden; überdieses konnte man es, sobald man nur wollte, gleich dem Wurfspieße zu einem Schießgewehr machen.

Die

Die römischen Fußvölker widerstunden nicht allein der Reuterey, sondern sie hatten auch den Muth sie im freyen Felde anzufallen. Lucullus setzte im Angesicht des Tigranes mit fünfzehn tausend Mann über einen Fluß; er fiel in seine zahlreiche Cavalerie, welche vom Kopf bis auf die Füße geharnischt war, und jagte sie in die Flucht. Domitius schlug mit einer Legion die ganze Reuterey des Pharnaces, und die Schwadronen des Pompejus wurden bey Pharsalus durch sechs Cohorten aufgerieben, welche Cäsar zu diesem Ende abgerichtet hatte. Die Geschichte der Römer liefert uns von ihrem Fußvolk eine Menge solcher Thaten, besonders sind die Feldzüge des Cäsars damit angefüllt. Dieser Feldherr hatte gegen seine Feinde gerechnet, allezeit wenig Reuterey; gleichwohl erlitt er niemals einen merklichen Verlust, und siegte zuletzt über ihre ganze Macht. Durch die Güte seiner Fußvölker, durch die Entschlossenheit die er ihnen einflößte, und durch die geschickte Stellung die er ihnen gab, wuste er die Schwäche seiner Cavalerie zu ersetzen. Die ersten Heerführer, die mit Hannibal zu thun bekamen, hatten diese Einsicht nicht und zogen den Kürzern. So wurden Scipio beym Ticin, Sempronius bey der Trebia, Flaminius beym See Trasimenus, und Varro bey Cannä die Schlachtopfer ihres sichern Eigendünkels. Freylich hatten die Römer alsdann Ursache ihre Reuterey und leichten Truppen zu vermehren, wenn aber gleich die dißortige Ueberlegenheit des Feindes in diesem Stücke ihre Niederlage beförderte, so war dennoch ihre Verwegenheit hauptsächlich Schuld daran. Als sie geschickte Herrführer an ihre Spitze bekamen, veränderte sich die Scene und der Sieg trat auf ihre Seite.

Wenn

Wenn die neuere Infanterie ihre Macht kennete, so würde sie der Reuterey noch weit furchtbarer seyn, als die römische. Das durch das Bajonet verstärkte Feuerrohr, ist unstreitig dem Pilum und dem Wurfpfeil überlegen. Der Soldat hat gemeiniglich dreyßig Schüsse, und auch zu Zeiten mehr in seiner Patrontasche; zu gleicher Zeit ist er mit einem Handgewehr versehen, das die Länge des Pilums erreicht, er kann sich desselben mit Beybehaltung seines Feuers dergestalt bedienen, daß wenn ein Trupp recht gestellt und wohl angeführt ist, ein beständiger Kugelregen aus demselben hervorbricht, mittlerweile daß seine Fronte durch einen stachlichten Damm von Bajonetten beschützt wird. Was braucht man mehr wider die Reuterey? Diese Infanterie muß aber eine feste Stellung von acht oder wenigstens sechs Mann in der Höhe haben und die Vortheile wohl einsehen, die sie aus ihren Waffen ziehen kann.

Diejenigen, welche die Wiedereinführung der Picken angerathen, haben vermuthlich weder ihre Mängel erwogen, noch die Vortheile der neuern Waffen gründlich untersucht. Gegen eine einzige Gelegenheit da die Picken nützlich seyn mögen, wird es deren gewiß zehne geben, wo sie gar nicht dienen können. Man behauptet zwar, daß wenn man zwey Glieder Pickenierer zwischen eben so viel Musketierer stellte, diese gesichert seyn, und um desto gewisser schießen würden. Ein schlechter Grundsatz; der Soldat muß sein Vertrauen in sich selbst und in seine eigenen, nicht aber in fremde Waffen setzen. Außerdem würde man sich durch diese Anordnung auch desjenigen Theils seines Feuers berauben,

rauben, welches gegen die Cavallerie am dienlichsten ist. Wollte man wechselsweis einen Pickenirer und einen Musketierer untereinander mischen, so wäre diese Stellung noch weit fehlerhafter; sie würde wegen der Ungleichheit des Erdreichs und des Verlusts der Mannschaft der Verwirrung unterworfen, und wenn sie einmal getrennt worden, keiner Wiedervereinigung mehr fähig seyn. Alle Art von Mischung wird jederzeit etwas von den bey der vollen Schlachtordnung der Phalanx erwiesenen Fehlern an sich haben.

Wenn die römische Stellordnung dem Ritter von Folard besser bekannt gewesen wäre, so hätte er eingesehen, daß dieselbe ihre Stärke so wenig in die Picken als in die Colonnen setzte, und daß die Grundbegriffe, nach welchen sie handelte, denjenigen gar nicht ähnlich sahen, die er sich ausgedacht hatte. Die Pickenirer, welches die Triarier waren, stunden allezeit im Rückhalt, und oft blieben sie sogar zur Bewachung des Lagers zurück. Die Schlacht bey Telamone war die einzige, da man die Picken auf die Fronte stellte; sie wurden unter die ersten Glieder der Hastarier und Principum ausgetheilt, welche sich ineinander geschlossen hatten, um nur eine Linie auszumachen. Da die Gallier zwischen zwoen Armeen eingesperrt waren, so fürchtete man, die Verzweiflung möchte die gewöhnliche Ungestümmigkeit ihres Anfalls noch vermehren, und daher hielt man die Picken der Triarier für tauglicher als das Pilum, ihre erste Hitze aufzuhalten. Nach dieser Zeit hat man dieselben nicht mehr in der ersten Linie gesehen, und es ist fast kein Zweifel daß sie gar ablaßen, als man aus den zusammengestoßenen Manipula

Cohorten formierte; denn in den Feldzügen des Lucullus, des Pompejus, des Cäsar und in den Kriegen der ersten Kayser wird keine Spur mehr von ihnen gefunden.

Hätte man sie je beybehalten, so wären sie in die letzten Glieder der Cohorten gekommen, denn es ist unleugbar, daß sie nicht in den ersten stunden. Allein wozu hätten sie alsdann gedienet? Bey der ersten Stellordnung konnten die Triarier, wenn ein Cavallerieflügel geschlagen wurde, die Flanken und den Rücken gegen die feindliche Reuterey decken; in der zwoten aber, welche gleichfalls auf drey Linien stund, hätten die in den letzten Gliedern ausgetheilte Picken denselben Nutzen nicht verschaffen können; und deswegen ist es wahrscheinlich, daß sie völlig abgestellt wurden. Unter dem Kayser Hadrian kommen sie wieder in einem Treffen zum Vorschein, welches Arrianus den Scythen lieferte: die vier letzten Glieder waren damit bewaffnet; die vier ersten führeten Pfeile und ein aus Bogenschützen bestehendes neuntes Glied muste über die Linie wegschießen. Doch damals begunnte die Taktik bereits auszuarten; hier formierten die Schwerbewaffneten nur eine Linie und die Cohorten stunden nur in acht Gliedern: die beyden ersten sollten der Reuterey die Spitze des Pilums vorhalten, indeß daß die beyden andern es auf dieselbe hinschießen mußten. Folglich waren die wieder hervorgesuchten Picken dennoch nur in der hintern Ordnung, obgleich dieser Krieg gegen einen Feind geführet wurde, der nichts als Reuterey hatte.

Hieraus erhellet zur Gnüge, daß die Römer aus diesem langen Gewehr niemals ein Hauptwerk machten; sie behielten es nur, um sich dessen in gewissen Vorfäll-

len

len zu bedienen. Camillus gab es seinen Soldaten in der Schlacht, die er bey Anio den Galliern lieferte, und hierauf haben es die Triarier behalten. Nach dem Marius that man es weg, und führte es in der Folge wieder ein. Diese Veränderungen zeigen, daß dessen Nutzen bey den Römern wie heut zu Tage bey den Neuern streitig war, welches eben kein gutes Vorurtheil für dasselbe erwecket.

Die Picken wurden vier Jahre nach Erfindung der hohlen Bajonette weggelegt. Die Deutschen machten den Anfang und die Franzosen folgten ihnen nach. Ludwig XIV. schaffte sie im Jahr 1703 auf Anrathen des Marschalls von Vauban gänzlich ab. Wenn seit dieser Zeit die Infanterie in freyem Felde von der Reuterey mehr gelitten hätte, so wäre es ein starker Bewegungsgrund die Picken wieder einzuführen; allein dieses kann man nicht beweisen. Die Rückzüge des Generals Stahremberg nach der Schlacht von Villa Viciosa, des Fürsten von Anhalt nach der Niederlage des Generals Styrum bey Hochstädt, des Grafen von Schulenburg im Angesicht Carl des XIIten, die Standhaftigkeit der Engländer bey Minden, und hundert andere Gelegenheiten beweisen, daß eine wohlgeordnete Infanterie auch ohne Picken Stand halten kann.

Das Musketenfeuer, welches meistens unnütz, und wenn man es zur Unzeit gebraucht, sogar schädlich ist, wird gegen die Anfälle der Reuterey unumgänglich erfordert. Die Bajonette allein, ja sogar die Picken würden endlich nachgeben müssen, und das Feuern ohne Bajonet würde eben so wenig hinreichend seyn; wenn aber diese beyden Gewehre sich wechselsweise

unter=

unterſtützen, ſo kann man vieles damit ausrichten, und ſind ſie in ein und eben der Hand vereinigt, ſo werden ſie noch weit furchtbarer. Die Infanterie kann alsdann der Reuterey nicht nur widerſtehen, ſondern ſie auch mit eben dem Vortheil wie die römiſche angreifen.

Das ehmalige Gliederfeuer war zu dieſem Ende ſehr dienlich, und man hat es ohne ſonderliche Urſache abgeſchafft. Der beſte Grund, den man dagegen anführen konnte, war dieſer, daß wenn ein einziger Schuß unvorſichtigerweiſe losgieng, das ganze Bataillon zum Feuern veranlaßt wurde. Dieſes geſchah in der That; allein bloß durch die ſchlechte Kriegszucht und die Unwiſſenheit der Officiers; wenn aber dieſe wohl unterrichtet und die Soldaten recht geübt ſind, ſo iſt man ſeines Feuers Meiſter, wovon ich ſelber Beyſpiele geſehen habe. Wollte man aber das Pelotonfeuer beybehalten, ſo könnte man dem ungeachtet das Gliederfeuer für gewiſſe Gelegenheiten füglich damit verbinden; es hat gar keine Schwierigkeit auf ſich, die beiden erſten Glieder niederfallen, und das dritte und vierte ſchießen zu laſſen, mittlerweile daß das fünfte und ſechſte bloß laden und den beiden vorhergehenden ihre Flinten reichen müßte. Es iſt hauptſächlich nöthig, daß die zwey erſten ihr Feuer ſo lang es möglich iſt, aufbehalten, ſobald ſie aufſtehen, müſſen ſie unter Vorſetzung des linken Fußes das Bajonet mit dem auf den linken Arm wagrecht gefällten Gewehr vorhalten, wie ſolches bey der alten 1753 abgeſtellten Kriegsübung gebräuchlich war. Die Soldaten müſſen wohl abgerichtet ſeyn, und ihre Bewegungen mit Lebhaftigkeit machen, denn alle ſind mißlich, ſobald ſie nachläſſig vollzogen werden.

Die

Die Vergleichung der beyden ältern Taktiken hat mich veranlaßt, von der Natur unserer Waffen zu reden. So sehr die römischen die griechischen übertrafen, so sehr sind die neuern Waffen den römischen überlegen. Es ist also kein Zweifel, daß sie nicht auch den andern vorzuziehen seyn, und daß die letzte römische Stellordnung würklich diejenige war, die sich am besten für uns schickte. Hat gleich die Erfindung des Pulvers eine Veränderung in der Beveftigungsart, und folglich in dem Angriff und der Vertheidigung der Plätze verursacht, so hätte sie doch wenig Einfluß auf die Taktik haben sollen. Die Waffen der Legion dienten gleich den unsern zum Schieß- und Stoßgewehr, nur daß diese, wie bereits erwähnt worden, noch viele Vortheile vor jenen haben. Um die Wurfspfrile und Pilen zu schießen, mußten die Römer einen Zwischenraum in den Rotten und Gliedern lassen, der uns nicht mehr nöthig ist. (a) Wenn unsere Stellordnung die Tiefe der römischen Cohors hätte, so würde sie zweymal so viele Stärke und Würksamkeit haben, weil sie in einem gleichen Raume das Gedoppelte an Mannschaft und Waffen enthalten würde. Die Unmöglichkeit gleich den Alten in einer Bogenlinie zu schießen, ist keine gültige Ursache um unsere Tiefe auf drey oder vier Mann herab zu setzen. (b) Die Römer haben

diesen

(a) Dieser Raum, welcher zur Zeit der Manipuln sechs Fuß betrug, war bey den Cohorten nicht immer gleich, denn wenn man mit der Reuterey zu thun hatte, so schlossen sie sich ganz fest zusammen.

(b) Ein gewisser Schriftsteller, der vor kurzem ein Werk über die römische Taktik herausgegeben hat, führet diesen Grund an, der aber sehr schlecht ist.

diesen Vortheil niemals gerechnet, sondern blos auf die Dichtigkeit und die Gewaltsamkeit des Anlaufs ihr Absehen gehabt. Wenn sie wie wir gedacht hätten, so wäre es ihnen sehr leicht gewesen, den Gebrauch des Wurfgewehrs bequemer einzurichten. Hätten sie sich nur in drey Glieder gestellt, so würden alle ihre Schüsse geradezu getroffen haben, welches von einer ungleich stärkern Würkung gewesen wäre, als die Bogenlinie. Diese Bemerkung blieb ihnen auch nicht verborgen, allein sie gebrauchten sie blos bey den leichten Truppen. Die Absicht des Hauptheeres war weit wichtiger. Dieses Volk, welches sich vergrößern wollte, untersuchte alles, was die Ueberlegenheit seiner Waffen befördern konnte, viel zu sorgfältig, als daß ihm irgend eine Anmerkung hätte entwischen sollen. Seine Gesetze, seine Mannszucht, seine Kriegsverfassung sind unserer Bewunderung und Aufmerksamkeit eben so würdig als seine Stellart; und die römische Kriegsgeschichte wird uns immer eine Quelle der vortreflichsten Grundsätze und ein Behältniß der besten Beyspiele seyn.

So viel sich auch die Griechen auf ihre Scharfsichtigkeit einbildeten, so konnten sie doch niemalen die Fehler ihrer Taktik einsehen, ob sie schon häufige Gelegenheiten dazu hatten. Bey allen ihren Untersuchungen kam weiter nichts heraus, als daß sie ihre Picken um etwas verkürzten. Sie beharrten aus Gewohnheit bey ihren Gebräuchen, so wie die asiatischen Völker die Elephanten beybehielten, ob sie dieselben gleich nicht viel gebrauchen, und von der Erfahrung lernen konnten, daß sie ihnen oft weit mehr Schaden als den Feinden zufügten.

Man

Man muß jedoch gestehen, daß sie die militärische Dialektik so hoch trieben, als es möglich war. (a)

(a) Die Griechen hatten Lehrmeister in der Taktik wie wir in der Geometrie. Diese demonstrirten die Form, die Zusammensetzung und Anordnung der Truppen samt ihren Bewegungen. Da sie alles anrechnen wollten, so verfielen sie auf viele Grübeleyen, und daher kamen vielleicht manche Evolutionen heraus, die niemals anders, als in der Theorie vorhanden gewesen. Von den großen Gegenständen des Krieges konnten sie blos allgemeine Grundsätze und Regeln angeben. Es ist bekannt, daß Hannibal einen solchen Schulmajor sehr übel empfieng, der mit dem Zirkel und der Reißfeder in der Hand mit ihm streiten wollte. Indessen waren diese Einrichtungen dennoch sehr nützlich, und verhalfen den Griechen zu einer großen Geschicklichkeit. Die Jugend erlernte durch Lehrsätze die Anfangsgründe und Regeln der Kunst aus Grundsätzen, welche zu einer vollkommenen Ausübung allezeit unentbehrlich sind. Wenn in der Hauptstadt und in den größten Kriegsplätzen Frankreichs fünf oder sechs solcher Schulen wären, so könnte man darinnen vortreffliche Officirs bilden, welche den Nutzen solcher Anstalt am besten beweisen würden. (†) Man könnte einen auserlesenen Büchervorrath hinzufügen, der die jungen Leute aus ihrer Unwissenheit ziehen, und von den unnützen und oft schädlichen Zeitvertreiben entfernen würde, denen sie sich überlassen.

(†) Vielleicht würde dieser Vortheil eben so gut erhalten, wenn man bey jedem Regiment einen geschickten Ingenieur anstellte, der die angehenden Officiers, und selbst die Unterofficiers in der Taktik unterrichten müßte. Denn wenn die Besatzungen in einem Königreiche abwechseln, so würde dieser Unterricht, wofern nicht in allen Kriegsplätzen dergleichen Schulen angelegt sind, oft mitten in seinem Laufe unterbrochen werden. Haben die Regimenter ihre beständigen

Kein Heerführer übertraf in den Schlachtordnungen, Kriegsränken, Lagerungen und Märschen den Epaminondas, Philippus und Agesilaus. Die Römer aber, die ihnen vielleicht in diesem Stücke nicht beykamen, gewannen dennoch die Oberhand durch ihre gute Stellordnung und durch die Festigkeit ihrer Kriegsverfassung, worinnen sie allezeit sichere Hülfsmittel gegen ihre Unfälle fanden.

Einer der größten Vortheile der Legion, bestund darinn, daß jede Gattung Soldaten in allen Fällen dienen konnte, wenn diese auch gleich ihrer ursprünglichen Bestimmung nicht gemäß waren. Der mit dem Helm und dem Harnisch beladene Legionist war nichts destoweniger abgerichtet, selbst ohne Verrückung der Glieder und Rotten zu laufen, über Graben zu setzen, und Anhöhen zu besteigen. Der Velite war hinlänglich bewaffnet, um sich dem Feinde nähern und Mann gegen Mann fechten zu können. Die Reuterey war nicht nur in einer Schlachtordnungslinie sehr gut zu gebrauchen, sondern auch leicht genug, um schnell einzufallen, und diejenige Cavallerie abzutreiben, die wie die trallische und numidische blos hin und her schwärmte. Bey den Griechen war der Pickenierer sobald man

ihn

Quartiere, so würde die kleine Anzahl Kriegsschulen nur einem Theile der jungen Officiers zu gute kommen, zu geschweigen, daß in Kriegszeiten da die Bildung guter Subjekte am nöthigsten ist, diese Schulen dem Heere nicht in die feindlichen Lande folgen könnten, eine Unbequemlichkeit, die bey den Regiments-Ingenier wegfiele, welche noch überdieses mancherley nützliche Dienste leisten, und z. B. bey der Infanterie die Aufsicht über die Zimmerleute und Feldstücke führen könnten.

ihn aus der Phalanx zog, zu weiter gar nichts nütze, und die Phalanx selbst konnte außer dem ebenen Felde nicht mehr dienen. Ihre leichten Truppen, welche schlecht bedeckt und ohne Degen waren, sahen sich genöthigt, die Flucht zu nehmen, sobald sie keine Pfeile mehr hatten. Folglich besaß bey den Römern jede Art Truppen mehr eigenthümliche Vorzüge; sie konnte sich wenn sie auch von den andern getrennt war, besser halten, und ihre Vereinigung machte unstreitig den vollkommensten Kriegskörper aus.

Obgleich die bürgerlichen Kriege und die in der Zusammensetzung der Truppen eingeschlichenen Veränderungen den patriotischen Geist vermindert hatten, so wurden dennoch, da sie beständig bey den Fahnen blieben, ihre alten Tugenden durch eine strenge Mannszucht, und die ununterbrochenen Kriegsübungen ersetzet. (a) Sie entarteten nur dann erst, als die Tyrannen und die Eifersucht verschiedener Thronwerber der Ausgelassenheit die Thore geöffnet hatten. Armeen, welche gewohnt waren ihre Wahlstimmen zu verkaufen, konnten sich dem Joche der Kriegszucht nicht mehr unterwerfen; sie verlohr sich also unvermerkt mit den guten Grundsätzen. Die Taktik wurde mit allerhand Neuerungen und ausländischen Gebräuchen angefüllt, welche sie verunstalteten, und endlich den gänzlichen Umsturz des Reiches nach sich zogen.

G 5 Fünf-

_____

(a) August verlegte die Legionen auf die Gränzen, wo sie in Standlagern wohnten, die ihnen ein immerwährendes Bild des Krieges vor Augen stellten.

Fünftes Hauptstück.

Von dem Feldgeschrey und den Kriegsinstrumenten.

Die meisten alten Völker hatten die Gewohnheit den Feind mit einem lauten Feldgeschrey anzugreifen, das vom Getöne der Kriegsinstrumente begleitet wurde. Die Römer und ein Theil der Griechen, als nämlich, die Argier, die Mantineer und die Macedonier folgten diesem Gebrauche, welchen auch die Gallier, die Germanier, die Parther und überhaupt alle Barbaren beobachteten. Die Türken haben ihn bis auf diese Stunde beybehalten; wenn sie zum Treffen gehen, so erheben sie ein gräßliches Gebrülle und glauben nicht ohne Ursache hiedurch die Soldaten die Vorstellung der Gefahr zu benehmen, ihn anzufrischen, und dem Feind einen Schrecken einzujagen. Die Griechen und Römer hatten gleiche Absicht; allein es geschah in gehöriger Ordnung, und was bey den Barbaren ein verwirrtes und durch eine ungestümme Bewegung erregtes Geschrey war, das wurde bey ihnen durch die Kriegszucht geordnet. Wenn beyde Theile einander im Gesichte stunden, so erhob man ein allgemeines Geschrey welches das Schlachtgeschrey hieß, und nach der Art wie es ausgestoßen wurde, pflegte

Plut. beym Craff.

Livius, B. 10. K. 22.

man

man die Willfährigkeit der Truppen zu beurtheilen. (a) Nachdem Crassus einen ganzen Tag von den Parthern beunruhigt worden, so faßte er den Entschluß mit aller seiner Macht einen Angriff zu thun. Er gab den Befehl zum Schlachtgeschrey, welches aber so schwach ertönte, daß er daraus die Muthlosigkeit seiner Soldaten und den schlechten Erfolg abnahm, den er sich von ihnen versprechen konnte; wie er denn aufs Haupt geschlagen wurde. Dieses erste Geschrey wurde auf die gegebene Losung der Trompeten angestimmt, und gleich darauf zum Angriff geblasen. Das Heer setzte sich in Bewegung, und lief auf den Feind los, indem die Truppen sich von Zeit zu Zeit durch ein wiederholtes Rufen aufmunterten. (b) Die Römer schlugen dabey mit ihren Wurfspeilen oder Degen auf ihre Schilde, welches das Getöse vermehrte und einen fürchterlich drohenden Lermen machte. Wurden sie zurück geschlagen, so wiederholten sie das Geschrey mit jedem neuen Anfall; es ward aber bloß von der angreifenden Parthey angestimmt. Wenn die zwote Linie nicht mit der ersten angriff, so schrie sie nicht eher, als bis sie losbrach, welches auch der Rückhalt beobachtete. Dieses Geschrey verstärkte sich, je nachdem man die Gewaltsamkeit des Anfalles verdoppelte.

Plutarch.

Es

(a) Die Samniter und Hetrurier hatten bißfalls mit den Römern gleiche Gewohnheit. Bey einem Gefechte, das diese letztern mit den Samnitern hielten, und wozu beyde Theile gleich wenig Lust empfanden, sahen sie einander lang an ohne zu schreyen, weil niemand den Anfang machen wollte.

(b) Neqne frustrà antiquitus institutum est, ut signa undique concinerent, clamoremque universi tollerent. Cæsar, de bello civili, Lib. III.

Es war bey den Griechen auch üblich, vor dem Treffen eine Art von Gesang anzustimmen, welche Schlachthymnen genannt wurden. Man findet annoch Ueberbleibsel dieses Gebrauchs bey den Arnauten, welches die heutigen Einwohner Macedoniens und Unterthanen der Türken sind. Diese Völker, so die Stärke und den Muth ihrer Vorfahren besitzen, laufen mit größter Schnelligkeit zum Treffen, ihr Anführer singt, und die Soldaten antworten ihm unter Beschleunigung ihres Marsches. Diese Gesänge mußten kurz und in kleinen Versen verfaßt seyn, die auf eine sehr lebhafte Melodie gesetzt waren. Man bediente sich dabey gewöhnlich des dorischen oder phrygischen Tones.

Ars Poet. Horaz erwähnet eines gewissen Tyrtäus, der in dem messenischen Kriege die Lacedämonier durch seine Verse dergestalt anfeuerte, daß sie einen vollkommenen Sieg erfochten. (a) Es ist auch in der That nichts fähiger die Seele zu erheben, und den Muth zu entflammen, als eine männliche und erhabene Poesie, die von dem Wohllaute des Gesanges begleitet wird. Dem ungeachtet scheint es, daß die Lacedämonier diesen Gebrauch nicht immer befolgten. Wir sehen aus dem Thucy- *Buch 5.* dibdes, daß sie zu seiner Zeit, in der Stille nach dem Klange der Flöten marschierten, und zu besserer Behaltung ihrer Glieder ihre Schritte nach dem Takt einrichteten, welches dieser Geschichtschreiber als eine Folge ihrer trefflichen Mannszucht anmerkt. Dieses hat ohne Zweifel den Marschall von Sachsen auf den Einfall des abgemessenen Taktschrittes gebracht, den wir angenommen

---

(a) *Tyrtæusque mares animos in martia bella versibus exaruit.*

nommen haben, und welcher eines der besten Mittel ist, so man zur Vervollkommnung der Taktik ausdenken konnte.

Obgleich die Römer ebenfalls einen abgemessenen und durch Kriegsmusik belebten Schritt hatten, so glaubten sie dennoch, daß das Schlachtgeschrey im Augenblicke des Angriffs nöthig wäre. Da dieser laufend geschah, so mußte die Schnelligkeit der Bewegung sowohl als das Getümmel des Geschreyes der Trompeten und der Feldhörner sie anfeuern und mit einer Art von Wuth erfüllen, die man jedoch durch die Mannszucht zu mäßigen wußte. Dieses Volk, das auf nichts als auf den Krieg dachte, hatte die Natur des menschlichen Herzens zu wohl erforschet, um nicht einzusehen, daß überhaupt ein jeder Mensch beym Anblick der Gefahren erhitzt und betäubt werden müsse. Aus dieser Ursache hat auch der König in Preussen seine Infanterie abgerichtet, unter dem Marschieren und mit so großer Geschwindigkeit zu feuern. Man muß sich nicht einbilden, daß seine Absicht ist, viele Feinde durch das Musketenfeuer zu erlegen. Dieser Prinz ist zu erleuchtet, als daß es ihm verborgen seyn könnte, daß dieses das Mittel nicht ist, Schlachten zu gewinnen. Er will blos den Soldaten beschäftigen, und ihn von der Ueberlegung abziehen; vielleicht auch diejenigen seiner Feinde abschrecken, welche einfältig genug sind, sein Feuer für allzu furchtbar zu halten, und sich daher nicht getrauen, ihn zu erwarten oder anzufallen. (a) Diese Lebhaftigkeit

―――――――――

(a) Als man in Frankreich nach dem Aachner-Frieden 1749 einen Theil des preußischen Exercitions, und die drey

Mann

tigkeit des Musketenfeuers schickt sich sehr wohl für die phlegmatischen Deutschen; ein frisches und mit Instrumentenklang begleitetes Feldgeschrey ist der französischen Nation angemessner. Jeder Haufen hatte vor Zeiten sein eigenes Geschrey, welches ihm durch seinen Aufführer gegeben wurde. Diese Gewohnheit ist abgekommen, und heut zu Tage pflegt man höchstens noch bey einem Ueberfalle, tue, tue, das ist, bring um zu rufen. (†) Man könnte aber zu diesem Ende ein kurzes und sehr munteres Kriegslied verfertigen, dessen Absingung mit Waldhörnern und Feldschalmeyen begleitet, und wozu der Takt auf der Trommel geschlagen werden müßte.

Die Mann tiefe Stellart einführte, so stund man in den festen Gedanken, daß der König in Preussen sein größtes Vertrauen in sein Feuer sezte. In diesem Wahne plagten die Obristen, welche größtentheils zu wenig Taktik verstunden, um seinen wahren Zweck einzusehen, ihre Regimenter mit dem geschwinden Feuern, wobey sie ihnen fleißig zuriefen: daß sie sonsten wenn sie mit den Preussen zu thun bekämen, unfehlbar würden geschlagen werden. Eine so große Unwissenheit und so elende Grundsätze, liessen mich den Schluß machen, daß dieses in der That geschehen würde. Das Musketenfeuer der Preussen thut so wenig Schaden, daß man einige mal unter ihren Leuten mehr Todte gezählt hat, die durch Flintenkugeln umkamen, als unter den geschlagenen Feinden. Die Siege werden nicht durch Blutvergiessen, sondern durch die Manouvers und das gewonnene Erdreich erhalten.

(†) In ähnlichen Fällen pflegen die Deutschen sich noch öfters durch Hau ein! und die Schweden durch Zugg i! aufzufrischen. Das Feldgeschrey dieser leztern Nation war besonders unter dem grossen Gustav meistens Med Guds hielp! mit GOttes Hülfe, und dieser Monarch pflegte auch vor dem Treffen mit seinen Völkern ein geistreiches Lied anzustimmen, wovon er bisweilen selbst der Verfasser war.

Die Musik ist bey der Taktik nicht zu verabsäumen. Sie macht einen wundersamen Eindruck auf die Truppen, und die Alten waren hievon so sehr überzeugt, daß sie dieselbe als ein Hauptwerk betrachteten. Der Tanz, den Pyrrhus bey der Belagerung von Troja erfand, diente nicht allein den Soldaten zu belustigen, sondern vornemlich die Kräfte des Körpers zu entwickeln, und demselben mehr Behendigkeit mitzutheilen; vielleicht war es auch blos ein nach dem Klang einer muntern und kriegerischen Musik abgemessener Taktschritt.

In den folgenden Zeiten hatten die Griechen so lebhafte und nachdruckvolle Melodien, daß wenn geschickte Meister sie spielten, die Seele ganz davon hingerissen wurde. Plutarch berichtet uns, daß Alexander einst mit seinen Höflingen bey der Tafel saß, wo sie dem Gesange des Timotheus zuhörten. Plötzlich wurden ihre Gemüther so heftig erschüttert, daß sie alle aufsprangen, und gleichsam zu den Waffen laufen wollten. Als aber der Tonkünstler seine Melodie änderte, so wurden sie wieder besänftigt. Ein anderer Sänger mit Namen Antigenides, setzte einige junge Leute die bey einer Buhldirne waren in solche Wuth, daß sie zu den äußersten Gewaltthätigkeiten geschritten wären, wenn er nicht inne gehalten hätte. Vielleicht sind diese Erzählungen übertrieben; dem sey aber wie ihm wolle, so ist es doch gewiß, daß eine aus männlichen und raschen Tönen zusammengesetzte Musik überaus große Würkung in der Seele hervorbringen mußte.

Die Feldinstrumente der Griechen waren die Flöte und die Trompete. Diese letztere war besonders bey den Macedoniern gebräuchlich. Die Lacedämonier hatten Flöten, deren Schall hoch und scharf wie unsere Hautbois seyn mußte; sie begleiteten sie mit Leyern, deren man sich auf den Schaubühnen und bey den öffentlichen Spielen bediente. Anfänglich hatte die Leyer oder Zitter nur vier Saiten; nach der Hand bekam sie sechse, und damals war ihre Harmonie männlicher und kriegerischer, als da man ihre Zahl noch weiter vermehrte; denn durch die Häufung der Töne verminderte man ihre Stärke und schwächte den Nachdruck, der in ihrer einfachen Verbindung herrschte. Deßwegen verboten die Ephoren diese Art Leyern nicht nur im Kriege, sondern auch in den öffentlichen Spielen. Sie verurtheilten den Terpander zu einer Geldbuße, weil er sich bey den pythischen Spielen mit einer siebensaitigen Leyer einfand; ein anders mal zwang man einen berühmten Tonkünstler, der auf seinem Instrumente neun Saiten führte, zwo davon abzuschneiden. Timotheus welcher die Leyer auf eilf Saiten vermehret hatte, ward ebenfalls durch ein Rechtsurtheil genöthigt viere davon wegzuthun, und bekam zugleich einen Verweiß, daß er die alte Einfalt durch einen allzu chromatischen (†) und üppigen Geschmack habe verdrängen wollen.

Boëtius de Muſ. L. I.
Da die Alten in der Ueberzeugung stunden, daß der Karakter der Künste einen großen Einfluß auf die Sitten habe, so wollten die Obrigkeiten, denen die Erhaltung derselben oblag, daß die Musik ehrbar, lebhaft, und geschickt seyn sollte, die Gemüther zur Tugend zu reizen. Sie waren sorgfältig bemühet alles zu verbannen,

(†) Diese künstliche Musik, welche sich durch eine mannigfaltige und sanfte Abwechslung der ganzen und halben Töne unterschied, hieß bey den Alten Musica chromatica.

nen, was das Herz verderben oder weichlich machen konnte. Der neue Geschmack, der sich in die französische Musik eingeschlichen hat, und die Mühe, so man sich täglich gibt sie umzubilden, wird gewiß nicht zum Vortheil der Sitten ausschlagen. Diese Neuerung wird in Frankreich nichts als einen höhern Grad des Verfalles und die Schande zurück lassen, die Leichtigkeit und Feinheit der italiänischen Musik niemals erreicht zu haben.

Eine edle und erhabene Musik war bey den Griechen ein wesentliches Stück der Erziehung. Unter die Vorzüge des Epaminondas rechnete man auch seine Geschicklichkeit im Singen und Tanzen. Die Römer hatten in den ersten Zeiten strengere Grundsätze; sie überließen die Musik den Tonkünstlern, und tadelten die Liebhaber, die sich zu stark darauf legten. Sobald sie aber einmal Geschmack daran fanden, so trieben sie denselben bis zur Ausschweifung, weil ihn keine Gesetze mehr einschränkten, sondern Pracht und Ueppigkeit ungezäumt herrschten. Indessen waren doch ihre Kriegsinstrumente immer eben dieselben, und bestunden aus dreyerley Arten: nämlich Trompeten, Feldhörnern und Zinken oder Clarinen. (†) Jedes dieser Instrumente wurde bey verschiedenen Gelegenheiten geblasen, und jede Art des Tones war das Zeichen zu einer gewissen Bewegung. Die Trompeten und Feldhörner zugleich blies man zum Angriffe; die Trompeten allein zum Abzug, zur Wache, zu den Arbeiten und zu den Musterungen.

_____

(†) Sie hießen in ihrer Sprache Tuba, Cornu und Buccina.

flerungen. Der Zinke (a) wurde zur Versammlung der Truppen, vor dem Feldherrn und bey den Todesstrafen geblasen.

Es ist sicher, daß die Kriegsmusik den Soldaten belebet, aufmuntert, und ihm eine mannhafte Stärke einflößt. Durch dieses Mittel machten die Alten jene langen und schnellen Märsche, die uns in Erstaunen setzen. Der Consul Nero, der in Apulien bey Venusia im Angesichte Hannibals gelagert war, unternahm einen verstohlnen Marsch, um sich mit seinem Amtsgenossen zu vereinigen, welcher den Asdrubal beym Flusse Metaurus erwartete. In sechs Tagen machte er zweyhundert und vierzig italiänische Meilen oder achtzig Stunden Weges. Die zween vereinigten Bürgermeister schlugen den Asdrubal, und Nero kam in einem gleichen Zeitraum in sein Lager zurück. Zwenhundert und vierzig solche Meilen machen vierzig auf einen Tag, oder etwas mehr als dreyzehn Stunden. Die Römer brauchten hierzu nur zehn Stunden, denn bey ihren militärischen Spaziergängen waren sie gewohnt in fünf Stunden zwanzig, und mit beschleunigtern Schritten auch vier und

Vegez,
B. 1.
K. 2.

(a) Die Clarine war eine sehr gekrümmte Trompete, die auch Lituus hieß. (†) Ovid. in Fastis. vers. 160.

(†) Die Meynungen der Schriftsteller sind wegen dieses Instruments getheilet. Einige vermengen es mit der Tuba, von der es doch allem Ansehen nach sowohl als von der Buccina an Form und Bestimmung unterschieden war. Der Scholiast des Horaz meldet: Die *Tuba* sey den Fußvölkern, der *Lituus* der Reuterey eigen gewesen, und nach dem Lucan, hat dieser letztere einen schmetterndern und schärfern Klang als die Tuba gehabt.

— — — Stridor lituum clangorque tubarum.

B. 1.

und zwanzig solcher Meilen zurück zu legen. Der Ueberrest des Tages war ihnen also hinlänglich zum Halt machen und ausruhen. Dieses ist der unvergleichliche Vortheil des Taktes und des abgemessenen Schrittes, worauf der Marschall von Sachsen mit Recht als auf das einzige Mittel dringet, die Truppen zu einem ordentlichen und schnellen Marsche zu gewöhnen.

Der Trommelschlag ist gut um den Schritt zu bezeichnen; allein dieses unangenehme Instrument hat nicht so viel Gewalt auf die Sinne als die andern, welche die Bewegung erleichtern und erhalten, die Lebensgeister erwecken, den Gliedern eine Federkraft geben, und sie antreiben ohne sie zu ermüden. (†) Die Trommeln waren ehmals nur unter den Barbarn bekannt. Die Parther hatten derselben eine große Menge die mit Schellen behängt waren, welche taktmäßig darein klangen. Die Trommeln der Türken sind sehr groß, und werden auf beyden Seiten geschlagen; sie begleiten sie mit einem Triangel, den sie den Scythen abgeborgt haben, oder mit zwoen sehr hellklingenden metallenen Schalen, welche aneinander geschlagen werden. Sie haben noch eine andre Musik, welche sie Tabulkans nennen; diese begleitet den General, und wird zur Aufmunterung der Truppen während dem Treffen gespielet. Wenn sie aufhöret, so halten sie es für ein böses Zeichen, und lassen den Muth sinken.

H 2　　Ehmals

_____

(†) Wenn diese Wahrheit eines Beweises bedürfte, so würde man denselben in der täglichen Erfahrung antreffen. Man siehet oft Personen sechs und mehr Stunden lang tanzen, denen es kaum möglich wäre, ohne den Sporn und das Zeitmaß der Musik nur eine Meile im gemächlichsten Schritte zurück zu legen.

116 **Einleitung**

Ehmals war die Musik unter den französischen Kriegsvölkern unbekannt, einige Regimenter ausgenommen, wo der Obriste und die Hauptleute sie bezahlten. Seit kurzem aber haben sich alle darum beeifert, und ihre Musik bestehet aus Jagotten, Hobohen, Waldhörnern und Klarinetten. Allein bis hieher hat sie nur zum Staat gedienet. Wenn man sie in den Schlachten gebrauchen will, so müssen die Spielleute vom Landesfürsten angenommen und bezahlt seyn. (†) Sie müssen für jede Bewegung eigene Musikstücke haben, welche dieselbe sowohl allein, als unter Begleitung des Trommelschlags bezeichnen können. Es ist nicht genug, daß sie zu Friedenszeiten bey der Parade und dem Exercieren spielen; man muß sie auch bey den militärischen Spatziergängen (††) und den Märschen, unter Abwechslung der Trommeln gebrauchen, damit die Spielleute Athem schöpfen können. Wenn man alsdann im Krieg einen Schnellmarsch zu machen bekäme, so würde man den völligen Nutzen dieses Gebrauchs in seiner vorläufigen Uebung verspüren. In solchen Fällen bleibt gemeiniglich das Drittel der Soldaten dahinten, und ich selbst habe zuweilen die Fahnen fast allein gesehen. Dieses ist den Römern und Griechen niemals wiederfahren, die doch öfters weit stärkere Züge als wir unternahmen.

Theore-

(†) Dieses ist durch die Verordnung vom 19ten April 1766 geschehen, kraft deren bey jedem Bataillon eine durch die Stärke des Regiments bestimmte Anzahl Musikanten angestellt wird.

(††) Diese sind nach dem Beyspiel der Römer durch die Verordnung vom 1ten Jenner 1766 bey den französischen Fußvölkern eingeführt worden.

Theoretisch-praktische Einleitung in die Taktik.

Zweyter Theil.

Entwurf der verschiedenen Schlachtordnungen.

Die Wissenschaft der Waffen enthält viele Theile, deren Grundsätze bestimmt und festgesetzt werden können; allein in der Ausführung verändert sich die Form der Kriegsverrichtungen bis ins Unendliche, weil sie von den Umständen und dem Erdreich abhängen, die sich nie vollkommen gleichen. Es wird daher eine richtige Unterscheidungskraft erfordert, um die Lehrsätze schicklich anzuwenden, und ihnen die Beyspiele anzutreffen.

Der Endzweck aller Kriegsverrichtungen ist zu erobern oder zu vertheidigen. Der erste Fall setzt voraus, daß man eine gewisse Ueberlegenheit besitzt und die Schlachten sucht; in dem zweyten ist man oft wider seinen Willen gezwungen sie zu liefern. Bisweilen würkt auch das Verlangen den Krieg durch einen Hauptstreich zu endigen, den Entschluß sich zu schlagen. Ich melde nichts von den Ursachen die einen Feldherrn bewegen oder abhalten können, eine Schlacht zu liefern. Sie liegen in der Vergleichung der Vortheile, die man sich von einem Siege versprechen kann, mit dem Schaden der aus einer Niederlage erwachsen würde. Es beruhet auch vieles auf der Menge und der Gattung der eigenen sowohl als der feindlichen Truppen, auf der Lage worinnen man sich in Absicht der Lebensmittel befindet, auf der Natur des Kriegs den man führet, und auf hundert andern Umständen, die der Klugheit eines Feldherrn nicht entwischen dörfen. Da dieses die wichtigste Handlung des Krieges ist, so muß er sie anders nicht als nach reifer Ueberlegung und einer gründlichen Untersuchung der Mittel wagen, die er zur Erhaltung des Sieges anwenden kann. Kurz, dieses ist der Fall, worinnen er seine ganze Geschicklichkeit und alle Kunstgriffe seines Genies an den Tag legen muß.

Es scheinet, die Kunst habe wenig Antheil an den ersten Schlachten gehabt. Die Eroberer setzten ihr Vertrauen bloß auf eine verworrene Menge von Streitern. Bacchus, Ninus und Semiramis schleppten Millionen Menschen mit sich, welche noch weit schlechter als die Heere des Darius und Xerxes angeordnet waren. In den folgenden Zeiten lernte man den Nutzen der

der Kriegszucht besser einsehen. Egypten warb Soldaten an, übte sie in den Waffen, und schuf sich eine eigene Taktik. Nach und nach wurde der Krieg überall mit mehr Ordnung geführet und endlich in eine Wissenschaft verwandelt, welche die Griechen und nach ihnen die Römer ausgebildet haben. Unter allen Schriftstellern, so die Regeln desselben aufgezeichnet und zusammen getragen, hat Vegez uns die vollständigste Sammlung von Vorschriften hinterlassen. Sein Werk ist ein Lehrgebäude der Kriegswissenschaft, von den Anfangsgründen bis zu den großen Theilen der Taktik. Er hat über die Zusammensetzung der Truppen, über die Waffenübungen, die Mannszucht und alle Kriegsverrichtungen vortrefliche Grundregeln geliefert; denn er hat keine eigene Einfälle niedergeschrieben, und daher muß man seinen Zeugnissen ein desto größeres Gewichte beylegen.

Dieser Schriftsteller führet siebenerley Muster von Buch 3. Schlachtordnungen an, welche meines Erachtens auf zwo Hauptarten, nämlich, das lange Parallelviereck N. 4. und die schräge Linie hinaus laufen. Die erste ist die einfachste und die gebräuchlichste. Man stellet die Fußvölker in die Mitte, die Reuterey auf die Flügel, und geht also in gerader Richtung auf den Feind los. Die Einförmigkeit dieser Stellordnung setzt ein ebenes und von allen Hindernissen durchgängig freyes Erdreich voraus. Vegez gestehet, daß sie die schlechteste sey, und sagt: die geschickten Heerführer achten sie wenig, es sey denn, daß sie eine hinreichende Menge Truppen haben, um den Feind zu überflügeln, und seine Flanken einzuschließen. Er

fügt

fügt noch hinzu: daß da die Linie ihrer Ausdehnung wegen dem Schwanken und den Oeffnungen unterworfen sey, so laufe sie Gefahr an einem oder dem andern Orte durchbrochen zu werden; daher will er, daß man bey Ausdehnung der Flügel ja nicht ermangle von hinten her starke Reserven auszuhalten, um die Lücken anszuſtopfen, wodurch der Feind eindringen könnte. Dieſe Vorſorge iſt zumal bey der heutigen Taktik unentbehrlich, wo die obermähnten Unbequemlichkeiten noch eher zu befürchten, und weit gefährlicher ſind als bey den Alten. Eine ſolche Schlachtordnung erhält alſo ihren Vortheil blos von einer überlegenen Macht und von der Ausdehnung eines weiten und flachen Erdreichs, welches ein unvorſichtiger Feind betreten haben muß.

Die ſiebente Anordnung iſt auch gradlinigt, allein viel beſſer als die erſte; man benutzet die Lage des Landes, um den einen Flügel in Sicherheit zu ſtellen, und den andern durch die geſammte ſchwere und leichte Reuterey zu verſtärken.

Unter der zwoten Hauptart begreife ich die fünf andeen Stellordnungen, welche ſämmtlich die Natur der ſchrägen Linie an ſich haben, obſchon Vegez dieſen Namen nur der zwoten, dritten und ſechsten beylegt. Gleiche Bewandtniß hat es mit den Fällen, da die ſiebente zur erſten Klaſſe gerechnet werden könnte; wenn nämlich ein Theil der Fronte durch einen hohlen Weeg, einen Bach oder Moraſt bedeckt iſt, und man ſeine gröſte Macht und ſeine beſten Truppen auf den andern hinzieht, in der Abſicht das Treffen auf dieſer Seite anzufangen. Da nun der ſchwächere Theil vor allem Angriffe geſichert bleibt, ſo heißt dieſes eben ſo viel als
ob

in die Taktik.

ob man ihn in der Entfernung hielte, welches der eigentliche Zweck der schrägen Stellordnung ist.

Der erste Grundsatz den man bey allgemeinen Treffen befolgte, bestund also darinnen, daß die Armee auf eine große Fronte gestellt, und so weit als möglich ausgedehnt wurde, um den Feind zu überflügeln, und ihm in die Flanken oder gar in den Rücken zu fallen. Wenn aber dieser nicht unerfahren war, so setzte er sich keiner Schlacht aus, ohne seine Flügel zu decken, oder wenn er seiner mindern Anzahl ungeachtet auf eine weite Ebene heraustrat, so wußte er vorher, daß er durch eine geschickte Stellung und durch verschlagene Wendungen seinem Gegner den Vortheil der Uebermacht aus den Händen spielen und seine Absichten hintertreiben würde. Das erste Beyspiel dieser Art woraus wir nützliche Lehren schöpfen können, zeigt sich bey der Schlacht von Thymbra, die ich beschreiben will.

Erstes

Erstes Hauptstück.
Von der Schlacht bey Thymbra.

Die Schlacht bey Thymbra ist die erste der alten Zeiten, von welcher eine umständliche Beschreibung vorhanden ist. Der Bericht den Xenophon uns davon geliefert, ist von so großer Genauigkeit, daß man nicht ohne Grund muthmaßet, er habe vieles aus seinem Kopfe hinzugesetzt. Die erhabenen Tugenden die Cyrus in seiner Jugend hervorleuchten läßt, seine Mäßigung, seine Klugheit und seine Kriegskenntniß, haben ebenfalls sehr scheinbare Zweifel gegen die Treue seiner Geschichte erwecket. Diesem kann man noch beyfügen, daß Xenophon darinnen die ganze Kunst der griechischen Taktik entwickelt, deren Gebräuche und Bewegungen er den Persern anpasset, daß er sich gleicher Namen bedienet, und die nämlichen Gattungen der Truppen anführt. Bey solchen Umständen muß man freylich gestehen, daß es scheint, als ob der Schriftsteller die Absicht gehabt habe, der Welt ein vollkommenes Muster eines guten Fürsten und einer vortrefflichen Regierung vor Augen zu legen. Dieses ist aber nicht hinreichend sein Werk zu einem Mährchen oder zu einem politischen Romane zu machen; es würde vielmehr beweißen, daß derselbe die Geschichte des Cyrus für würdiger als alle andere gefunden hat, zu der Ausführung

führung seines Vorhabens zu dienen. (a) Denn so viel ist allemal gewiß, daß man die Begebenheiten an sich nicht leugnen kann; sie werden durch die geistlichen und weltlichen Geschichtschreiber bestätigt, deren Einstimmigkeit ein unverwerfliches Zeugniß abgibt. In der Weißagung des Jesaias wird Cyrus den Juden unter seinem eigenen Namen verheißen, und es wird seiner noch an verschiedenen Stellen erwähnet. Herodot redet von dessen Geburt und beschreibt seinen Krieg mit dem Crösus. Sein Bericht von der angeführten Schlacht stimmt sogar in einigen Umständen mit Xenophons Erzählung überein. Was die Truppen des Cyrus und ihre Mannszucht anlangt, so ist gar wohl möglich, daß dieser Prinz die Verfassung der Griechen kannte, und in diesem Falle war es ganz natürlich, daß er bey seinen Persern ihre Waffen und ihre Stellordnung einführte. Klein Asien war mit griechischen Städten angefüllt, deren Völker fast auf gleiche Art wie die europäischen fochten. Crösus hatte sogar viele davon unter seinem Heere. Die Taktik der Griechen war von der asiatischen nur darinn unterschieden, daß ihre Phalanx nicht so tief, die Rotten und Glieder mehr abgetheilt, besser geordnet und zu den Kriegsbewegungen fähiger waren. Man muß sich daher nicht wundern, daß Xeno-

Buch 1.

(a) Die Streitigkeiten über dieses historische Räthsel sind eine Zeit lang mit solcher Hitze geführt worden, daß es wie bey den Zänkereyen über den Homer bis zu den Scheltworten gekommen ist. Scaliger war einer von denen, welche die Sache am hartnäckigsten geläugnet haben. Seine Meynung ist aber vom Hrn. Charpentier, einem Mitgliede der französischen Akademie und Uebersetzer der Cyropädie mit vieler Einsicht bestritten worden.

Xenophon, wenn er von der Mannszucht und Stellordnung der Truppen redet, sich der bey den Griechen üblichen Kunstwörter bedienet. Dieses Volk war schon damals, ja noch eher im Dienste der Infanterie am besten erfahren. (a) Cyrus nahm sie zum Muster und verbesserte seine Phalanx nach der ihrigen; obwohl er sich aber ihre Grundsätze zueignete, so behielt er dennoch die Streitwagen bey, deren man sich nur noch in Asien bediente, und errichtete eine gute Cavallerie, welche das meiste zum Siege beytrug, den er bey Thumbra erfochte. Man muß also dem erfahrnen Geschichtschreiber der uns sein Leben aufbehalten hat um so weniger Lügen strafen, da er selber meldet, er habe sich von den einzelnen Umständen seiner Historie wohl unterrichten lassen, und dasjenige bloß wieder erzählt, was er davon erfahren können. Nun ist es wahrscheinlich, daß er ein Vergnügen daran fand, sie zu verschönern, und sie durch die Grundsätze der besten Staatskunst sowohl als die vortreflichsten Kriegsvorschriften gemeinnütziger zu machen. Er hat auch die sittlichen Tugenden nicht vergessen, welche so viel als die andern zur Bildung eines Helden beytragen. Die Historie der Panthea und des Abradates, ist ein Beyspiel der ehlichen Treue; hingegen zeigt uns die Leidenschaft des Araspes zur Panthea ein Bild der menschlichen Schwachheit, die sich vergebens schmeichelt einer Schönheit zu widerstehen, welche man in seiner Gewalt hat.

(a) Von Cyrus an bis zu dem Einfalle der Perser unter dem Darius und der Schlacht bey Marathon, befindet sich nur ein Zwischenraum von ungefähr siebenzig Jahren. Es ist bekannt, daß dieses berühmte Treffen der Triumph der griechischen Phalanx und der Anfang ihres Ruhmes war.

hat. Die Weigerung des Cyrus, diese schöne Frau, die seine Gefangene war, zu sehen, ist ein Beweiß seiner Klugheit und seiner Mäßigung. (a) Ich hätte ein weites Feld vor mir, wenn ich dieses Werk erheben, und die Wahrheit der darinn enthaltenen Begebenheiten darthun wollte; allein ich würde mich alsdann von meinem Hauptgegenstand entfernen, zu welchem ich forteile.

Die Babylonier und Lydier hatten ihre Macht vereinigt, um sich der anwachsenden Größe des Cyrus zu widersetzen, welcher bereits einige Vortheile über sie erhalten, und eine Strecke von Asien erobert hatte. Sie waren durch die Hülfstruppen der Egyptier, der Araber und verschiedener andern Völker verstärkt worden, und das ganze Heer versammlete sich auf der Ebene bey Thymbra (b) am Ufer des Pactolus. Es bestund daßelbe aus sechzig tausend Mann Reuterey und drey mal hundert und sechzig tausend Mann Infanterie, worun-

---

(a) Araspes war ein Officier, welchem Cyrus die Bewachung der Panthea, des susianischen Königs Abradates Gemahlinn anvertrauet hatte. Als derselbe wider sein Versprechen ihr Gewalt anthun wollte, so verklagte sie ihn beym Cyrus. Araspes, der seinen Unwillen fürchtete, getrauete sich nicht mehr ihm unter die Augen zu kommen. Der König begegnete ihm aber mit Güte, und verlangte nur, daß er zu den Feinden übergehen, und ihm als Kundschafter dienen sollte. Ein solcher Antrag würde heut zu Tage für einen Fürsten unanständig scheinen, und den der ihn annähme mit Schande bedecken. Allein diese zarte Bedenklichkeit ist niemals in Asien bekannt gewesen, wo die despotische Gewalt des Herrn alles was ihm nützen kann, zur Ehre macht.

(b) Thyharta oder Thymbraja, eine Stadt unweit Sardis.

worunter sich hundert und zwanzig tausend Egyptier befanden, die mit großen Schilden, langen Picken und kurzen Pallaschen bewaffnet waren. Die übrigen hatten nur Wurfspieße und leichte lederne Schilde; die Schleuderer und Bogenschützen waren in sehr großer Anzahl und die Streitwagen beliefen sich auf dreyhundert. Crösus, der zum Oberfeldherrn erwählet worden, hatte Bothschafter nach Lacedämon geschickt, um daselbst ein Bündniß zu schließen; er erwartete auch noch Hülfstruppen von verschiedenen Orten, und raffte aus allen benachbarten Landschaften Lebensmittel zusammen. (a) Cyrus welcher durch seine Kundschafter von allem was vorgieng, genau unterrichtet war, wollte seinen Feinden nicht Zeit lassen sich mehr zu verstärken, sondern beschloß ihnen eine Schlacht zu liefern. Um sie zu erreichen, hatte er einen fünfzehntägigen Marsch durch ganz verwüstete Länder zu thun; er befahl daher seinem Heere sich mit Mundvorrath zu versehen und nahm sonst alle nöthigen Maßregeln, um seinen Marsch in der besten Ordnung zu bewerkstelligen. Die Reuterey eröffnete den Zug, sie hatte aber leichte Vorwachen an ihrer Spitze, welche die Gegend auspähten; hierauf kamen die Streitwagen, das schwere Gepäcke und die Lastthiere, auf welche die Infanterie folgte. Eine

gehö-

(a) Xenophon hat die Zahl der beyden Heere nicht zusammen gerechnet; allein man kann dieselbe durch Vergleichung verschiedener Stellen der Cyropädie leicht heraus bringen. Die griechischen und babylonischen Truppen bestunden vor dem ersten Treffen aus 360000 Mann. Hiezu kamen nachher die Egyptier und etliche kleine Völker; ihre Anzahl konnte sich also auf 400000 Mann erstrecken. Auf gleiche Art hat man die Stärke der Armee des Cyrus ausgerechnet.

gehörige Anzahl Schanzgräber war truppweiß an die Spitze des Trosses vertheilt. Wenn der Platz es erlaubte, so geschah der Marsch in einer so breiten Fronte, als es nur immer möglich war; wurde er aber enger, so fuhren die Wagen hintereinander, und die Infanterie zog beyderseits neben her. (a)*

Als nun Cyrus, von einigen Gefangenen erfuhr, daß er nur noch drey Meilen von den Feinden entfernt wäre, und seine Vorwachen ihn zugleich benachrichtigten, daß sie bereits den Rauch des babylonischen Lagers entdeckten, so ließ er Halt machen und fieng an seine Schlachtordnung zu veranstalten. Zu gleicher Zeit ward er durch den zurück gekehrten Kundschafter Araspes (b) von der Stärke und Stellordnung derselben unterrichtet. Sie machte eine einzige Linie aus; die Infanterie befand sich in der Mitte, die Reuterey auf den Flügeln, und diese war ebenfalls mit starken Schaaren von Fußknechten untermischt. Das ganze Heer stund dreyßig Mann hoch, die Egyptier ausgenommen, welche große viereckigte Schlachthaufen von zehntausend Streitern formierten, deren Fronte und Tiefe hundert Mann betrug. Diese Stellart war ihrem Landesgebrauche gemäß, und alle Vorstellungen des Crösus konnten sie zu keiner Abänderung vermögen. Sie hatten ihren Platz in der Mitte der Infanterie, und

(a) Es ist leicht einzusehen, daß des Cyrus Heer auf einer sehr großen Breite marschieren mußte, sonsten hätte es eine ungeheure Länge eingenommen, denn wenn es auf dem flachen Felde war, so machte es eine einzige Colonne, fanden sich aber enge Pässe, so mußte man es wohl in mehrere zertrennen,

(b) Man sehe die Anmerkung (a) Seite 125.

und ließen zwischen jedem Viereck einen gewissen Raum. Die Panierfronte der ganzen Armee war vierzig Stadien oder beynahe zwo Stunden lang. Cyrus der sich um die Hälfte schwächer befand, sah wohl ein, daß man ihn überflügeln wollte, und daß der Anschlag des Crösus dahin gienge, seine Flanken mit der Reuterey zu umringen, mittlerweile daß die Infanterie ihn auf der Fronte anfallen würde. Nach dieser Wahrnehmung stellte er sein Heer, welches aus hundert und sechs und neunzig tausend Mann bestund, davon sechs und dreyßig tausend zu Pferde waren. Er hatte siebenzig tausend gebohrne Perser, welche vor dem nur zu Fuße fochten. Da aber Cyrus wahrgenommen, wie vortheilhaft es ihm seyn würde, wenn er ihre alte Streitart abänderte, so hatte er zehntausend von ihnen beritten gemacht, mit Schutzwaffen versehen, und aufs beste geübet. Zwanzig tausend ließ er leicht bewaffnet, zwanzig tausend bekamen Harnische, Partisanen und gute Schwerdter. Die übrigen hatten zweyschneidige Streitarten und starke Wurfspieße. Seine fremden Truppen bestunden aus Medern, Arabern und Cadusiern. Hiezu kamen noch dreyhundert Streitwagen, deren Achsen auf beyden Seiten mit zwo scharfen Sensen versehen waren, davon die eine aufwärts, die andere aber wagrecht stund. Er hatte auch, wie wir oben gesehen, ihre Bauart abgeändert, und ihnen mehr Weite und Festigkeit gegeben.

Der Gebrauch der Perser war sich vier und zwanzig Mann hoch zu stellen. Cyrus fand diese gehäuften Glieder unnütz, und verminderte ihre Höhe bey solcher

Ge-

Gelegenheit um die Hälfte. (a) Gleich hinter der Linie der schweren Infanterie stund eine zwote leichtbewaffnete, die ihre Spieße über die erste hinaus warf, und hinter der zwoten befand sich noch eine dritte, die aus Bogenschützen bestund. Diese mußten ihre Pfeile über die Phalanx wegschießen, welche sie deckte. (b) Er hatte auch eine vierte Linie von auserlesener Mannschaft formiert, deren Bestimmung war die Vordern im Zaume zu halten, und alle Flüchtlinge niederzumachen. Diese verglich er in seiner Schlachtordnung dem Dache eines Hauses, welches ohne einen festen Grund und eine gute Decke nicht bestehen kann. Ueberdieses hatte er noch große Wagen bauen lassen, auf welchen achtzehn Fuß hohe Thürme stunden, deren jeder zwanzig Bogenschützen enthielt. Diese auf Rollen gesetzte Wagen, wurden von sechszehn nebeneinander gespannten Ochsen gezogen. Aus diesen beweglichen Festungen machte er eine fünfte Linie, hinter welche seine Infan-

I. Theil.   J   terie,

(a) Ein Officier sagte ihm, er fände diese Anordnung gegen die feindliche zu schwach. Hierauf antwortete Cyrus, daß eine Stellung, in welcher die Waffen der hintersten Soldaten zu nichts dienten, wenig Würkung haben könnte. Er glaubte also, daß bey der Höhe der Glieder ein gewisses Maß zu beobachten sey, und daß sie, wenn man solches überschreitet, die Stärke der Schlachtordnung nicht weiter vermehren. Dieser Vernunftgrund ist den Vertheidigern der Colonnen nicht günstig.

(b) Wenn die Leichtbewaffneten hinter der Phalanx stunden, schoßen sie ihre Pfeile in der Bogenlinie; so warfen sie dieselben auch, wenn sie sehr weit reichen wollten. Ein gerader Schuß war zwar viel schärfer, er gieng aber nicht so weit als jener. M. s. Xenophons Reittkunst.

terie, falls man sie zum weichen brächte, sich zurück ziehen und wieder in Ordnung stellen sollte. Die Aufsicht über diese Thürme war dem Euphrates anvertraut, (a) und von allen zur Schlacht dienlichen Erfindungen der Alten scheint mir diese die vernünftigste zu seyn; man siehet aber doch nicht, daß man sich derselben nach der Hand bedient habe; vermuthlich weil sie wegen der Schwierigkeit sie fortzubringen ein besonderes Erdreich erforderten. Indessen ist zu vermuthen, daß die Thürme des Cyrus, zu desto leichterer Fortschaffung, aus einander gelegt werden konnten.

Auf diese Maschinen folgten zwo ebenfalls gleiche Linien von Wagen, welche das Gepäcke und die Welber führten. Die Absicht des Cyrus war, seiner Schlachtordnung die möglichste Tiefe zu geben, um die Feinde, die, wie er wohl wußte, ihn umringen wollten, zu einem desto größern Umschweife zu nöthigen und dadurch ihre Stärke zu vermindern. Von seinen zwo letzten Linien war die eine vom Dauchus, die andere vom Carduchus angeführt, welche Wachen bey sich hatten, um die Ordnung des Zuges zu handhaben. Die Reuterey befand sich gleich der feindlichen auf den Flügeln, wovon Chrysant den rechten und Hystaspes den linken anführte. Der größte Theil davon war vom Kopf bis auf

---

(a) Allem Ansehen nach hat Euphrates auch noch andere Kriegsmaschinen unter seinen Befehlen gehabt; es wird aber keine bestimmte Nachricht davon gegeben. Viele Gelehrte meynen, die Baliste und Katapulte seyn in damaligen Zeiten noch unbekannt gewesen. Ich glaube das Gegentheil und halte sie sogar für weit älter. Zu seiner Zeit werde ich die Gründe meiner Meynung anführen.

auf den Fuß geharnischt, und die Pferde waren ebenfalls mit Eisen bedeckt. Araspes führte den rechten Flügel der Infanterie, Arsamas den linken, und Abradates stund mit den Persern, den Egyptiern gegenüber, in der Mitte. Hundert Streitwagen waren auf der Fronte, und eben so viel auf den Flügeln, um sie beyderseits zu bedecken. Bis hieher haben wir an dieser Stellordnung nichts besonders erblickt; man findet sogar einen Fehler darinnen, indem die Flanken blos durch die Wagen beschirmt sind, ohne durch einige Truppen unterstützt zu werden. Deßwegen glaubt Herr Rollin mit den Kriegsverständigen die er zu Rathe gezogen, Xenophon habe aus Nachläßigkeit diesen Umstand übersehen. Allein seine Tadler haben nicht auf die Rede des Abradates Acht gegeben, welche er an den Cyrus hielt, als derselbe die Fronte durchstrich: Herr, alles steht gut auf dieser Seite; nur bin ich wegen unserer Flanken bekümmert, welche blos durch Streitwagen bedeckt sind, denn ich sehe die feindlichen Flügel anrücken uns zu umringen. Cyrus benimmt ihm diese Unruhe, indem er sagt, er wisse schon ein Mittel dieses Gewitter zu zerstreuen, nur verlange er von ihm sich nicht zu rühren, bis er diejenigen, für die er besorgt sey, würde fliehen sehen. (a) Von da gieng er auf den linken Flügel der Reuterey, wo ihm Hystaspes der sie anführte, auch einige

Theil 2.
S. 223.

Cyrop.
B. 7.
Art. 1.

―――――――――――――――――――――

(a) Er hatte kurz zuvor dem Chrysant ein gleiches gesagt, und als ihm Araspes das Vorhaben der Feinde ihn zu umringen hinterbrachte, sagte er: Die so umringen wollen, mögen auf ihrer Huth seyn, daß es ihnen nicht selbst wiederfahre. Ἀλλ᾽ ὧδε αἱ τιλεύται εἰ οἱ κυκλώμενοι κυκλωθῶσιν. Buch 6.

einige Unruhe wegen seiner Flanke bezeugte: Denke nur daran, erwiederte Cyrus, daß der erste, der einen Vortheil erhält, den andern zu Hülfe kommen soll. Hierauf wandte er sich auf die Seite, und befahl dem Anführer der Streitwagen, dieselben mit möglichster Schnelligkeit gegen die Feinde anzutreiben, sobald sie in Fronte vorrücken würden. Zugleich schärfte er ihm ein, daß er nicht warten sollte, bis sie ihm zu nahe kämen, damit er ihnen einen desto größern Weeg abgewinnen möchte; man wird, fügte er hinzu, dir bald zu Hülfe eilen.

Hieraus erhellet, daß in der Beschreibung der Schlachtordnung nichts ausgelassen worden. Cyrus wußte wohl, daß seine Flügel nicht bedeckt waren; er hatte aber Maßregeln ergriffen, welche sie schützen und zugleich den Feind in Unordnung bringen sollen. Diese hatte er niemanden als denen entdeckt, welchen die Ausführung aufgetragen war, und sie bestunden in folgender Anordnung, worinnen zugleich die Geschicklichkeit seiner Stellart lag. Hinter den Packwagen hatte er am Ende jedes Flügels tausend Reuter, und eben so viel Fußknechte, lauter auserlesene Mannschaft gestellt, Pharnucus und Artagerses führten die zur Linken; Artabases und Afiadates die auf dem rechten Flügel. Mit diesen zwo kleinen Reserven hoffte er sich alles was ihm in die Flanken fallen würde, vom Halse zu schaffen. Dem Rückhalt des linken Flügels hatte er noch eine starke Schwadrone Kameele beygefüget, auf deren jedem zween arabische Bogenschützen mit zugekehrtem Rücken saßen. Dieser Haufen der zum Theil aus den im ersten Treffen den Assyrern abgenommenen Kameelen zusammengesetzt war, leistete ihm bey dieser Gelegenheit überaus nützliche Dienste.

Nachdem nun Cyrus seine Befehle auf der Linken ausgetheilt hatte, so sprach er noch zu dem Artagerses welcher den Rückhalt anführte, er solle den Angriff thun, wenn er glauben würde, daß er auf seiner Seite angefangen habe. Du must, sagte er zu ihm, die Feinde auf der Flanke anfallen, welches immer die schwächste Seite ist, und das Geschwader der Kameele gegen den letzten Trupp ihres Flügels losbrechen lassen. Als auf dieser Seite alles eingerichtet war, so begab er sich wieder auf den rechten Flügel, den er sich vorbehalten hatte. Die Infanterie und die beyden Reutereyflügel sollten seinem Befehl nach in gleichem Schritte vorrücken und mit gesammter Hand, jedoch nicht eher als bey Anhörung des Getümmels einbrechen, womit Cyrus auf seinem Flügel anfallen würde. Da nun die Armee die Worte, Jupiter der Erlöser und Anführer, zur Losung empfangen hatte, marschierte sie ungefähr eine Stunde weit in der obenbeschriebenen Ordnung fort, und hielt dreymal stille, um sich wieder zu richten. Alle Truppen sahen auf das königliche Feldzeichen, das sich im Mittelpunkte des Vordertreffens befand: Dieses war ein auf einer Picke befestigter goldener Adler mit ausgebreiteten Flügeln; ein Sinnbild, welches nachher die Könige in Persien immer beybehalten haben. Als die beyden Heere einander im Gesichte stunden, so hielt Crösus die Mitte seiner Schlachtordnung auf, und die Flanken bogen sich rechts und links vor, um das Heer des Cyrus zu umringen, der auf beyden Seiten

Buch 7.

Seiten um vier Stadien (†) überflügelt wurde. Diese Bewegung auf welche Cyrus gefaßt war, bestürzte ihn nicht; er gab ein Zeichen zum Halten, und die Armee machte sodann auf allen Seiten Fronte, so nämlich, daß die auf den Flanken befindliche Wagen, und die beyden im Rücken stehenden Reserven den feindlichen Flügeln die Spitze boten.

Die beyden Theile des feindlichen Heeres welche den Cyrus umringen sollten, machten nicht gleich eine Schwenkung, sondern sie trennten sich von dem Mittelheere, (††) und nahmen einen Umschweif, um desto mehr Erdreich zu gewinnen. Crösus gab ihnen nicht eher das Zeichen sich zu schwenken, als bis er glaubte, daß sie den feindlichen Flanken so nahe seyn müßten, als die Fronte seines Hauptheeres gegen die Fronte des Cyrus vorgerückt war, damit diese drey Corps zu gleicher Zeit angreifen möchten. Also schienen drey Armeen, die eine von vorne, die beyden andern von den Seiten über eine einzige herzufallen. (a) Dieser

---

(†) Dieses macht 360 französische Klafter (Toises) oder ungefähr 2160 rheinische Schuhe.

(††) So wird in der Folge dieser Uebersetzung das Corps de bataille, oder derjenige Theil der Schlachtordnung, welcher zwischen den beyden Flügeln die Mitte hält, genannt werden.

(a) Wir lesen, daß die Armee des Cyrus von allen Seiten, den Rücken ausgenommen, mit Streitwagen, Reuterey, Bogenschützen und Spießknechten umringet war. Es ist also ganz sicher, daß starke Infanteriehaufen unter die Cavallerie gemenget worden. Nachdem die Perser ihre Kriegszucht ver-

Dieser Anblick verursachte bey den Persern einigen Schrecken, weil sie ihre Flanken entblößt sahen, und nicht wußten wie ihr Feldherr sie decken würde. Daher verbot Cyrus seiner Fronte sich eher zum Angriffe zu rühren, als bis die beyden feindlichen Corps, die seine Flanken anfielen, geschlagen, und die Soldaten dißfalls beruhigt seyn würden.

Als er nun sah, daß der Augenblick da war, so stimmte er den Schlachtgesang an, worauf die ganze Armee unter Anrufung des Kriegsgottes antwortete. Plötzlich brach er mit der Reuterey des Rückhalts seines rechten Flügels auf, welcher die Infanterie mit starken Schritten folgte. Zu gleicher Zeit wurden auch die Wagen, welche die Flügel bedeckten, losgelassen; sein Augenmaß war so richtig, daß er dem Crösus zu eben der Zeit in die Winkelspitze und den Rücken seines linken Flügels fiel, als die mit Sensen bewaffnete Wagen Schrecken und Bestürzung auf seiner Fronte verbreiteten. Es währte nicht lange, so war diese Linie in Unordnung gebracht, zum weichen genöthigt, und in die Flucht geschlagen. Artagerses der das nämliche Manoeuvre zur Linken vornehmen sollte, war nicht minder glücklich. Sobald er die Feinde erreichen konnte, ließ er die Kameele gerade auf die letzte Schwadrone ihres Flügels anlaufen, und folgte selber mit seinem Rückhalt nach, um ihnen in die Flanken zu fallen. Als die Pferde die Kameele sahen, bäumten sie sich, warfen ihre Reuter ab, und stürzten übereinander hin.

---

verlohren hatten, so nahmen sie diesen barbarischen Gebrauch ebenfalls an, wie aus dem Kapitel von der Schlacht bey Arbela erhellen wird.

hin. In diesem Augenblicke langten die Wagen an, sie brachen in die innerste Tiefe dieser Reuterey und vermehrten die Verwirrung. Die Truppen des Artagerses ängstigten sie auf einer andern Seite, und kamen ihnen in den Rücken. Bald wurde die Zerstreuung allgemein, und das Schlachtfeld in dieser Gegend gereinigt. Als Abradates erfuhr was vorgieng, so wartete er nicht länger, um das feindliche Heer von vorne anzufallen. Die Wagen eröffneten den Angriff mit solchem Vortheil, daß die feindlichen, die weder so gut bewaffnet, noch so wohl gebauet waren, dieselben nicht einmal erwarteten, sondern umwandten. Die persischen folgten ihnen und drangen in die starken egyptischen Schlachthaufen, die anstatt ihnen einen Durchgang zu lassen, sich noch dichter geschlossen hatten, so daß sie nur einen einzigen ungeheuren Klumpen ausmachten. Die persischen Phalanxen setzten durch die Oeffnungen, so die Wagen gemacht hatten; sie richteten ein grausames Blutbad an, als der Wagen des Abradates umgeworfen, und dieser Prinz mit seinem Gefolge getödtet wurde.

So glücklich auch die persische Infanterie anfänglich war, so konnte sie doch der entsetzlichen Tiefe der Egyptier nicht widerstehen; sie wurde zum weichen gebracht und zog sich bis zur letzten Linie zurück. Diese hielt die Bogenschützen auf, und zwang sie einen neuen Anfall zu wagen. Zu gleicher Zeit wurden die Egyptier von den Thürmen mit einem Pfeilregen empfangen; das Gefechte fieng also auf diesem Platze von neuem an, und wurde weit blutiger als es zuvor war. Inzwischen kam Cyrus nach Besiegung seiner ersten Gegner zurück,

zurück, und stieß zu dem rechten Flügel seiner Reuterey, womit er die feindliche, so noch Stand hielt, vollends in die Flucht schlug. Hierauf wandte er sich nach dem Mittelpunkte, und fiel den egyptischen Bataillonen, die auf allen Seiten Fronte machten, in den Rücken. Alsdann sah man ein gräßliches Handgemenge; die Reuterey vermischte sich mit der Infanterie; das Geräusche der Waffen und das Geschrey der Streiter machte ein entsetzliches Getümmel, das Pferd des Cyrus wurde verwundet, und er mitten unter dieses Gewühle auf der Erde fortgeschleppt. Dieser Unfall verursachte einen allgemeinen Schrecken; die Perser warfen sich übereinander hin, und ein jeder wollte die Ehre haben seinen König zu retten oder mit ihm zu sterben. Endlich stieg einer von seiner Leibwache ab, und hob ihn wieder zu Pferde. Unter dieser Zeit drang auch Hystaspes, welcher den linken Flügel der Reuterey anführte, und ebenfalls gesiegt hatte, auf die Egyptier ein, welche sich auf allen Seiten angefallen sahen, und keine Ordnung mehr hielten. Die Menge stürmte von den Enden gegen die Mitte, wo sie sich zusammenpreßte, und einen vollen Kreis, oder vielmehr einen ungeheuren und unförmlichen Infanterieklumpen ausmachte. Mit ihren Schilden bedeckt, hielten sie die Picken vor und leisteten einen harten Widerstand, als Cyrus von einem hölzernen Streitthurme, den er bestiegen hatte, die seinigen überall siegreich, das feindliche Heer zerstreuet und das Feld mit Flüchtigen bedeckt sah. Es blieb niemand mehr übrig als die Egyptier, deren Muth er bewunderte und vielleicht auch fürchtete. Er ließ ihnen Gnade anbieten, wenn

J 5   sie

sie die Waffen niederlegen würden. Diese tapfern Männer aber wollten sich nicht gefangen geben; sie machten einen Vergleich, durch welchen Cyrus versprach, sie in Sold zu nehmen, nach geschlossenem Frieden ihnen samt den Ihrigen Städte und Ländereyen zu Wohnplätzen einzuräumen und sie niemals zu zwingen wider den Crösus zu dienen, mit welchem sie zufrieden gewesen.

Anmerkungen.

Um die Feinheit der Schlachtordnung des Cyrus einzusehen, muß man darüber nachdenken; denn sie scheint beym ersten Anblick nicht ganz ohne Fehler zu seyn. Man sieht mit einer anstößigen Befremdung die Leichtbewaffneten hinter der Phalanx anstatt vor der Fronte stehen, wo sie den feindlichen Streitwagen gegenüber gewesen wären. Cyrus dachte vermuthlich, daß die kleinen Zwischenräume seiner Abschnitte nicht hinreichen würden, im Augenblicke des Anlaufs, die große Anzahl dieser Truppen durchzulassen, daß hieraus eine Verwirrung entstehen, und sein ganzes Vordertreffen in Unordnung bringen könnte. Indem er sie aber hinten daran stellte, so vermehrten sie die Tiefe seiner Schlachtordnung oder vielmehr die Anzahl seiner Linien, welches das vornehmste Augenmerk dieses Feldherrn war. Sie konnten ihre Pfeile gar leicht in der Bogenlinie schießen, und da die Feinde sehr tief stunden, so mußten sie dadurch unfehlbar beschädigt werden.

Man kann auch fragen, warum Cyrus auf seine Flügel nichts als Streitwagen stellte, deren Verunglückung alle diese schwachen Theile völlig entblößt hätte.

Es

Es ist manchen seltsam vorgekommen, keine Truppen hieselbst zu finden, und sie haben die Schuld dem Geschichtschreiber beygemessen. Ich habe ihn bereits gegen den Vorwurf der Nachläßigkeit gerechtfertigt, und eben so leicht wird es seyn zu beweisen, daß Cyrus diesen Umstand für keinen Fehler ansah. Die Tiefe seiner Schlachtordnung, welche ein länglichtes Viereck war, konnte nicht über dreyhundert und funfzig Klafter (†) betragen. Auf jeder Flanke stunden hundert Streitwagen; wenn man einem jeden derselben mit seinen vier neben einander gespannten Pferden zwölf Fuß zur Breite gibt, so bleibt zwischen ihnen mehr nicht als ein Raum von neun Schuhen übrig. Diese Linie von Wagen war also sehr gedrungen, und Cyrus hielt sie für hinreichend den Feind auf der Fronte anzufallen, mittlerweile daß er in seine Flanken einbrechen würde. Da diese Streitwagen die feindlichen an Stärke weit übertrafen, und überdas mit Sensen bewaffnet waren, so versprach er sich davon eine große Würkung, die er auf das Erstaunen und den Schrecken gründete, welchen alle neue Werkzeuge der Zerstörung einflößen. (a) Er glaubte auch nicht mehr als tausend Reuter, und

(†) Eine Klafter hält sechs französische Schuhe, und diese 350 Klafter machen 2100 rheinische oder 4200 sächsische Landerschuh.

(a) Cyrus ist wohl nicht ganz zu entschuldigen, daß er nicht auf jede seiner Flanken wenigstens eine Linie Packwagen stellte, und dieselbe von Bogenschützen bedecken ließ. Der Schriftsteller gestehet, daß die Soldaten und selbst die Befehlshaber darüber unruhig waren. Dieses hätte mißliche Folgen haben können, wenn die Wagen wären zurück getrieben

und eben so viel Fußvolk zu jedem Rückhalt nöthig zu haben. In der That war diese Zahl in Betrachtung der Feinde sehr klein; denn die Theile die sich umbogen und die beyden Seitenarmeen ausmachten, mußten jeder fünf und zwanzig tausend Mann stark seyn. Da sie dreyßig Mann hoch stunden, so hätten ihre Anführer aus der Hälfte dieser Tiefe ein Corps ziehen, ihre Flanken damit beschützen, und auch vermittelst einer gehörigen Ausdehnung der Armee des Cyrus in den Rücken fallen können. Durch dieses Mittel wäre seine Anordnung zernichtet, und seine ganze Absicht vereitelt worden;⁸ allein die Anführer der Lydier hatten so wenig Geschicklichkeit und auch nicht den mindesten Argwohn von dem Fallstricke den Cyrus ihnen legte. Die zwo kleinen Reserven waren also gestellt, daß die Feinde sie eher nicht als in dem Augenblicke wahrnehmen konnten, da sie hervorbrachen um sie anzugreifen. Es kam sehr viel darauf an, den Hinterhalt vor ihnen zu verbergen, und dieses bewog den Cyrus kein größeres Corps dahin zu stellen, welches sich nicht so leicht hätte verstecken können. Aus den Befehlen, die er zur Anordnung seines Heeres gibt, ist solches deutlich genug abzunehmen.

Buch 6. Diese lange Reihe von Wagen, sagt er, wird unserm Heer ein größeres Ansehen, und uns zugleich Mittel geben, den Feind in einen Hinterhalt zu locken. Nun aber müssen die Truppen eines Hinterhalts wohl bedeckt seyn, und dieses läßt sich nicht

---

den worden, und die Reserven mehr Widerstand gefunden hätten. Es ist immer gefährlich die Truppen in einer Stellung zu lassen, die ihnen Unruhe verursacht.

nicht wohl thun, sobald ihre Anzahl zu groß ist. (a)
Das Geschwader der Kameele stund ebenfalls hinten,
weil der ganze Vortheil den man davon erwartete, auf
dem Schrecken gegründet war, den der Anblick und der
üble Geruch dieser Thiere den Pferden einjagte. Wären
diese in der Linie oder an einem andern Orte gestanden,
so hätte der Feind sie vermieden, oder ihnen statt der
Reuterey Fußvölker entgegen gestellt. Kurz dieser Haufe
konnte seine Würkung nicht anders hervorbringen, als
durch eine plötzliche Erscheinung und einen unvermu-
theten Anfall, wie solches auf dem linken Flügel geschah,
wo er seinen Posten hatte. Polyän hat diesen Umstand Buch 7.
mit den Kameelen in seiner Sammlung von Kriegsränken nicht vergessen; allein er erzählt ihn auf seine Art,
ohne die mindeste Ausführung. Herodot, welcher diese
Schlachtordnung sehr verwirrt beschreibt, meldet,
Cyrus habe die Kameele der Reuterey des Crösus gerade
ins Gesicht gestellt, und sobald die Lydier sie auf sich
zukommen sahen, so seyn sie abgesessen. Xenophon hin
gegen, der ihre Stellung auf das deutlichste anzeigt,
erwähnet dieses letztern Umstandes mit keinem Worte;
er

(a) Der Posten dieser beyden Reserven ist durch die obigen
Worte des Cyrus deutlich bezeichnet. Er befahl dem Artagerses und Artabates mit zween Infanteriehaufen von tausend
Mann das Hintertreffen zu decken. Hierauf beorderte er den
Pharnucus und Asiadates, daß jeder sich mit einer Schaar
von tausend Reutern nahe zu den letzten Wagen stellen sollte.
Die Beschreibung des Treffens kann ebenfalls zum Beweiße
dieser Anordnung dienen. Als Cyrus sie stellte, so hatte er
sie von ihrer Bestimmung unterrichtet, indem er ihnen sagte,
sie sollten sich bereit halten, sich zuerst zu schlagen.
Οὗτοι δὴ δεῖ ὑμᾶς παρεσκευάσθαι ὡς πρώτους ἁπάντων ὑμᾶς
ἀγωνίζεσθαι.

er berichtet vielmehr, daß die feindliche Reuterey sie nicht erwartete, sondern daß die Pferde bey ihrem Anblicke davon rannten oder sich bäumten.

So dunkel auch Herodots Erzählung ist, so läßt sich dennoch etwas von der Stellung des Cyrus daraus errathen. Dieser Schriftsteller spricht: Er habe einen Haufen lastbarer Kameele, die der Armee folgten, abgerichtet, und Soldaten darauf gesetzt, die gleich der Cavallerie mit Reutröcken bekleidet waren. Als er sein Heer zur Schlacht anrücken ließ, so befahl er seinen Fußvölkern diesen Kameelen zu folgen, und den Reisigen bey dem Hinterzuge zu bleiben. Er ersann diese List, um die Reuterey des Crösus unbrauchbar zu machen, von welcher er in Furcht stund übermältigt zu werden.

<small>Clio, Buch 1.</small>

Ich führe diese Stelle an, weil sie zum Beweise dienet, daß Xenophon die Geschichte des Cyrus eben so wenig ersonnen hat, als die in der Schlacht bey Thymbraja vorgefallene Manoeuvres das Werk seiner Einbildung waren. Herodot lebte wohl ein Jahrhundert vor dem Xenophon; er war von Halicarnassus aus Carien gebürtig und hatte ganz klein Asien sowohl als Persien durchreißt, und sich die Geschichte dieser Völker bekannt gemacht. Eben die Begebenheiten die er beybringt, werden auch vom Xenophon, wiewohl auf eine ganz andere Art erzählt. Dieser hat als ein weiser Geschichtschreiber alles weggelassen, was verdächtig oder fabelhaft schien; als ein erleuchteter Feldherr hat er sich beflissen die Kriegsbegebenheiten deutlich und mit allen Umständen zu beschreiben. Wenn daher
Hero-

Herodot bloß anführt, daß Cyrus einen Haufen Kameele abgerichtet habe, die er vor seiner Infanterie herziehen ließ, und hingegen seine schwere Reuterey in den Hinterzug stellte, so wird dieser Bericht, welcher gar kein Kriegsgemählde darbeut, durch den Xenophon auf eine Art erklärt, die dem Leser ein volles Genüge leistet. Herodot gab sich keine Mühe diese Anordnung auseinander zu setzen, und war auch im Kriegswesen zu unerfahren, um sie gut zu beschreiben. Xenophon hingegen, der in seinem Fache war, hat nichts übergangen, sondern uns in seiner Cyropädie ein Werk hinterlassen, das als ein vollständiges Handbuch der Kriegswissenschaft betrachtet werden, und einem jeden, der bestimmt ist über Menschen zu herrschen, oder Kriegsheere zu führen, zur Vorschrift dienen kann.

Ohne Zweifel wird man sich wundern, daß die unter dem Cyrus so versuchten und wohlgeübten Heere gleich nach seinem Tode so sehr ausgeartet, daß schon unter seinen ersten Nachfolgern keine Spur von der im Xenophon beschriebenen Kriegszucht mehr anzutreffen ist. Diese Anmerkung ist schon mehr gemacht, und noch hinzu gesetzt worden, daß nach dem Tod Alexanders die macedonische Kriegszucht sich noch lange Zeit erhalten hat, woraus man den Schluß ziehen wollte, daß die Geschichte des Cyrus höchst verdächtig sey; es ist aber sehr leicht hierauf zu antworten, wenn man nur die Schwäche dieser Vergleichung zeiget. Die Feldherren des Alexanders, die sich nach seinem Tode um die Trümmer seiner Monarchie stritten, führten immerwährende Kriege. Als Schüler eines großen Meisters hatten

hatten sie sich vorzügliche Kenntnisse erworben, und die Truppen deren sie sich bedienten, waren ihrer Anlage nach eben diejenigen, welche Asien erobert hatten. So lange man die Waffen in der Hand behielt, war es ihnen unmöglich die Grundsätze zu vergessen, nach denen sie gebildet worden. Ihre Ausartung geschah blos stufenweise; als aber einmal die letzten Königreiche fest stunden, so kann man sagen, daß die guten Regeln der Taktik und Kriegszucht verlohren waren. Man darf nur sehen, wie die Kriegsheere der Könige von Egypten, von Syrien, und des Mithridates beschaffen gewesen, als Asien von den Römern angefallen wurde.

Cyrus beherrschte alle asiatische Völker; einige waren durch Gewalt, andere aus freyem Willen unter seine Botmäßigkeit gekommen. Er hatte das weitläuftigste R: h gestiftet, so jemals vorhanden gewesen; es erstreckte sich von Indien bis an das ägdische, und von Aethiopien bis an das caspische und schwarze Meer. Es blieb kein Feind zu bezwingen mehr übrig, und kein Nachbar getraute sich dieser unermeßlichen Macht die Spitze zu bieten. Dieser Ueberwinder herrschte viele Jahre gerecht und im Frieden; allein sein Sohn und Nachfolger Cambyses war ein in allen Grausamkeiten und Ausschweifungen ersoffenes Ungeheuer. Die Perser, aus denen Cyrus blos durch ihre frühgewohnte harte und mäsige Lebensart unüberwindliche Soldaten gemacht hatte, wurden gar bald durch die asiatische Weichlichkeit verdorben; sie verliessen ihre alte Einfalt, um die Sitten und Gebräuche der von ihnen besiegten Völker anzunehmen. Pracht, Aufwand und Ueppigkeit schlichen sich auch in die Armeen ein, welche nicht nur

die

die Bequemlichkeiten des Lebens, sondern auch alles was zur Wollust und Ergötzung diente, haben wollten. (a) Bald hatte man keinen Begriff mehr von einer genauen und strengen Mannszucht; die Stellung der Truppen und die Wissenschaft sie zu führen, wurde gleichfalls vernachläßigt. Die Fürsten die blos auf ein eitles Gepränge dachten, und ein stolzes Vertrauen in ihre Macht setzten, glaubten, daß alles der Menge weichen müßte, die sie auf die Beine stellen konnten. Sie meynten alles sey damit ausgerichtet, wenn sie ein unermeßliches Heer ohne Kriegszucht noch Ruhmbegierde zusammen rafften. Die Bewegungsgründe der Ehre oder der Freyheit, diese so mächtigen Triebfedern waren ihnen verborgen. Letzes kannte sie so wenig, daß er sich wunderte, wie die Griechen mit frohem Muthe dem Tode Trotz bieten konnten.

Hieraus erhellet, daß bey den Persern die Ursachen des Verderbnißes und des Zuchtverfalles viel näher lagen als bey den Macedoniern. Man muß sich also

I. Theil.   K   über

―――――――――――――――――――――――

(a) Wenn ein Volk dem Wohlleben und der Ueppigkeit zu hitzig nachhänget, und die Reichthümer alle Achtung auf sich ziehen, so muß das allgemeine Verderben auch auf seinen Kriegsstand würken. Die Aufwandsverbote werden verachtet, wenn man sie gleich bey einem jeden Kriege erneuert. Die Heerführer befleißigen sich nicht sowol den Truppen Vorbilder der Tapferkeit und der Gedult zu werden, als eine köstliche Tafel zu halten. Viele niedrige Officiers besonders unter denen, welche gewöhnlich in der Hauptstadt leben, schleppen allerhand schnöde Werkzeuge der Ueppigkeit mit sich, die man kaum Weibern erlauben würde. Die Kriegsverordnungen sind niemals hinlänglich die Truppen umzubilden, wenn man nicht zu gleicher Zeit den ganzen Staatskörper bearbeitet.

über die so plötzliche Umkehrung ihrer Sitten und Gebräuche nicht wundern, oder deßwegen an den Vorzügen ihrer Kriegsverfassung unter dem Cyrus zweifeln, sondern vielmehr zur Bestätigung seiner Geschichte erwägen, daß so große und so schnelle Siege wie die seinigen waren, unmöglich von etwas anders, als von einer ausgemachten Ueberlegenheit in der Kriegswissenschaft herrühren konnten.

Zwey-

Zweytes Hauptstück.
Von der Schlacht bey Pharsalus.

In dem vorhergehenden Treffen war die Absicht des Crösus sich seiner Uebermacht zu bedienen, um den Feind mit seinen Flügeln zu umringen. Dieser Vorsatz wäre ihm auch unfehlbar gelungen, wenn Cyrus weniger Geschicklichkeit besessen hätte. Ob dieser gleich um die Hälfte schwächer war, so hatte er dennoch dem Ansehen nach gleiche Stellung genommen, welches dem Könige der Lydier mit einer angenehmen Hofnung schmeichelte. Cyrus aber zog aus dieser Einfachheit den ersten Grund seines Sieges, und eben dadurch ist seine Schlachtordnung zu einem Muster der Taktik geworden, welches als ein Meisterstück angeführt und nachgeahmt zu werden verdienet. Ich habe oben gemeldet, daß die siebente Stellart mit der ersten viel ähnliches hat, weil die Ordnung ebenfalls parallel ist. Sie ist aber weit vortheilhafter und nicht so nüßlich als jene, wenn man mit einer überlegenen Armee zu thun hat; denn da einer ihrer Flügel sich an einen Fluß, Morast, Berg oder bevestigten Posten lehnet, so kann man auf den andern alle seine Reuterey und leichte Truppen stellen, es sey nun um den Feind auf dieser Seite zu umringen, oder doch wenigstens um sich allda zu verstärken. Die Schlacht bey Pharsalus gehört höret im eigentlichsten Verstande zu dieser Gattung, und daneben gleicht sie der bey Thymbra in Ansehung der scharfsinnigen Anordnung, so Cäsar seinem rechten Flügel gab, welchen die ganze Reuterey des Pompejus einzuschließen drohte.

Die zwey römischen Heere waren unweit Pharsalus nahe beysammen gelagert. Cäsar welcher den Krieg zu endigen wünschte, suchte seinen Feind mehrmals zum Treffen zu locken. Als er aber sah, daß seine Versuche nichts fruchteten, und daß Pompejus die Höhe worauf er gelagert war, nicht verlassen wollte, so faßte er den Entschluß seine Stellung zu verändern. Die Befehle zum Aufbruch waren gegeben und die Zelten bereits abgebrochen, als er bemerkte, daß Pompejus aus seinen Verschanzungen in die Ebene hervorrückte. Sogleich veränderte er sein Vorhaben und beschloß ein Treffen zu liefern.

Pompejus lehnte seinen rechten Flügel an den Fluß Enipeus, dessen Ufer sumpfigt waren; daher stellte er fast alle seine Reuterey auf den linken Flügel, um Cäsarn von dieser Seite zu umringen. Alle seine Schleuderer und Bogenschützen mußten eben diesen Posten einnehmen. Er hatte siebentausend Reuter und fünf und vierzig tausend Fußknechte, welche hundert und zehn Cohorten ausmachten, zwo Cohorten Veteraner nicht mitgerechnet, die freywillig zu ihm gestoßen waren, und sieben andere, die er zur Bewachung seines Lagers zurück gelassen hatte. Die Schlachtordnung des Cäsars bestund nur aus achtzig sehr schwachen Cohorten, welche mehr nicht als zwey und zwanzigtausend Mann betrugen, nebst tausend Reutern, die er auf seinen rechten Flügel stellte;

stellte; er untermischte sie mit kleinen Truppen leichter Infanterie, und da er wohl einsah, daß er dem ungeachtet der zahlreichen feindlichen Reuterey nicht würde widerstehen können, so zog er aus seiner dritten Linie sechs Cohorten, die er hinter den rechten Flügel seiner Fußvölker stellte. Er unterrichtete sie von dem Manövre, das sie zu machen hatten, und blieb in der Nähe, um dasselbe in Person zu regieren. Als diese Anstalten gemacht waren, ließ er zum Angriffe blasen, und die beyden ersten Linien giengen in vollem Laufe auf den Feind los, der sie vestes Fußes erwartete. (a)

Mittlerweile daß die Infanterie auf einander losgieng, rückte die ganze Reuterey des Pompejus mit den Schleuderern und Bogenschützen hervor, sie dehnte ihre dichtgeschlossenen Schwadronen auseinander, und machte Mine den rechten Flügel des Cäsars zu umringen. (b)

(a) Der Angriff der Römer geschah laufend, und sie waren hierinnen so wohl geübt, daß sie ihre Glieder behielten und in Ordnung ankamen. Pompejus, der viel neue Soldaten hatte, fürchtete, sie möchten sich zertrennen, wenn er sie dem Feinde entgegen gehen ließe, denn die Würkung des durch das Feldgeschrey und das Getöne der Kriegsinstrumente belebten Anlaufs war ihm nicht unbekannt. Er glaubte aber wichtigere Gründe zum Gegentheil zu haben, daher blieb er immer auf seinem Platze stehen, welches Cäsar sehr getadelt hat.

(b) Man siehet, daß Pompejus bis auf den Augenblick des Anlaufs seine Schwadronen in geschlossenen Gliedern und verschiedenen Linien hatte stehen lassen, um seine zu große Fronte zu zeigen. Dieses betrog aber den Cäsar nicht; er dachte wohl, daß diese ganze Masse sich auseinander begeben und ihn zu umzingeln trachten würde, daher nahm er auch die Maßregeln ihr den Weg zu versperren.

C.R.3. Alsdann gab dieser das verabredete Zeichen, um seine Reuterey zurück zu ziehen und die sechs Cohorten in Bewegung zu setzen. Diese schwenkten sich halbrechts, um gegen die Flanke Fronte zu machen, und rückten sodann der feindlichen Reuterey entgegen; sie fielen dieselbe mit solcher Heftigkeit an, daß sie nicht widerstehen konnte. Sie bestund nach Plutarchs Berichte, größtentheils aus jungen und ungeübten römischen Weichlingen, welche sich förchteten verunstaltet zu werden, denn Cäsar hatte befohlen ihnen hauptsächlich nach dem Gesichte zu zielen. Alles was diesem Rückhalt entgegen stund, ward über den Haufen geworfen; die Verwirrung breitete sich auch unter die übrigen aus, welche zu gleicher Zeit von der Reuterey und den Leichtbewaffneten angefallen wurden. Indeß daß die Schwadronen des Cäsars die gesammte Cavallerie des Pompejus verfolgten, so wandten sich die sechs siegreichen Cohorten gegen die Flanke der feindlichen Infanterie, und die dritte Linie, welche bis jetzo stille gestanden hatte, setzte sich in Bewegung. Die pompejanische Infanterie, die sich von frischen Truppen sowol auf der Flanke, als in dem Rücken angefallen sah, wich auf allen Seiten und es erfolgte eine allgemeine Zerstreuung.

So wurde die Erwartung des Pompejus vereitelt, der sich gerühmt hatte, daß er den Cäsar mit seiner bloßen Reuterey zu Grunde richten wollte. In der That war dieselbe so stark, daß er Ursache hatte, sich mit dieser Hofnung zu schmeicheln; allein sie diente blos zu zeigen, wie viel ein geschickter Heerführer und gute Truppen gegen die Menge ausrichten können.

Wenn

Wenn es wahr ist, daß die Begebenheiten oft vom
Eigensinne des Glückes abhängen, so geschieht dieses
alsdann, wenn man den Sachen ihren Lauf läßt, und
unfähig ist selbst das Glück weisen Anstalten zu unterwerfen.

Erläuterungen und Beweiße.

Ich habe bereits eine weitläuftigere und mit Beweißstellen unterstützte Beschreibung der Schlacht bey Pharsalus besonders herausgegeben. Auf diese Schrift
könnte ich den forschenden Leser verweisen, doch will ich
zu seiner größern Bequemlichkeit ihren Hauptinnhalt
hier wiederhohlen.

Erste Anmerkung.

Timens ne à multitudine equitum dextrum cornu
circumveniretur, celeriter ex tertiâ acie singulas
cohortes detraxit, atque ex his quartam instituit,
equitatuique opposuit, & quid fieri vellet, ostendit.
Da Cäsar auf seinem rechten Flügel von der zahlreichen
feindlichen Reuterey umringt zu werden besorgte, so
zog er eilends aus seinem dritten Treffen einzelne Cohorten, woraus er ein viertes bildete, welches er der
Reuterey entgegen stellte und von seiner Bestimmung
unterrichtete.

Eben dieses meldet auch Plutarch in dem Leben
des Cäsars, und füget noch hinzu, daß die ausgezogenen Cohorten sechs an der Zahl waren, und daß sie
hinter die zehnte Legion, die auf dem rechten Flügel
stund, gestellet wurden.

II.

II.

Als die Reuterey des Pompejus zum Angriffe hervorbrach, so erwartete die Cavallerie des Cäsars sie nicht, sondern zog sich zurück. Paulùm loco motu cessit heißt es im Commentar. Plutarch aber sagt mit ausdrücklichen Worten, sie habe sich getreunet und zurückgezogen. Κατάγεσ δ ιππεων αρκίλος οι μεν ιππεις εξανεχωρων.

III.

In eben dem Augenblicke machten auf das vom Cäsar gegebene Zeichen die sechs Cohorten ihre Bewegung, um der feindlichen Reuterey entgegen zu gehen, welche diese ganze Seite umzingeln wollte. Quod ubi Cæsar animadvertit quartæ aciei, quam instituerat sex cohortium numero signum dedit.

IV.

Mittlerweile daß die beyden ersten Linien oder Treffen des Cäsars, die Infanterie des Pompejus angriffen, wich die dritte nicht von ihrem Platze, und die sechs Cohorten blieben hinter ihr stehen. Dieses bedarf keiner Erläuterung, weil der Commentar ausdrücklich meldet, daß die dritte Linie sich eher nicht rührte, als bis die feindliche Reuterey zurück getrieben war. Eodem tempore tertiam aciem Cæsar, quæ quieta fuerat, & se ad id tempus loco tenuerat, procurrere jussit.

V.

Der Marschall von Puysegur hat sich in Absicht dieser Schlachtordnung betrogen, und einen sehr wunderlichen Plan davon gegeben; denn, 1. hat er in der folgen-

folgenden Stelle das Wort sed für sex genommen. Sex deinde cohortes in subsidio retinuit ad res subitas, sed dextro latere conversas in obliquum, unde equitatum hostium exspectabat, collocavit; so daß er bey dieser Verwechslung von sex mit sed zwölf Cohorten, sechs in der Reserve und sechse in schräger Stellung heraus gebracht hat, da doch nur von sechs Cohorten die Rede ist, die zum Rückhalte dienten, und in schräger Anordnung auf den rechten Flügel gestellt waren. 2. Hat er geglaubt, daß die drey Linien sammt der Reuterey zugleich angegriffen haben, und daß die sechs Cohorten ihnen gefolgt seyn. Zu geschweigen, daß Cäsar ganz deutlich das Gegentheil sagt, so werde ich gleich beweisen, daß wenn dieses geschehen wäre, seine Anordnung hätte mißlingen müssen.

Der Abstand welcher zwischen den römischen Linien gelassen wurde, betrug nur ungefähr achtzig Schritte. Wären nun die drey Linien des Cäsars mit den sechs Cohorten und der Reuterey zugleich vorgerückt, so wäre diese letztere unfehlbar über den Haufen geworfen und außer Stand gesetzt worden sich wieder zu richten. Alsdann hätte die feindliche Reuterey sich ausgebreitet, und seine Flanke sowol als seinen Rücken umgeben, ohne daß die sechs Cohorten es hätten hindern können. Um den Zweck des Cäsars zu erreichen, mußte seine schräge Linie im Stande seyn, die pompejanische Reuterey bey ihrer Schwenkung aufzuhalten. Damit sie aber von dem Feinde der sie weit überflügelte, nicht selbst umringt werden möchte, so mußte des Cäsars Reuterey indem sie zurück wich, sich so stellen, daß sie jenem den Weeg abschneiden konnte. Dieses findet sich in der folgenden Ausrechnung. Der Raum, der zwischen den beyden Heeren war, machte sammt der Tiefe der drey Linien des Cäsars, eine Strecke von 1200 Schuhen aus. Die sechs Cohorten brauchten 1800, und die Reuterey in ihrer zwoten Stellung ungefähr eben so viel. Hier zeigt sich also ein Platz von 4800 Schuhen, der eine etwas krumme Linie vorstellte, welche das Erdreich umzog, worauf die feindliche Reuterey stand.

Vergleichung.

Es ist nicht zu läugnen, daß zwischen der Anordnung, die Cäsar auf seinem rechten und Cyrus auf seinen beyden Flügeln machte, viel Aehnlichkeit sey. Da beyde ein gleiches zu fürchten hatten, so nahmen sie auch gleiche Maßregeln, die ein gleicher Erfolg krönte. Man kann ohne Cäsarn etwas von seinem Ruhme zu benehmen, den Gedanken hegen, daß Cyrus bey dieser Gelegenheit sein Muster gewesen. Große Männer empfangen von der Natur nichts als Fähigkeiten; aber Fleiß und Erfahrung ertheilen die Einsichten, welche das Genie zu benutzen weiß. Man findet in Cäsars Anordnung noch weit mehr Kunst und Feinheit als bey dem Cyrus. Seine Reuterey war so schwach, daß sie es mit der feindlichen, welche sechs mal stärker war, unmöglich aufnehmen konnte. Hätte er die sechs Cohorten blos hackenförmig hinter dieselbe gestellt, wie des Cyrus Reserven hinter seinen Wagen stunden, so hätte solches zu nichts gedienet. Die Reuterey wäre beym ersten Anlauf umgeworfen worden, sie hätte die sechs Cohorten in Unordnung gebracht, welche sogleich auf allen Seiten umzingelt worden wären. Anstatt dessen, zeigte er dieselben dem Feinde nur als eine

Lock-

Lockspeiße, um ihn in seine Falle zu ziehen, die er nicht vorsehen konnte. Cyrus hatte seine Flanken mit Streitwagen und seinen Rücken mit den Packwagen bedeckt; außerdem war seine Schlachtordnung so tief, daß der Feind nur einen sehr kleinen Theil seiner Linie, und zwar durch einen großen Umweeg gegen seinen Rücken umbiegen konnte. Er hatte nur eines dabey zu beobachten, nämlich ein richtiges Augenmaß von dem Erdreich zu nehmen, welches die eingebogenen Flügel des Crösus fassen konnten, und die Zeit abzulauren, um in eben dem Augenblick auf die Spitze zu fallen, da sie die Höhe seiner Flanken erreichen würden. Das Manöuvre des Cäsar war zusammengesetzter und erforderte noch mehr Richtigkeit. Er mußte seine Cavallerie zu rechter Zeit zurück ziehen, um seine Cohorten aufzudecken, welche unterdessen eine schräge Stellung annahmen, und die Reuterey mußte sich hinlänglich entfernen, um sich hernach auf der Flanke der pompejanischen, oder wenigstens in gleicher Fronte mit ihr zu befinden. Cyrus hatte Zeit genug seine Anstalten zu machen; seine Reserven zogen hackenförmig hinter der Armee her, und waren schon würklich gestellt, als sie auf dem Schlachtfeld ankamen. Cäsar hatte nur einen Augenblick Bedenkzeit, und mußte weit mehr Vorsicht für seinen Rückhalt gebrauchen, der mit seinen Reutern einstimmig zu Werke gehen sollte.

Dem ungeachtet verdienen beyde Schlachtordnungen bewundert zu werden. Nichts ist beherzter, einsichtsvoller und verschmitzter, als die Anordnung dieser zweer großen Feldherren, die an Stärke ihren Feinden nicht einmal um die Hälfte beykamen, und dennoch den Muth hatten sich im freyen Felde mit ihnen zu messen. Sie sind, so zu reden, schon vor dem Gefechte des Sieges

gewiß;

gewiß; voll Zuverficht kündigen sie ihn den Truppen an, und versprechen ihnen, daß die Mittel, wodurch der Feind sie zu überwinden gedenket, unfehlbar zu seinem Nachtheil ausschlagen werden. (a)

Dieses ist die Eigenschaft der schrägen Vertheidigungslinie, daß sie nicht nur eine entblößte Flanke decken, sondern sich auch zum Angriffe drehen, und den Flügel des Feindes umgeben kann, der durch die Ausdehnung aus seiner Ueberlegenheit Vortheil zu ziehen gedenket. Die Kunst der Schlachten beruhet hauptsächlich auf diesen zwey Stücken. Eine größere Anzahl Truppen gegen eine geringere zu brauchen, ohne daß der Feind es vermeiden könne, oder die ganze Stärke eines Theils der Armee gegen die Schwäche eines der seinigen zu führen, ohne ihm Zeit zu lassen diese Absicht zu errathen. Allein vergebens wird man die besten Anstalten vorkehren, wenn die Truppen nicht gehorsam, versucht, und zu allen Bewegungen abgerichtet sind, die man von ihnen verlangen kann. Diese wichtigen Geschäfte ließen Cyrus und Cäsar sich fleißig angelegen seyn; sie erschienen oft bey den Kriegsübungen; sie waren nicht zu stolz die Truppen selbst darinnen zu unterrichten, die vorgeschriebenen Manövres zu erklären, und sie von deren Vortheilen zu überführen. Auf diese Art muß man es angreifen, wenn die Kriegsspiele dienlich seyn sollen, gute Officiers und Heerführer zu bilden.

Drit-

(a) Ich versichere dich, sagt Cyrus zum Abradates, daß die Zerstreuung der Feinde bey ihren Flügeln den Anfang nehmen wird; ich gebe sie dir zum Zeichen, wann du die Streitwagen gegen sie loßlassen sollst. Eben so kündigt Cäsar seinen sechs Cohorten an, daß er den Sieg von ihnen erwarte.

Drittes Hauptstück.
Von der schrägen Stellordnung.

Die schräge Stellordnung überhaupt betrachtet, enthält die höchste Vollkommenheit der Taktik, und es ist anzumerken, daß beynahe die ganze Wissenschaft der großen Manöuvres sich auf dieselbige beziehet. Schräge Schlachtordnungen, (Obliques) heißen alle diejenigen, wodurch man dem Feinde mit einem verstärkten Theil seiner Linie beyzukommen sucht. Dieses geschieht entweder durch den rechten oder den linken Flügel, oder durch das Mittelheer; bisweilen auch mit beyden Flügeln, wenn man das Mittelheer in der Entfernung hält, welches die doppelt schräge Stellung, (Double oblique) genannt wird. Es kömmt nichts darauf an, ob die Truppen in Bataillonen oder Colonnen gestellt sind, und eben so gleichgültig ist auch die Anordnung, aus welcher sie sich zum Anfalle drehen. Wenn die Linie in voller Schlachtordnung anrückt, so kann man plötzlich einen ihrer Flügel gegen den Feind voranlaufen, und den Rest dahinten bleiben lassen, oder wenn eine Armee in verschiedenen Colonnen von Bataillonen und Schwadronen ankömmt, so kann sie eine schräge Fronte annehmen, die sie nach dem Flügel zustrecket, mit welchem man angreifen will.

will. Man kann den Namen der schrägen Stellart auch jener Anordnung des Marschalls von Luxenburg geben, der bey Fleurus unter der Begünstigung des zu rechten seines Feindes erhabenen Erdreichs und des hochstehenden Getreydes, den Marsch seiner linken Reutereycolonne vor ihm verbarg, und solche auf seine Flanke stellte. (a)

Kriegsgesch.
Lubin.
XIV.
Th. 4.

Die schräge Stellordnung wird vom Ritter von Folard mit Rechte das Rettungsmittel der Schwachen genannt; sie ergänzet in der That die kleine Anzahl der Truppen, und die geringe Ausdehnung so man ihnen geben könnte. Wenn man mit einer mindern Armee

---

(a) Da der Ausdruck Colonne bey verschiedenen Manöuvres gebraucht wird, so ist es nöthig hier den Unterschied anzumerken, den man dabey zu machen hat. Eine Colonne heißt man ein Haufen Kriegsvölker, welche in ganzen oder halben Bataillonen und Schwadronen, oder in andern selbst beliebigen Abtheilungen unter Beybehaltung der anbefohlenen Zwischenweiten hintereinander marschieren. So sind die Marschcolonnen beschaffen, und so gibt es auch Artilleriecolonnen und Troßcolonnen. Die zwote Art der Colonne ist ein Corps Infanterie, dessen geschlossene Glieder und Rotten mehr Tiefe als Frontz haben. Diese muß man die Angriffscolonne heißen, welches die von dem Ritter Folard und dessen Anhängern so sehr gerühmte Stellart ist. Dieses Lehrgebäude hat in der That seine Vortheile, wenn man es nicht allzuweit ausdehnet, sondern dabey die nöthigen Einschränkungen beobachtet. Der Krieg ist die weitläuftigste von allen Künsten, und ihre Ausübung ist den meisten Abänderungen unterworfen; eine festgesetzte Streitart würde zu eingeschränkt seyn; man muß von jeder dasjenige nehmen, was Ort und Umstände erfodern.

Armee dem Feind eine gleiche Fronte entgegen stellen wollte, so würde man sie auf allen Seiten schwächen, welches unter allen Fehlern der größte ist. Man muß also eine Schlachtordnung vorziehen, in welcher die Truppen beysammen seyn, die verschiedenen Corps einstimmig zu Werke gehen, und einander geschwinde zu Hülfe kommen können. Wenn man es nicht vermeiden kann, auf einer Seite überflügelt zu werden, so wendet man alle Kunst und Verschlagenheit an, um diesem widrigen Umstande vorzubeugen; entweder rückt man diese Flanke dem Feinde aus dem Gesichte, oder man bedienet sich irgend einer Kriegslist, wie Cäsar bey Pharsalus und Cyrus bey Thymbra gethan hat.

Wenn es gleich ein schlechter Gebrauch ist, sich zu weit auszudehnen, um der Fronte des Feindes gleich zu kommen, oder über dieselbe hinaus zu reichen, so kann man doch nicht läugnen, daß es vortheilhaft sey ihn zu überflügeln. Die mehresten Bewegungen zielen darauf, dem Feind in die Flanken zu fallen, oder wenn er diesen Vorsatz hat, ihn daran zu hindern. Dieses muß aber durch eigene zu diesem Ende gestellte Corps geschehen; denn man muß weder das Mittelheer, noch irgend einen andern Theil der zum schlagen kommen kann, entkräften, und wenn man schwache Seiten hat, so muß man sie in einer gesicherten Entfernung halten.

Dieses sind die vornehmsten Eigenschaften der schrägen Stellung, und nach diesen Grundsätzen wird sie vom König in Preussen in seinen Kriegsunterweisungen angeordnet. Der Marschall von Puysegur der

eben-

ebenfalls alle ihre Vorzüge kannte, läßt den Vortheil der Ueberflügelung nicht aus der Acht, wie man aus dem Entwurfe der Schlachtordnung ersehen kann, die er bey Nördlingen angebracht haben würde. Seine schräge Stellung hat gleichwol einen Fehler, indem die ganze linksgebogene Linie (*) genöthigt ist, durch die Diagonallinie E zu marschieren, um sich nicht von dem Theile F zu trennen, welcher geradezu angreifen soll, und weil der Feind gleich bey der ersten Bewegung den gegen ihn gefaßten Vorsatz wahrnimmt. Nun aber muß man sich vorstellen, daß sobald er den eigentlichen Angriffspunkt erblicket, er nicht müßig bleiben, sondern alle mögliche Gegenmittel hervorsuchen wird. Seine erste Sorge wird in der schleunigsten Verstärkung seiner rechten Flanke und in Zusammenziehung seiner Fronte bestehen, um viele Truppen zwischen die Anhöhe C und das Dorf D zu werfen. Hierdurch wird er den Marsch der schrägen Schlachtordnung aufhalten, welche genöthigt seyn wird, sich in eine gerade Linie zu stellen, um ihm die Spitze zu bieten; so daß wenn der Theil F fortmarschieret, er sich von ihr abreißt und hierdurch eine Lücke verursacht, die sich der Feind unfehlbar zu Nutze machen wird. (a)

Das

(*) Man sehe den Abriß auf der gegenüberstehenden Seite.

(a) Der Marschall von Puysegur hat einige Plane gemacht, welche die verschiedenen Stellarten seiner schrägen Schlachtordnung anzeigen; die zwote ist diejenige, welche am besten mit den Bewegungen zutrifft, die man bey dem Feinde voraussetzen kann, und die dem senkrechten Angriffe am nächsten kömmt.

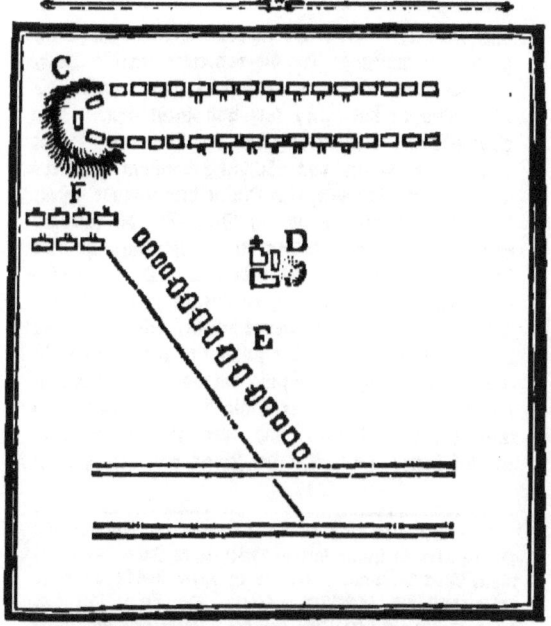

Das Mittel der schrägen Schlachtordnung die möglichste Vollkommenheit zu geben, bestehet in der senkrechten Richtung des Angriffs, wenn man nämlich die Truppen also stellet, daß sie beständig in gerader Linie von der Spitze oder von den Flanken her marschieren können. Hiedurch vermeidet man die Diagonallinie oder den schiefen Marsch, der bey einer etwas ausgedehnten Schlachtordnung manche Schwierigkeiten hat. Um aber die besagte Stellart wohl auszuführen, darf man keine dünne und schwanke Bataillonen haben, sondern sie müssen nothwendig von einer gewissen Tiefe, nämlich acht, oder wenigstens sechs Mann hoch, die Schwadronen hingegen, kurz und leicht seyn. Der Verfasser der Abhandlung von den Plesionen (†) hat verschiedene Muster von Schlachtordnungen geliefert, worinnen die Truppen nach seinem Lehrgebäude gestellt sind. Man findet bey ihm die Grundsätze der schrägen Stellung, auf einen geraden Anfall und parallele oder senkrechte Bewegungen eingeschränkt. Da die Plesionen fähig sind, von allen ihren Seiten zu marschieren, so kann eine Armee, die daraus besteht, sich mit gleicher Leichtigkeit ausdehnen oder zusammen ziehen, und mit einem ihrer Flügel spitzförmig vorrücken; mittlerweile daß alle andern Theile der Linie in ungleichen Entfernungen zurück bleiben, und ihre Fronte beständig parallel halten. (a) Da der Zweck des Verfassers ist eine

(†) Dieser ist Herr de Menil Durand ein verdienstvoller Officier, der in seinem drey und zwanzigsten Jahre das angeführte Werk herausgab, welches in vieler Absicht unter die besten taktischen Schriften gehöret. Der Name Plesion, dessen er sich auf dem Titel bedienet, wurde von den Griechen einer gewissen Stellung gegeben, worinnen verschiedene Phalanxen oder Streithaufen colonnenweise hintereinander geordnet waren.

(a) Aus dem 9ten, 10ten und 11ten Kupfer dieses Werks kann man den Marsch der Plesionen zur Bildung der schrägen Linie ersehen. Dieses Lehrgebäude, welches mit dem System der Colonne auf eines hinaus läuft, aber mit mehr Kunst zusammen gesetzt, und mit vielem Feuer geschrieben ist, könnte nicht verführerischer seyn. Es wird eine sehr bedachtsame Untersuchung erfordert, wenn man nicht von demselben will hingerissen werden.

eine mit seinem Lehrgebäude übereinstimmende Taktik
festzusetzen, und sich überall in dieser Stellart zu
schlagen, so will ich ein Beyspiel des schrägen Anfalles
geben, dessen Anordnung unsern Gebräuchen näher
kömmt.

Gesetzt, ich hätte eine Armee von sechs und zwanzig
Bataillonen, die ich Cohorten nennen will, vier und
zwanzig Schwadronen Kürassiers, zehn Schwadronen
Dragoner und acht Schwadronen Husaren. Ich
stelle die Cohorten acht Mann hoch und füge jeder einen
Haufen leichtbewaffneter Fußknechte bey. (a) (†) Zu
den Schwadronen der schweren Reuterey, stelle ich
auch noch kleine Haufen Dragoner oder reutende

L 2 Mus-

(a) Die schweren Fußvölker müßten ein schußfreyes Bruststück nach Art der Römer, und einen kleinen mit drey eisernen
Kreuzschienen beschlagenen Helm von gebranntem Leder
tragen; die leichten Fußknechte hingegen würden keine Schutzwaffen haben. Ihre Flinten müßten auch etwas leichter und
ihre Bajonetten kürzer als bey den ersten seyn; dennoch aber
muß die Flinte weit tragen. Diejenigen welche man bey der
Schwanzschraube ladet und unlängst in Vorschlag brachte,
taugen nicht viel, weil sie sich leicht verrücken; man kan
mit den gewöhnlichen eben so geschwind laden. Außerdem
ist es besser, nicht so schnell und desto sicherer zu schießen.
Im zweyten Bande wird man eine umständliche Erörterung
meines Lehrgebäudes und seiner Vortheile antreffen.

(†) Diese von den Römern entlehnte leichte Fußvölker
ließen sich im Deutschen ganz bequem durch das Wort Jäger
bezeichnen. So hätte man auch, um den eingeführten Begriffen getreu zu bleiben, statt des römischen Ausdrucks
Cohorten, den Namen der Bataillonen beybehalten können,
besonders da die Cohorte unsers Verfassers mit dem heutigen
Fuße des französischen Bataillons die größte Aehnlichkeit hat.

Musketiers. Beyde lassen sich vor der Linie gebrauchen, um auf die Feinde zu feuern, und ihn bis zum Augenblicke des Anlaufs zu beunruhigen. Alsdann ziehen sie sich durch die Zwischenräume zurück, um die Flanke zu schützen, oder dem Feind in die seinigen zu fallen. Meine Cohorten, welche achtzig Mann in der Fronte und acht in der Tiefe haben, besitzen alle bey einem Infanteriecorps erforderliche Stärke; sie können als ein Theil der lacedämonischen Phalanx angesehen werden, welche öfters nur acht Mann hoch stund, und deren Regimenter fünfhundert und zwölf Mann hielten. Dieser Schlachthaufen war der römischen Cohors am ähnlichsten, und folglich einer der vollkommensten. Wenn man die meinige verdoppeln will, so wird sie gleichsam ein Stück einer Phalanx von vierzig Mann in der Fronte, und sechszehn in der Tiefe darstellen, und die Dichtigkeit mit der Behendigkeit vereinigen, die man in jeder andern Stellordnung vielleicht vergebens sucht. Ferner ist zu beobachten, daß da sie aus acht Compagnien, jede zu achtzig Köpfen bestehen, man beym Frieden ein Viertheil oder die Hälfte abdanken, und sie auf sechszig oder vierzig Mann vermindern kann. Will man sie wieder auf den Kriegsfuß setzen, so ist die Vermehrung leicht zu bewerkstelligen, und die Recruten sind eben so bald zusammen gebracht als abgerichtet. Dieses ist weit besser, als wenn man neue Compagnien oder neue Regimenter anwirbt, die selbst nach vier Feldzügen noch keine gute Dienste leisten. (†)

Der

(†) Die Gewohnheit die Regimenter durch neue Bataillonen und Compagnien zu vermehren, ist bey der französischen Infanterie lange Zeit üblich gewesen. Endlich erklärte die

Dey-

Der Verlust den die Cohorte während des Feldzuges leidet, kann keine widrigen Folgen nach sich ziehen; die Verminderung eines Fünftels benimmt ihr nichts von ihrer Stärke, weil ihre Flanken immer die nämliche Festigkeit haben, und einmal wie das andere durch die in zween Haufen getheilten leichten Fußknechte beschützet werden. Will man ihre vorige Fronte beybehalten, so darf man nur ihre Höhe von acht Mann auf sechse herunter setzen.

Das Lehrgebäude des Ritters von Folard und seine Beurtheilung der heutigen Taktik, hat zu vielen Untersuchungen und zu manchen Vorschlägen Anlaß gegeben. Einige nahmen die Colonne an, und wollten nur ihre Zusammensetzung verbessern, andere haben sie völlig verworfen. Der Marschall Graf von Sachsen hat gewisse kleine Haufen gewählet, die den römischen Manipuln gleichen. Einige wollten zwischen diesen zween äußersten Gegensätzen ein Mittel treffen, die meisten aber haben es für vortheilhaft gehalten, die Fußvölker mit kleinen Cavalleriehaufen zu vermischen, und nach diesem Grundsatze sind die mehresten vorgeschlagenen Schlachtordnungen eingerichtet. Diese Methode kann bey gewissen Fällen gut seyn, aber sie muß zu keiner

---

Verordnung vom 10ten Christmonat 1762, daß die königlichen Truppen weder durch neue Regimenter noch neue Compagnien, deren schlechten Nutzen man erkannt habe, sondern blos durch die Verstärkung der Escouaden oder Corporalschaften vermehrt werden sollen. Selbst die Zahl der Officiers und Unterofficiers wird nicht mehr verändert, sondern in Kriegs- und Friedenszeiten auf einem festen Fuße bleiben; eine weise Einrichtung, welche zugleich das Schicksal der Officiers gegen die so schädlichen Reformen sicher stellet.

keiner Hauptregel gemacht werden, sie ist zu vielen Unbequemlichkeiten ausgesetzt, und man wird unten die Ursachen sehen, die mich zu ihrer Verwerfung bewogen haben. Das Muster einer schrägen Stellung so ich geben will, kömmt mit der zwoten oder sechsten Anordnung des Weges überein, und ohne die verschiedenen Gattungen der Truppen allzusehr zu vermengen, werde ich sie gleichwol in den Stand setzen, einander zu unterstützen.

Nehmen wir also nach obiger Beschreibung ein Kriegsheer an, das dem feindlichen an Stärke nicht beykömmt, so zeigt es sich anfänglich in einer parallelen Stellung; seine Reuterey ist auf die Flügel vertheilt; die Dragonerpelotons von dreyßig bis sechs und dreyßig Mann sind voraus, und zwar den Zwischenräumen gegenüber gestellt, so wie die Haufen der leichten Fußknechte vor den Cohorten stehen. Alle Granadiers stelle ich in zwey Corps vereinigt, auf den rechten Flügel der zwoten Linie; die zur Verstärkung des angreifenden rechten Flügels bestimmten Truppen mit dem Rückhalt hinter diese Linie, und zwar in gleicher Entfernung von beyden Flügeln. Wenn sich hinter dem rechten eine kleine Anhöhe befände, so würde ich sie damit bedecken; allein bey der Voraussetzung eines flachen und durchaus offenen Feldes, ist ihre Stellung hinter dem Mittelpunkte bequem genug, um jedem Flügel zu Hülfe zu eilen, und den Feind in der Ungewißheit zu lassen. (a) In einer Entfernung von sieben

oder

(a) Es ist zu merken, daß die Ziffern der ersten Stellung des Heeres sich auf die nämlichen Ziffern der zwoten Stellung beziehen, wo sie dieselben Corps bezeichnen.

oder achthundert Schritten, wird eine Losung gegeben, bey welcher die bezeichneten Cohorten sich verdoppeln und sogleich vormarschieren müssen. Die beyden Granadiercorps (3) folgen ihnen, und vertheilen sich den Zwischenräumen der ersten Cohorten gegenüber; die zwo Schwadronen Dragoner (2) werfen sich mit allen angemerkten Husaren (4) auf die Seite des rechten Flügels der Reuterey, von wannen sie sich ausdehnen, um den Feind zu umzingeln. Dieser Flügel wird nicht stärker scheinen als der linke, weil ich auf demselben anfänglich die Schwadronen zusammen ziehe und verdopple, um sie erst während dem Marschieren auseinander zu breiten.

Die Leichtbewaffneten von den Cohorten der ersten und zweyten Linie welche den Angriff thun, rücken nun näher, um ein beständiges Feuer zu machen. Die Cohorten selbst müssen nicht schießen, sondern in der Stille und guter Ordnung anrücken; haben sie sich dem Feinde bis auf einen halben Flintenschuß genähert, so verdoppeln sie ihren Schritt, und stürmen mit größter Schnelligkeit auf ihn ein. Alsdann entweichen die leichten Pelotons durch die Zwischenräume, und stellen sich auf die Flanken der letzten Divisionen. Die Dragoner die sich an der Spitze der Reuterey befinden, dienen ihrer Seits eben so, wie die leichten Fußknechte bey der Infanterie, und müssen sich im Augenblicke des Angriffs, auf gleiche Weise hinter die Zwischenräume der Schwadronen zurück ziehen. (a)

K. 3.
Fig. 1.

L 4   Alle

(a) Die Dragoner benutze ich hier auf eben die Art, wie man

Einleitung

Alle Corps des übrigen Theils der Linie, welche die schräge Richtung beybehalten muß, rücken ebenfalls gerade vor; doch so, daß jede Cohorte diejenige welche ihr zur Rechten ist, über sich hinaus reichen läßt. Die Reuterey des linken Flügels bleibt auf ihrem Platze stehen, es sey denn, daß der Feind eine Bewegung gegen sie vornehmen sollte; alsdann aber wird sie zurück weichen, und sich an das Schloß (5) lehnen, welches mit Fußvölkern besetzt, und mit einer Batterie groben Geschützes versehen seyn muß. Die vier Schwadronen Dragoner (6) bleiben auf alle Fälle im Rückhalt stehen.

Nunmehr wollen wir die Vortheile aller obigen Anordnungen betrachten. Es wäre überflüßig sich bey dem rechten Flügel aufzuhalten der den Angriff thut; man kann sich leicht vorstellen, daß dieser verstärkte Theil mit gewaltigem Nachdruck auf den linken Flügel des Feindes würken muß, dem das Feuer der leichten

Fuß

---

man vor Zeiten die Karabiner (†) und andere leichte Reuter gebrauchte, welche bey der schweren Reuterey fochten; eine sehr weise Gewohnheit, die seit Heinrichs IV. Zeiten abgekommen ist. Aus des Herzogs von Rohan Abhandlung vom Kriege, kann man ersehen, was für ein Vertrauen dieser große Feldherr bey solchen Gelegenheiten auf die Karabiner setzte.

(†) Diese Karabiner (Carabins) muß man nicht mit den heutigen Karabinieren vermengen. Die letztern sind bey der schweren Reuterey eben das, was die Granadiers bey der Infanterie. Die erstern hingegen waren vor Zeiten eine Art reitender Büchsenschützen, welche den Dienst der leichten Truppen verrichteten. Sie sind in Frankreich unter den navarrischen Königen Johann von Albret und Anton von Bourbon zuerst bekannt worden.

Fußknechte schon vor dem Anfall großen Schaden zugefügt hat; besonders muß das Feuer der Dragoner der feindlichen Reuterey sehr beschwerlich gefallen seyn, und sie bereits vor dem Handgemenge übel zugerichtet haben. Die Bewegungen müssen mit vieler Geschwindigkeit ausgeführet werden; man kann auch den Feind durch einige zur Linken gespielte Blendwerke täuschen; die von dem Kanonenfeuer unterstützt werden müssen. Es ist also zu vermuthen, daß derselbe angefallen und geschlagen seyn wird, ehe er die nöthigen Gegenmittel ergreifen kann. Will er sich gegen die schräge Linie wenden, so werden die Cohorten sich halblinks in Schlachtordnung stellen, und da sie nun mehr Platz als vorhin einnehmen müssen, so werden sie ihre Tiefe halbieren und auf vier Mann heruntersetzen. Dieses ist gegen einen Feind hinreichend, der in gleicher Ordnung, oder wol gar nur drey Mann hoch stehet. (a) Sollte die Reuterey seines rechten Flügels auf die meinige losgehen, so darf ich sie nicht fürchten, wenn sie auch noch einmal so stark wäre. Von einer Seite wird er von dem Feuer der zwo Cohorten (7) und der leichten Fußvölker, welche die Flanke der beyden Linien bedecken, auf der andern Seite aber, von dem Geschütze des Schloßes empfangen werden. Faßt er den Anschlag mir in den Rücken zu fallen, so muß er einen Umschweif von mehr als zweytausend Schritten machen. Diese Bewegung zwingt ihn sich auszudehnen, zu trennen und seine Flanken an mehr als einem Orte der größten Gefahr blos zu stellen.   L 5   Ich

---

(a) Man hat nur die Bewegungen der Cohorten von der ersten Linie angemerkt, weil es ganz natürlich ist, daß die aus der zwoten in gleicher Ordnung folgen müssen, um sich hinter den Zwischenräumen der ersten einzufinden.

Ich weiß nicht, ob ich zu sehr für meine Gedanken eingenommen bin; so viel aber ist gewiß, daß sie blos aus den Betrachtungen über die Streitart eines Epaminondas, eines Alexanders und Cäsars entstanden sind, die fast immer schwächer waren als ihre Feinde. Vermuthlich wird niemand leugnen, daß dieses drey große Meister in der Kriegskunst gewesen, und daß sie darinnen die möglichste Vollkommenheit erreicht hatten. In der Folge dieses Werks wird man sehen, daß ich blos nach diesen Mustern arbeite, und meine Vorschläge allein aus ihren Grundsätzen schöpfe. Man sah sie niemals einige Cohorten oder Abschnitte der Phalanx in einer Linie mit Schwadronen vermengen; die Stellordnung dieser Corps war stark genug, um sich selbst zu unterstützen; eine Vermischung mit Reuterey würde sie nur geschwächt haben. Allein diese Feldherren hatten leichte Reuter und Fußvölker, welche anfiengen den Feind zu mißhandeln, ehe er von dem Hauptheer angegriffen wurde. Beyde suchten oft beysammen auf bey Flügeln, um dieselben zu decken oder dem Feind in die Flanken und in den Rücken zu fallen. Bisweilen vermengte man sie auch pelotonweise mit den Schwerbewaffneten. Es ist bekannt, was die Veliten bey den Römern, und die Psiliten bey den Griechen waren. Alexander hatte bey Arbela die Besiegung des persischen linken Flügels den Pöoniern und Agriern zu danken. (a) Bey dem Treffen am Granicus setzten ebendieselben mit einem Corps schwerer Reuterey zuerst über den Fluß, und

---

(a) Die Pöonier waren ein Corps leichte Reuter, und die Agrier leichtbewaffnete Fußvölker.

und die Bogenschützen zu Fuß waren im Gefechte mit Reutern vermengt. (†)

Will man in der oberwähnten Schlachtordnung dem abgewandten Theile der Linie anstatt der schrägen Stellung eine senkrechte geben, so wird der zum Angriff bestimmte Flügel auf die nämliche Art vorrücken. Wenn er über die Fronte hinaus ist, so müssen alle Corps der Linie rechtsum machen und mit ihrer Flankenspitze bis an den Punkt der senkrechten Linie (8) vormarschieren; alsdann werden sie durch linksum ihre vorige Fronte wieder annehmen und voreinander herziehen, wobey sie aber unter sich die gehörigen Zwischenräume lassen müssen, um sich nöthigenfalls in Schlachtordnung zu stellen. Die Cohorten der zwoten Linie müssen gleichergestalt auf die Linie (9) zumarschieren, so daß die Armee einen rechten Winkel A B C ausmachen wird. Da aber die Reuterey bey dieser Stellung nicht wie bey der vorigen bedeckt wäre, so muß sie sich ein wenig hinter die Infanterie ziehen, und der Rückhalt Fronte gegen den Flügel machen. Die zweyte Figur der nämlichen Kupfertafel kann diese Stellung erläutern. D zeiget die Angriffsfronte, E die senkrechtschräge Linie, F den linken Flügel der Reuterey; G den Rückhalt.

Ich habe alle meine Granadiers in zwey Bataillonen vereinigt, weil ich mirs zu einem Grundsatze mache, sie nicht zerstreut, sondern beysammen und zwar im Rück-

---

(†) Dieses scheint dem obigen Satze zu widersprechen, daß Alexander niemals die Sectionen seiner Phalanx mit Reuterey gespickt habe; allein die Bogenschützen gehörten nicht zu den Phalangitten, von welchen der Verfasser redet, und wurden auch nicht zu der Hauptlinie des Treffens gerechnet.

Rückhalt fechten zu lassen. Diese Kerntruppen sind hauptsächlich geschickt, die übrigen in Ordnung zu halten, ihren Muth zu stärken uud allen erwachsenden Schaden schnell wieder gut zu machen. Wenn eine Oeffnung zu verstopfen, oder die Spitze eines gefährlichen Anfalls zu bilden ist, so kann man sich auf ihre Unerschrockenheit verlassen; sie würden keine so guten Dienste leisten, wenn man sie in der Linie vertheilte, deren Zwischenräume außerdem für die leichten Fußknechte bestimmt sind. Wollte man sie aber je bey den Cohorten lassen, so wäre es zuträglicher sie in den Rücken (†) als auf die Flanke zu stellen, wie es bey den Bataillonen üblich ist. So urtheilet auch der Verfasser der Abhandlung von den Legionen, dessen Bemerkungen über die Fehler in der Taktik und Mannszucht so vielen Scharfsinn verrathen.

Aus dem vorgelegten Beyspiel ist es begreiflich, daß was der rechte Flügel vornimmt, sich eben so leicht durch den linken oder durch beyde zugleich ausführen läßt; wenn man nämlich in diesem letzten Falle den Mittelpunkt entfernt oder ganz absondert, welches ohne die mindeste Schwierigkeit geschehen kann. (††) Diese Anordnungen, wobey man ein flaches Feld voraussetzt, sind durchgängig der Taktik gemäß,

(†) Da die Granadirer bey unserer Infanterie dasjenige sind, was die Triarier bey der römischen waren, so scheint es in der That sehr vernünftig zu seyn, sie nach dem Beyspiel dieser großen Meister zu festen Schutzmauern zu machen, an welche die Schlachtordnung sich lehnen, und wovon sie im Nothfall Unterstützung erhalten kann.

(††) Die Griechen hatten eine ähnliche Anordnung die sie Peplegmenon hießen, und worinnen das Mittelheer der Phalanx stehen blieb, indeß daß die beyden Flügel vorrückten.

gemäß; wird man aber von der Natur des Erdreichs begünstigt, so kann man sie noch weit vortheilhafter einrichten. Alle Bewegungen geschehen in gerader Linie von der Fronte oder von den Flanken her. Da meine Cohorte sich nicht weiter als ungefähr sieben und zwanzig Klafter, und wenn sie verdoppelt ist, um die Hälfte weniger ausdehnet, so kann sie mit aller Leichtigkeit und ohne merkliche Verlängerung, mit dem Flankenschritt marschieren. Diese Eigenschaft, welche bey den langen und schmalen Kriegshaufen schwer zu finden ist, erleichtert die Entwicklung der Marschcolonnen, welche augenblicklich alle beliebige Stellungen annehmen können, so daß man bey Betretung des Schlachtfeldes, eine schräge Linie bilden kann, da indessen die zum Angriffe bestimmten Völker gegen den Feind vorrücken. (a)

Es ist eine ausgemachte Sache, daß im Kriege überaus viel darauf ankömmt, die Bewegungen kurz und einfach einzurichten; folglich sind alle diejenigen, welche durch rechts= und links=um bewerkstelligt werden, den ganzen Schwenkungen vorzuziehen. Will man sich aber je dieser letztern bedienen, so ist es allemal besser, sie mit halben oder viertels Gliedern, als mit ganzen

(a) Auf diese Art stellet der König von Preußen seine schräge Schlachtordnung, womit er eine feindliche Flanke zu überflügeln und plötzlich zu umzingeln weiß. Dieser große Feldherr besitzet vorzüglich die Kunst im anrücken seine Stellung zu verkleiden, seine Absichten und einen Theil seiner Stärke zu verbergen, und selbt Herr auf einem Schlachtfelde mit größter Schnelligkeit zu entwickeln. Man kann hierüber seine Kriegsinstructionen nachlesen, davon der Ritter von Chatelux im Jahr 1761. eine französische Uebersetzung herausgegeben hat.

ganzen Bataillonen oder Schwadronen zu machen; weil die Bewegungen kürzer sind, und man desto eher in Schlachtordnung stehet. (a) Dieses verstehet sich von dem Falle, da ich genöthigt wäre, an einem meiner Flanke zugekehrten Feinde hinzumarschieren, denn wenn man gerade auf ihn losgeht, so muß es in der breitesten Fronte geschehen, damit die Marschcolonnen sich weniger in die Länge dehnen, und bey Erreichung des Schlachtfeldes sich desto geschwinder in die Linie stellen können.

Wenn man die Schwenkungen mit Bataillonen aufs möglichste vermeiden soll, wie vielmehr muß man sie nicht bey einer Brigade (†) oder einem ganzen Flügel verwerfen, denn diese haben einen unermeßlichen Cirkel zu beschreiben, welcher viele Zeit erfordert, und selten ohne Unordnung bewerkstelliget wird. Eine Linie welche diese

(a) Da die Soldaten einen größern Raum in der Breite, als in der Dicke einnehmen, so haben sie auch, nachdem das ganze Corps rechts oder linksum gemacht hat, und die Rotten Glieder geworden sind, Platz genug, um mit eingesetzten Schritten zu marschieren, ohne einander zu treten, indem wechselsweise alle linke und rechte Füße zu gleicher Zeit aufgehoben werden. Man kan sich auch des Stampffschrittes bedienen, welcher frisch und kurz ist, und mit gebogenen Knien hinabwärts geschiehet. Auf diese Art kann ein Bataillon ohne die mindeste Verlängerung von der Flanke her marschieren. Der König in Preußen bedienet sich desselben zur schönen Entwicklung seiner Colonnen, deren Divisionen auf vier Schritte geschlossen sind.

(†) Eine Brigade ist bey den französischen Kriegsvölkern ein Corps von vier bis sechs Bataillonen, oder von sechs bis acht Schwadronen, die unter den Befehlen eines Generalofficiers stehen, welcher Brigadier genannt wird.

dieſe Bewegung macht, iſt ein Halbmeſſer, der ſich auf
ſeiner Achſe herum dreht. Wenn er eine gewiſſe Länge
hat, ſo iſt es faſt nicht möglich daß derjenige, der die
Endſpitze derſelben anführt, das nöthige Augenmaß
haben kann, um immer den gleichen Abſtand von dem
Schwenkpunkte beyzubehalten. Die verſchiedenen Theile
der Linie drängen ſich entweder nach der Mitte zu,
oder ſie weichen zu ſehr von derſelben ab, und wann
ſie endlich auf dem Platze anlanget, ſo wird viel Zeit
erfordert, um die Ordnung überall herzuſtellen. Ehedem waren die Schwenkungen noch ungleich fehlerhafter,
da ſie mit zwölf Schuh weit geöffneten Gliedern geſcha-
hen, denn da konnte nur das erſte ſich auf ſeinem
Standpunkte richtig umdrehen; alle andern waren genöthigt ſich nach der Seite zu werfen, die ſich ſchwenkte,
und jeder Soldat mußte, um die Linie ſeines Vorder-
mannes nicht zu verlaſſen, einen ſchrägen Bogenſchritt
machen, das iſt, er mußte zwiſchen dem Zirkel und
dem Tangenten durchmarſchieren, und folglich eine
Linie beſchreiben, worinnen beyde Bewegungen vorkamen. Man kann ſich nichts unſinnigers einfallen laſſen.
Viel ärger war es noch, wenn man das Bataillon in
Diviſionen zerfällte; das letzte Glied der erſtern wurde
gemeiniglich in der Schwenkung durch das erſte Glied
der nachfolgenden aufgehalten und angeſtoßen, ſo daß
eines oder das andere gezwungen war ſich umzubiegen
oder zu verdoppeln, um die Schwenkung zu vollführen.
Wenn man einen Blick auf das 7te und 8te Kupfer ^{Mem.}
des erſten Bandes der Puyſeguriſchen Kriegskunſt ^{de Puy-}
wirſt, ſo wird man das Ungereimte dieſer alten ^{ſegur.}
Schwenkungen beſſer als ich es ſagen kann, einſehen ^{p. 193.}
lernen. Seltſam iſt es, daß der Marſchall ſie für

Meisterstücke der Vollkommenheit hält, welche auf den besten geometrischen Grundsätzen beruhen: er tadelt sogar die Schwenkungen mit geschlossenen Gliedern, deren Gebrauch bereits üblich war, als er ums Jahr 1740. die letzte Hand an sein Werk legte. (a) Was ihn rechtfertiget ist dieses, daß man zu seiner Zeit die Grundsätze noch nicht kanute, welche unsere heutigen Kriegsbewegungen bestimmen, und ihnen eine damals unmögliche Genauigkeit und Schnelligkeit geben. Das Augenmerk des Marschalls war, die Bewegungen nicht zu vervielfachen, und die Verlängerung der Colonne zu vermeiden. Wenn man ein oder mehrere Bataillonen divisionsweise in Marsch setzte, so pflegte man von einem Gliede zum andern einen Abstand von sechs kleinen Schritten oder zwölf Schuhen zu lassen, man mochte nun in Colonnen oder in Schlachtordnung marschieren.

S. 192. Ward also das Bataillon in kleinere Theile als Viertelsglieder zerfället, so mußte es sich entsetzlich ausdehnen, oder wenigstens den Abstand der Glieder bis auf sechs Schuhe vermindern. Hiebey fand der Hr. von Puysegur viele Unbequemlichkeiten, worunter dieses die vornehmste war, daß die Soldaten auf solche Art nicht lange ohne Verwirrung marschieren konnten. Anjetzt aber nimmt ein Bataillon, welches in Pelotonen, das ist, in acht Theile zertrennet, und mit offenen auf zwey Schritte entfernten Gliedern in Bewegung gesetzt wird,

nicht

(a) Bey Verwerfung dieses Gebrauchs hat der Marschall mit Unrecht die Alten zu Beyspielen angeführt. Man darf
S. 38. nur den Aelian lesen, um überzeugt zu werden, daß alle ihre
u. 22. Schwenkungen mit geschlossenen Rotten und Gliedern geschahen. Man öffnete sie erst alsdann wieder, wenn das Manöuvre vorbey war,

nicht mehr Platz ein, als wenn es in Schlachtordnung steht. Was mit einem Bataillon thunlich ist, läßt sich auf gleiche Art mit einer ganzen Linie bewerkstelligen, welche solchergestalt von der Flanke her marschieren kann, ohne sich weiter als in ihrer Banierfronte auszudehnen. Ja man kann sogar einen Kriegshaufen, dessen Rotten und Glieder auf einen Schuh weit geschlossen sind, ohne die mindeste Verlängerung in Bewegung setzen, und vorwärts oder auf die Flügel rücken lassen. Dieses unsern Vorgängern unbegreifliche Wunder wird durch die Genauigkeit bewerkstelligt, welche der abgemessene Tactschritt uns verschaffet: vermittelst des Querschrittes können wir auch vorwärts in der Diagonallinie marschieren, wodurch ein Kriegshaufen, der nach der Rechten oder Linken vorrücken soll, seinen Weeg merklich verkürzet; ein vortrefliches Manöuvre, die Entwicklung einer Colonne zu beschleunigen. (a) Indessen sind doch diese letztern Bewegungen mit scharfgeschlossenen Gliedern, nur alsdann gut, wenn man keinen weiten Raum zu durchschreiten hat; zu einem langen Zuge würden sie nicht schicklich seyn.

I. Theil. M Vier-

(a) Die Reuterey kann so gut als die Fußvölker der Diagonallinie folgen, nur mit dem Unterschiede, daß im Bataillon der Soldat einen Fuß über den andern kreutzt; da hingegen bey der Schwadrone die schiefgewandten Pferde vor sich hinschreiten. Sie könnten zwar auch im Querschritte gehen, allein dieses ist bey der schlachtfertigen Schwadrone nicht so leicht als auf der Reitbahn zu bewerkstelligen, und kann zu keiner Entwicklung dienen.

Einleitung

Viertes Hauptstück.
Von der Schlacht bey Gaugamela oder Arbela.

B. 3.
K. 4.

Dieses wichtige Treffen stimmet vollkommen mit der zwoten Stellart überein, und man findet darinnen die Anwendung der Lehrsätze, welche Vegez mit folgenden Worten gibt: Wenn die Heere einander im Gesichte stehen, und zum Angriffe vorrücken, so müßt ihr eure linke Flanke so weit zurück halten, daß der Feind mit seinem Geschütze und rechten Flügel euch nicht erreichen kann. Mit eurer Rechten müßt ihr euch seiner Linken in schräger Richtung nähern, und wenn ihr das Treffen mit dem Kern eurer Reuterey und Fußvölker angefangen habt, den Feind auf dieser Seite zurück zu stoßen, und zu umzingeln suchen. Habt ihr ihn einmal zum weichen gebracht, so muß der Ueberrest eurer Rechten sich ausdehnen, und durch den Beystand, den er eurer Spitze leistet, wird er euch den Sieg versichern. Sollte der Feind sich dieses Mittels zuerst bedienen, so müßt ihr die Truppen, welche den Rückhalt ausmachen, auf euern linken Flügel ziehen, und da ihr durch dieses Manoevre seiner Schlauigkeit eine verstärkte Macht entgegen

gen stellet, so werdet ihr im Stande seyn, ihm zu widerstehen. Vermittelst dieser Stellung kann ein Feldherr mit weit weniger Truppen, die aber versucht und wohl vertheilt seyn müssen, eine Schlacht wagen. Hat er unter seinem Heere Völker, auf die er sich nicht verlassen darf, so ist es ihm leicht, sie der Gefahr des Treffens zu entziehen, indem er sie auf den Flügel stellt, welchen er entfernt halten will.

Vegez bringet hauptsächlich auf gute Reserven, wenn man auch gleich dadurch seine Fronte vermindern sollte; ein unleugbarer Grundsatz, dessen Anwendung nicht nur bey dieser, sondern auch bey allen andern Stellarten zu empfehlen ist. Das Geheimniß, diese Seele der Kriegsverrichtungen, wird hierbey unumgänglich erfordert. Wenn der Feind die vorhabende Bewegung und die Seite des Anfalles errathen könnte, so würde er Zeit finden, sich darauf zu bereiten und dem Fallstricke leicht auszuweichen: seine Ueberraschung, seine Verlegenheit und die Schnelligkeit der Ausführung; dieses sind die vornehmsten Stücke, wovon der glückliche Ausschlag abhängt. Die Lehrsätze dieses Schriftstellers sollten den Feldherren sowol als denen, die es einst werden wollen, eine unerschöpfliche Quelle von Betrachtungen seyn; sie könnten daraus nicht nur die Kunst lernen, die Truppen zu bilden, sie aufzumuntern und wohl anzuführen, sondern auch mit Ueberzeugung einsehen, daß große Heere selten große Dinge ausgeführet haben, theils aus Mangel der Ordnung und Zusammenfügung, theils wegen der Schwierigkeit sie zu bewegen und zu unterhalten, welches die Behendigkeit der Verrichtungen hemmet. Sie würden sich belehren,

lehren, daß das kleinste Kriegsheer, durch den Muth, die Ehrbegierde und das Vertrauen auf seinen Feldherrn, dasjenige reichlich ersetzen kann, was ihm in Absicht der Anzahl abgehet, und endlich, daß die Geschicklichkeit der Anordnungen, der Vortheil des Erbreichs und tausend anderer Umstände, wenn man sie nur zu benutzen weiß, den Sieg verschaffen können. Diese Wissenschaft ist der Höcker des Marschalls von Luxemburg, von dem man scherzweise zu sagen pflegte, daß dreyßig tausend Mann darinnen stäcken. In der That liegt das sicherste Hülfsmittel eines Feldherrn in seinem Genie. Ein mittelmäßiger Befehlshaber der ein großes Heer anführt, erhält Vortheile, so lang er einen bloß gemeinen Feind vor sich hat; wenn er aber einen Turenne, einen Friederich, einen Ferdinand findet, so werden diese ihn mit einer weit schwächern Macht aufhalten, und ihn gar bald seiner Ueberlegenheit berauben. (a)

Die Schlacht bey Arbela ist eine von denen Begebenheiten, welche den Wunderwerken nahe kommen. Es ist kaum zu begreifen, wie Alexander es wagen konnte, mit vierzigtausend Fußknechten und siebentausend Reutern, einem Heere von mehr als sieben mal hunderttausend Mann im flachen Felde und mit entblöß-

---

(a) Diesen Mustern kann man auch Heinrichen von Brandenburg, den Bruder des preußischen Monarchen beygesellen; einen Prinzen von einer sanften und menschlichen Gemüthsart, der wie es heißt, den Krieg nicht liebt, und ihn doch nach der Vollkommenheit führt. Er ist niemals geschlagen worden, und hat in den mißlichsten Augenblicken eine ausnehmende Klugheit an den Tag gelegt.

blößen Flügeln die Spitze zu bieten. Wenn man aber
erweget, daß diese ungeheure Menge Barbaren größtentheils schlecht bewaffnet und ohne Kriegszucht, ihre
Anführer ohne Einsicht waren, so verschwindet die Verwegenheit, und man erblicket am Alexander blos einen
kühnen Feldherrn, der auf den Muth seiner Truppen, und
die Fruchtbarkeit seines Genies ein gegründetes Vertrauen setzt.

Um seine Schwäche zu ergänzen, suchte er alles
hervor, was Kunst, Verschlagenheit und Erfahrung
an die Hand geben können. Nachdem er seine erste
Linie aus der Phalanx und den Argyraspiden (a) gebildet, so machte er eine zwote von den fremden Fußvölkern, welche rückwärts Fronte machen sollten, falls
man ihn von hinten anfallen würde. Auf den rechten
Flügel stellte er seine königlichen Reuterschaaren, welche

M 3 aus

(a) Dieses Corps, welches man sehr hoch hielt, scheinet
des Alexanders Fußgarde gewesen zu seyn. Es bestund aus
Peltasten, deren Schilde mit Silber beschlagen waren, daher
sie den Namen Argyraspiden, oder silberne Schildträger
bekommen haben. (†) Sie erwarben sich einen großen Ruhm,
den sie aber nach Alexanders Tode durch eine Schandthat be-
fleckten. Sie hatten die Partey des Eumenes ergriffen, den
sie verriethen, und dem Antigonus auslieferten, der sie nachher alle niedermetzeln ließ.

(†) Der römische Kayser Alexander Severus bildete sich ein,
daß die Einführung der Argyraspiden der einzige Zug der pridins.
Aehnlichkeit sey, der ihm zur Erreichung des macedonischen
Helden noch fehlte. Er ließ es aber bey den silbernen Schilden nicht bewenden, welche vor ihm unter dem römischen

Kriegs-

aus lauter angesehenen Kerntruppen bestunden (a); auf den linken die Cavallerie der Bundsverwandten, und die Thessalier, welche die Linie schlossen. Um seine rechte Flanke zu schützen, formierte er zwo Reserven von Reutern, und eine von leichtbewaffneten Fußvölkern. Die erste, so aus besoldeten Hülfstruppen bestund, wurde vom Menidas, die zwote, welche die Böotier Arrian. und Feldidger enthielt (†), vom Aretas angeführt, die dritte war aus Agriern oder Agrianern (b) und macedonischen Bogenschützen zusammen gesetzt. Diese drey Linien stunden eine vor der andern, und machten seitwärts Fronte. Auf die Linke, hinter den Thessaliern, stellte er ein Corps thracischer Reuterey in Form eines Winkels; und vorwärts gegen der Spitze des Flügels, ein anderes Corps griechischer Cavallerie. Da seine Absicht war mit dem rechten Flügel anzugreifen, so stellte er sich an die Spitze seiner königlichen Reuterschaaren, und gab den linken dem Parmenio zu führen.

Ju

Kriegsheer unbekannt waren: Um den Besieger des Darius zu übertreffen, wurden die Schilde seiner Trabanten mit Golde beschlagen, und die so sie trugen, Chrysaspiden genannt.

(a) Die erste Compagnie enthielt lauter junge adeliche Macedonier, welche man die Freunde des Königes nannte.

(†) Dieser Ausdruck scheinet im deutschen die Cursores der Alten besser als das Wort Laufer zu bezeichnen, welches einen fremden, wo nicht gar anstößigen Nebenbegriff mit sich führen würde.

(b) Leichte Fußknechte, welche Wurfspieße schossen, und zwischen den Bergen Hämus und Rhodope wohnten.

In dem Heere des Darius war die Reuterey und das Fußvolk nach Ordnung der Völkerschaften in einer großen Tiefe unter einander gemischt; dem ungeachtet konnte die Ebene, so weitläuftig sie auch war, die Menge nicht fassen, sondern man war genöthigt hinter der ersten Linie eine zwote zu formieren. (a) Der König befand sich im Mittelpunkte, von seiner Leibwache und den Großen des Reichs umgeben, und von einem in Sold genommenen Corps griechischer Fußvölker bedeckt, auf welches er das meiste Vertrauen setzte. S.K.IV. Vor jeden Flügel stellte er eine Linie von seiner besten Reuterey; nämlich die Armenier und Meder zur Rechten, die Scythen und Baktrianer zur Linken. Er hatte zweyhundert Streitwagen, die auf der Fronte vertheilt waren, und fünfzehn Elephanten, welche vor ihm in der Mitte stunden. Das Erdreich, welches sie betreten sollten, hatte man eben gemacht, und an verschiedenen Orten Fußangeln ausgestreuet. (b)

Alexander war einige Zeit unentschlüßig, von welcher Seite er angreifen wollte: Er befand sich näher bey dem linken als bey dem rechten Flügel der Feinde, und auf jenem lag eine Anhöhe deren er sich des Tages zuvor bemächtiget hatte. Gleichwol entschloß er sich
end-

(a) Diese Ebene liegt zwischen dem Tyger und den gordyäischen Geburgen.

(b) Die Fußangel ist ein vierzackigtes Eisen, wovon immer eine Spitze in die Höhe stehet, und auf den drey andern ruhet.

endlich für die rechte (†), und beswegen verstärkte er
diese Seite mit seiner Leibwache und noch mehrern
Truppen. Die ganze Nacht hatte er mit Ausdenkung
dieser Anstalten durchwachet, und sich erst gegen Anbruch des Tages dem Schlaf überlassen. Seine Heerführer fanden ihn noch in der Ruhe, als sie seine Befehle abholen wollten, und Parmenio bezeugte ihm
Curtius darüber seine Verwunderung. Er unterrichtete sie von
seinem Vorhaben, und empfahl ihnen, die Truppen in
einem tiefen Stillschweigen zu erhalten, welches sie zur

gehö-

(†) Der Bewegungsgrund dieses Entschlusses wird vom
B. 4. Curtius angegeben. „Die beiden Heere, (sagt er) hatten
K. 13. „ sich einander noch nicht bis auf einen Pfeilschuß genahet,
und 15. „ als ein gewisser Ueberläufer, Namens Bion, dem König in
„ vollem Rennen hinterbrachte, daß Darius in derjenigen Gegend Fußangeln habe in die Erde legen lassen, wo er
„ glaubte, daß die feindliche Reuterey ihn angreifen würde.
„ Damit nun Alexander den vom Ueberläufer bezeichneten
„ Ort vermelden und den Darius, der seinen linken Flü-
„ gel anführte, begegnen möchte, so befahl er in schräger
„ Richtung vorzurücken." Interim Alexander, ut & demonstratum a transfuga infidiarum locum circumiret; &
Dario, qui laevum cornu tuebatur, occurreret: agmen obliquum incedere jobet. Curtius scheint hierinnen von dem
Arrian abzugehen, welcher mit unserm Verfasser, Seite 183
Arrian. ausdrücklich bezeuget: Darius sey nach der Gewohnheit aller
B. 2. persischen Könige in der Mitte des Heeres gestanden. Man
K. 3. hat diese beiden Berichte dadurch zu vereinigen gesucht, daß
Curtius die persische Armee in zween große Flügel abgetheilt,
und den König zu dem linken gerechnet habe. Man kann
aber auch annehmen, daß Darius, dessen Tapferkeit beide
Geschichtschreiber rühmen, die Mitte seines Heeres verlassen,
und sich auf dessen linken Flügel begeben habe, um seinem
Gegner in Person die Spitze zu bieten.

gehörigen Zeit durch ein Feldgeschrey brechen sollten. Bald darauf zeigte er sich an ihrer Spitze mit jenem fröhlichen und kühnen Ansehen, das der Soldat an seinem Oberhaupte jederzeit als eine gewisse Vorbedeutung des Sieges betrachtet. Bisher waren die Macedonier bey alle dem Vertrauen so sie in ihrem Fürsten setzten, nicht ohne Unruhe gewesen. Von den Anhöhen, auf welchen sie die Nacht zugebracht hatten, entdeckten sie den unermeßlichen Schauplatz des bevorstehenden Treffens, und das unzählbare Heer der Perser. Dieser eben so seltene als furchtbare Anblick der menschlichen Macht, erfüllte sie mit Schrecken. Alexander erinnerte sie daran, wie leicht es ihnen vordem geworden eben diese Feinde zu überwinden; er malte ihnen den Ruhm vor Augen, die Eroberung Asiens zu vollenden, und die unschätzbare Beute, welche der Preiß ihrer Arbeit seyn würde. Zugleich schmeichelte er ihnen mit den schönsten Belohnungen; eine reitzende Lockspeise für die Eigenliebe des Officiers und die Gierigkeit des Soldaten, wovon aber der Aufführer allemal den wichtigsten Vortheil zieht. Nach dieser Anrede, welche ihren Muth stärkte, setzte er sich in Bewegung. Anstatt gerade auf die Feinde los zu gehen, zog er sich mit seiner Flanke rechts, so daß er durch einen schrägen Marsch auf den persischen linken Flügel anrückte, und den seinigen dahinten ließ. Darius machte mit seiner Linken ebenfalls eine Bewegung, die aber wegen der Schwerfälligkeit seiner Linie sehr langsam von statten gieng. Als er sah, daß Alexander ihm eine Strecke Erdreichs abgewann, so fürchtete er von ihm überflügelt zu werden, und ließ daher das Treffen durch einige Reuterschaaren anfangen, die sich auf seine Flanke

warfen. Menidas der die erste Linie (4) anführte,
gieng ihnen entgegen; er war vom Aretas, welcher
der zwoten (5) vorstund, und hiernächst von den
Agriern (6) unterstützt. Das Gefechte war hitzig und
lange zweifelhaft, weil immer frische Corps aus der
Linie hervorbrachen, um den ersten zu helfen, welche
nachdem sie zurück gewichen, den Angriff wiederholten.
Doch setzten ihnen die Macedonier so scharf zu, daß
sie endlich die Flucht nehmen, und das Schlachtfeld
räumen mußten.

Indem dieses auf dem rechten Flügel vorgieng,
hatte Darius seine Streitwagen losgelassen, welche
aber die gehofften Dienste nicht leisteten. Die creten-
sischen Bogenschützen und die Spießwerfer die auf der
Fronte zerstreut waren, jagten sie gegen die Perser
zurück, oder trieben sie in die Oeffnungen, welche die
Diodor. Phalanx nach erhaltenem Befehl ihnen machte. Auf
der andern Seite ließ Mazäus, welcher den rechten
Flügel der Perser anführte, die Armenier und Meder (1)
vorrücken, und die Linke des Alexanders umringen.
Parmenio empfieng sie mit den besoldeten Griechen (3)
und den Thraciern, (7) welche schräg auf der Flanke
stunden. Allein zwey so schwache Corps konnten den
Anfall dieser gesammten Reuterey, welche sie umstürm-
te, nicht aushalten; sie wichen zurück und sammleten
sich hinter der Linie der Thessalier wieder. Auch diese
wurden bald umzingelt, so daß die Feinde bis an den
Platz durchdrangen, wo man den Troß und die Gefangenen verwahrte, darunter des Darius Mutter und
Kinder sich befanden. Inzwischen hatte Alexander, als
er nach dem ersten auf dem rechten Flügel vorgefallenen

nen Gefechte in der persischen Linie verschiedene Lücken wahrgenommen, seine königlichen Reuterschaaren in eine Colonne zusammen gefaßt, und sich mit großem Geschrey in diese Oeffnungen geworfen. (a) Alles was ihm in den Weeg kam, ward über den Haufen geworfen, und er erreichte bald die zwote Linie, welche keinen Widerstand leistete. Die Argyraspiden, so den rechten Flügel des Fußvolks ausmachten, hatten ebenfalls eine Colonne formiert, und die persische Linie durchbrochen. Sie verbreiteten Schrecken und Unordnung um sich her, alles floh vor ihnen, so wie sie sich dem Mittelpunkte näherten, nach welchem sie sich geschwenket hatten. Die in persischem Sold stehende Griechen waren es allein die eine Weile Stand hielten, endlich aber wurden sie auch durch den Strom fortgerissen. Bey diesen Umständen förchtete sich Darius, der Rückzug möchte ihm abgeschnitten werden; er verließ daher seinen Wagen, und ließ sich ein Pferd geben, auf welchem er sich in vollem Rennen davon machte.

Alexander war im Begriff ihm nachzusetzen, als ihn Arrian. Parmenio von der Gefahr benachrichtigen ließ, worinnen er auf seiner Seite schwebte. Dieses bewog den König umzukehren, und seinem linken Flügel zu Hülfe
zu

(a) Diese Reuterey marschirte nämlich mit der Spitze des Flügels in einer Fronte von einer oder zwo Schwadronen, die übrigen folgten wie in Marschordnung hinter ihnen her. Was die Fußvölker anlangt, so kann man aus dem Aelian die Art ersehen, wie sie sich in eine Colonne stellten, um vorwärts oder nach der Flanke zu marschiren. Die Tiefe der Phalanx und die dabey eingeführte vortrefliche Ordnung, machten, daß diese Bewegung mit größter Schnelligkeit vollzogen werden konnte.

zu eilen, der aber glücklich bestrebt war, seitdem das Gerücht von der Flucht des Darius sich bey den Feinden verbreitet hatte. Dieser Flügel war darum in das gröste Gedränge gerathen, weil unter der Zeit, da Alexander mit seiner Rechten in die feindliche Linie einbrach, seine Linke, der man auf allen Seiten zusetzte, genöthigt wurde stille zu halten. Solches veranlaßte in dem Mittelheer eine Oeffnung, worein verschiedene persische Reuterhaufen sich warfen, und mit denen vereinigten, welche von hintenher angerückt waren. Alles wäre verlohren gewesen, wenn die persischen Befehlshaber ihre Leute hätten im Zaume halten können; so aber trug ihre Raubsucht vieles zur Errettung der Macedonier bey, welche sonst unter der Uebermacht hätten erliegen müssen.

Anmerkungen.

Diese berühmte Schlacht ist eine wahre Schule der Theorie, worin wir die höhern Grundsätze der Taktik lernen können, so wie sie nach der Hand den Griechen in ihren Unterweisungen zum Muster gedient hat. Alexander legte darinnen die feinste Kunst für die Vertheidigung sowol als für den Angriff zu Tage; denn in seinen Vorkehrungen war dieses zwiefache Augenmerk vereinigt; Seine Truppen führten die erhaltenen Befehle mit der gröslen Regelmäßigkeit aus, und ließen ihn die Früchte des Unterrichts einernoten, den sie in Macedonien genossen, wo die hohen und niedern Officiers alle Kriegsbewegungen von Grund aus erlernt hatten.

Die

Die Stellordnung und Form, so ich seinen verschiedenen Linien gebe, stimmt auf das genaueste mit den Zeugnissen des Arrians, Curtius und Diodors überein, welche ausdrücklich melden, daß die Schlachtordnung des Alexanders vierecktigt war. Curtius fügt noch hinzu, die Fronte sey nicht stärker gewesen, als die Flügel, noch diese stärker als der Rücken; non prima quam latera, non latera munitiora quam terga. Der Hr. von Santa Cruz vergleicht dieselbe mit seiner Stellart, worinnen er die beiden Reuterflügel auf die Flanken der Infanterielinien zurück bieget. Er hat sich nicht betrogen; es findet sich aber doch in Alexanders Anordnung weit mehr Kunst und Scharfsinn. Curtius gibt uns davon einen allgemeinen Begriff, worinnen er sich richtiger ausdrückt. Er sagt: Die Armee sey also gestellt gewesen, daß sie sich nach allen Seiten bewegen konnte, und daß die hintersten gestellten Truppen, welche einen Anfall im Rücken verhüten sollten, dennoch die Bequemlichkeit hatten, sich zu schwenken, um allenfalls auf der Fronte zu fechten. (a) Adeoque aciem versatilem posuit, ut, qui ultimi stabant, ne circumirentur; verti tamen, & in frontem circumagi possent.

Die

(a) Ob ich gleich bereits eine weitläuftige Beschreibung dieses berühmten Treffens gegeben habe, so schien mir dennoch dasselbe einen vorzüglichen Platz in diesem Lehrbuche zu verdienen. Hingegen halte ich es für sehr überflüssig, hier die kritischen Anmerkungen zu wiederholen, welche ich über den Plan des Hrn. Guiscard gemacht habe. Wenn man Lust hat, ihn mit dem meinigen zu vergleichen, so wird man diesen letzten in meiner kleinen Abhandlung von den Kriegsrärten finden können.

Die Stellart der Perser glich der Anordnung des Crösus bey Thymbra. In beiden siehet man große Haufen Reuterey und Fußvolk ohne Absicht untereinander gemengt. Crösus hatte eine große Anzahl Bogenschützen und Schleuderer, die er nicht auf die gehörige Art benutzt zu haben scheinet. Cyrus als ein geschickterer Heerführer, stellte seine Phalanxen nur zwölf Mann hoch; seine Spießwerfer und Bogenschützen waren so geordnet, daß sie ihre Pfeile ohne Verwirrung werfen konnten. Die Linie der Kerntruppen mußte die übrigen in Ordnung halten; alle diese Linien zusammen genommen, machten eine Tiefe von wenigstens dreyßig Mann aus; allein sie waren so geordnet, daß alles eine gewisse Thätigkeit hatte, dahingegen bey den Schlachthaufen des Crösus und den schwerfälligen Massen der Egyptier, der größte Theil nicht agieren konnte.

Es ist keine eitlere, keine verwegenere Zuversicht, als die, so man in die große Anzahl setzt. Darius wurde durch eben den Umstand überwunden, von welchem er den Sieg erwartete; die ungeheure Menge seiner Truppen machte sie unbrauchbar; man sieht keine Federkraft, keine Würksamkeit in seiner Stellordnung. Seine Linie war so lang und so dichte, daß es ihr unmöglich fiel sich zu rühren. Die Perser konnten anders nicht als in abgesonderten Corps fechten, welche wechselsweise nacheinander herausrückten. Die zwote Linie, welche zwecklos hingestellt war, konnte zu nichts dienen.

Das Grundgesetz der Taktik ist die Bewegbarkeit mit der Dichtigkeit in einem so richtigen Verhältniße
zu

zu verbinden, daß keines dem andern im Weege steht. Der Vortheil eines Kriegskörpers muß auch nach dem Grade seiner Behendigkeit und der Anzahl seiner brauchbaren Theile ermessen werden. Nach diesen Regeln kann man von der Würkung urtheilen, welche die persische Linie hervorbringen mußte. Man sieht sogleich den Grund ihrer Schwerfälligkeit und Trägheit ein: Man wundert sich nicht mehr über das Betragen des Darius, der bey einer so großen Uebermacht sich mit der Vertheidigung begnügt, und sich vor einem feindlichen Anfall zu fürchten scheint. Seine Infanterie macht keinen Schritt vorwärts; er läßt sogar Fußangeln ausstreuen, um wo möglich seinen Feind aufzuhalten. Dieser verachtet so schwache Hindernisse so sehr, als den, der sie ihm in den Weeg legt: Mit einem kleinen aber muthigen und entschlossenen Heere, das mit Kunst gelenkt wird, weiß er diese Wolken von Barbaren zu zerstreuen, und eine Krone an sich zu reissen, die keine veste Stütze hat.

Fünftes Hauptstück.

Erster Abschnitt.
Untersuchung verschiedener zur Schlachtordnung gehörigen Gebräuche.

Als man anfieng über den Krieg nachzudenken, und dabey die Nothwendigkeit gewisser Regeln einzusehen, so suchte man in den Schlachten die Mittel seine Vortheile zu vermehren und die feindlichen zu verringern; man sann auf die Wahl, auf die Verbesserung der Waffen und die Stellung der Truppen; man lernte sie ordnen, die Vortheile des Erdreichs benutzen, und sich derselben zur Bedeckung der schwachen Seiten, oder zur Vermehrung seines Nachdrucks und seines Widerstands zu bedienen. Die ersten Ideen waren einfach und schränkten sich darauf ein, den Feind durch eine überlegene Macht zu umringen, oder sich im Fall einer gleichen oder mindern Stärke durch eine vortheilhafte Stellung zu verwahren. Dieses ist der Ursprung des langen Vierecks, mit einer großen Fronte auf einer und mehr Linien, welches die gemeinste und zugleich die erste Stellart ist, von der man Gebrauch gemacht hat. Der erste Grundsatz, den man festsetzte, war, sich nicht umringen zu lassen, und hieraus hat man die Nothwendigkeit hergeleitet, seine Flügel zu decken. Um dieses auf einem offenen Erdreich zu bewerkstelligen, und den Mangel der Anzahl zu ersetzen, hat die Einbildungskraft mit Beyhülfe der Erfahrung allerhand Mittel ersonnen, worunter die Graben, Verhacke, Fußangeln und Pallisaden gehören. Man ersann auch Reihen von Wagen, deren Räder bis an die Naben in der Erde lagen, Ketten, die an Pfähle befestigt waren, (a) spanische Reuter, (b) und endlich Redouten und Verschanzungen. Alle diese Hülfsmittel sind gut, wenn ein Heer schwächer ist, als das feindliche, und keine Bedeckung für seine Flügel findet. Dem ungeachtet gebraucht sie ein geschickter Feldherr so wenig als möglich ist, weil sie seine Schwäche zu sehr verrathen, die Truppen abschrecken, und nicht selten vermuthen lassen, daß er sich wider seinen Willen in eine Schlacht einläßt. Uberdieses gibt er dadurch den Vortheil des Anfalles aus den Händen, und wird in den Bewegungen gehindert, die er mit seinen Flügeln vornehmen könnte.

I. Theil. N Wenn

───────────────

(a) Die Saracenen haben sich dieser Art von Verschanzungen häufig bedient. Die Kette, welche die Könige von Navarra zu ihrem Wappen angenommen haben, rührt von einem Siege her, den sie über diese Ungläubigen erfochten, welche auf solche Art verschanzt waren.

(b) Die sogenannten spanischen Reuter wurden unter dem Kayser Anastasius von einem gewissen Urbicius erfunden. Die römische Infanterie war damals ausgeartet; sie hatte ihre Schutzwaffen mit ihrer Kriegszucht verlohren; sie getraute sich nicht mehr wie zu Cäsars Zeiten der Reuterey in freyem Felde die Spitze zu bieten, und ward beständig von der barbarischen geschlagen. Der Erfinder wurde bewundert, und that sich vieles auf sein Kunststück zu gute.

Wenn man sich nicht rühren kann, ohne von seinen Stützpunkten abzuweichen, so muß man den Feind festes Fußes erwarten; alsdann aber wird man das Treffen nicht liefern, sondern es blos aushalten, welches allemal ein Nachtheil ist. Diese Betrachtungen können die schräge Stellart veranlaßt haben, deren Kunst darinnen besteht, daß man nach eigenem Wohlgefallen den Punkt des Angriffs wählet, auf dieser Seite seine Macht verstärkt, und durch die bloße Stellung der Truppen sowol als durch die Behendigkeit der Wendungen, die Ueberlegenheit seines Gegners vereitelt. Es wurden erhabene Talente und ein großes Genie erfordert, eine Stellordnung zu erfinden, welche eben so kühn, als sinnreich und verschlagen ist.

Wenn ich ungeachtet meiner Schwäche mich zu einer Schlacht entschließe, und eine dieser Absicht gemäße Stellung annehme, so ist es nicht genug, daß ich meine Flügel wohl bedeckt habe, sie müssen auch vor der Umringung gesichert seyn, und die Lage des Schlachtfeldes muß den Feind nöthigen, eine der meinen gleiche Fronte anzunehmen. In solcher Stellung überwanden zehn tausend Griechen bey Marathon hundert und zehn tausend Perser; Alexander schlug den Darius in der cilicischen Enge; Zißka zernichtete Siegmunds zahlreiche Reuterey in Böhmen, und der König in Preussen besiegte die Oesterreicher bey Sorr oder Trautenau. Ein Heer, dessen Flügel durch Moräste, einen Fluß, Waldung oder Berge bedeckt sind, ist darum nicht gezwungen, den Feind ohne Bewegung zu erwarten, und seinen Anfall auszuhalten; es kann ihm so weit entgegen gehen, als es ohne Entblößung seiner Flanken möglich

lich ist. Wenn es auch nur hundert Schritte vorwärts thun kann, so theilet es wenigstens den Vortheil des Anfalles. Dieses geschah bey den nur erwähnten Gelegenheiten, und man muß diesen Kunstgriff niemals versäumen. Nichts kann einem Heere größere Furcht einjagen, als der Anblick eines andern, das ihm entgegen kömmt; es übersieht in ernster Stille die ganze Gefahr, und seine Furcht vermehrt sich, je näher der Feind anrückt. Wenn man aber dasselbe in Bewegung setzt, so verliert es die Eindrücke der Gefahr, das Blut wird erhitzt, und der Muth entbrennet. (a)

(a) Die ganze Stärke unserer Truppen, sagt der König in Preussen, bestehet im attaquieren, und wir würden thöricht handeln, wenn wir ohne Ursache darauf verzichen wollten.... Man muß niemals sein ganzes Vertrauen in einen Posten setzen, wenn es nicht physisch erwiesen ist, daß man ihn nicht angreifen kan.... Ich erlaube meinen Truppen ebenfalls Posten zu nehmen, um die Vortheile der Artillerie zu benutzen; sie müssen dieselben aber auf einmal verlassen, und trotzig attaquieren... Der Feind welcher dergestalt anstatt vorhin angegriffen zu haben, selbst angegriffen wird, siehet dadurch seine Projekte auf einmal zernichtet.... Ich würde nicht zugeben, daß meine Infanterie in dergleichen Gelegenheiten feuerte, weil selbige dadurch nur aufgehalten werden würde, und weil es nicht die Anzahl der todgeschossenen Feinde ist, so uns den Sieg zuwege bringet, sondern vielmehr das Erdreich, welches man gewinnet. Eine gute Lehre für die Liebhaber des Feuerns.

Kriegs Unterricht, Art. 22.

Ich habe oft alle Officiers sagen gehört, man müsse sein Feuer sparen, und den Feind bis auf eine so kleine Entfernung erwarten, daß man ihn gleichsam mit dem Gewehr berühren kann. Dieß ist eine sehr schlechte Regel; ein solches Feuer ist ohne Würkung, weil die meisten Soldaten alsdann zittern, und in die Luft schießen. Es würde gut seyn, sagt der Herr
Th. 6. von Santa-Cruz, wenn man nur einen einzigen
S. 68. Schuß hätte. Da man aber mehrere hat, so ist es weit besser sich ihrer zu bedienen, sobald man den Feind erreichen kann; man fügt ihm allemal Schaden zu, und beschäftiget den Soldaten. Uberdieses kann jener einige abgesonderte Haufen haben, welche im anrücken feuern und denen man antworten muß; sobald er sich aber auf sechzig bis achzig Schritte genähert hat, so muß man auf ihn zulaufen und ihn anfallen. Ganz anders ist es, wenn man mit Reuterey zu thun hat; diese muß man festes Fußes erwarten, und sie mit einem so wohl besetzten Gliederfeuer empfangen, daß sie bey jeder Losung zurück prellen muß. Aber freylich wird hierzu eine wohl abgerichtete Infanterie erfordert, welche ihre eigene Stärke kennet. So oft ich auf diesen Gegenstand komme, fallen mir die sechs Cohorten des Cäsars bey Pharsalus ein, welche die Kühnheit hatten, der Cavallerie des Pompejus entgegen zu gehen, da doch das Pilum des römischen Fußknechtes gewiß kein besseres Gewehr war, als unsere Bajonetten.

Wenn man auf den Feind losgeht, so ist es der Klugheit nicht weniger gemäß, die Flanken zu schützen, als wenn man denselben auf einem festen Posten erwartete. Da man aber ein vortheilhaftes Erdreich
nicht

nicht mit sich nehmen kann, und die zur Ersetzung dieses Mangels angegebene Mittel sich auf eine unbewegliche Stellung gründen, so muß man andere wählen, die sich besser zu diesen Umständen schicken. Man bedient sich hierzu einer Art tragbarer spanischer Reuter, welche auf die Erde geworfen werden, wenn die Truppen stille stehen. Man könnte leicht noch stärkere mit sich führen, wenn sie auf Rädern lägen. Bisweilen läßt man auch etliche Reihen von Wagen neben sich herziehen, welche zusammen gedrängt, und wenn man will, mit Ketten aneinander geschlossen werden. (†) Im Nothfalle werden die Munitions- und Packwagen dazu genommen. Der Herr von Santa-Cruz schlägt vor, die Flügel durch winkelförmigt gestellte Bataillonen zu bedecken. Dieses ist gut, wenn man sich ihrer zur Schliessung des zwischen den beyden Infanterielinien befindlichen Raums bedienet. In dieser Stellung können sie dieselben beschützen, wenn die Reuterey geschlagen werden sollte. Diese Vorsicht hat den König von Preußen bey Mollwitz gerettet, und daher hat er sie auch seinen Heerführern empfohlen. Allein dieses Mittel würde auf den Cavallerieflügeln wenig nützen, zu deren Sicherheit man weiter nichts als Dragoner und andere leichte Truppen brauchet. Wenn der König in Preußen in seiner Schlachtordnung einen unbedeckten Flügel hat, so stellt er Dragoner auf die Höhe der zwoten Linie; so daß sie über die erste hinaus reichen, und die dritte besetzt er mit Hussaren, welche

Kriegs-Unterricht. Art. 22.

die

(†) Vielleicht ist dieses der einzige Fall, wo die bemannten Streitwagen der Alten, noch in unsern Tagen einige Dienste leisten könnten.

die Dragoner überflügeln. Diese Stellung ist unvergleichlich, und der Feind muß sich dadurch abschrecken lassen, weil er die Flanke der Reuterey nicht umringen kann, ohne seine eigenen diesen Reserven blos zu geben.

Das leichte Fußvolk, welches die Griechen unter ihre Reuterey zu mengen pflegten, warf sich ebenfalls auf ihre Flügel. Dieses war eine vortrefliche Anstalt, sowol um die Schwadronen zu unterstützen, als den feindlichen in die Flanken zu fallen. Diese leichten Truppen, welche nicht genöthigt waren, ordnungsmäßig und mit geschlossenen Gliedern zu fechten, konnten den Bewegungen der Reuter mit großer Behendigkeit folgen. War eine Anhöhe, ein Hohlweg, eine Hecke, ein Garten oder anderer vortheilhafter Ort in der Nähe, so setzten sie sich daselbst fest, und wenn die Cavallerie geschlagen wurde, so konnte sie unter ihrer Bedeckung sich wieder sammeln. Eben solche Fußvölker sollten auf den Flügeln mit den Hussaren und Dragonern vorzüglich gebraucht werden. Doch können diese letztern noch bessere Dienste leisten, weil sie im freyen Felde sich weit schneller als die Infanterie bewegen, und nicht Gefahr laufen, aufgerieben zu werden, wenn der Kürassierflügel den Kürzern zieht; (a) man kann sie auch im Nothfalle absitzen lassen.

Wollte

(a) Die Dragoner und Hussaren müssen gut beritten und ihre Pferde stark und flüchtig seyn. Haben sie diese zwo Eigenschaften, so sind sie im Stande die schwere Cavallerie anzugreifen und ihr viel zu schaffen zu geben.

Wollte man aber die Flanken der Cavallerie durch Fußvölker bedecken, so müßte man sie also stellen, daß sie die feindliche seitwärts oder von hinten angreifen könnten, wenn diese zurück weichen sollte. In diesem Falle wäre es rathsam sie in einen Hohlweg, hinter eine Hecke oder Anhöhe zu stellen, damit sie nur in dem Augenblicke der Ausführung zum Vorschein kämen. Wenn man sie winkelförmig auf die Flanken der letzten Schwadronen stellte, so könnten sie nur alsdann dienen, wenn die Linie sich nicht beweget, und sie würde ihre eigene Flanke der angreifenden Reuterey des Feindes blos geben. Diese Stellart wäre also schlechterdings fehlerhaft. Man könnte aber ein verlängertes Viereck oder eine lange Colonne von drey bis vier Bataillonen formieren, und die erste Linie der Reuterey bis in die Gegend der zwoten Infanterielinie zurückziehen. Diese Wehrstellung würde sehr gut seyn, weil der Feind nicht auf die Cavallerie losgehen könnte, ohne in der Quere sowol als auf der Flanke, nicht nur dem Feuer der Colonne, (1) sondern auch der auf der Infanterieflanke winkelförmig gestellten Fußvölker (1) und sogar der letzten Bataillonen des Flügels ausgesetzt zu seyn. Die Schwadronen, welche der Colonne in den Rücken fallen möchten, würden von den leichten Truppen (2) umringt werden, die in einiger Entfernung hinter der Cavallerieflanke stehen müßten. Um dieses leere Viereck desto fester zu machen, kann man es, wenn man will, mit spanischen Reutern umzäunen.

Zweyter Abschnitt.
Von der Vermischung der Truppen.

Ein Hauptmangel, den die Urheber der neuen Lehrgebäude bey der gewöhnlichen Stellart der Kriegsheere bemerkt haben, bestehet darinnen, daß die Reuterey und die Fußvölker sich nicht gemeinschtig unterstützen, so daß, wenn jene geschlagen wird, diese von allem Beystand entblößt ist, und nichts bessers thun kann, als sich zurück zu ziehen. Die Wahrheit dieses Sazes wird durch die tägliche Erfahrung bewiesen. Diesem Uebel abzuhelfen, haben einige vorgeschlagen, die Bataillonen und Schwadronen wechselsweise miteinander zu vermengen; sie haben geglaubt, daß auf diese Art beyde Gattungen Truppen im Stande seyn würden, einander Hülfe zu leisten, es ist aber nicht schwer, die vielen Mängel dieser Stellordnung einzusehen. Wenn das Gefechte im flachen Felde vorgehet, und einige Schwadronen zurückprellen, so dringt der Feind in die Lücken ein, und die auf allen Seiten entblößte und angefallene Infanterie wird in die Pfanne gehauen, zumal wenn es dünne Bataillonen sind, die nur drey oder vier Mann hoch stehen. Jedermann weiß, in welche Verlegenheit die Fußvölker gerathen, wenn sie sich von keiner Reuterey mehr unterstützt sehen. Was würde also nicht bey einer solchen Stellart erfolgen, worinnen jedes Corps mehr als bey irgend einer andern von seinen Nebenhaufen abhängt. Man muß auch beobachten, daß die beyden Gattungen von Truppen nicht in gleichem Schritte angreifen können; daß die Schwa-

bronen

dronen, welche in vollem Trabe vorrücken, die Bataillonen weit hinter sich zurücklassen, und ihnen dadurch ihre Bedeckung entziehen. (a) Wenn eine solche Schwadrone geschlagen wird, so muß sie, wenn sie sich zurückziehen will, ihren Standort ganz genau wieder finden; dieses aber wird schwerlich geschehen; die erschrocknen Reuter werden sich auf die benachbarten Bataillonen werfen, und alles in Unordnung setzen.

In dem Treffen bey Staffarta war die Schlachtordnung des Herzogs von Savoyen wegen der Natur des Erdreichs also vermengel, welches mit Hecken und Landhäusern bedeckt ist. Der Herr von Catinat hatte sehr wenig Reuterey, die er in die zwote Linie stellte. Das Treffen wurde durch die Fußvölker und Dragoner entschieden, welche die Landhäuser einnahmen, den Feind hinter den Hecken wegjagten, und die Reuterey über den Haufen warfen. Indessen schickte sich doch das Schlachtfeld des Herzogs von Savoyen weit besser als irgend ein anderes zur Vermischung der beyderley Truppen. Vermuthlich wird man mir den Feldmarschall von Montecuculi anführen, welcher überall den Gebrauch mißbilligt, die gesammte Reuterey auf die Flü-

(a) Der Ritter von Folard hat nach diesem Grundsatze verschiedene Schlachtordnungen entworfen; weil er aber seine Fußvölker in Colonnen von einem oder zween Abschnitten stellet; so haben sie auch mehr Stärke als die Bataillonen, um sich allein zu unterstützen. Indessen bleibt doch noch immer die Schwierigkeit wegen des ungleichen Marsches sowol als andere Mängel übrig, von denen wir in der Folge reden wollen.

Flügel, und das Fußvolk in die Mitte zu stellen. Das Ansehen dieses berühmten Heerführers hat in der Kriegskunst ein großes Gewicht; man muß aber beobachten, daß sein Ausspruch sich auf den damaligen Türkenkrieg bezog, worinnen die Deutschen wegen der ungemeinen Uebermacht des Feindes und seiner häufigen Reuterey sich fast immer auf die Vertheidigung einschränkten. Um sich dagegen zu verwahren, führen sie gemeiniglich spanische Reuter mit sich, welche ihnen zur Schutzwehr dienen. In diesem Falle muß das Feuer der zwischen die Reuterey gestochtenen Bataillonen unfehlbar eine sehr gute Würkung thun.

Montecuculi, B. 2. K. 4. Die Schlachtordnung bey St. Gotthard war auf solche Art eingerichtet; und überdieses befanden sich noch kleine Haufen Büchsenschützen auf den Flanken der Schwadronen. Da alles darauf ankam, den Fluß Raab zu vertheidigen, und die Türken welche an dreyen Orten darüber setzen wollten, bey ihrer Ankunft anzugreifen, so war die genommene Stellart bey dieser Gelegenheit eben so nöthig, als sie es in allen ähnlichen Umständen seyn wird. Sie ist auch sehr nützlich zur Vertheidigung einer Verschanzung: da man nicht voraus weiß, wo der Feind den stärksten Angriff wagen wird, so muß man auf guter Hut, und im Stande seyn, ihm zu gleicher Zeit mit beyderley Truppen zu begegnen. Hätte der Herr von Montecuculi sich über diese Anordnung umständlicher erklären wollen, so würde er unfehlbar Ausnahmen gemacht haben. Denn er wußte zuwohl daß ein und eben die Sache nicht in allen Zeiten und bey allen Gelegenheiten angehet, und daß eine gleiche Streitart sich nicht für verschiedene Nationen schicket.

Ich

Ich meines Orts habe immer dafür gehalten, daß diese Vermischung von Bataillonen und Schwadronen blos zur Wehrstellung oder auch gegen einen Feind dienen könne, dem man an Infanterie weit überlegen, an Reuterey aber gar nicht gewachsen ist. In diesem Falle müssen die Infanteriehaufen kurz aber auch tief genug seyn, um Stand zu halten, wenn ihnen der Feind nach Zurücktreibung einiger Schwadronen in den Rücken fallen sollte. Meine Cohorten würden, wie mich dünkt, sich besser als alle andere Schlachthaufen hierzuschicken, weil sie nicht nur eine gewisse Festigkeit, sondern auch viele Leichtigkeit in ihren Bewegungen und ein wohl unterhaltenes Feuer besitzen. Herr von Santa Cruz meldet, der Herzog von Schomberg habe sich in Portugall bisweilen dieser Vermischung bedienet, weil seine Reuterey viel schwächer als die spanische gewesen; nachdem er aber die Vortheile und Unbequemlichkeiten dieser Stellart erwogen, so macht er endlich den Schluß, sie müße blos als ein Nothmittel gebraucht, und auf die Einflechtung kleiner Fußpelotons zwischen die Schwabronen eingeschränkt werden. In der That würde ich ebenfalls diesen letztern Weg vornehmen, und eine solche Stellordnung wählen, worinnen meine Reuterey ohne eigentliche Vermischung gleichwol durch Infanterie unterstützt seyn müßte.

Wenn man bey dem Feinde eine große Ueberlegenheit an Cavallerie wahrnimmt, so ist es eine Klugheitsregel, das flache Feld zu vermeiden, und soviel es möglich ist, an denen für die Infanterie vortheilhaftesten Orten sich zu lagern. Dieses ist das sicherste Mittel

Mittel die feindliche Uebermacht zu vereiteln. Gesetzt aber, man stünde auf einem offenen Erdreich, so wird es, wofern man nur einige Stützpunkte findet, gar nicht schwer seyn, den Feind daselbst aufzuhalten, und ihn in eine Falle zu locken. Es kann, zum Beyspiel, T. 5. der General des Heeres A dessen linker Flügel auf ei-
Fig. 2. nem etwas erhabenen Erdreich stehet, und an einen Wald gelehnt ist, auf diese Seite nur einige Dragoner und zwar in die zwote Linie, seine gesammte Reuterey aber auf den rechten Flügel geordnet haben; hinter der Anhöhe C kann er ein Infanteriekorps mit Kanonen, auf den Hügel D leichte Fußvölker, und auf dessen Rücken sowol als hinter das Wäldchen Hussaren stellen. Der Feind welcher sehen wird, daß seine Reuterey auf der Seite des großen Waldes wenig nützet, wird sich nicht schämen, sie auf den linken Flügel zu ziehen und auf der Ebene auszudehnen, um eine Flanke zu umringen, die er für unbedeckt ansieht. Wenn er zur Ausführung dieses Anschlags herbeyrückt, so muß die zwote Linie (2) sich zurück ziehen, um eine schräge Stellung anzunehmen, die sich auf die zwote Infanterielinie stützet und die kleine Reserve (3) wird nach der Seite des Flügels Fronte machen. Will der Feind sie verfolgen, und sie in dieser Stellung anfallen, so muß er von der einen Seite das Feuer der Bataillonen, welche die Flanke der Fußvölker bedecken, aushalten, auf der andern wird er von der hinter der Anhöhe stehenden Mannschaft angegriffen werden: die leichten Truppen werden vom Hügel herunter kommen, und die im Hinterhalt stehenden Hussaren werden sich hinter dem Wäldchen herum ziehen, und ihm in den Rücken fallen. Solchergestalt wird er in eine Falle gera-

gerathen, wo er unfehlbar geschlagen, und in die
Pfanne gehauen werden muß. Hoffentlich wird niemand leugnen, daß diese Anordnung vortheilhafter sey,
als wenn die Linie sich zwischen den beyden Gehölzen,
ausdehnete, und die Schwadronen mit Bataillonen
durchspickt wären.

Wenn man durch ein unzusammenhängendes und
bedecktes Erdreich auf den Feind anmarschiert, so thut
man am besten, wenn man das Fußvolk in die erste
Linie stellt, und die Reuterey nachfolgen läßt. In
dieser Ordnung zog der Prinz Eugen über den Damm
des Zero, um die französische Armee bey Luzara anzugreifen. Indessen muß man sich nicht blindlings an
diese Regel binden, weil die Beschaffenheit des Erdreichs die Natur des Treffens bestimmet, und es dißfalls nur einen unveränderlichen Grundsatz gibt, daß
man nämlich jede Art Truppen an denjenigen Ort
stellen muß, wo sie am vortheilhaftesten agieren kann.
Wenn das Land mit Hecken und Graben durchschnitten, und mit Hügeln und kleinen Ebenen angefüllt ist, so muß die Reuterey, welche frey stehet, im
Rücken und auf den Flanken unstreitig durch Fußvölker
unterstützt seyn. Wird alsdann die Cavallerie zurückgetrieben, so kann sie sich hinter der Infanterie wieder
sammlen, und da der Feind vermuthlich gleiche Stellung haben wird, so können, im Fall seine Reuterey
den Kürzern ziehet, die Fußvölker vorrücken, um die
seinigen anzugreifen. Man kann hierüber den Plan
nachsehen, welchen der Ritter Folard über das militarische Augenmerk (Coup d'œil) und die Kunst dasselbe

*Feuquieres.
T. 3.
S. 216.*

in

in methodische Grundsätze zu bringen, geliefert hat.
Ich führe ihn mit Vergnügen bey dieser Gelegenheit
an, wo er mir die Mühe erspart, diese Materie zu
behandeln, welche er ausführlich genug, und zugleich
auf die lehrreichste Art vorgetragen hat. Hier aber
setze ich einen andern Fall voraus, indem ich ein ebenes
und kahles Feld annehme, worinnen die Vermischung
der Bataillonen und Schwadronen mir sehr unschick-
lich vorkömmt, und ich bin überzeugt, daß wer bey
solchen Umständen diese Stellart gebraucht, allezeit übel
damit fahren wird.

Die Alten, welche unsere Meister in der Kriegskunst seyn müssen, liefern uns kein einziges Beyspiel,
wodurch sich diese abentheuerliche Stellordnung recht-
fertigen ließe; man findet nur daß sie ihre Reuterey
mit leichten Fußvölkern vermengten, ein Grundsatz,
dem die besten unter den neuern Feldherren gefolgt
sind, und wogegen ich nichts einzuwenden habe. Solche
kleine Haufen wohlgeübter Fußknechte können wichtige
Dienste leisten; dennoch glaube ich, daß es noch besser
wäre, die Dragoner oder andere leichte Reuter zu solchem Ende abzurichten. Dieser Gebrauch ist fast allgemein üblich gewesen: Die Griechen hatten reitende
Bogenschützen, welche das Gefechte anfiengen, sich hierauf durch die Zwischenräume der Schwadronen zurückzogen, und immerwährende Bewegungen machten, um
dem Feind in den Rücken oder in die Flanken zu fallen.
Die Franzosen hatten vor Zeiten ihre berittenen Büchsenschützen und Carabiner, welche nach Art der heutigen

Dra-

Dragoner fochten. (†) Man stellte sie vor die Linie der Reuterey; wo sie gliederweise feuerten, und sich hernach hinter dieselbe zurück zogen. Der Prinz Moritz von Nassau bediente sich eben solcher Truppen; um den

---

(†) Von den verschiedenen Gattungen der ehmaligen deutschen Reuterey, gibt uns Wilhelm Dilich der zu Anfang des 17ten Jahrhunderts lebte, in seinem Kriegsbuche folgende Nachricht: K. 43. S. 81.

„Die Reuter waren vormals dreyerley Gattungen: näm-
„lich Küraſſer, Lanzierer und Arkebuſierer, ſo anſtatt der
„Carabiner, wie ſie vor wenig Jahren genannt worden,
„aufkommen. Die Dragoner belangend, gehören ſelbe ei-
„gentlich nicht zu den Reutern, ſondern dem Fußvolke.
„Die Küraſſer haben gute ſtarke Hengſte, wehrhafte lederne
„Zeuge und Sättel, gute ganze Küraſſe und Helme, und
„ſind noch vor weniger Zeit alle bis unter die Knie bewehrt
„geweſen, auch mit ſteifen Küraßſchwerdtern und zwey guten
„Piſtolen verſehen, ſodann an der Halfter mit einer Pulver-
„flaſche und einem Spanner. Eben alſo ſind auch die Lan-
„zierer bewaffnet worden, nur daß ſie ein oder zwey Röhre
„neben der Lanzen geführt, und etwann anſtatt der Mäntel,
„mit Wappenröcken verſehen geweſen. Die Arkebuſierer aber
„reiten leichte, doch auf ziemlich ſtarken Pferden, ſind be-
„waffnet mit einem ſchußfreyen Rück- und Bruſtharniſch,
„einem Kragen, ſpitzige Sturmhauben, und etwann auch
„wie vorweilen einer ſcharfſchneidenden Cordelaſſe, und
„breiten Dolch, ein oder zwey kurze Röhren oder Piſtolen,
„und einem langen Rohr, Arkebuſe genannt, einem Ban-
„delier, um den Gürtel daran zu hängen; am Gürtel ein
„Gehäng, die Pulverflaſche und den Spanner daran feſt
„zu machen. In demſelben Säcklein haben ſie Kugeln und
„Patronen; ſie führen zuweilen Röcke mit Ermeln, ſo ſie
„anziehen können. So ſind die Befehlshaber den Reutern
„in den Waffen gleich; u. ſ. w.

den feindlichen Haufen, sie mochten nun aus Reuterey oder Fußvölkern bestehen, in die Flanken zu fallen. In der Schlachtordnung, worinnen der Herr von Montecuculi bey St. Gotthard gegen die Türken anzog, zeigten sich hinter den Küraßierschwadronen kleine Schaaren leichter Cavallerie, welche den Auftrag hatten, dem Feinde nachzuhauen, wenn er die Flucht ergreifen würde, und durch die Zwischenräume der schweren Reuterey zurück zu weichen, im Fall sie selbsten verfolgt werden sollten. Diese Anordnung war um desto zuträglicher, da die Türken öfters gewohnt sind, sich flüchtig anzustellen, um ihren Feind in einen Hinterhalt zu locken, oder um ihn zu vermögen, beym Nachsetzen seine Schlachtordnung zu zerreißen. Ein anderer wesentlicher Vortheil, den man aus dieser Stellart ziehen könnte, ist dieser, daß wenn die erste Linie der feindlichen Cavallerie geschlagen wäre, die Dragoner ihr nachhauen und indessen die Reuterschwadronen sich zum Angriffe der zwoten Linie wieder aufstellen könnten, anstatt, daß man sonst einen Theil dieser letztern dem Feinde nachschickt, und dadurch seine eigene Stärke vermindert; die Infanteriepelotons würden in diesem Falle keine so gute Dienste leisten. (a)

J. J. Wallhausen.

Der

(a) Nach meinem Stellungsplane müssen die Dragoner sich mit den schweren Reutern eben so wie die leichtbewaffneten Fußknechte mit der schweren Infanterie sich bewegen. Um aber von beyden einen wahren Nutzen zu ziehen, so muß man sie gemeinschaftlich, das ist, die Dragoner mit den Küraßiers, die leichte Infanterie mit der schweren in den Waffen üben. Diese letztere muß auch überdas mit beyden Gattungen der Reuterey zu manöuvrieren abgerichtet seyn.

Der Marschall von Sachsen verwirft die Vermischung der Bataillonen mit den Schwadronen ganz und gar, und selbst die Einstechtung der Infanteriepelotons mißbilligt er, welche doch die einzige ist, die noch angeht, wofern man nur leichte und zu dieser Streitart abgerichtete Soldaten nach dem Beyspiel der Alten dazu gebrauchet. Die Vertheidiger jeder andern Vermischung werden weder bey den Griechen, noch bey den Römern nichts antreffen, das ihre Meynung begünstigen könnte. Ist es bisweilen geschehen, daß sie mit Völkern zu thun hatten, die auf diese Art gestellt waren, so hat solches blos dazu gedienet, den erstern ihren Sieg zu erleichtern. (a) Marcellus, den man das Schwerdt der Römer zu nennen pflegte, belagerte die Stadt Acerra in der Lombardey, als er vernahm, daß die Gäsaten die Alpen überstiegen, und sich mit den Insubrianern vereinigt hätten, um die Vestung zu entsetzen. Zu gleicher Zeit erfuhr er, daß ihr König Wiridomarus sich mit zehntausend Gäsaten von dem Hauptheere abgesondert habe, um das platte Land zu verwüsten. Der römische Feldherr nahm alsbald zwey Drittel von

I. Theil.　　　　　　D　　　　　　　seine

―――――――――――――――――――

(a) Ich denke nicht, daß man sich auf das Beyspiel der asiatischen Barbaren berufen werde, die sich in grossen Haufen von Infanterie und Reuterey zur Schlacht stellten, wie es Crösus bey Thymbra und Darius bey Arbela gethan haben. Diese wunderliche Stellart war blos eine Folge ihrer Unwissenheit, und ist nirgends als bey Völkern gesehen worden, welche zahlreiche Armeen ohne Kriegszucht hatten. Da sie sich nationenweis zu ordnen pflegten, so wichen die Infanterie und die Reuterey nicht voneinander. Gleichwol wurden von dieser letztern immer einige Kernhaufen auf die Flügel gestellt.

seiner Reuterey und sechshundert leichte Fußvölker zu sich, ließ seinen Amtsgehülfen vor der Stadt zurückbleiben, und eilte die Gallier aufzusuchen. Er erreichte sie bey Clastidium, einem kleinen Flecken an dem Tessinoflusse, und fand ihre Reuterey mit der Infanterie vermenget. Die Stellung, so er annahm, war eben nicht die sinnreichste, denn er dehnte seine Cavallerie so weit aus als er konnte, um dem Feind eine gleiche Spitze zu bieten, so daß seine Linie dünne und äusserst schwach seyn muste. Dem ohngeachtet ließ er die Gallier angreifen und schlug sie aufs Haupt, ob sie ihm gleich um mehr als zween Drittheile überlegen waren.

Plut. Leb. des Marcel.

Crassus gerieth zwar bey seinem Feldzuge wider die Parther auf den Einfall in seiner viereckigten Schlachtordnung die Reuterturmen mit den Cohorten zu vermengen; allein er befand sich sehr übel dabey, und es war auch kein Wunder. Man kann also sicher behaupten, daß in dem flachen Felde eine Schlachtordnung, deren erste Linie mit beyderley Truppen untermengt ist, unmöglich gut seyn kann, sie mag es nun mit lauter Cavallerie oder allein mit Infanterie zu thun haben. Mit der zwoten Linie hat es eine andere Bewandniß; der Marschall von Puysegur billigt es, daß man einige Schwadronen dazwischen flechte, und der König in Preußen vermischt sie bisweilen mit Dragonern." Diese Vorsicht befördert die Niederlage der feindlichen Bataillonen, wenn sie einmal zum Weichen gebracht sind; sie erleichtert auch die Vereinigung der Corps des ersten Treffens, welche zurückgetrieben und auseinander gesprengt worden. Geschieht dieses letztere,

Kriegsk. unter. S. 158.

so

so ist der siegende Theil gemeiniglich auch in Unordnung. Wenn nun das Fußvolk der zwoten Linie dreyhundert Schritte hinter der ersten stehet, so ist es zu weit entfernt, um diesen günstigen Augenblick zu benutzen, und der Feind hat volle Zeit sich wieder zu sammlen oder die Corps seines zwoten Treffens vorrücken zu lassen. Bey dieser Gelegenheit sind also die Reuter und Dragoner vortreflich zu gebrauchen. Es ist allemal ein unstreitiger Vortheil, die beyderley Truppen so zu stellen, daß sie einander an die Hand gehen können; allein es kömmt dabey auf eine gewisse Art an, diese Einrichtung zu treffen, und man muß zuvorderst das Wesen und die Eigenschaften einer jeden Gattung erwägen. Der Herr von Santa-Cruz mischt in seine erste Linie eine Anzahl sogenannter verstärkter Bataillonen von sechzehn Mann in der Tiefe, hinter welche er Pelotons von fünfzig Dragonern oder Reutern stellet. Er besetzt auch den Zwischenraum seiner beyden Linien in gewissen Entfernungen mit Schwadronen und Bataillonen, und diese letztern sind wieder auf beyden Seiten von einer halben Schwadrone beschützet; allein diese zahlreiche Zwischenlinie setzt weit mehr Truppen voraus, als man gemeiniglich dazu gebrauchen kann. Ueberdieses wird zu den nöthigen Bewegungen ein Abstand von wenigstens dreyhundert Schritten zwischen den beyden Linien erfordert. (a) Rückt man aber die zwote näher, so hat man diese Menge von Zwischenhaufen nicht mehr vonnöthen, welche unfehlbar eine Verwirrung

---

(a) Alle diese Bewegungen werden in der Erklärung der am Ende des Werks befindlichen drey Schlachtplane bemerkt, wovon aber keine Kupfer geliefert worden.

rung anrichten würden. Der Erfolg eines Treffens beruhet gemeiniglich auf der ersten Linie; deßwegen muß sie gedrungen seyn, und nur kleine Zwischenräume haben. (a) Die Corps des zweyten Treffens müssen sich so nahe befinden, daß sie diejenigen, welche aus dem ersten zurückgewichen sind, ersetzen können, und da dieses nicht auf einmal bey der ganzen Fronte vorgeht, so darf es auch nicht so stark an Infanterie seyn. Man kann auch hin und wieder Dragonerschwadronen darunter vertheilen. Diese Stellart, wozu noch eine gute Reserve gehört, ist natürlicher, einfacher und unstreitig besser, als jene bunte Reihe von Cavallerie und Fußvolk, woraus das Lehrgebäude des spanischen Feldherrn bestehet.

Die Römer, welche ich allezeit mit Vergnügen anführe, geriethen nie auf den Gedanken, Reuterturmen zwischen ihre Linien zu stellen, oder auch nur in ihr zweytes oder drittes Treffen welche zu ordnen. Dieses geschah: 1. Weil sie wenig Cavallerie hatten; 2. Weil die Linien ganz nahe beysammenstunden, und sie sich genugsam auf die Stärke ihrer Infanterie verlassen konnten. Sie hatten überdieses leichte Fußknechte, welche neben ihr fochten, und dem Feinde nachsetzten, wenn er auseinander gesprengt wurde. Wollte man meine

---

(a) So klein auch diese Oeffnungen seyn mögen, so sind sie dennoch bey der Reuterey, sowol als bey der Infanterie nothwendig: eine durchgängig volle Linie kann anders nicht als langsam marschieren, und ist nichts destoweniger leicht getrennet; denn wann ein Corps auf eine Seite zudringt, so werfen sich die andern ebenfalls dahin, und finden alsdann keinen Platz mehr, sich wieder zurechte zu stellen.

meine Cohorten auf die vorgeschlagene Art gebrauchen, so würden die leichten Fußknechte, welche ich ihnen beygeselle, die Reuterpepelotons bald in Vergessenheit bringen, und noch weit nützlichere Dienste leisten.

Die unter die Schwadronen gemischte Infanteriehaufen können allemal nichts schaden, wenn sie auch keinen Vortheil schaffen; aber gleiche Bewandniß hat es nicht mit den Reuterpelotons, wenn sie mit der Infanterie auf der Linie vermischt, oder hinter die Bataillonen gestellt werden; sie werden den Verheerungen des Musketenfeuers ausgesetzt, und können viel Unordnung anrichten. Da sie weiter zu nichts dienen, als auf die getrennten feindlichen Bataillonen zu fallen, so werden sie, ehe dieses geschicht, zur Hälfte zerstört seyn, wenn das Treffen nur halbwege hitzig ist.

Dritter Abschnitt.
Von dem Hinterhalte.

Wenn man sich den Sieg durch seine Macht nicht versprechen kann, so sucht man ihren Mangel durch List und Geschicklichkeit zu ergänzen. Man macht sich irgend einen Ort zu Nutze, wo sich ein Corps Truppen verstecken läßt, mit welchen man dem Feinde während des Treffens in den Rücken zu fallen trachtet. Kein Feldherr ist erfindsamer und glücklicher in Kriegsränken gewesen, als Hannibal. Er schlug den Sempronius bey der Trebia vermittelst eines Hinterhalts, in welchen er ihn lockte. Er bestund aus tausend Reutern,

und

und eben so viel Fußknechten, welche in Hohlwege und Gebüsche nächst diesem Flusse gestellt wurden, der die beyden Heere vonemander trennete. Die Numidier näherten sich den Römern um sie zum Treffen zu locken; der allzuhitzige und unbedachtsame Consul setzte ihnen bis über den Fluß nach, und wollte den Hannibal angreifen, der ihn schlachtfertig erwartete. Es war mitten im Winter, und die Römer, welche ihr Lager ungegessen und ohne zu füttern verlassen hatten, konnten vor Mattigkeit und Erstarrung kaum ihre Waffen gebrauchen. Ihre Reuterey wurde sogleich durch die Numidier in Unordnung gebracht, und hierauf durch die weit zahlreichere Cavallerie, sowol als durch das leichte Fußvolk der Karthaginenser umringet. Der Consul wollte sich zurückziehen, als die Truppen des Hinterhalts plötzlich hervorbrachen, und ihm in den Rücken fielen, so daß er überall umzingelt, seine Reuterey zernichtet, und seine Infanterie genöthigt wurde, in rumder Schlachtordnung zu fechten. Es entrann bloß ein Haufen von zehn tausend Mann, der sich durchschlug und nach Placenz flüchtete.

Livius Dec. 3. B. 1.

Minutius, der das Commando der römischen Armee mit dem Fabius theilte, ließ bey Gerunium sich in eine fast ähnliche Falle locken. Hannibal hatte vor seinem Lager eine Anhöhe, die er nur schwach zu vertheidigen schien. Minutius, der eben so viel Eigendünkel und Vermessenheit, als sein Amtsgehülfe Vorsicht und Klugheit besaß, wollte sich derselben mit dem unter seinen Befehlen stehenden Theile des Heeres bemächtigen. Er trotzte dem Hannibal, den er zu schwach glaubte, um sich zu widersetzen, als er zu gleicher Zeit von vor-

Ebd. C. 2.

den

nen, und von hinten durch eine Menge Truppen angefallen wurde, welche in Hohlwegen und Graben versteckt waren. Das ganze römische Kriegsheer wäre zu Grunde gegangen, wenn Fabius ihm hätte folgen wollen; da er aber voraussah, was begegnen konnte, so hatte er sich blos marschfertig gehalten; er kam ihm noch zu rechter Zeit zu Hülfe, und befreyete ihn aus dieser Schlinge. Minutius war so vernünftig, daß er seinen Fehler, und seine Unfähigkeit bekannte: er übergab das Commando dem Fabius, und begnügte sich mit dem Titel eines Feldherrn der Reuterey. (a)

Ein andermal überfiel Hannibal die Bürgermeister Crispinus und C. Marcellus. Ob er gleich zuerst in der Gegend ankam, so hatte er dennoch einen waldichten Hügel unbesetzt gelassen, der zwischen beyden

O 4 Armeen

(a) Man sieht noch täglich Minutios. Allein wie wenige gibt es, die auf eine so großmüthige Art ihr Unvermögen eingestehen! Dieser Triumph der Eigenliebe über sich selbst ist zu heldenmäßig. Man verhehlet sich lieber seine Unwissenheit, und bemäntelt seinen Fehler, indem man ihn den Truppen oder einem Unschuldigen zuschiebt, den man aufopfert. So handelte jener so sehr gelobte Regulus, der unüberlegter Weise die Schlacht bey Tunis lieferte, worinnen er gefangen wurde. Da er von Karthago nach Rom geschickt ward, um an der Auswechslung der Gefangenen zu arbeiten, so rieth er aus Eitelkeit dem Senat davon ab, und wollte sich lieber der Rache der Karthaginenser blos stellen. Ein Feldherr, der wie Minutius nach einem begangenen Fehler das Commando freywillig niederlegt, verdient eben so schöne Belohnungen, als der so eine Schlacht gewinnet, weil er dem Staate einen würklichen Dienst leistet, indem er sich die Gelegenheit benimmt, in ein zweytes Vergehen zu fallen.

Armeen lag. Da er aber diesen Ort zur Aufstellung eines Hinterhalts dienlich fand, so sandte er des Nachts Numidier dahin ab, welche sich des Tages über in dem Gehölze und in einigen benachbarten Gruben verborgen hielten. Die römischen Feldherren, welche den Ort besichtigen wollten, liessen sich von mehr nicht als zwey hundert und zwanzig Reutern begleiten. Da sie sich der Anhöhe näherten, wurden sie von den Numidiern angefallen, mittlerweile daß andere Truppen ihnen den Rückweg verrannten. Marcellus wurde getödtet, (a) Crispinus gefährlich verwundet, und konnte mit genauer Noth in sein Lager zurückfliehen. Oft legte auch Hannibal seine Fallstricke im flachen Felde, wo es doch immer gewisse Plätze gibt, da man sich verbergen kann. Hierdurch wurden seine Ränke um desto gefährlicher, weil man sich nichts Böses versah. Er erforschte mit aller Sorgfalt die Gemüthsart und die Fähigkeiten der Heerführer, mit welchen er es zu thun hatte; fand er, daß sie eitel, hitzig und leicht zu reitzen waren, wie Sempronius und Flaminius, (b) so lockte er sie früh oder spät in eine Schlinge.

Oft

(a) Marcellus war sonst ein guter General, welcher Syrakus erobert, und den Hannibal bey verschiedenen Gelegenheiten geschlagen hatte. Man hieß ihn das Schwerdt der Römer, wie Fabius der Schild derselben genannt wurde. Er kam bey diesem Hinterhalt schändlicher Weise ums Leben. Sein Beyspiel kann zur Lehre dienen, daß man niemals die Behutsamkeit außer Acht setzen muß.

(b) Dieser wagte sich unbedachtsamer Weise zwischen den Trasimenus und die Gebürge, wo er überfallen, und das römische Heer aufs Haupt geschlagen wurde.

Oft ist es geschehen, daß man in der Nacht oder am Tage vor einer Schlacht ein Corps abgeschickt hat, welches dem Feinde während dem Treffen in den Rücken fallen sollte. Dieses Mittel hat öfter fehlgeschlagen als es gelungen ist; und zwar aus folgender Ursache: Man muß den Marsch dieser Truppen so genau abmessen, daß sie zu eben der Zeit anlangen, wenn das Treffen angefangen ist. Die Unbequemlichkeit der Wege; unvermuthete Hindernisse, ein Gewitter, daß die Gewässer aufschwellet, und reissend macht, kann dieses Corps gar aufhalten, oder doch seine Ankunft verspätigen. Seine Wegweiser können es irreführen. Der Feind kann auch Nachricht davon bekommen, und ihm auflauren. Fünfhundert Mann, die bey solchen Umständen zweytausend angreifen, werden sie unfehlbar schlagen. Denn wenn der, welcher zu überfallen gedenkt, selbst überfallen wird, so muß er allemal aus seiner Fassung kommen. Ueberdieses kan der feindliche General, wenn er nur das geringste vermuthet, sich durch die Verstärkung seiner Reserven sicherstellen.

Ich würde dergleichen Unternehmungen nur in solchen Fällen wagen, wenn die Truppen keinen großen Umweg zu machen haben. Sie müssen des Nachts abgehen, und sich des Tags auf ihrem Posten finden, wo sie in einem Walde, hinter einem Hügel, oder in hohlen Wegen verborgen bleiben, und alsbald losbrechen müssen, wenn sie hören, daß das Treffen anhebt: man muß auch alle gewöhnliche Behutsamkeit anwenden, um zu verhüten, daß der Feind nicht davon benachrichtigt werde. So wurden die Franken in Italien durch den Marsch geschlagen, der ihnen mit einem

Milice Franç. T. I. Corps p. 318.

Corps Reuterey unter der Begünstigung, eines Waldes in den Rücken fiel. In dem unglücklichen Treffen bey Maupertuis, hatte der Prinz von Wallis sechs hundert englische Reuter hinter einen Hügel gestellt, welche plötzlich die Flanke des französischen Heeres anfielen, und dasselbe vollends zerstreuten. (a)

<small>Hist. Mil. de Louis XIV. T. 6. p. 444</small>

Während der Schlacht bey Villa-Viciosa, erschien ein spanisches Reutercorps von zwölfhundert Mann, und fiel dem feindlichen rechten Flügel in den Rücken, welcher auseinander gesprengt wurde. Dieses Corps war eigentlich nicht hierzu bestimmt, sondern drey Tage zuvor ausgeschickt worden, um ein österreichisches Reuterregiment aufzuheben, welches laut eingezogenen Nachrichten sich von der Armee getrennt hatte. Da aber der General Stahrenberg, der sich nach Castilien zog, während dieser Zeit zurück gekommen war, um die eingeschlossene Besatzung von Brihuega zu befreyen, so sah der Herzog von Vendome sich genöthigt, eine Schlacht zu liefern. Diese von dem Marschall von Bracamonte angeführten Reuter waren noch nicht wieder zu ihm gestoßen. Ihr Standort schien ihm zu dieser Unternehmung sehr dienlich zu seyn, und er säumte sich nicht sie ihm aufzutragen. Marius bediente sich einer ähnlichen List gegen die Deutschen. Es befanden sich hinter ihnen verschiedene Gruben und Höhlen, welche mit Hecken und

<small>Plutarch.</small>

(a) Der Kayser Leo nennet die bey solchen Gelegenheiten gebrauchten Völker, Insidiatores, das ist Ueberlister. Unter diesem Namen muß man auch die verkappten Partygänger und andere ausgeschickte Haufen begreifen, welche sich verkleidet in die feindliche Linie einschleichen, um sie in Unordnung zu bringen, oder den General gefangen zu nehmen.

und Gebüschen bedeckt waren. In diese verbarg er dreytausend Mann, die sie im Rücken anfielen, mittlerweile daß er ihnen von vorneher zusetzte, welches ihm einen vollkommenen Sieg zuwege brachte. Marius hatte dieses Corps die Nacht vorher abgeschickt. Es war ein Glück für ihn, daß er mit ungeübten Barbaren zu thun hatte, welche ihm eine solche List nicht zutrauten. Hätten sie etwas davon geargwohnet, so würden sie diesen Hinterhalt gar leicht zu Grunde gerichtet haben.

Wir können dergleichen entfernten und verbindungslosen Anfällen weit leichter einen guten Ausschlag versichern als die Alten, weil der Donner des groben und kleinen Geschützes den Truppen des Hinterhalts zur Losung dienet. Indessen ist allemal eine große Unbequemlichkeit dabey, wenn man genöthigt ist, einen allzuweiten Umweg zu nehmen. Selten empfängt man von solchen getrennten Haufen die gehoffte Hülfe. Der Ritter von Belleisle erfuhr dieses bey Sietta, wo das Corps, welches den Piemontesern in den Rücken kommen sollte, sich des Nachts verirrte.

In dem Kriegsunterrichte des Königs von Preußen findet man zwar ein abgesondertes Corps, welches sich in einen Wald wirft, und Hussaren, die sich dahinter wegziehen, um einen feindlichen Flügel einzuschließen. Allein hier findet sich eine Gemeinschaft in den Bewegungen, weil diese Truppen bestimmt sind, den Angriff seiner schiefen Schlachtordnung zu unterstützen, auf deren rechten Flanke sie wieder zusammenstoßen; denn dieser Prinz hält übrigens nichts von den großen Haufen die sich von der Armee entfernen, um dem Feind in den Rücken zu kommen.

Kriegsunter. Art. 10.

Sechs-

Sechstes Hauptstück.

Von den postierten Armeen, den verschanzten Lagern, und den Linien.

Erster Abschnitt.
Von den postierten Armeen.

Ob man es gleich niemals versäumen muß, einen guten Posten zu nehmen, so sind doch diejenigen in einem großen Irrthum, welche glauben, daß eine wohlgestützte und wohlverschanzte Armee, die von der sie angegriffen wird, allezeit zurückschlagen müsse. Außer der Hitze die den Soldaten belebt, und das Zutrauen, das er fasset, wenn man ihn dem Feind entgegen führt, so hat der angreifende Theil noch dieses für sich, daß er volle Zeit hat, seine Anstalten nach eigenem Gutdünken zu machen, und das Gefechte in einem selbst beliebigen Augenblicke anzufangen. Tausend Beyspiele beweisen, daß man sich auf keinen Posten verlassen darf, wenn es nicht klar am Tage liegt, daß er ohne Verwegenheit nicht angegriffen werden kann. Daher wählt man die von Natur und durch die Kunst bevestigten Lager nicht sowol, um sich dieselbst in eine Schlacht einzulassen, als um dieselbe zu vermeiden. Sie gehören

zum

zum Vertheidigungskriege, dessen Absicht ist den Feind aufzuhalten und ihn zu entkräften ohne sich dem zweifelhaften Schicksal eines Treffens auszusetzen. Indessen sind auch diejenigen, so am furchtbarsten schienen, schon mehr als einmal überwältigt worden; ich will hierüber einige von den bekanntesten Beyspielen anführen, wenn ich von denen zum Vertheidigungstreffen postirten Armeen geredet habe.

Wenn man alle bey solchen Umständen gelieferte Schlachten untersuchet, so wird man finden, daß sie mehrentheils verlohren worden, weil die Befehlshaber ein allzugroßes Vertrauen in ihre Stellung setzten, und weil der angreifende Theil, sich einen oder den andern wahrgenommenen Fehler zu Nutze machte.

Der Prinz von Oranien wurde zu Neerwinden geschlagen, weil er bey seiner genommenen Stellung zwischen dem Flusse Gette und dem Bache Landen, welche unweit Loo zusammenstoßen, nicht Erdreich genug hatte, um agieren zu können. Die gesammte Reuterey seines linken Flügels war genöthigt, sich umzubiegen, und mit seiner Infanterie einen Winkel zu machen. Indessen hatte er doch zwey Dörfer, das eine auf der Rechten, das andre in der Mitte vor sich liegen, und der Zwischenraum war mit einer Verschanzung bedeckt. *Mem. de Feuquieres.*

Der Herzog von Savoyen wurde zu Staffarta geschlagen, obgleich seine beyden Flügel sich an einen Bach und an Moräste lehnten, ja sogar durch dieselben bedeckt waren, und er überdieses eine Menge von Landhäusern vor sich liegen hatte: allein er ließ seine Linie zu weit von diesen Landhäusern stehen, welche eingenom-

Einleitung

nommen wurden. Er war auch nicht darauf bedacht gewesen, seinen rechten Flügel bis an einen gewissen Damm des Poßußes auszudehnen. Die königliche Infanterie, welche über den Morast setzte, vertrieb durch ihr Feuer die feindliche Reuterey, und verschaffte der französischen Gelegenheit, das nämliche Erdreich einzunehmen.

Die Armee Ludwigs des XIVten, welche bey Malplaquet zwischen den Wäldern von Sars und Blangis Posten gefaßt und sich mit Verhacken und Verschanzungen bedeckt hatte, mußte unfehlbar geschlagen werden; weil ihre gesammte Cavallerie oder doch wenigstens der größte Theil derselben ihr völlig unnütze war, weil der Feind die Flanken ihrer Verschanzungen überflügelte, und weil seine Infanterie in verschiedenen Treffen diese Verschanzungen angriff, die durch eine einzige Linie der französischen Fußvölker vertheidigt wurde. Der Marschall von Villars hatte des Tags zuvor seine mißliche Stellung bemerket, aber nicht mehr Zeit gefunden sie abzuändern: wäre er nicht verwundet worden, so hätte er doch vielleicht noch ein Mittel treffen können. Dem sey wie ihm wolle, so haben seine nachherigen Siege diesen Fehler rühmlich verbessert.

In der Schlacht bey Leipzig hatte der kayserliche General Tilly sich unten an eine Kette von Hügeln postirt, welche von dem Pleißflusse bis an den Lindenthaler Wald gleichsam eine lange Schutzwehr ausmachten. Er nahm auf einer einzigen Linie diesen ganzen Raum ein; und auf den Gipfel des Hügels hatte er sein grobes Geschütz gepflanzet. Diese Stellung hielt er für so gut, daß er um sie nicht zu verlassen, die Gelegengenheit entwischen ließ, den König in Schweden bey einem engen Passe aufzuhalten, wo er ihn hätte schlagen, oder ihm wenigstens den Durchgang verwehren können. Obgleich die Sachsen welche den linken Flügel des schwedischen Heeres ausmachten, gleich anfangs zurückwichen, so ward er dennoch aufs Haupt geschlagen. Der erste Vortheil der Kayserlichen wurde durch die Truppen vereitelt, welche aus dem zweyten Treffen und dem Rückhalt der Schweden hervorrückten. Die allzuhochstehende Artillerie des deutschen Feldherrn that schlechte Würkung, und wurde gar bald völlig unbrauchbar. Seine Reuterey konnte die Schwedischen nicht zum weichen bringen, deren Schwadronen mit kleinen Musketierhaufen vermischt waren, welche sie niederschossen und in Verwirrung brachten.(a) Der linke Flügel ward über den Haufen geworfen, die Schweden erstiegen die dortigen Anhöhen, bemächtigten sich der Stücke und richteten sie auf die feindliche Infanterie, die sich in vier grosse viereckigte Bataillonen gestellet hatte, welche insgesammt angegriffen und in die Pfanne gehauen wurden. Die ausserordentliche Tapferkeit der kayserlichen Truppen, besonders der Fußvölker, die mit einer unglaublichen Erbitterung fochten, konnte sie doch nicht von einer gänzlichen Niederlage retten; so mächtig ist der Einfluß der Vorkehrungen eines Feldherrn auf das Glück der Waffen.

Die

(a) Die schwedischen Schwadronen waren kleiner und ihre Pferde schwächer, als bey den deutschen Kürassiers; diesem Mangel half Gustav durch seine Fußvolkotens ab, welche auf dreyßig Mann in der Fronte und sechs in der Tiefe stunden.

Hiſt. Die Spanier wurden 1658 in dem Treffen bey
Mil. de den Dünen geſchlagen, weil ſie ſich auf ein allzuenges
Louis Erdreich zwiſchen den Canal von Furne und das Meer
XIV. geſtellt hatten. Auf der Linken waren ſie durch Waſ-
T. 1. ſergänge zuſammengedrängt, und anſtatt ſich bis an
das Meer auszudehnen, hatten ſie ihre Rechte an einen
hohen Sandhügel gelehnt, und denſelben mit Infanterie beſetzt, ſo daß von dieſen bis an das Ufer des
Meeres noch ein großer Zwiſchenraum vorhanden war.
Ein Theil ihrer Reuterey, die ſie nicht bis zur Linken
hatten ausdehnen können, ſtund auf verſchiedenen Linien; der Reſt hatte ſeinen Platz hinter den Fußvölkern. Ihr Schlachtfeld war ſehr übel gewählt, und
ihre ganze Stellordnung um ſo ſchlechter, da ſie vorzüglich ſtark an Cavallerie waren, welche an Anzahl
ſogar ihr Fußvolk übertraf. Der hohe Sandhügel,
auf welchen ſie ſich beſonders verließen, wurde von
den Engelländern angegriffen und weggenommen; alsdann umringte ſie der linke Flügel des Hrn. von Turenne, der über ihren rechten und den ganzen Raum
der zwiſchen dieſem Hügel und dem Meere lag, hin-
ausreichte, auf dieſer entblößten Seite, und jagte ſie
völlig in die Flucht. Bey dieſer Gelegenheit wurden
die ſpaniſchen Heerführer, welche in der Abſicht die
Belagerung von Dünkirchen zu hintertreiben, und den
Hrn. von Turenne anzugreifen, vorgerückt waren,
ſelbſt angegriffen, und mußten das Treffen annehmen,
anſtatt, daß ſie es liefern ſollten. Dieſer Fehler und
ihre ſchlechte Stellung machte die Weiſſagung des Prinzen von Conde wahr, der einen Augenblick vor dem
Treffen zu dem Herzog von York ſagte: wenn er
noch nie eine Schlacht verlieren ſehen, ſo könnte
er

er nun bald ein Beyspiel davon erblicken. Es ist gewiß, daß der Zufall diese großen Begebenheiten so wenig entscheidet, daß ein geschickter Kriegsmann aus den Anstalten zweener Feldherren richtig voraussagen kann, auf welche Seite der Sieg sich wenden wird. Wenn man einige Schlachten ausnimmt, worinnen eine große Uebermacht, oder ein allzumerklicher Unterschied in der Tapferkeit und der Kriegszucht der Truppen das Feld erhielten, so findet man in dem Betragen der Anführer die klaren Ursachen, welche die übrigen entschieden haben. Man wird auch anmerken, daß bey allen verlohrnen Treffen die nämlichen Fehler unzähligemal wiederholt, und immer auf gleiche Art bestraft worden sind. So wahr ist es, daß Unwissenheit und Eigendünkel nicht fähig sind, sich fremde Beyspiele zu Nutze zu machen, und daß diese Art Leute den Vögeln gleichen, welche in eben die Netze fallen, worinnen tausend andere vor ihnen gefangen wurden. Das schlimmste dabey ist dieses, daß ein einziger viele tausend andere, und oft einen ganzen Staat, ins Verderben zieht.

Die im Jahr 1746 vorgefallene Schlacht bey Rocoux, ist gleichfalls ein Beyspiel einer postierten Armee, welche geschlagen worden. Das alliirte Kriegsheer war seit einiger Zeit an dem kleinen Flusse Jecker, und zwar mit der Linken gegen Lüttich, mit der Rechten nach Bilsen zu gelagert. Die französische Armee stund zu Tongern, wo ein Theil der Truppen, welche Charlerol und Namur belagerten, zu ihr gestoßen war. Der Prinz Carl, welcher den Feldzug gern geendigt, und sich über die Maas zurückgezogen hätte, näherte sich

sich in dieser Absicht der Stadt Lüttich; sein linker Flügel war auf der dasigen Heerstraße zu Saint Trou auf der Höhe der Margarethen-Vorstadt gelagert; seine Rechte erstreckte sich über das flache Feld gegen Mastricht; hinter ihm floß die Maas, über welche er seine Brücken hatte. An seiner Spitze lagen die Dörfer Liers, Varour und Rocour, in welche er seine englische, hannöverische und holländische Infanterie geworfen hatte. Ein großer Hohlweeg der bey dem Jeckerflusse anfängt, und sich quer von der rechten Seite herzog, bedeckte die Dörfer Varour und Rocour, und erstreckte sich bis an einen Theil des linken Flügels. Der Marschall von Sachsen, welcher den Feldzug durch einen schnellen Hauptstreich endigen wollte, brach von Tongern auf, und gieng ihm entgegen, so daß er den Hohlweeg zu seiner Linken und die oberwähnte Heerstraße zu seiner Rechten hatte. Vermöge der Einrichtung dieses Marsches, wandte er seine ganze Macht nach seiner Linken und zwar gegen den Mittelpunkt der Alliirten. Er begnügte sich den Hohlweeg durch einige Truppen unter der Anführung des Hrn. von Mortagne bewachen zu lassen. Seine Infanterie marschierte in verschiedenen Bataillonskolonnen; hinter ihr kam die Cavallerie und ein Rückhalt. Gleich bey seiner Ankunft ließ er die Dörfer anfallen, welche nach einem ziemlich harten Widerstand weggenommen wurden. Der Graf von Estrees, (a) dem der Angriff des rechten Flü-

---

(a) Man weiß, daß der Marschall von Sachsen sein Vertrauen nur einer kleinen Anzahl von Generalspersonen zutrauete. Die besondere Hochachtung, welche er für den damali-

Flügels aufgetragen war, dehnte sich über die Heerstraße aus, und fiel dem linken Flügel der Feinde in den Rücken. Diese verließen alle in den Dörfern befindliche Truppen samt der Artillerie, und flohen ihren Brücken zu.

Die Schlacht bey Hastenbeck gehört mit den vorigen in eine Classe. Der ganze rechte Flügel der Feinde, welchen die Weser berührte, stund hinter einem Moraste; sie hatten das Dorf Hastenbeck vor sich liegen, und ein aus demselben kommender Hohlweeg bedeckte noch einen Theil der Fronte: die Linke, welche sich an einen Wald lehnte, war durch eine Redoute von acht Kanonen beschützet. Dieser vortheilhaften Stellung ungeachtet, wurde der Herzog von Cumberland dennoch überwältigt; der Marschall von Estrees ließ durch den Hrn. von Chevert den linken Flügel von hinten umziehen. Dieser General brach durch die Wälder, und fiel in die Infanterie, so die Feinde auf ihren Flanken hatten. Zu gleicher Zeit griff man die Redoute und das Dorf an, welche erobert wurden.

Ich könnte noch eine Menge anderer Beyspiele erwähnen, allein ich würde blos ein unnützes und langweiliges Verzeichniß zusammentragen; was ich bisher angeführt habe, ist hinreichend, um die Wahrheit meines Satzes zu bestätigen.

Zwey-

maligen General-Lieutenant Grafen von Estrees hatte, war ein Vorbote des Ruhmes der ihn erwartete, wenn er einst selbst ein Heer führen würde.

Zweyter Abschnitt.
Von den verschanzten Lagern.

Bisher habe ich blos von Armeen geredet, welche sich postierten, um das Treffen anzunehmen, und sich so sehr auf ihre vortheilhafte Stellung verließen, daß sie den Feind lieber darinnen erwarten, als ihm entgegen gehen wollten. Nun komme ich auf diejenigen, welche, um eine Schlacht zu vermeiden, sich in verschanzte Lager eingeschlossen, oder solche Posten gefaßt haben, die nicht nur von Natur fest, sondern auch durch alle Mittel der Kunst unüberwindlich gemacht waren. Das erste Beyspiel von dieser Art, so mir in den Sinn kömmt, ist der Vorfall bey Freyburg. Der General Mercy, der unweit dieser Stadt auf einem Berge stund, hatte sich allda mit einer Verschanzung bedeckt, welche alle zweyhundert Schritte durch eine Redoute verstärkt war. Ueberdieses hatte er die Hindernisse durch Verhacke von Bäumen vermehret, deren halbabgehauene und auf allen Seiten hervorragende Aeste eine undurchbringliche Schutzwehr auszumachen schienen. Der große Conde, bemeisterte sich dieses Lagers, welches man nicht ohne Grund unersteiglich zu seyn glaubte. Jeder andere Feldherr, der weniger kühn gewesen wäre, als dieser Prinz, welcher nichts für schwer hielt, und den Verlust der Leute in keine Betrachtung zog, hätte sich diese Unternehmung niemals in den Sinn kommen lassen.

Leb. des Marsch. von Turenne.

Achtzigtausend Türken wurden bey Choczim in ihrem verschanzten Lager durch den König in Polen, Johann

Johann Sobiesky überwältigt, welcher keine dreyßigtausend Mann bey sich hatte. Dieses auf dem rechten Ufer des Dniesters erbaute Lager war eine Fessel, welche Mahomet IV. dem polnischen Reiche unter seinem schwachen Könige Wienowisky auflegte, den er sich sogar zinsbar gemacht hatte. Sein Nachfolger Sobiesky, einer der größten Feldherren des vorigen Jahrhunderts, zerbrach diese schmählichen Bande, und der Tribut wurde nicht mehr entrichtet. Diese Beyspiele, wovon ich eine große Zahl anführen könnte, sind Beweise der mächtigen Ueberlegenheit, welchen der angreifende Theil allemal über einen stillstehenden Feind erlanget. Diese Ueberlegenheit fließt aus zweyerley Gründen, wovon der erste in der Natur des Menschen liegt. Der welcher angreift, zeigt dadurch eine Kühnheit, die den Feind in Erstaunen und Schrecken setzt, indem er sieht, daß keine Schwierigkeit fähig ist, ihn aufzuhalten. Die zwote besteht darinnen, daß er sich alle nöthige Zeit nehmen kann, die ihm entgegengesetzten Hindernisse aus dem Wege zu räumen.

Im Jahr 1760 sah sich der General Fouquet, welcher die preußische Armee in Schlesien anführte, von dem Grafen von Laudon in die Enge getrieben; er warf sich in das verschanzte Lager bey Landshut, welches auf verschiedenen Anhöhen lag, und durch eine zahlreiche Artillerie beschützt wurde. Der österreichische General ließ ihm ein Corps Croaten in den Rücken fallen; zu gleicher Zeit griff er ihn auf seiner ganzen Fronte an, überwältigte ihn, und ließ ihm durch ein abgesondertes Corps den Rückzug nach Schweidnitz abschneiden. Er wurde mit einem großen Theil seiner

Armee gefangen, welche gänzlich verlohren ging. Hätte sich der General Fouquet im flachen Felde geschlagen, so hätte ihm nichts ärgers begegnen können. Oft ist es besser einen ganz offenen Posten zu nehmen, als sich in Verschanzungen einzuschließen, besonders wenn sie zu weitläuftig sind. Geschickte und von dem Muthe der Truppen unterstützte Anordnungen, können ein Heer oft aus den mißlichsten Umständen retten, anstatt daß man hinter einer Verschanzung sogar von dem Glücke nichts zu hoffen hat. Wenn auch der Marschall von Turenne schwächer war als die Feinde, so wollte er ihnen doch allzeit lieber entgegen gehen, als sie erwarten. Er suchte sie zu Ensisheim auf, wo sie sich verschanzt, und saß überall mit Hecken und Graben bedeckt hatten. Er griff sie zu Sinzheim an, wo sie noch vortheilhafter postiret waren; er mußte diese Stadt einnehmen, und in ihrem Angesichte durch einen engen Paß dringen.

Indessen darf man doch auch nicht behaupten, daß man sich niemals verschanzen müsse. Es gibt Fälle, wo ein General, der dem Feinde nicht gewachsen ist, und kein entscheidendes Treffen wagen will, diese Vorsicht gebrauchen muß, welche besonders in einem Vertheidigungskriege nöthig ist. Der Marschall von Villars, der im Jahr 1705 zu Sirk postieret war, schützte durch dieses Mittel die Vestung Sarlouis, der er zu Hülfe kommen konnte, wenn der Feind sie hätte belagern wollen, und zu gleicher Zeit bedeckte er die drey Bißthümer saint Lothringen. Die Stellung war sehr schön und wird immer verdienen angeführt zu werden, so wie diejenige, welche der Hr. von Turenne im

Jahr

Jahr 1644 (a) bey Dettweiler nahm, und das Lager, so der Marschall von Sachsen 1744 bey Contirai inne hatte.

Gustav Adolph stellte sich dem General Tilly unter die Augen, indem er bey Werten zwischen der Elbe und der Havel Posten faßte. Mit einer bey Nürnberg verschanzten Armee von sechszehntausend Mann, hielt er lange die zahlreiche Macht des Wallenstein und des Herzogs von Bayern auf, welche ihm hinwieder in einer ähnlichen Stellung trotzten, als dieser Prinz nach erhaltener Verstärkung sie angreifen wollte. Der Herzog von Alba bot ebenfalls einen ganzen Feldzug hindurch dem Prinzen Wilhelm von Nassau die Stirne, der ihn weder auf seinem Posten anzugreifen sich getrauete, noch ihn zum Treffen heraus locken konnte. (b)

P 4   Weil

(a) Er war an der Sorr gelagert; seine Rechte stieß auf Dettweiler, die Linke auf Hochfeld; jede seiner Flanken war durch einen Bach gedeckt, der in die Sorr fiel. Durch diese Stellung beschützte er Zabern und Hagenau, und bedeckte Lothringen samt dem untern Elsaß gegen die ganze Macht des deutschen Reichs.

(b) Als dieser Prinz 1569 in Deutschland eine Armee von zwanzigtausend Mann versammlet hatte, so gieng er über den Rhein, und hierauf zwischen Mastricht und Ruremond über die Maas. Dieses geschah im Angesicht des Herzogs von Alba, der es nicht glauben wollte, als man ihm die Nachricht davon überbrachte. Er fragte den Grafen von Barlemont, ob er glaubte, daß diese Armee aus Vögeln bestünde. Als er sich indessen von der Wahrheit versichert hatte, und die Niederlande keinem ungewissen Treffen gegen einen

Amelot de la Houssaie, geb. des p. Wil- helm.

Weil also die Verschanzungen bey gewissen Gelegenheiten unumgänglich nöthig sind, so muß man wenigstens solche Posten zu wählen trachten, welche dem Feinde die Lust benehmen, sie anzugreifen. Durch dieses Mittel hat Fabius, der Schild der Römer, die Eroberung des Hannibal aufgehalten, und seinem Vaterlande Zeit verschaft, nach so vielen empfangenen Erschütterungen seine Kräfte wieder zu sammlen. Er vermied alle Ebenen, er lagerte sich immer auf Anhöhen, um allen Anfällen auszuweichen, und den Feind durch die Langwierigkeit des Krieges auszuzehren. Dieses Verhalten mußte ihm nothwendig gegen einen Feind glücken, der den Römern an Reuterey weit überlegen war, dessen Fußvölker hingegen den ihrigen lange nicht beykamen. Wäre Hannibal auf dieser Seite der stärkste gewesen, so hätte vielleicht

einem stärkern und mit frischen Truppen versehenen Feind auszusetzen wollte, so bevestigte er alle seine Plätze, und bedackte sich durch Flüße und wohlverwahrte Posten. Der Prinz von Oranien hielt neunzehn Lagerungen, ohne zum Treffen zu kommen, so daß seine Truppen, nachdem er wider Vermuthen in keinem Platz aufgenommen werden konnte, endlich an Lebensmitteln und Selde Mangel litten. Sie empörten sich, und zwangen ihn, sie zu verabschieden. Dieser Feldzug ist einer der schönsten so jemals in dieser Art gemacht worden; er ist des Fabius seinem vollkommen ähnlich. Die Armee des Prinzen Wilhelm war gleich dem Heere des Hannibal aus verschiedenen Nationen zusammengesetzt, er konnte sie gleich ihm, anders nicht als durch Eroberungen unterhalten, und suchte daher eine Schlacht zu liefern. Der Herzog von Alba hingegen war in seinem Lande; er konnte auf seine Truppen zählen, und hatte mit dem Fabius gleiche Ursachen zu zaudern.

leicht Fabius mit aller seiner Klugheit es nicht vermeiden können, in einem seiner Standlager überwältigt zu werden. Da er aber wußte, daß die römische Feldherrnwürde unaufhörlich von einer Hand in die andere kam, oder doch getheilt war, so hoffte er immer die Römer durch irgend eine Kriegslist ins fache Feld zu locken, und wollte keinen Anfall wagen, wobey er sein Heer zu Grunde gerichtet hätte.

Diese oder ähnliche Ursachen können einen Feldherrn allein abhalten, ein verschanztes Lager zu beunruhigen. Die Geschichte meldet uns, daß der Herzog von Marlborough den Marschall von Villars bey Sirk angegriffen hätte, wenn die deutschen Befehlshaber gleicher Meinung gewesen, oder der Prinz von Baden, welchen er erwartete, zu ihm gestoßen wäre. Dieses war sein Vorhaben, und wenn er es ausgeführt hätte, so würde der Herr von Villars, welcher nicht besser postiret war, als der General Mercy bey Freyburg, allem Ansehen nach ein gleiches Schicksal gehabt haben; denn die Erfahrung lehrt uns, daß die meisten verschanzten Lager, die man angegriffen hat, auch würcklich erstiegen worden. (a) Wir finden dieses bey den Alten wie bey den Neuern.

(a) Ich weiß wol, daß in einigen Fällen der angreifende Theil den Kürzern gezogen hat; ich kann sogar ein Beyspiel aus unsern Tagen anführen, welches aber eine Unternehmung war, wobey Ehrgeiz und Verwegenheit allein die Zügel führten, ohne ein einziges Mittel zur Beförderung eines glücklichen Ausgangs anzuwenden. Ich rede von dem Angriffe der Verschanzungen bey Exiles, im Jahr 1747. Wenn man ein wenig Achtung giebt, so wird man finden, daß alle mißlungene Unternehmungen von dieser Art, mit gleicher Unvorsichtigkeit regiert worden.

Neuern. Die Schlacht bey Sclasia ist eine von den merkwürdigsten Begebenheiten dieser Art. Cleomenes war auf den Bergen Eva und Olympus postiert. Seine Reuterey hatte ein zwischen den beyden Bergen gelegenes Thal inne; ein kleiner Bach floß ganz nahe vor den Anhöhen vorbey, und bedeckte die Fronte in ihrer völligen Länge. Aller dieser Vortheile ungeachtet, hatte Antigonus den Muth ihn anzugreifen, und den Ruhm ihn zu besiegen. Der Plan dieses Treffens ist in der Auslegung des Polybs, Th. 3. S. 384. zu finden. Eben daselbst kann man auch die auf dem Libauus verschanzte Armee des Ptolomäus betrachten, welche vom Antiochus geschlagen worden; eine Begebenheit, die nicht minder denkwürdig ist.

Cäsar und seine Unterbefehlshaber liefen mehrmals Gefahr, von den Galliern in ihren Lagern überwältigt zu werden. Sie haben ihr Heil bloß der Entschlossenheit zu danken gehabt, mit welcher sie auf einmal durch alle Thore herausdrangen, wenn sie auf dem Punkte waren, bezwungen zu werden. Diese plötzlichen Ausfälle brachten die unbereiteten Feinde so sehr in Verwirrung, daß sie sogleich ihre Waffen wegwarfen, und die Flucht ergriffen.

Wenn man glaubt, wie ich immer habe sagen hören, daß bey den Römern das Lager, im Fall eines unglücklichen Ausgangs, zum Schutzorte diente, so darf man nur ihre Geschichte nachlesen, um sich von diesem Irrthum zu überzeugen. Was ich hier von den Römern sage, muß man auch von den andern Völkern verstehen, mit denen sie Krieg führten, und welche sich auf

auf gleiche Art zu verschanzen pflegten. Unmittelbar nach der Schlacht wandte der Sieger sich nach dem feindlichen Lager, um es anzugreifen und einzunehmen. Wenn sich bisweilen das Gegentheil ereignete, so geschah es bey unvollkommenem Siegen, wo der Feind nicht nachsetzte, und den Ueberwundenen Zeit ließ, sich zurückzuziehen. Sobald aber eine Armee völlig geschlagen war, und in der Nähe verfolgt wurde, so sehe ich nicht ein, wie sie ein geschlossenes Lager hätte erreichen können, in welches man durch Thore einziehen mußte. Die Flüchtigen warfen sich bey diesen Oeffnungen haufenweise übereinander, und der Feind, der ihnen auf dem Fuße nachfolgte, drang mit ihnen hinein. Dieses hat sich in solchen Fällen allemal richtig ereignet. Es war ihnen auch mehrentheils wenig daran gelegen, in ihr Lager zurückzukehren. Man findet im Livius eine Menge solcher Beyspiele, und man wird unter andern ersehen, daß Pompejus nach der Schlacht bey Pharsalus, sich nicht getraute in seinem Lager zu bleiben, welches nach der Zerstreuung seiner Völker sogleich angefallen wurde.

Es ist anzumerken, daß wenn die Römer ihre Lager ordentlicherweise zu verschanzen pflegten, dieses aus Liebe zur Kriegszucht, und ihrer Sicherheit wegen geschehen ist: sie hatten nicht wie wir die Gewohnheit entfernte Feldwachen auszustellen. Sie schickten weiter nichts als einige streifende Partheyen und kleine Cavalleriehaufen aus, um von den Bewegungen der Feinde unterrichtet zu werden. Ihre Lager nahmen wenig Platz ein, weil sie dieselben sehr enge absteckten. Aus der Beschreibung, welche Polyb uns da-

davon giebt, ersieht man, daß eine consulari-
sche Armee von vier Legionen, ein vollkommenes Viereck ausmachte, und man kann jede Seite auf mehr
nicht als dreyhundert und sechs und dreyßig Klafter
berechnen. Wenn die beyden Bürgermeister mit acht
Legionen vereinigt waren, so betrug das Viereck ihres
Lagers noch soviel in der Länge als in der Breite, und
folglich hielt die lange Seite sechshundert und zwey
und siebenzig Klafter. Wo das Erdreich es erlaubte,
wurde diese Regel auf das genaueste befolget; bey andern Gelegenheiten war man bemüht, sich ihr soviel
möglich zu nähern, und sich nach der Lage des Platzes
zu bequemen. Die Vorsichtsanstalten wurden nach
Maßgabe der Gefahr, nach der Entfernung des Feindes, und nach der Zeit, die man im Lager zubringen
wollte, eingerichtet. (a)

Oft geschah es, daß die zwey feindliche Heere sehr
nahe beysammen gelagert waren, und blos durch einen
Zwischenraum von fünf bis sechshundert Schritten
voneinander getrennet wurden; mithin schien es nöthig,
sich der Sicherheit wegen zu verschanzen. Dieser Gebrauch war auch bey den andern Völkern üblich, ob
sie gleich weniger Kunst und Mühe daran wandten.
Die Barbaren deckten sich durch eine Wagenburg, und
Veget. die Perser führten Erdsäcke mit sich, welche sie anfüll-
B. 3. ten, und eine Verschanzung daraus machten. Sie ent-
K. 3. lehnten

(a) In der Folge dieses Werks wird umständlicher davon
gehandelt werden.

lehnten diesen Gebrauch von den Römern, welche bey
dem Verfall ihrer Kriegszucht den ihrigen verließen.
Vegez lehrt uns, daß sie sich übel dabey befanden,
und daß diese Nachläßigkeit ihre Lager häufigen Angriffen aussetzte. Gewiß ist es, daß ihre Schutzanstalten
vornämlich die Ueberfälle zum Augenmerk hatten; wenn
sie sich also auf ihre Lager verließen, so geschah es nur
in sofern sie wohl verwahrt und an vortheilhaften Orten gelegen waren, weil sie sich anders nicht, als nach
eigenem Willen heraus ziehen wollten.

Dritter Abschnitt.
Von den Linien.

Die Alten sind in dem Gebrauche der Belagerungslinien (†) glücklicher gewesen als die Neuern. Wenn
man

(†) Die Linien welche die Belagerer zu ihrer Sicherheit zu machen pflegen, sind von zweyerley Art. 1. Werden Verschanzungen gegen die Vestung aufgeworfen, um sich wider die Ausfälle und andere Unternehmungen der Belagerten zu decken; diese werden Contravallationslinien genannt. 2. Wird der Rücken der Belagerer durch eine Verschanzung umgeben, wodurch sie sich und ihr Lager gegen alle von aussenher kommende feindliche Anfälle zu schützen, und die zum Entsatze der Vestung anrückende Völker abzuhalten suchen; dieses sind die Circumvallationslinien. Bende Arten von Verschanzungen sind schon in dem entferntesten Alterthum üblich gewesen. Herodot eignet die Erfindung derselben dem Harpagus, einem Feldherrn des Cyrus zu; es ist aber erweislich, daß bereits vor des Cyrus Zeiten, die
Egyptier,

man dergleichen Verſchanzungen in unſern Zeiten ange=
griffen hat, ſo ſind ſie auch allemal eingenommen wor=
den. Ihre Unvollkommenheit liegt nun ſo ſehr am Ta=
ge, daß man es einem General ganz gewiß übel aus=
legen würde, wenn er anſtatt dem Feind entgegen zu
gehen, ihn darinn erwarten wollte. Wenn man ſich
je noch darein verſchlieſſet, ſo darf es blos in der Ab=
ſicht geſchehen, ſich während der Belagerung einige
Ruhe zu verſchaffen, und den Entſatz abzuhalten, der
dem Platze zukommen könnte. Indeſſen muß man doch
einige Ausnahmen machen. Wenn die Veſtung an ei=
nem See, an dem Meere, oder an einem großen Fluße
liegt, ſo daß dieſe Lage die Ausdehnung der Linie ver=
mindert, und ſie auf einen halben Zirkel einſchränkt,
ſo iſt es gewiß, daß da die Armee alsdann näher bey=
ſammen ſtehen, und nicht vielmehr Platz als in ihrer
Schlachtordnung einnehmen wird, man weniger Ge=
fahr läuſt ſich darinnen zu vertheidigen, beſonders wenn
einige Theile des Halbkreiſes noch überdas durch einen
kleinen Fluß, durch Schlammgruben, oder durch Mo=
räſte bedeckt ſind. So war bey der Belagerung von
Philippsburg die franzöſiſche Circumvallationslinie ſehr
verkürzt, weil ſie einerſeits an den Rhein, wovon die
Belagerer Meiſter waren, und auf der andern Seite
an

Egyptier, die Juden, die Aſſyrer und Meder ſich ihrer be=
dient haben. Vielleicht muß man ihren Urſprung bey den
Egyptiern ſuchen, welche an Alterthum den übrigen Völkern
vorgeben, und es iſt wahrſcheinlich, daß die Juden dieſen
Gebrauch von ihnen gelernt haben. Die erſten Linien, deren
in den heiligen Büchern erwehnt wird, ſind ſo beſchaffen, daß
man Urſache hat zu glauben, es müſſen keine Probeſtücke ge=
weſen ſeyn.

an Moräste stieß, die sich bis an eine schlangenförmige Krümmung des Flußes erstreckten. Vorneher hatte man Graben in Gestalt eines Quincunx angebracht, welche denjenigen glichen, deren sich Cäsar, bey der Belagerung von Alesia bedient hat. Der Prinz Eugen ließ sich zwar davor sehen; er wagte es aber nicht sie anzugreifen. Die Linien, welche dieser Prinz bey der Belagerung von Belgrad inne hatte, waren eben so vortheilhaft, weil diese Stadt ganz auf dem rechten Ufer der Donau liegt. Aus gleicher Ursache sind die Prinzen Moritz und Heinrich von Nassau niemals in den ihrigen überwältigt worden, ob man sie gleich darinnen angegriffen hat, denn die meisten Vestungen in den Niederlanden, welche sie belagert haben, waren auf die oberwähnte Art gelegen. Die Linien von Arras, von Valenciennes, von Turin, die einen völligen Zirkel ausmachten, haben insgesamt das Schicksal gehabt, welches sie nothwendig treffen mußte.

Ein gründlich unterrichteter Kriegsmann, der mit Berechnungen umzugehen weiß, wird mich leicht begreifen. Da aber dieser Punkt am meisten bestritten worden, und bisher nur einige der beherztesten Feldherren den Muth gehabt haben, sich über diese Frage geradeaus zu erklären, so wird es nicht undienlich seyn die Gründe zu entwickeln, welche ihre Entscheidung veranlaßt haben.

Der Marschall von Vauban setzt den Grundsatz voraus, daß die kleinste Vestung 300. Klafter im Durchschnitte hat, und daß die Circumvallation 1500 Klafter davon abstehen muß, um den Kanonen nicht aus-

ausgesetzt zu seyn. Folglich wird der Durchmesser mit Inbegriff der Vestung, 3300 Klafter, und der Umkreis wenigstens 10000 Klafter betragen. Unsere Ingenieurs berechnen die Sache noch genauer. Die mittlere Schußweite einer Kanone, die einen Winkel von 16 bis 18 Graden macht, kann sich auf 1400 Klafter belaufen. Die Tiefe des Lagers wird auf 50 Klafter gerechnet. Der Raum von der Banierfronte bis zur Linie macht 120 Klafter aus, und der ganze Betrag des Halbmessers mit Inbegriff der 300 Klafter für den Kriegsplatz, wird 1870, der Durchschnitt 3740, und ihr Umkreis 11754 Klafter seyn, wobey sich durch eine trigonometrische Berechnung 97 Polygonalseiten, jede zu 120 Klaftern finden werden. Da aber die Linien ein Sägenwerk (Redans) haben, deren ausspringende Spitzen 25 Klafter betragen, so kommen auf jede Brustwehr 50 Klafter heraus, wovon man 30 für die Kehle abziehen muß, es bleiben also 97 mal 20 zu 11640 als der Betrag aller Polygone hinzu zu rechnen, und alsdann wird die Hauptsumme 13580 ausmachen, die wir aber wegen der Ungleichheit des Erdreichs und des Umschweifes der Linie, füglich auf 4000 Klafter bestimmen können. Herr von Vauban sagt, daß zur sichern Besetzung derselben, eine Armee von 20000 Mann erfordert wird, die wir zu 24000 annehmen wollen. Nun behaupte ich, daß diese Zahl 3 Fuß auf jeden Soldaten gerechnet, nicht hinreicht, um die Brustwehr einen einzigen Mann hoch zu besetzen, sie würden nur 12000 Klafter ausfüllen. Nimmt man sie zu 2 Gliedern an, so werden sie nur 6000 Klafter, und in dreyen nur 4000 bedecken. Allein auf diese Art läßt sich keine Linie vertheidigen. Es

werden

werden überdas Reserven erfordert, wozu wir einen
sechsten Theil, und zwar die Reuterey nehmen wollen.
Wir müssen ferner einen achten Theil für diejenigen
Truppen, welche von der Festung zurückbleiben, und
wenigstens einen zwölften Theil für die Kranken und
Verwundeten abrechnen; solchergestalt werden mehr
nicht als 2500 Klafter der Linie mittelmäßig besetzt
bleiben, welches etwas mehr als den sechsten Theil
ihres Umfanges ausmacht. Laßt uns nun annehmen,
daß die Truppen auf verschiedene Punkte des Umkreises
vertheilt sind, und der Feind einerseits zween falsche
Angriffe und gegenüber zween wahre vornimmt, so
werden ihm diese letztern gelungen seyn, ehe die dar-
zwischenliegenden Truppen, zu geschweigen denn die
andern, welche 4000 Klafter zu durchschreiten haben,
herbeyrücken können. Noch mehr, wenn er ein abgesondertes Corps auf einen wehrlosen Theil der Linie
losgehen läßt, so wird er ohne Widerstand hineindrin-
gen, diejenigen Truppen, welche sie vertheidigen, auf
den Seiten oder im Rücken angreifen, oder sich in
die Festung werfen. Alle Mittel wodurch man die
Stärke der Linien von außen zu vermehren sucht, können ihren Zugang zwar schwerer machen, aber den
Hauptfehler nicht verbessern. (a) Je mehr man Werke

I. Theil. Ω an-

(a) Unter diesen Mitteln scheinen mir die ausgezackten
Redouten nicht die besten zu seyn, und die Vertheidigung
so man sich davon für das Elgenwerk der Linie verspricht,
ist allemal sehr zweifelhaft. Gemeiniglich greift man die aus-
springenden Winkel an. Wenn der Feind zwo Zacken weg-
nimmt, so dienen sie ihm zu Stützpunkten, von wannen man
ihn nicht so leicht vertreiben wird, und welche den Anfall
der

anbringt, desto mehr braucht man Leute sie zu schützen. Die verschiedenen Erfindungen, wodurch man die Vertheidigungslinien hat vermehren wollen, sind zwar sinnreiche Zusätze, welche die Vollkommenheit der Kunst (a) befördern, und zu einer Bevestigungsfronte höchst nützlich sind, die aber bey einem so großen und wesentlichen Fehler, als derjenige ist, wovon wir hier reden, einen sehr geringen Vortheil schaffen können.

Man wird mir zwar die Alten anführen, welche stets in ihren Linien blieben, und selten darinnen überwältigt wurden; es ist aber sehr leicht zu beweisen, daß ihr Beyspiel nicht zu Gunsten der heutigen Circumvallation angeführt werden kann. Die größten Baliste oder Catapulte schossen höchstens 500 geometrische Schritte weit. Laßt uns aber 400 Klafter annehmen, so wird der Durchschnitt mit Inbegriff des Kriegsplatzes von 1200, der Umkreiß von 3600 Klaftern seyn. Dieses Maß ist von dem obigen merklich verschieden, weil wir bey der ausserordentlichen Treibkraft der Kanonen uns sehr weit von der Festung entfernen, und folglich den Umfang unserer Linien um soviel erweitern müssen. Die Circumvallation des Cäsars bey der

Sper-

der Zwischenschanze (Courtine) begünstigen, die man alsdenn nicht mehr wird behaupten können. So sehr ich die Gedanken des Königs von Preußen verehre, so kann ich doch demjenigen nicht beypflichten, was ich hierüber in seinem Kriegsunterricht finde. Diese geschlossenen und an die Linie gehängten Zackenschanzen, sind Waffen, die man gegen sich selbst verfertigt.

(a) Man sehe die Schrift l'Ingénieur de Campagne, oder der Feldingenieur; ein in seiner Art vortreffliches Werk.

Sperrung von Alesia war eine der größten, weil sie 80000 Mann enthielt, wovon ein Theil unten an der Vestung ein verschanztes Lager inne hatte: gleichwol betrug sie nur 14000 Schritte, worunter man einen gemeinen Schritt von dritthalb Schuhen, und keinen geometrischen verstehen muß, wie es einige berechnet haben. Macht man nun diese Schritte zu Klaftern, so werden ihrer mehr nicht als 5833 herauskommen: dem ungeachtet fehlte es sehr wenig, so wären diese Linien, welche an Stärke ihres gleichen nicht hatten, bey dem letzten Anfall erstiegen worden. Cäsar wußte sich anders nicht, als auf seine gewöhnliche Art zu retten; er that nämlich einen Ausfall, als er auf dem Punkte war, überwältigt zu werden. Labienus versammlete 39 Cohorten, womit er auf die Gallier anlief, welche bereits Meister von den Verschanzungen waren, indeß daß die Reuterey auf einer andern Seite hervorbrach, und ihnen in den Rücken fiel. Jederman sieht, daß diese Linien nicht halb so weitläufig waren, als die kleinsten unserer Zeiten; indessen hatte doch Cäsar acht Legionen darinnen liegen, welche mit den Hülfsvölkern sechzig tausend Mann ausmachten. Bell. Gall. L. VII.

Es bleibt also dabey, daß eine Circumvallation sich heut zu Tage nicht mehr vertheidigen kann, wenn sie nicht auf einen halben Zirkel eingeschränkt ist. Wird gleich nach der obigen Berechnung alsdann nur ein Drittheil wohl besetzt seyn, so wird man hingegen auch die Bewegungen des Feindes um desto besser beobachten, mithin den angegriffenen Gegenden um soviel leichter zu Hülfe kommen, und die Reserven seiner größten Macht entgegen führen können.

Um eine Linie auf einen halben Zirkel zu setzen, ist es nicht immer nöthig, daß sie an einen großen Fluß, wie der Rhein und die Donau stoße, deren Bette durch bewaffnete Fahrzeuge und Fregatten beschützt werden kann; es gibt noch andere Lager, welche den Feind nöthigen, sich in die Enge zu ziehen, und sich von einer Seite zu zeigen. Die Vestung Namur kann uns zum Beyspiel dienen. Wenn man von Charleroi Meister ist, so kann die Hülfsarmee bloß auf der Seite von Brabant anrücken, und nur denjenigen Theil der Linie angreifen, welcher sich an die Sambre und die Maas lehnet; der Rest läßt sich mit wenig Truppen bewahren, weil der Feind es nicht wagen wird, mit getheilter Macht über einen dieser beyden Flüsse zu setzen, oder es wenigstens nicht thun kann, ohne daß man durch die ausgestellten Posticrungen davon sollte benachrichtigt werden.

Als Heinrich IV. die Stadt Amiens belagerte, welche die Spanier ihm das Jahr zuvor durch einen Ueberfall weggenommen hatten, so berennte er den Ort nur auf der Seite von Flandern; der übrige Theil war *Daniel.* bloß durch abgesonderte Schaaren beobachtet. Der Erzherzog von Oesterreich, als damaliger Stadthalter der Niederlande, rückte mit einem Entsatze von sechs und zwanzig tausend Mann herbey, welcher der Armee des Königs ungefähr gleich kam. Er hätte oberhalb Corbie über die Somme setzen, und die benöthigte Anzahl Völker in die Vestung werfen können, um ihre Vertheidigung bis zur Herbstzeit zu verlängern, da das häufige Regenwetter die Franzosen genöthigt haben würde, die Belagerung aufzuheben. Er durfte es aber nicht

in die Taktik.

nicht wagen, weil die disseitige Gegend verheeret, er selbst aber nur auf wenig Tage mit Lebensmitteln versehen war, und der König, wenn er mit einem Theil seiner Armee den Fluß hinaufgezogen wäre, ihm die Gemeinschaft hätte abschneiden, und den Rückzug versperren können; er hielt es für rathsamer auf der Seite von Dourlens auf die Verschanzungen loszugehen: als er sie aber zu fest fand, so versuchte er es blos, vermittelst einer über den Fluß geschlagenen Brücke, eine Verstärkung in die Stadt zu bringen, mittlerweile daß er sich vor den Linien zeigte. Da er zu wenig Leute und nicht genug Vorsicht dabey gebrauchte, so mißlung ihm sein Vorhaben. (a)

Die Natur des Erdreichs und die Lage der Sachen müssen bestimmen, was man zu thun hat. Heinrich IV, welcher vor Amiens in seinen Linien geblieben war, that bey Dreux das Gegentheil. Er hob die Belagerung auf, um dem Herzog von Mayenne entgegen zu gehen, dessen Heer dreymal stärker war als das seinige. Ihr Herren, sagte dieser große Fürst zu seinen Hauptleuten, es ist keine Schande eine Belagerung aufzuheben, um eine Schlacht zu liefern.

(a) Die französischen Völker, welche auf dieser Seite stunden, eilten herbey, blieben dreyhundert Mann, welche bereits übergesetzt waren, in der Pfanne, und nöthigten den Rest sich zurückzuziehen. Die Spanier hätten die Nacht erwarten, die Spitze ihrer Brücke mit einer Verschanzung, wenn sie auch nur von Wagen oder Verhacken gewesen wäre, decken, sie auf ihrer Seite durch Kanonen beschützen, und ein zur Vertheidigung ihres Entsatzes hinreichendes Corps über den Fluß schicken sollen. Dieses Corps hätte sich hernach vermöge dieser Anordnung sicher wieder hinüber ziehen können.

fern. Er lagerte sich auf die Ebene, welche zwischen den Flüssen Eure und Iton liegt. Der Marschall von Turenne verließ ebenfalls seine Linien bey Dünkirchen, um den Spaniern entgegen zu gehen. Der Herzog von Orleans, Bruder Ludwigs XIV, that bey St. Omer ein gleiches, um den Prinzen von Oranien anzugreifen, den er bey Mont-Cassel schlug. Der Marschall von Sachsen, welcher im Jahr 1745 Dornick belagerte, nahm eine Stellung, die er sich von dem Walde von Bari bis nach Antonin an der Scheide ausersehen hatte, weil er vermuthete, daß der Feind von dieser Seite her auf ihn anrücken würde.

S. 214.

Als der Prinz von Oranien im Jahr 1695 Namur belagerte, so blieb er nicht in seinen Linien, wie der Herr Leblond geglaubt hat. Der Prinz von Vaudemont stund an der Spitze eines fliegenden Heeres, welches die Bewegungen des Marschalls von Villeroy beobachtete; da dieser letztere in dreyen Tagen Dixmude eingenommen hatte, so näherte er sich der Stadt Brüssel, in der Hofnung, daß die Furcht diesen Platz zu verlieren, die Aufhebung der Belagerung von Namur veranlassen würde. Der Prinz von Oranien begnügte sich mit einer Verstärkung zum Prinzen von Vaudemont zu stoßen. Nun blieb dem Herrn von Villeroy nichts mehr übrig, als Brüssel zu bombardieren, und nach dieser schönen Unternehmung zog er sich auf Nivelle, und von dannen in sechs Colonnen nach Fleurus, wo er durch fünf Kanonenschüsse den Marschall von Boufflers von seiner Ankunft benachrichtigte, der sich in das Schloß von Namur zurückgezogen hatte. Während dieser Zeit lagerte sich der Prinz von Oranien zu St. Denis, und

Mem. de Berwick.

und dehnte seinen rechten Flügel gegen Brousse aus. Er verschanzte sich, und ließ längs dem Walde von Argenton und nach der Meyeren Ostin zu, Verhacke machen. Da seine Mitte durch Schlammgraben und Moräste bedeckt war, so hätte der angreifende Theil von der Rechten zur Linken keine Gemeinschaft haben können. Als die Franzosen diesen Posten besichtigten, so fanden sie es unmöglich ihn zu ersteigen, und zogen sich zurück. Die auf einer Seite durch unwegsame Moräste bedeckten Plätze, bringen bey der Linie eben die Verminderung hervor, als wenn sie an einem See oder grossen Flusse lägen. Diese Bewandniß hatte es mit St. Quentin, als die Spanier den Ort belagerten, und der Connetable von Montmorency sich vergebens bemühte, ihn zu entsetzen.

Wenn eine Circumvallationslinie von einem Flusse durchschnitten wird, und der Feind von beyden Ufern Meister ist, so ist es allemal gefährlich sich darinnen zu vertheidigen, wenn man auch von seinen eigenen Brücken versichert wäre. Der Prinz von Oranien, welcher nach dem Treffen bey Senef im Jahr 1674 die Belagerung von Oudenarde unternommen hatte, wurde bey der Annäherung des Prinzen von Conde gezwungen sie aufzuheben, ob er diesem gleich an Stärke weit überlegen war. Als die Spanier 1655 die Linien von Valenciennes angriffen, so wurde das Quartier des Marschalls von La Ferte überwältigt, weil er nicht zu rechter Zeit von Hrn. von Turenne unterstützt werden konnte, der sich begnügte, die Flüchtlinge zu sammlen und den Rückzug zu bedecken. In dem ersten dieser beyden Fälle hatte die Ueberschwemmung die obern Brü-

Mem. de Feuquieres. Tom. 4.

den der Schelde fortgerissen, und die Schleussen, welche sich in der Stadt öffnen liessen, hätten jeden Augenblick auch die untern zertrümmern können; im zweyten schrieb man den Nachtheil ebenfalls einer Brücke zu, die das Wasser weggeschwemmt hatte. Wenn aber gleich die Gemeinschaft wäre erhalten worden, so waren allemal beyde Lagen mangelhaft und keiner Vertheidigung fähig. Man muß diesen Fehler dem Hrn. von Turenne nicht aufbürden, welcher sehr oft genöthigt war, sich nach den Meynungen des Marschalls von La Ferte zu richten.

Vielleicht wird man mir einwenden, daß bey solchen Gelegenheiten nicht sowol die Beyspiele als die Känntniß der Mittel, die der Feind zu Vollführung seiner Absichten anwenden kann, die Untersuchung des Erdreichs, die Wahl der Zeit und die besondern Umstände den Ausschlag geben müssen. Da ich mir aber blos vorgenommen habe, eine Hauptregel fest zu setzen, die freylich ihre Ausnahmen haben kann, so will ich fortfahren zu beweisen, daß unter allen Belagerungsanstalten diejenige die schlechteste ist, wenn man, um den Feind zu erwarten, sich in Linien einschließt, welche ausser dieser Absicht schon an sich unnütze sind, und es noch mehr werden, sobald man von einem Beobachtungsheere bedeckt ist.

Vier-

Vierter Abschnitt.

Stellordnung der Truppen in den Linien. Beschreibung der Linien des Cäsars. Von der Art, wie die Alten sich darinnen postierten. Neuer Vorschlag zu einer Circumvallation. Erklärung der Bastillen. Lehrsätze für die Verschanzungen. Angriffsplan eines festen Platzes nach den Regeln der Alten.

Unter einer in Schlachtordnung stehenden Armee, versteht man die auf zwo Linien mit mehr oder weniger Zwischenräumen gestellte Infanterie und Reuterey samt den Reserven. Daher pflegt man zu sagen, daß wenn eine Armee ihre Stärke behalten soll, sie keinen größern Raum als in ihrer Schlachtordnung einnehmen darf; ich glaube aber, daß es so vielerley Schlachtordnungen als willkührliche Stellungsanstalten gibt, und daß mithin diese Redensart einen uneigentlichen Verstand hat. Denn die Schlachtordnung in zweyen Treffen von drey Mann in der Tiefe, ist auf der Ebene zu ausgedehnt und zu schwach. Wenn man sie dadurch verbessert, daß man die Bataillonen in sechs oder acht Glieder stellet, so wird sie sehr gut für das flache Feld, aber zur Besetzung einer Verschanzung zu tief seyn. Es hat mit den Linien eben die Beschaffenheit, wie mit einem festen Platze, dessen stärkste Besatzung die Brustwehr des Walles und der Außenwerke kaum einfach verbrämen könnte. Weil man aber eine Vestung nicht auf diese Art vertheidigt, sondern sich mit Besetzung der angegriffenen Punkte begnügt, und den Rest blos bewachen läßt, so ist es auch bey einer Linie hinreichend, wenn die Truppen so gestellt sind, daß sie zu wechselseitiger Unterstützung leicht zusammen kommen, oder die Reserven diejenigen Stellen geschwinde verstärken können, wo der feindliche Anfall am heftigsten ist. Dieses ist bey einem halben Kreise ganz leicht, bey einem ganzen Zirkel aber sehr schwer zu bewerkstelligen, wie ich solches bereits erwiesen habe.

S. 239. Die Verfechter der Linien führen die Prinzen von Nassau an, welche niemals in den ihrigen bezwungen worden. Sie pflegten, heißt es, ihre Quartiere nach Art der Römer abgesondert zu verschanzen, und ihre Verschanzungen mit der grösten Sorgfalt auszuarbeiten. Die Spanier befolgten eben die Grundsätze, und gleichwol sind sie mehrmals überwältigt worden. Der Graf von Harcourt erstieg 1640 die Linien bey Casal. Eben dieser Feldherr, der in Turin belagert wurde, indem er die Citadelle belagerte, wurde durch die französische Armee befreyet, welche den Marquis von Leganes zum Abzuge nöthigte. Die Linien von Arras, welche quartierweise verschanzet, und mit einem Graben und zwiefachen Brunngruben versehen waren, wurden 1654 durch die Hrn. von Turenne und La Ferte bey Nacht angegriffen und weggenommen.

Nie hat man so wohl bevestigte Linien gesehen, als es des Cäsars seine vor Alesia waren. Sie hatten einen Wall von zwölf Fuß in der Höhe und Breite mit einer Brustwehre und einer gedoppelten Pallisadierung bierung, Thürme von verschiedenen Stockwerken, welche achtzig Fuß voneinander abstunden, einen fünfzehn Fuß tiefen Graben, worein man an verschiedenen Orten das Wasser des Flusses geleitet hatte, einen Vorgraben von gleicher Breite, fünf Reihen Bäume, welche mit ihren Stämmen eingegraben waren, und deren ausgespitzte Hauptäste zusammen stießen, acht Reihen trichterförmige Gruben, aus deren jeder ein spitziger und am Ende gebrannter Pfahl hervorgieng; das vorliegende Erdreich war mit einer unzählbaren Menge eiserner Zacken besäet, welche an Stäben bevestigt waren, die man in die Erde gesteckt hatte. Dem allem ungeachtet würden die Gallier sich unfehlbar Meister S.243. davon gemacht haben, wenn sie mehr Geschicklichkeit besessen, und mit der Ungestümmigkeit ihres Anfalls die Kunst und die Hülfsmittel verbunden hätten, die wir heut zu Tage anwenden können.

Alles was man zur Bevestigung der Linien ausdenken kann, ist nicht fähig, den Grundfehler einer ganzen Circumvallation zu verbessern, weil sie niemals mit der Zahl der Truppen die hinein gehören, in einem Ebenmaße stehet, weil der Feind des Nachts und auf verschiedenen Seiten angreift, weil man die falschen Angriffe von den wahren gemeiniglich zu spät unterscheidet, weil die Furcht, sobald jener in die Linie gedrungen ist, sich überall ausbreitet, und die Unordnung sich so leicht nicht herstellen läßt; zumal wenn man dabey noch die Ausfälle einer starken Besatzung auszuhalten hat. Vielleicht wird man einwenden, daß die Unordnung von schlechten Anstalten herrühren und daß man zur Begünstigung des Rückzugs innerhalb der Linie

Ver-

Verschanzungen, oder, welches noch besser wäre Redouten anlegen kann, um die Truppen zu unterstützen. Dieses kann in der That zur Bedeckung des Rückzuges dienen, wenn man den Feind nicht hat abtreiben können. (a)

Wenn die Alten eine Belagerung unternahmen, so faßten sie nicht wie wir, ihre Circumvallation mit einer Linie von Truppen ein; die Armee blieb bey ihrem gewöhnlicher maßen befestigten Lager stehen, oder man vertheilte sie in zwey oder drey abgesonderte Heere. Sie legten auf den erhabenen Orten kleine Forts oder Feldschanzen an, und verbanden sie gleich wie die Lager durch die beyden Berennungslinien, welche durch abgesonderte Schaaren bewachet wurden. Auf diese Art sperrten die Proconsuls Q. Fulvius und Appius Claudius die Stadt Capua, indem sie sich in drey unterschiedene Lager absonderten, die vom Fulvius, dem Claudius und dem Prätor Nero angeführet wurden (b), welche ziemlich weit von einander entfernt stunden. Hannibal griff sie an, und ließ sich dabey von einem zahlreichen Ausfalle der Besatzung unterstützen. Er ward

Kupf. 6. Fig. 1.

Livius Dec. 3. B. 5.

(a) Anstatt der Redouten könnte man Bettungen (Plateformes) oder Erdhöhen (Terrasses) anlegen, und eine Brustwehre darum ziehen. Sie müßten breyßig Schuh in der Breite und eine hinlängliche Länge und Höhe haben, um einer Schwadrone zur Schulterwehr (Epaulement) zu dienen. Man müßte einen abschüßigen Weg, (Rampe) hinanführen, welcher nicht mehr als vier Mann in der Breite fassen dürfte.

(b) Ita tria prætoria circa Capuam erecta, & exercitus fossa valloque circumdare urbem parant, & castella excitant modicis intervallis.

ward aber abgetrieben, und nach einem sehr blutigen Gefechte zum Rückzuge genöthigt. Bey der Sperrung von Agrigent, hatte Posthumius seine Armee in zwey Lager vertheilt, welche gegeneinander über stunden. Sie waren durch die Circumvallations- und Contravallationslinien miteinander verbunden. Diese letztere war so schlecht bewacht, daß Hannibal, welcher die Stadt vertheidigte, und durch die Hungersnoth aufs äußerste gebracht war, sich des Nachts mit seiner ganzen Besatzung rettete. Um sich einen Durchgang zu verschaffen, füllte er die beyden Linien aus, und er war schon über dieselbe hinweggezogen, ehe die Römer es wahrnahmen. Die Sperrung von Lilybäum war auf gleiche Art eingerichtet. Zu Alesia hatte Cäsar zwey und zwanzig abgesonderte und befestigte Quartiere, welche durch die Linien verbunden waren. Der Umfang, welchen er aufgeworfen hatte, um den Pompejus bey Dyrrachium einzuschließen, war von zwey und zwanzig Feldschanzen unterstützt. Er mußte mehr als 15000 Schritt betragen, weil Pompejus dem seinigen diese Ausdehnung gegeben hatte. (a) Man sieht hieraus, daß die Methode der Alten von der unsrigen verschieden, und lange nicht so vielen Unbequemlichkeiten unterworfen war. Ich würde also nach diesem Muster eine Einschließung anlegen.

Ich wollte meine Armee in zwey oder höchstens in drey Corps eintheilen, und sie dergestalt ordnen, daß sie einander leicht und geschwinde zu Hülfe kommen könn-

---

(a) Dieses sind militärische Schritte von dreysig römischen Zollen, und keine geometrische, wie einige geglaubt haben.

könnten. Ich würde mich daher hüten sie durch einen Fluß zu trennen, sondern sie ganz auf diejenige Seite stellen, von welcher der Feind wahrscheinlicherweise herkommen muß. Ist die Stadt auf einem der beyden Ufer, so wie Diedenhofen an der Mosel gelegen, und auf der andern Seite nichts als eine Brückenschanze anzutreffen, so begnüge ich mich, diesen Theil, falls er nicht dem Feinde zugekehrt ist, durch ein abgesondertes Corps zu bewachen, weil der Hauptangriff nicht auf dieser Seite seyn wird. Ich würde Redouten aufwerfen, welche hundert und fünfzig Klafter voneinander entfernt seyn müßten, und eckigte Feldschanzen (Fortins) anlegen, um die Zugänge zu bestreichen, und diese durch Graben und Verhacke sperren, oder an den thunlichen Orten unter Wasser setzen. Die zwischen den kleinen Armeen befindliche Feldschanzen und Redouten, müßten an den Hauptorten durch einige in der Nähe gelagerte Bataillonen und Dragonerschwadronen unterstützt werden, die Lager müßten auf zwoen Linien stehen, und mit dem Rücken zusammenstoßen, um gegen das Feld sowol als gegen der Festung Fronte zu machen. Ist die Besatzung stark, so müßte man auch nach der Stadtseite Redouten anlegen. Diese Einrichtung ist hinreichend, um alle Zufuhr der Lebensmittel abzuschneiden, und den Entsatzvölkern den Eingang zu verlegen. (a) Rückt aber der Feind mit einer Armee

Kupf. 7.

(a) Die Nachtpatrouillen müßten so angeordnet seyn, daß sie beständig von einem Posten zum andern gehen: die leichten Truppen können die Vorwachen hergeben. Uebrigens muß ich erinnern, daß die Erklärung der Kupfer 6 und 7 am Ende dieses Hauptstücks anzutreffen ist.

Armee heran, in der Absicht die Aufhebung der Belagerung zu bewürken, so ist es alsdann nöthig die Truppen zu vereinigen, und einen guten Platz zu wählen, wo man sich in Schlachtordnung stellen wird.

Bisweilen ist das Land wie bey A, so beschaffen, daß der Feind nur von einer Seite mit einem förmlichen Kriegsheer anrücken kann. In diesem Falle ist es leicht sich ein Schlachtfeld zu bereiten, und dasselbe nach Belieben zu verschanzen. Kann aber der Feind auf gleiche Art durch den Weg B herkommen, so muß man sich daselbst ebenfalls eine Stellung aussehen, und flüchtige Redouten entwerfen, welches weiter keine große Arbeit erfordert. Sobald man von seinem dortigen Anmarsch gewiß ist, so schlägt man sich auf diese Seite, und hat immer noch Zeit, dieselben in vollkommenern Stand zu setzen; inzwischen muß man die zur Beschützung der angreifbaren Posten und der Circumvallationsschanzen benöthigten Truppen zurücklassen. Es wird auch zuträglich seyn, ein oder zwey kleine Reserven daselbst aufzubehalten, weil der Feind einen Entsatz abgeschickt haben kann, der sich auf einer Seite in die Festung werfen soll, indeß daß er ohne die Absicht ein Treffen zu liefern, sich auf der andern zeiget. So müssen zum Beyspiel, die Reserven in der Gegend B und C stehen, weil die Seite A keine nöthig haben würde.

Wenn man kein Beobachtungsheer hat, und der Feind mit aller seiner Macht anrückt, so würde er nicht minder durch eine zusammenhängende Linie als durch eine Kette von Redouten dringen; in beyden Fäl-

Kupf. 7.

Fällen würde man sich vereinigen und ihm entgegen gehen müssen. Hat er blos die Absicht eine Verstär,kung in die Stadt zu werfen, so muß er unter dem Feuer der Redouten durchziehen, wo er die Reserve vorfinden wird. Hier wird ihm das Einbrechen weit schwerer fallen, als bey einer schlecht besetzten Linie, wo er blos den Graben ausfüllen darf. Thut der Belagerte einen Ausfall, um den Einzug des Entsatzes zu unterstützen, und denselben aufzunehmen, so leisten die eckigten Feldschanzen die Dienste der Contravallation, ohne die Fehler derselben an sich zu haben. Wenn man seine Linie verläßt, so muß man immer einige Truppen zu ihrer Bewachung zurücklassen; diese in einem weiten Raume herumirrende Haufen sind zu nichts nütze; man würde bey der vorgeschlagenen Methode weit weniger Leute brauchen, und sich dennoch eine ungleich bessere Würkung von ihnen versprechen können. Ich bin nicht bey der Belagerung von Dornick gewesen; allein man hat mich versichert, daß damals der Marschall von Sachsen seine Circumvallation aus Redouten angelegt hatte. Dieses Beyspiel muß denjenigen ein Genüge leisten, welche das Ansehen grosser Männer verlangen.

Die angeblichen Ursachen, welche ein Belagerungsheer vermögen müssen, in seinen Linien zu bleiben, sind, wenn man zu wenig Reuterey besitzt um im freyen Felde zu erscheinen, wenn man neue oder minder versuchte Truppen als der Feind hat, wenn man ihm an Infanterie und grobem Geschütz überlegen ist, wenn man die Gemeinschaft und seine Fütterungsplätze gerne beybehalten möchte. Allein alle diese Gründe sind nicht

nicht hinlänglich, falls man nicht, wie ich oben angemerkt, höchstens nur einen halben Zirkel zu vertheidigen hat. Wenn man nicht genug Reuterey oder ungeübte Truppen hat, so wird eine durch vorliegende Redouten geschützte Schlachtordnung sie ermuntern, und die Ueberlegenheit der feindlichen Cavallerie fruchtlos machen. Man muß alsdann die seinige in eine zwote Linie stellen, und die erste aus dem Fußvolke zusammensetzen.

Ich bin begierig gewesen nachzusehen, wie man in den Jahrhunderten der Barbarey, da die Kriegskunst gleichsam noch in dem Chaos lag, sich bey diesen grossen Gelegenheiten zu betragen pflegte. Ich habe gefunden, daß die Feldherren, welche sich den grösten Ruhm erworben, immer die gleichen Grundsätze befolgten. Du Guesclin, welcher die französische Krone auf dem Haupte Carls V. erhielt, und eben so groß, eben so tugendhaft als Turenne war, unternahm viele Belagerungen, und ob er sich gleich verschanzte, so hat er doch nie den Feind in seinen Linien erwartet. Als er das überaus feste Schloß Chizai, vier Meilen von Niort berennt hatte, so suchte er einen zur Anlegung seines Lagers vortheilhaften Platz aus, den er mit einem Graben und einem Pfahlwerk einfassen ließ; der Rest des Umkreises wurde durch abgesonderte Truppen bewacht. Die Engländer rückten heran, um die Belagerung zu hintertreiben. Du Guesclin faßte den Entschluß ihnen entgegen zu ziehen. Er ließ die Verschanzungen seines Lagers umreissen, rückte heraus, und stellte sein Heer in zwey Treffen, oder abgesonderte Corps, welche damals Batallien genannt wurden.

Froissard. Lb. 2. K. 37.

I. Theil.   R   Als

Als Philipp von Valois im Jahr 1347 sich vor der Stadt Calais zeigte, um sie zu entsetzen, so blieb Eduard III, König von England in seinen Verschanzungen stehen. Allein diese an dem Meere gelegene Festung war noch überdas mit Morästen umgeben, so daß man sich ihr blos durch die Dünen oder über die Brücke von Nieulan nähern konnte. Philipp, welcher nun vorsichtiger war, als er das vorige Jahr bey Crecy gewesen, hielt es nicht für thunlich, diese zween überaus feste Posten anzugreifen; er zog sich zurück, und die Stadt ergab sich in wenig Tagen.

Die Berennungen wurden damals quartierweise eingerichtet, so nämlich, daß die Truppen sich an mehrern um die Vestung her liegenden Orten festsetzten. Man baute Feldschanzen, welche Bastillen genannt wurden, um die Belagerten in die Enge zu schließen, und zugleich die Arbeiten des Angriffs zu unterstützen, mit welchen man durch breite Graben eine Gemeinschaft eröfnete. Diese Methode findet man unter Carl VII, und ohne Zweifel machte der Gebrauch des groben Geschützes, welches damals über die Maschinen die Oberhand gewann, eine solche Gemeinschaft nothwendig. Man kann also von dieser Zeit den Ursprung der Laufgraben herrechnen; denn die Alten bedienten sich derselben nicht, ausser daß sie bisweilen einen Verbindungsgraben (Boyau) anlegten, der in ihre Approschengalerie führte. Die Engländer hatten vor der Stadt Orleans mehr als vierzig Bastillen aufgeworfen; bey der Belagerung von Compiegne machten sie vier, eine auf dem Wege nach Pierrefond, zwey auf der Seite von Noyon, und eine gegen der Oisebrücke über,

auf

auf der Seite von Montdidier. Die Burgundier, welche diese Belagerung unternahmen, hatten alle Zugänge zwischen der Aisne und Oise gegen Senlis unbrauchbar gemacht, weil dieses die einzige Seite war, von welcher der Entsatz herkommen konnte. Die Franzosen versammleten sich ungefähr fünftausend Mann stark, und hatten viele Mühe vorzurücken. Als die Burgundier hörten, daß sie zu Verberie waren, welches vier Meilen von Compiegne liegt, so ließen sie in ihren Bastillen die zu deren Bewachung nöthige Truppen zurück, und stellten sich zu Roralleu, nunmehr Royallieu, zwischen der Oise und einem Walde in Schlachtordnung. Die Franzosen kamen ihnen längs dem Flusse entgegen gerückt, wo sie in ihrem Angesicht Posten faßten, und sie durch beständige Scharmützel aufhielten. Während dieser Zeit sollten zween abgesonderte Haufen, die gegen Choisy gelegene Bastille, und die bey dem Thore von Pierrefonds angreifen, welche die größte war. Die Belagerten hatten bereits den Angriff der letzteren versucht, wobey sie zweymal zurückgeschlagen wurden; als aber der Entsatz zu ihnen stieß, so ward sie ersteigen. Kaum waren die Franzosen Meister von diesem Wege, so warfen sie sich in die Stadt, und die Burgundier sahen sich gezwungen, die Belagerung aufzuheben. Da die Armeen damals gar nicht zahlreich waren, so wurden die etwas weitläuftigen Festungen selten ganz eingeschlossen. (a) Der

Chron. de Monstrelet. 2 b. 11. S. 64.

(a) Unsere Heere waren zwar sehr zahlreich; allein sie blieben nicht lange im Felde; der größte Theil zog bald wieder nach Hause, und man konnte für die langwierigen Unternehmungen blos einige schwere Reuterey (Gendarmerie) und die besoldeten Truppen beybehalten.

Gebrauch der Bastillen, die man ganz nahe bey denselben aufwarf, leistete bey der Sperrung sehr gute Dienste; sie enthielten fünfzig, hundert und bis auf dreyhundert Soldaten. Man baute sie von Faschinen und Baumästen, welche mit Erde und Pallisaden vermischt wurden. Wenn heut zu Tage ein Kriegsplatz mit einer starken Besatzung und einem kühnen Beschlshaber versehen wäre, so könnte man nicht umhin diese Parallele durch Redouten zu unterstützen, und sogar zwen oder drey gegen dem Schluß der Laufgraben anzulegen, um die Gemeinschaft mit dem Lager sicher zu stellen.

Leute, die für die hergebrachten Gewohnheiten eingenommen sind, können sich nicht zur Verlassung der geschlossenen Linien und der übrigen Verschanzungen entschließen; die Redouten, sagen sie, können ebenfalls erstiegen werden; ihr Graben ist durch nichts vertheidigt, und wenn der Feind sie mit Nachdruck angreift, so werden die Truppen eben so sehr über seine Kühnheit erstaunen, als wenn sie hinter einer Linie stünden. Wenn man aber diese Sprache führt, so setzt man ihre Bestimmung aus den Augen, welche darinn besteht, daß man den Feind nöthigt sie anzugreifen, und sich seine Unordnung zu Nutze macht, indem man zu gleicher Zeit mit der dahinter stehenden Linie auf ihn einfällt. Der Marschall von Sachsen war weder ein Freund der Linien, noch der geschlossenen Verschanzungen; seine Methode war unstreitig sehr vernunftmäßig, und so wohl überdacht, daß man ihr ohne Bedenken sein ganzes Vertrauen zuwenden kann.

Die

in die Taktik.

Die geschlossenen Verschanzungen schicken sich bloß zur Befestigung kleiner Posten, worinnen wenig Truppen liegen, welche nicht bestimmt sind, etwas von außen zu unternehmen; sondern sich bloß bis zur Ankunft einer Verstärkung zu wehren. Eine postierte Armee muß breite und häufige Oeffnungen haben, damit sie in einer Fronte von wenigstens 20 Mann ausrücken kann. Diese Oeffnungen können wie die andern durch einfache oder drehbare Schlagbäume verschlossen werden, wenn man von zwey zu zwey Klaftern Stöcke eingräbt, worauf sie sich stützen. Da inzwischen der Feind die Schlagbäume in Stücken schießen kann, so wollte ich lieber eine gedoppelte oder dreyfache Reihe Kettes, und große spanische Reuter dazu gebrauchen, die sich wie jene leicht wegräumen lassen, wenn man ausrücken will. Glaubt man, daß diese Einschnitte die Linie schwächen, und ihre Eroberung begünstigen, so kann man dem Uebel durch Sägenwerke abhelfen, die an der Kehle geschlossen, und also gemacht seyn müssen, daß das Geschütz der Verschanzungen auf sie herabgesenkt werden kann, falls der Feind sich derselben bemächtigen sollte. (a) Wollte man aber überdieses vor dem Sägenwerk einen Vorgraben aufwerfen, so könn-

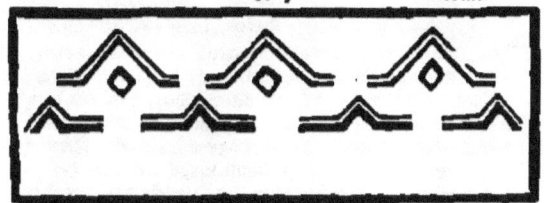

(a) Man sehe den angehängten Abriß.

könnte der Feind sich nicht hinten herumziehen, ohne sich dem nahen Feuer der Verschanzung bloß zu geben, welches ihn sehr viele Leute kosten würde; hiernächst würde er zwischen den Vorgraben, das Sägenwerk und die Linie eingesperrt seyn, wo ein schleuniger Ausfall ihn gänzlich zu Grunde richten müßte. So war das Lager des Königs Sobiesky bey Zurauno beschaffen; nur daß es kein Sägenwerk hatte; dagegen aber war es mit einer Linie von Redouten versehen.

Diese Arten von Verschanzungen decken die Truppen besser als eine Linie von Redouten; im letzten Falle läßt sich folgende Anstalt machen. Gegen den Zwischenräumen der Redouten über, kann man große Schulterwehren für die Reuterey anlegen, (a) für das Fußvolk aber einen drey Fuß tiefen Laufgraben öffnen, dessen hinausgeworfene Erde einen langsamen Abschuß haben müßte. Die beyden Ränder dieses Laufgrabens müssen ebenfalls abgedacht seyn, damit man in Schlachtordnung ausrücken, und auch die Reuterey hindurch ziehen kann. Mit einer Brustwehr von zween Fuß werden die Truppen hinlänglich bedeckt seyn. Es hat hier

---

(a) Diejenigen, welche der Marschall von Sachsen vor Mastricht aufwarf, stunden nur achtzig Klafter voneinander, und hatten außer dem vor der Brustwehr befindlichen Sturmpfählen, einen pallisadierten bedeckten Weg, der mir aber hier nicht sehr nöthig scheint; im Gegentheil, man braucht alsdann die gedoppelte Anzahl Truppen, um eine Redoute zu bewachen. Da der Feind seinen Anfall mit aller Heftigkeit vornimmt, so werden diejenigen, welche den bedeckten Weg vertheidigen, bald über den Haufen geworfen, und finden keinen Rückhalt, wie bey dem bedeckten Wege einer Festung.

hier nicht eben die Bewandniß wie bey einer Belagerung. Ueberdieses könnte man ja den Zwischenraum der Redouten mit Ketten zusperren, welche durch Stöcke oder zusammengehaakte spanische Reuter unterstützt seyn müßten; es ließe sich auch ein Vorgraben und zwar mit aus und einspringenden Winkeln anlegen, damit man ihn von den Redouten seiner Länge nach bestreichen, und wie bey dem obigen Abrisse, die eingekehrten Winkel offen lassen könnte. (a) Man sieht gleich, daß ich mir immer den Weg zu Ausfällen offen halte, weil man den wichtigen Vortheil nicht aufgeben muß, bey dem ersten günstigen Augenblicke mit allem Nachdrucke hervorzubrechen. Aus eben diesen Ursachen

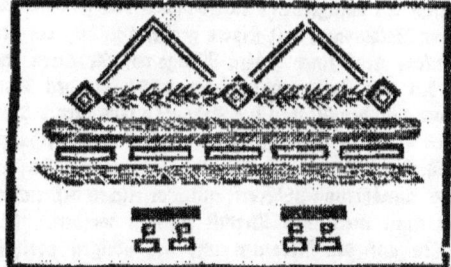

ziehe ich auch dieses letztere Mittel den Wagen und Verhacken vor; welche, wenn man ausrücken will, mit großen Ungemächlichkeiten, besonders für die Reuterey verbunden sind. Indessen könnte man doch, wie der

(a) Hievon liefert die hier beygefügte Zeichnung ein Muster, nur daß der äußere Theil des Vorgrabens geböschet seyn muß, damit er in seiner ganzen Länge von der Brustwehr übersehen werden möge, welches man bey dem Abrisse nicht wohl vorstellen konnte.

vorstehende Abriß zeigt, Bäume in die Zwischenweiten der Redouten werfen, und hin und wieder durch spanische Reuter geschlossene Ausgänge anbringen, die sich leicht öffnen lassen. (a)

Jedes Lehrgebäude der Taktik, hat so wie jedes Befestigungssystem, seine Mängel, die man gegen seine Vortheile abwägen muß. Das beste ist dasjenige, welches sich mit den gesundesten Grundsätzen vereinigen läßt. Man kann gegen alles Einwendungen machen, weil nichts in der Welt vollkommen ist.

Es ist zu vermuthen, daß der Feind, um meine Wehrposten anzugreifen, in Colonnen von ganzen und halben Bataillonen, mit seinem groben Geschütz auf den Flanken, nebst einer großen Menge von Arbeitern mit Hürden und Faschinen anrücken wird, um den Vorgraben und den Graben der Redoute auszufüllen. Von seinen Canonen habe ich keinen sonderlichen Schaden zu fürchten; dahingegen die meinigen, welche ihn bey seiner Annäherung unbedeckt mit Kartetschen bestreichen, ihm einen merklichen Verlust zufügen werden. Sie müssen auf den Redouten und den übrigen vortheilhaftesten Plätzen der Linie gepflanzt seyn. Ich werde in diesem Stücke unfehlbar die Oberhand gewinnen, und während des ganzen Anfalles behaupten, weil dem

---

(a) Bey einem rechten Verhacke müssen die Bäume der Länge nach, und zwar mit einwärts gekehrtem Stamme in der Erde liegen, so daß sein Abhang einen Winkel von dreyßig Graden ausmache. Die Hauptäste werden angespizt, und die Bäume nahe genug zusammen gelegt, damit die Zweige sich durcheinander kreuzen.

dem Feinde sein schweres Geschütz nicht mehr dienen kann, sobald er sich mit Ausfüllung des Grabens beschäftigt. Wenn man einer solchen Unternehmung einigen Fortgang versprechen will, so muß man sie mit der größten Behutsamkeit ausführen.

Die Truppen, welche eine Verschanzung beschützen, oder überhaupt postirt sind, müssen allezeit darauf sehen, daß sie eine sichere Gemeinschaft und einen freyen Rücken behalten, um die nöthigen Wendungen machen zu können. Nichts ist gefährlicher, als wenn man enge Schlupfwege hinter sich, und andere Versperrungen zu nahe um sich hat. Die Engländer und Holländer wurden zu Rocour in den eingeschlossenen Gärten niedergemetzelt, weil sie in den Zäunen und Mauern die sie umgaben, nicht die gehörigen Oeffnungen gemacht hatten.

Erklärung des VI^{ten} Kupfers.
Erste Figur.

A. Lager der Belagerer.
B. Contravallationslinie.
C. Circumvallationslinie.
D. Feldschanze auf einer Anhöhe.
E. Flotte, welche den Eingang des Hafens sperret.
F. Theil der Contravallation, welche blos ein Pfahlwerk hat.
G. Ein unzugangbares sumpfigtes Erdreich.
H. Coms

H. Commando aus den Lagern, zur Bewachung der Linien.

I. Die Stadt. 2. Der Hafen.

K. Angriff auf einem Erdschutte.

* Agger. 3. Erdschütte oder Terrassen. "Der Erdschutt" war eine Katze oder eine Häufung von Erde und Baumstämmen, die man in gleicher Höhe mit der Mauer aufzuführen suchte, um Maschinen und Bogenschützen darauf zu stellen, welche die Bestreichflanken (Defenses) säubern sollten. Man fieng das Werk unter dem
* Plutei. Schutze der Blendungen" und des Schirm-
* Musculus. daches" an. Das Schirmdach war ein kleiner bedeckter Gang von Zimmerwerk, unter welchem man an Ausfüllung des Grabens, an Ebenmachung des Erdreichs zum beque-
* Turris men Fortrollen der Wandelthürme", und
ambulatoria. an Zurechtlegung der ersten Materialien arbeitete, welche dem Erdschutte zum Grunde dienen sollten. (†) Man schützte sich auch durch Matten, welche aus dicken Ankerseilen geflochten waren, oder mit Decken von Haa-
* Cilicia. ren", bisweilen auch durch starke Häute, welche an einer auf zween Stützpfählen ruhenden Querstange hiengen. " 4.

Cæf. de Bell. Civ. Lib. II. (†) Der Musculus, dessen sich Cäsar bey der Belagerung von Marseille bediente, war eine 60 Fuß lange, 4 Fuß breite, und 5 Fuß hohe Galerie mit einem zugespitzten Dache, welches wider das Feuer mit Ziegeln übermauert, gegen das Wasser mit rohen Häuten belegt, gegen Steine und andere Würfe mit Filzdecken gesichert war, und auf Rädern an die Mauer geschoben wurde.

4. **Hölzerne Thürme.** "Diese Thürme waren von verschiedenen Stockwerken. Man richtete ihre Breite nach ihrer Höhe, welche über die feindliche Mauer hinaus ragen mußte. Die Grundlage hielt bisweilen bis auf vierzig und fünfzig Fuß ins Geviert. Sie wurden an den Seiten des Erdschuttes vorwärts geschoben."

5. **Batterien von Ballisten und Katapulten oder Wurfmaschinen.** "Die stärksten sind die entferntesten, weil sie am weitesten schossen. Diese Batterien, welche man durch Schulterwehren von Hürden oder Flechtwerk ** deckte, leisteten keine Dienste mehr, sobald die Approschen in vollkommenem Stande waren. Indessen konnte man doch noch diejenigen beybehalten, welche ihre Massen in der Bogenlinie warfen."

** Crates. Vinius.

6. **Sturmdächer,** * die zum Angriffsplatze führten. "Sie waren von leichtem Zimmerwerk, und mit einem zugespitzten Doppeldache von starken Bohlen bedeckt, auf welchem rohe Häute lagen, die sie vor dem Feuer schützten. Die der Stadt zugekehrte Seite war mit Flechtwerk verschlossen; die andern waren offen, und hatten nichts als die Stützpfähle, die das Dach trugen (†) Man schob verschiedene

* Vineæ.

(†) Die Länge der Vineen war von 16, ihre Breite von 8, und ihre Höhe von 7 römischen Schuhen. Nach Petits Berechnung, welcher zwischen verschiedenen Mey-

dene dieser Sturmbächer zusammen, unter welchen man sicher ab und zugehen konnte.„

7. **Angriff ohne Erdschutt.** "Bey diesem bediente man sich wie bey den vorigen der Sturmbächer, womit man die Angriffsfronte besetzt hielt; bisweilen wurde ein oder zwern Verbindungsgraben, (Boyaux) an dieselben hingeführt; folglich kann man es nicht schlechterdings leugnen, daß die Alten Laufgräben gehabt haben. So viel ist aber gewiß, daß sie nicht nach unserer Art die Parallelen ausgruben, welche die ganze Angriffsfronte einschließen, wie solches der Ritter Folard geglaubt hat.„

8. **Maschinenbatterien.**

9. **Gemeinschaftsgraben,** (Tranchée de Communication) welcher an den Orten die dem Geschütz am meisten ausgesetzt waren, verblendet werden konnte.

10. **Sturm-**

Meynungen das Mittel hält, betrug der römische Schuh 11 pariser Zoll. Die Länge desjenigen, den man im Capitolio sieht, hält nach Picard 10 Zoll, 10 Linien, 6 Partikeln. Ueberhaupt kann man sich nicht sehr irren, wenn man in Fällen, wo es auf keine ängstliche Genauigkeit ankommt, für den römischen Schuh den französischen oder noch besser den rheinländischen annimmt. Dieses ist auch die Ursache, warum Hr. von Maizeroy für unnöthig erachtet, das Maß der Alten in das französische überzutragen. Ein verständiger Leser kann, so oft er will, diese Berechnung selbst machen.

in die Taktik.

10. **Sturmgang**, oder Approschengalerie.

11. **Sturmthürme.** * " Wenn die Graben aus- *Turres
gefüllt, und die Erde fest und eben gemacht arietaria.
war, so schob man die Thürme so nahe vor,
daß sie die Mauern beschießen konnten. Der
Sturmbock * oder Mauerbrecher (†) be- *Aries.
fand sich unten. Die obern Stockwerke
wurden mit Bogenschützen und Wurfmaschinen von mittlerer Grösse besetzt. Man ver-
sah sie auch mit **Fallbrücken** *, welche durch *Sambuca.
Rollen niedergelassen werden könnten, oder
mit **Schubbrücken** *, welche sich vorwärts *Crostra.
schieben liessen. Diese Art Brücken wurden
auf die Mauer geworfen, um einen Zugang
auf dieselbe zu verschaffen.

Oft waren die Thürme zu nichts anders bestimmt,
als den Belagerten zu übersehen, und ihn
von seinen Wehrposten zu vertreiben: bisweilen
len bediente man sich ihrer gar nicht, und
alsdann wurden sogenannte **Sturmschild-
kröten** * gegen die Mauer gerückt, um sie *Testudo
einzubrechen. Die Schildkröte war ein Sturm- arietaria.
dach,

(†) Es werden von dem Sturmbocke dreyerley Gattungen Vitruv. L.
angegeben, welche diese Maschine in den verschie- 10. C. 19.
denen Graden ihrer Vollkommenheit bezeichnen.
Ueberhaupt war es ein langer und vorne mit Eisen
beschlagener Balken, welcher mit aller Gewalt
gegen die feindlichen Mauern angetrieben wurde,
und sie zermalmte. Den Namen Aries bekam er
daher, weil man dem Stoßende gemeiniglich die
Gestalt eines Widderkopfs zu geben pflegte.

dach, welches mit starken Bohlen und auf diesen mit rohen Häuten bedeckt war; sie war auf beyden Seiten verschlossen, und an beyden Enden offen. Der darinn hängende Sturmbock ließ sich mit aller Sicherheit regieren. Bisweilen gebrauchte man auch nur die einfache * Schildkröte, unter deren Schutze die Schanzarbeiter die Mauer untergruben. Alle diese Maschinen stunden auf Rollen oder Walzen, vermittelst deren sie fortgebracht wurden.

* Simplex.

Es gab also bey den Alten verschiedenerley Arten des Angriffs. Diejenigen, wobey man die Erdschütte, und die mit Sturmböcken versehene Schildkröten gebrauchte, waren bey den Römern am üblichsten. Die Griechen zogen die Sturmthürme vor, die durch Paralelgänge miteinander verbunden waren. In beyden Fällen mußte man den Stadtgraben ausfüllen. Eine andere Art des Angriffs wurde durch Minen vollzogen. Hinter der Linie der Approschengallerie öffnete man sich einen unterirrdischen Gang *; man führte ihn bis an die Mauer, deren Grund man durchschnitt und mit Hölzern unterstützte. Es wurden Pechfaschinen und andere brennbare Materien dazu gethan, worauf man die Mine ansteckte. Der Belagerte vertheidigte sich durch Gegenminen; er untergrub das Erdreich auf seiner Seite, um unter die Thürme zu kommen; er zog alsdann die Erde

* Cuniculus.

Erde allmählig darunter weg, und wenn der Boden geschwächt war, so sank der Thurm ein oder er stürzte um, ohne daß man ihn wegen seiner ungeheuren Last wieder aufrichten konnte. Auf diese Art untergrub er auch den Erdschutt, um ihn zu verbrennen oder zu versenken. Ueberdieses bediente er sich der Feuerwerke, und der feurigen Pfeile, welche mit der Hand oder mit Maschinen geworfen wurden, um die Belagerungsarbeiten zu verbrennen. Er that große Ausfälle, er schwächte die Gewalt des Sturmbockes, indem er wollene Polster die Mauer herabließ; er suchte ihn durch eine Schlinge oder einen eisernen Wolfsangel * aufzufangen, und ihn entweder seitwärts zu lenken, oder in die Höhe zu ziehen. * Lupus.

Der Belagerer bediente sich noch einer andern Art von Minen, welche unter dem Graben und der Grundmauer durchgiengen, und ihn in die Stadt führten. Diese Gewohnheit findet sich schon in den ältesten Zeiten.

Wenn der Platz nicht sehr wichtig und die Mauer nicht zu hoch war, so füllte man den Graben mit Faschinen und Erde aus; alsdann liefen die mit ihren Schilden bedeckten Soldaten hurtig Sturm, (†) indeß, daß andere das

---

(†) Die Ersteigung der Mauer geschah bald mit, bald ohne Sturmleitern. In diesem letztern Falle bildeten die schwerbewaffneten Fußknechte das berühmte Schild-

das Thor mit Axten einzuhauen suchten. Um den Angriff einer Bresche zu begünstigen, wurde oft an verschiedenen andern Orten blind gestürmet.

Dieser leichte Schattenriß wird denen nicht undienlich seyn, welche noch keine Kenntniß von diesem Theil der alten Kriegskunst haben. Die Gelehrten werden sich hoffentlich nicht einbilden, daß ich eine gründliche Abhandlung darüber liefern wollte. Hätte ich diesen Vorsatz

---

Livius, B. 44. Plutarch in Anton. p. 49.

Schildach, welches testudo oppugnatoria è scutis genannt wurde. Die zum Sturm bestimmten Cohorten nahten sich mit ihren Schilden über dem Kopfe in dicht aneinander geschlossenen Reihen und Gliedern dem Fuße der Mauer, wobey die Flügelmänner jeder Reihe, sowol rechts als links mit ihren hohlen Schilden nicht den Kopf, sondern die auswärtige Seite, und die Vordermänner der Reihen sich von ferne gegen die feindlichen Schüsse und Würfe deckten. Sobald die vordersten auf die Mauer stießen, so bückten sich die nachfolgenden mit ihren flachen Schilden stuffenweise übereinander, so daß die letztern auf den Knien lagen. Der Rest der Colonne kletterte über diese bewundernswürdige Treppe hinauf, und wenn die Mauer nicht allzuhoch war, so wurde sie ohne sonderliche Schwierigkeit erstiegen. Das Schüldach des Angriffs von Cremona ist in der römischen Kriegsgeschichte hauptsächlich berühmt. Antonius war der erste, der bey seinem mißlungenen Feldzuge gegen die Parther, seine ganze Armee ein solches Schildach formieren ließ, um sie gegen die Pfeile und Steine der Feinde zu decken.

satz gehabt, so würde ich ihn anders ausgeführt haben.

Zwote Figur.

A. Sturmthurm, der an die Mauer gerückt ist.
1. Schubbrücke.

Dritte Figur.

B. Sturmschildkröte, in ihrer Arbeit.

Vierte Figur.

1. Wallgang mit seinem Pfahlwerk.
2. Apparelle oder Dachsteg. (Rampe)
3. Brustwehr mit ihrem Pfahlwerk.
4. Graben.
5. Vorgraben.

Erklärung des VIIten Kupfers.

D. Die Stadt.
E. Abgesonderte Hauptlager.
F. Fester Posten auf einer Anhöhe vor der Linie.
G. Angriffslinien.
H. Lager, um die Brückenseite zu bewachen.
1. Verhack.
2. Geschlossenes Dorf, wo sich das Hauptquartier befindet.
3. Dragoner zu dessen Bedeckung.

4. Gemeinschaftsbrücken.
5. Morast.
6. Bevestigtes Haus.
7. Fliegende Schaaren, (Detachemens) welche unter dem Schutz der Feldschanzen und Redouten gelagert sind.
8. Die Armee in Schlachtordnung, um den Feind zu empfangen.

Fünfter Abschnitt.
Von den Schutzlinien eines Landes.

Der Gebrauch der Linien, die zur Bedeckung eines Landes dienen, ist nicht sehr alt. Es scheint, daß die ersten in Flandern im Jahr 1691 gemacht worden, um das Land von der Schelde bis ans Meer zu bedecken. Man kennet die von Bühl oder Stollhofen, welche der Prinz Ludwig von Baden im Jahr 1703 machen ließ, als der Marschall von Villars nach Bayern einbringen wollte. Sie stießen an den Rhein, und waren zum theil durch Ueberschwemmungen, und auf der andern Seite durch das Gebürge bedeckt. Dieser Feldherr machte Miene sie anzugreifen, und warf sich hierauf in das Kinzingerthal, durch welches er zum Churfürsten stieß: von dieser Zeit an hat man an mehrern Orten dergleichen Linien mit vielen Unkosten und ohne Nutzen aufgeworfen. Der Herr von Feuquieres war der erste, der sich gegen sie erklärte. Der König in Preußen behauptet ebenfalls, daß sie nichts taugen, und

Instruct. Milit. Art. 22.

und hat sie gänzlich verworfen. Ihr Hauptmangel besteht darinnen, daß sie mehr Erdreich begreifen, als man Truppen hat sie zu bewachen. Da der Feind ohne Furcht ist, daß man herausrücken werde, so kann er ungehindert alle List gebrauchen; er kann sich trennen, und ohne die mindeste Gefahr verschiedene von einander entfernte Angriffe vornehmen. Wenn diese Linien nur dazu dienen, das Land vor der Brandschätzung zu schützen, so kosten sie weit mehr als sie Nutzen schaffen; ihre Besetzung erfordert viele Leute, und wenn sie schlecht bewacht sind, so können sie die streifenden Partheyen nicht hindern durchzudringen. Eine Kette von Truppen, welche in den nächsten Schlössern, Flecken und Dörfern cantonniren, ist alles, was man bey solchen Umständen nöthig hat. Zweytausend Mann sind hinreichend, acht bis zehn Stunden Landes zu schützen, wenn man von Stunde zu Stunde fliegende Haufen von hundert und fünfzig Mann ausstellt, und sie an einigen Orten verdoppelt. (a) Die Dragoner thun hiebey die besten Dienste, weil sie einen Posten vertheidigen, auf dem Felde umherstreifen, und falls eine Parthey die Kette (Cordon) überschreitet, ihr den Rückzug abschneiden können. Der Marschall von Sachsen, welcher überhaupt kein Freund der Verschanzungen war, hat die Schutzlinien noch weniger gebilligt; sein Ansehen und die bereits angeführten

Zeug-

(a) Selten ist eine Parthey zahlreicher, und überdas kann der Commandant dieser Schutzkette, der durch seine Spionen unterrichtet seyn muß, die zum Widerstand erforderliche Mannschaft zusammenziehen; nur muß man sich hüten, die haltbaren Posten völlig zu entblössen.

Zeugnisse, sollten, wie mich dünkt, als ein entscheidender Ausspruch gegen dergleichen Werke gelten.

Wenn mir jemand von Linien spricht, sagt dieser große Mann, so glaube ich immer von der chinesischen Mauer reden zu hören. Die besten Linien sind die, welche die Natur gemacht hat, und die besten Verschanzungen sind gute Stellungsanstalten, und eine genaue Kriegszucht. Ich habe fast nie sagen gehört, daß man Linien oder Verschanzungen angegriffen hat, welche nicht erstiegen worden.

Was der Marschall hier sagt, ist gegründet; indessen hat er doch seinen Satz zu allgemein ausgedrückt. Es giebt Gelegenheiten, wo die Verschanzungen nöthig scheinen; nur muß man ihre Unbequemlichkeiten soviel möglich vermindern. Die Verschanzungen taugen nichts, wenn sie schlecht unterstützt sind, wenn man ihnen von hintenher beykommen kann, oder wenn sie sich zuweit ausdehnen, und es geschieht selten, daß sie nicht einen dieser Fehler an sich haben. Diejenigen, welche man zu Beschützung enger Wege, und Bergpässe anlegt, sind vornämlich der Gefahr ausgesetzt, auf der Rückseite angefallen zu werden. So unersteiglich auch die Höhen scheinen, an die man sich lehnet, und ungeachtet aller Behutsamkeit, die man anwendet, die kleinsten Fußsteige auszuforschen und zu verlegen, so ist es dennoch sehr schwer alle Gemeinschaft aufzuheben, weil die Berge meistens auseinander zuführen. Die Franzosen und Spanier überstiegen im Jahr 1744 die Verschanzungen bey Montalban, welche

welche die Piemonteser als eine undurchdringliche Vormauer betrachteten. Man that vier falsche und zween wahre Angriffe, welche alle zu gleicher Zeit vorgiengen. Indessen zogen sich die Hrn. Du Chatel und Chasielar durch enge und abgelegene Fußsteige, um eine Anhöhe, der Berg Eleus genannt zu erreichen, von der sie sich Meister machten. Als die Piemonteser sie auf dem Gipfel erblickten, so verliessen sie ihre Verschanzung, und zogen sich in Unordnung nach Oneglia.

Es geschieht also nicht selten, daß der Feind gerade auf diejenigen Oerter, welche man für die unwegsamsten hält, einige Mannschaft klettern läst, die sich mitten in dem Gefechte im Rücken zeigt, und dadurch Schrecken und Unordnung unter die Truppen verbreitet. Das Uebel wäre klein, wenn man nicht sogleich die Gegenwart des Geistes verlöhre; allein in den ersten Augenblicken einer Ueberraschung, ist man nicht fähig, den wahren Zustand der Sache zu untersuchen. Man erblickt die Feinde an Orten, wo man sie am wenigsten erwartete; die Furcht vermehret ihre Anzahl, und die Waffen fallen dem Soldaten aus den Händen. (a)

___

(a) Auf diese Art eroberte Alexander den Felsen Aornus, wo sich eine große Menge Barbaren eingeschlossen hatte. Eben so bemächtigte sich der Prinz Eugen der Verschanzungen, welche das Thal von Susa bedeckten. Die Franzosen hielten den engen Paß, am Eingang dieses Thales, und den von Brusa besetzt, der die Thäler von St. Martin und Pragelas schützet. Die Feinde schienen ihre Unternehmung auf diesen letztern zu richten: dieses machte, daß man den erstern entblößte, auf welchen sie sogleich losgiengen. Ein Bauer hatte

Eine andere Schwierigkeit die sich bisweilen bey den Bergverschanzungen ereignet, bestehet darinnen, wenn man genöthigt ist, mehrere der Breite nachliegende Schlupfwege zu bewachen, so daß die Truppen entweder gar keine, oder eine sehr mühsame Gemeinschaft haben. Alsdann ist jeder Theil sich selbst überlassen: der Feind kann mit seiner ganzen Macht auf einen einzigen fallen; ist er nur erst davon Meister, so dienen die andern zu nichts mehr, und laufen wol noch Gefahr, abgeschnitten zu werden.

Man kann diese ganze Lehre in folgenden allgemeinen Grundsatz zusammen fassen. Wenn eine Verschanzung nur das mindeste taugen soll, so müssen ihre Seiten so gedeckt seyn, daß man ihr nicht in den Rücken kommen kann. Die Truppen müssen eine leichte Gemeinschaft unter sich haben, und bey der Besetzung sich nicht weiter, als in ihrer Schlachtordnung ausdehnen, (a) das ist, die Verschanzung muß wenigstens

---

hatte ihnen einen Fußweg zwischen den Felsen gewiesen; der Prinz Eugen ließ fünfzig Soldaten hinauf klettern. Er bemächtigte sich auch einer Anhöhe, welche hinter den Verschanzungen lag, und zu gleicher Zeit angegriffen wurde. Die Furcht ergriff den französischen Befehlshaber, und er zog sich zurück.

(a) Der Prinz Eugen, der sich im Jahr 1701 bey Chiari postiert hatte, war zwischen zwoen Flüssen verschanzt. Seine Infanterie stund auf zwo Linien; die Reuterey hinter ihr, und die ganze Fronte war mit einer zahlreichen Artillerie versehen. Der Marschall von Villeroy griff ihn wider den Rath des Hrn. von Catinat in diesem Posten an, und wurde

stens mit einer Kette von Bataillonen verbrämt seyn, welche Reserven von Reuterey und Fußvolk hinter sich haben.

Die guten Posten sind diejenigen, bey welchen man den Feind auf einen oder zween ausgemachte Angriffspunkte einschränken kann, und deren Fronte nicht weit ausgedehnt ist. Da man alsdann keine Diversionen zu fürchten hat, so ist die Aufmerksamkeit nicht getheilt, und man läuft nicht Gefahr überrumpelt zu werden. Eine schwache Armee die einen Vertheidigungskrieg führt, kann nichts bessers thun, als sich an einen solchen Posten bevestigen, wenn er durch seine Lage das Land bedeckt, so sie erhalten will. Die Zwischenposten, die man an den Flanken oder im Rücken ausstellt, um sich der Gemeinschaft zu versichern, müssen ebenfalls verschanzt seyn; ausser diesen Fällen können die Verschanzungen weit mehr schaden als nützen.

Wenn man eine Armee sicher stellen und ihren Standort bevestigen will, so können die Redouten unstreitig

---

geschlagen. Die allzugroße Ueberlegenheit der Franzosen hatte den Prinzen Eugen zu dieser Stellung bewogen, und die Berichte, die er durch den Herzog von Savoyen von ihren Absichten erhielt, veranlaßten ihn, alle nur mögliche Maßregeln zu ergreifen, um sie wohl zu empfangen. Das Lager, welches er und der Herzog von Marlborough im Jahr 1708 sich wählten, um die Belagerung von Rüssel zu unterstützen, war auch sehr schön. Sein rechter Flügel stieß an die Deule, der linke an die Marque, und die ganze Fronte, welche bestens verschanzt war, betrug mehr nicht, als ungefähr eine Stunde. Der Herzog von Burgund der sich davor zeigte, hielt es nicht für thunlich sie anzugreifen.

ſtreitig am beſten dazu dienen. Sie ſchützen und bedecken die Truppen ohne ſie in ihren Bewegungen zu hindern; ſie befördern ſogar diejenigen, welche der General vorwärts machen will, und laſſen ihn Meiſter die günſtigen Augenblicke zu ergreifen, um auf den Feind los zu gehen; ſie koſten wenig Mühe, und ſind in kurzer Zeit aufgeworfen; ihr Hauptvortheil aber iſt dieſer, daß ſie nicht, wie die Verſchanzungen, den Soldaten ſtutzig und muthlos machen; denn dieſe Behutſamkeit verräth eine Furcht vor dem Feinde, und zeigt den Truppen ein lebhaftes Bild der Gefahr, welches Ueberlegungen veranlaßt, die den tapferſten Mann in Schrecken ſetzen.

1676. Ein merkwürdiges Beyſpiel von dem Nutzen der Redoutenlinie iſt das obenerwehnte Lager bey Zurauno, wo der König Johann Sobiesky zwiſchen der türkiſchen Armee und dem Dnieſter eingeſchloſſen war, den er auf dem Rücken hatte. Da ich ſeine Stellung in der Folge dieſes Werks näher unterſuchen werde, ſo will ich mich hier nicht dabey aufhalten, ſondern blos anmerken, daß die Redouten ihn gerettet haben. Sie brachten auch Peter dem Großen den Sieg bey Pultawa, und den Sturz Carl des XIIten zuwege. Der Czar hatte 12 Redouten auf der Fronte ſeiner Armee angelegt, wovon jede zwey Bataillonen faßte. Um ſie wegzunehmen, zerfällten die Schweden ihre Schlachtordnung, ſie wurden von den Ruſſen angegriffen, und aufs Haupt geſchlagen.

Der Marſchall von Sachſen führt in ſeinem Kriegswerk die Urſachen an, welche den Czaar zu dieſen An-
ſtal-

hatten bewogen haben. Ob er gleich die Schweden
an Macht weit übertraf, so fürchtete er sich doch vor
ihnen, weil sie versuchter und zuchtmäßiger waren als
seine Russen, und sie durch ihre Leichtigkeit in den
Kunstbewegungen, auf dem flachen Felde allezeit geschlagen, oder in ihren Verschanzungen überwältigt hatten.
Dieser letztere Punkt ist besonders merkwürdig. Wenn
die Russen den Feind in ihrem verschanzten Lager erwartet, und die Schweden es erstiegen hätten, welches
gewiß geschehen wäre, da sie sogar drey Redouten *Aller-
wegnahmen, so wäre der Czaar unfehlbar geschlagen *felds Geworden, weil seine Soldaten in diesem Augenblick schichte
einen Schrecken gefaßt, und sich für gänzlich verlohren XII.
gehalten hätten.

 Diese Schutzwehr ist also den vielen Umständen
allen andern Arten von Verschanzungen vorzuziehen,
weil man die Vortheile des Angriffes damit vereinigen
kann. Der Marschall von Sachsen hat sich derselben
bey Fontenoi bedient, und während der Belagerung
von Mastricht verschiedene Redouten auf dem Platze 1748.
anlegen lassen, der ihm zum Schlachtfelde dienen sollte;
dieses war seine Lieblingsmethode, welche er uns in
seinen Schriften zur Regel hinterlassen hat. Man muß
ihre Größe nach den Umständen und nach der Zahl
der Truppen einrichten, die man hineinlegen kann. Eine * Pour-
Redoute deren innerer Grenzriß * eine Gesichtslinie ** tour.
von dreyßig Klaftern hat, und deren Brustwehr drey ** Face.
Mann hoch besetzt ist, wird achthundert und zwanzig
Mann enthalten, davon hundert als eine Reserve im
Mittelpunkte stehen müssen. Werden noch überdem
Stücke darauf gepflanzt, so ist dieses meines Erachtens,

S 5   alles

alles was man für die grösten Vorfälle nöthig hat. Sie müssen aber mit Sturmpfählen wohlgespickt, stark verpallisadiert, und mit einem Verhack von Bäumen bedeckt seyn, wenn sie sich in hinlänglicher Menge in der Nähe befinden.

Die Absicht dieses Hauptstücks war, durch alle angeführte Beyspiele zu zeigen, daß eine Armee, welche den Feind auf einem Posten erwartet, aus ihrer Stellung eben so selten die gehosten Vortheile zieht, als wenn sie sich in ihre Verschanzungen einschließt. Da indessen ein General den Zustand (des Krieges nicht nach seinem Willen ordnen, und eben so oft im Falle seyn kann, das Treffen anzunehmen als es zu liefern, so muß er nach Auswählung des günstigsten Schlachtfeldes, auch vornämlich auf die Freyheit der Bewegungen sehen, um mit dem Feinde wenigstens einige von seinen Vortheilen gemein zu haben. Auf diesen Lehrsatz waren die Anstalten des Marschalls von Sachsen zu Fontenoi, die zu Mastricht auf den Fall eines Angriffs, und die Maßnehmungen des Herzogs von Broglio bey Bergen gegründet.

Sit=

Siebentes Hauptstück.

Erster Abschnitt.

Beyspiele von Treffen, welche der schrägen Schlachtordnung beykommen, und auf die zwote und dritte Stellart des Veges angewandt sind.

Ich habe oben allerhand Mittel angezeigt, deren man sich in der parallelen Stellordnung bedient, um seine Fronte zu verstärken, seine Flanken zu decken, oder sich den Weg zu erleichtern, dem Feind in die seinigen zu fallen. Verschiedene dieser Anstalten kommen mit der schrägen Stellart überein, und man kann versichern, daß die gemeine Schlachtordnung um desto besser eingerichtet ist, jemehr sie durch ihre Bewegungen sich jener nähert. Selten geschieht es, daß zwo Armeen mit ihrer ganzen Fronte gleichmäßig aufeinander stoßen; es ereignen sich gemeiniglich Hindernisse, die sie auf einer oder der andern Seite voneinander trennen. Ist es auf einem der beyden Flügel, so wirst der General, welcher zuerst die daraus erwachsenden Vortheile wahrnimmt, den größten Theil seiner Macht auf den andern, um auf dieser Seite mit Ueberlegenheit anzugreifen. Bey der Schlacht von Ramilli zogen die Alliirten, die auf ihrer Rechten durch einen Bach bedeckt waren, beynahe ihre ganze

Reuterey auf die Linke. Der Marschall von Villeroi sah diese Bewegungen, ohne sich daran zu kehren; aller Vorstellungen ungeachtet, wollte er an seiner ersten Stellordnung nichts ändern. Seine Vermessenheit gieng so weit, daß er nicht einmal das Gepäcke zurück- zog, welches zwischen den beyden Linien stund; er wollte auch seinen Cavallerieflügel nicht bis an das Dorf ausdehnen, welches zu seiner Rechten lag, so daß ein leerer Raum blieb, den der Feind bey seinem Angriffe zu benutzen wußte. Kurz, es schien, als ob die französische Armee bezaubert wäre, oder daß ihr General sich mit allem Vorsatz wollte schlagen lassen. (a)

Mem. de Feuquie-res.

Die Anstalten und Wendungen der Aliirten bey dieser Schlacht, kommen sehr genau mit Vegezens dritter Stellart überein, vermöge deren man seine Linke verstärkt, um die feindliche Rechte anzugreifen, und zu umringen, mittlerweile daß der Rest des Heeres in der Entfernung, oder doch also bedeckt stehet, daß er keinen Ueberfall zu besorgen hat. Diese Anordnung gleicht auch der zwoten Stellart, weil man dabey das mit dem linken Flügel ausführt, was bey der vorigen der rechte verrichtet.

Instit. Milit. Liv. 3. C. 4.

Das Mittel die Absicht des Feindes zu vereiteln, wenn er zuerst einen schrägen Angriff wagt, ist in bey-

---

(a) Dieses und noch verschiedene andere Beyspiele, könn- ten die Höflinge belehren, daß die Würden, der hohe Stand und die Gunst des Fürsten keinen Feldherrn ausmachen. Es geschieht aber selten, daß diese Vorzüge des Glückes die Ver- nunft nicht benebeln, und weil man groß ist, so glaubt man auch sehr geschickt zu seyn.

bepden Fällen gleich. Es besteht in nichts anders, als
in einem guten Rückhalt von Reuterey, den man hinter die Armee stellen kann. Der König in Preußen
macht diese Anstalt in seinem Kriegsunterrichte zu einer
Hauptregel. Auf der Ebene, sagt er, muß allezeit *Kriegs-*
eine Reserve von Cavallerie hinter der Mitte der *unter.*
Bataillonen seyn; es wird aber erfordert, daß *Art. 11.*
man einen tüchtigen Officier auswähle, um diese *S. 116.*
Reserve zu commandieren, weil er für sich selbst
agieren muß, dergestalt, daß wenn er siehet,
daß einer von den Flügeln Succurs nöthig hat,
er mit seinen Leuten dahin eile; auch im Fall
solcher Flügel geschlagen würde, dem verfolgen-
den Feind auf die Flanken falle, und also der
Cavallerie Zeit gebe, sich wieder zu vereinigen
und sich setzen zu können. Dieser große Fürst gebraucht bey dieser Gelegenheit nichts als Reuterey,
deren Bewegungen in der That weit schneller sind;
indessen ist es nicht undienlich, wenn man um sich
von den Ränken des schrägen Angriffs zu schützen, auch
Fußvölker hinstellet, weil der Feind, der einen seiner
Flügel verstärkt, es mit bessererley Truppen thun kann.
Bey dieser Gelegenheit muß der Anführer des Rückhalts
besonders acht geben, daß er sich nicht durch falsche
Wendungen berücken lasse, welche der Feind mit allem
Fleiß auf der Seite vornehmen wird, wo er nicht
angreifen will, um die Aufmerksamkeit vom wahren
Gegenstand abzuziehen. Der Rückhalt muß so gestellt
seyn, daß er dem bedrohten Flügel schleunig zugeführt
werden kann; man muß ihn aber nicht eher in Bewegung setzen, bis man den entschiedenen Angriffspunkt deutlich vor Augen sieht. Wenn in der Schlacht

bey Höchstätt der Marschall von Tallard sich nicht durch einige Anfälle hätte blenden lassen, welche der Prinz Eugen auf seiner Rechten vornehmen ließ, so wären

Hist. Mi- ihm die Anstalten nicht entwischt, welche der Herzog
lit. de von Marlborough in dem Mittelpunkte machte, er
Louis
XIV.T.4. hätte alsdann die Infanterie, die fast alle in den Dörfern stund, an sich ziehen, und seine Linie dem Bache nähern können, über welchen der Feind gewiß nicht gegangen wäre, wenn jener nicht so weit davon gestanden hätte. Der Marschall von Villeroi hatte noch mehr Zeit, als der Herr von Tallard seine Anstalten zu verändern, um sich den feindlichen entgegen zu setzen, welche sehr langsam von statten giengen. Wenn man die Erzählung dieses Treffens bey dem Hrn. von Feuquieres liest, so kann man nicht begreifen, wie es möglich ist, die Hartnäckigkeit und Verblendung soweit zu treiben.

Die Schlacht bey Fontenoi kann so, wie die bey Ramilli, unter diejenigen gezählet werden, welche viele Aehnlichkeit mit der schrägen Gattung haben. Der linke Flügel der französischen Armee stieß an einen Wald und war durch zwo Redouten beschützet; er erstreckte sich bis nach Fontenoi, das im Mittelpunkte stund; hierauf bog sich die Linie gegen Anthouin, welches an der Schelde liegt. Dieser Theil der Fronte war mit drey Redouten bedeckt, und durch die Batterien der Verschanzungen flankieret, welche man zu Anthouin aufgeworfen hatte. Durch diese Stellung bildete die Armee gleichsam einen stumpfen Winkel, dessen Spitze das Dorf Fontenoi bezeichnete. Die Feinde, welche diese Schlachtordnung anders nicht,

als

als durch eine überaus große Fronte hätten umzingeln können, ließen die Holländer gegen dem rechten Flügel der Franzosen stehen, und zogen sich mit aller ihrer Macht auf Fontenoi und die Redouten des linken Flügels. Nach einigen mißlungenen Angriffen formierte ihre Infanterie entweder mit Vorsatz, oder von ungefähr drey Colonnen, welche sich vereinigten, und zwischen das Dorf und die Redouten eindrangen.

Hätten die Anführer dieser ungeheuren Masse von Fußvolk in jenem Augenblicke ihren Vortheil ersehen, so hätten sie dieselbe zertheilet und weiter agieren lassen; ein Theil wäre auf den rechten, ein anderer auf den linken Flügel zugefallen, und wenn die Reuterey, welche nachfolgen sollte, diese Bewegungen unterstützt hätte, so wäre die Schlacht ohne Rettung verlohren gewesen; so aber blieben die Engländer wie unbeweglich stehen, und die Unthätigkeit dieser berühmten Colonne gab den Franzosen Zeit alle die Mittel anzuwenden, wodurch sie zerstöret wurde (a) Ich will mich aller

---

(a) Man ließ Kanonen vorführen, sie wurde beschossen, und zu gleicher Zeit an mehrern Orten angegriffen; sie widerstund verschiedenen Anfällen der Reuterey; selbst die königlichen Haustruppen wurden zurückgeschlagen; endlich aber drangen die Franzosen hinein; bald zeigte sich nichts mehr, als ein gräßliches Blutbad und die größte Verwirrung. Man hatte die Schlacht so gewiß für verlohren gehalten, daß der Marschall von Sachsen den König ersuchen ließ, über die Scheldbrücke zurück zu kehren, mit dem Zusatze, er wollte sein möglichstes thun, um die Unordnung herzustellen. O! versetzte der König, ich glaube wohl, daß es an ihm nicht fehlen wird; ich will aber da bleiben. Dieses Treffen ward im Jahr 1745 geliefert.

aller Betrachtungen über diese Begebenheit enthalten, welche dem Ritter von Folard einen schönen Stoff gegeben hätte, seine Grundsätze zu vertheidigen. Ich begnüge mich anzumerken, wieviel eine zur bloßen Gegenwehr postirte Armee auch bey der vortheilhaftesten Stellung Gefahr läuft; weil der Feind, welcher weiß, daß sie ihren Platz nicht verlassen wird, von seinen Bewegungen Meister ist, seinen Angriffspunkt wählet, und seine Maßregeln nach den Beobachtungen nimmt, die er mit aller Bequemlichkeit anstellen konnte. Hier sieht man die französische Armee unter den Befehlen eines der größten Feldherren unsers Jahrhunderts (a) der sich alle nur mögliche Vortheile verschafft hatte, und dennoch wäre sie unfehlbar zu Grunde gegangen, wenn der Feind hurtig genug gewesen wäre, um seine ersten Vortheile zu benutzen und auszuführen. Hieraus läßt sich abnehmen, was man von Armeen erwarten kann, die von ungeschickten oder auch mittelmäßigen Anführern postirt sind, welche mehr Eigendünkel als Wissenschaft besitzen.

Zweyter Abschnitt.

Manœuvres des Königs von Preußen, um die schräge Schlachtordnung zu bilden.

Ich habe bereits angemerkt, daß ein Kriegsheer, welches den Feind an einem festen Posten erwarten wollte, sich von demselben nicht entfernen kann, ohne seine

(a) Des Marschalls von Sachsen.

seine gehabten Vortheile zu verlieren, und daß es daher genöthigt ist, in einem jederzeit mißlichen Vertheidigungsstande zu bleiben. Bey diesen Umständen muß ein schräger Angriff um desto sicherer gelingen, da derjenige, so sich dessen bedient, nicht zu fürchten hat, daß man ihm zuvorkommen werde: es gibt auch kein Beyspiel, daß zwo Armeen zu gleicher Zeit eben dieses Manoüvre vorgenommen haben. Solches geschah entweder aus der ersterwähnten Ursache, oder weil es wohl abgerichtete Truppen, einen vortreflichen Feldherrn, und eine kühne Entschlossenheit erfordert. Man weiß, wie selten sich Männer von dieser Art finden, welche würdig sind, einem Epaminondas, einem Alexander, einem Friederich II. entgegen gestellt zu werden.

Die Schlacht bey Lissa oder Leuthen, welche der König in Preussen gegen die Oesterreicher gewann, gehörte ganz und gar zu der schrägen Schlact, und stimmte mit Vegetius zweytem Muster überein. Die österreichische Armee stieß mit ihrer Rechten an einen kleinen Wald, ihre Linke, wovon ein Theil sich nach einem Moraste bog, war an das Dorf Sagschut gelehnt. Vor ihrer Fronte hatte sie die Dörfer Leuthen und Frobchwitz. Die Preussen näherten sich in vier Colonnen, davon zwo aus Infanterie und zwo aus Reuterey bestunden. Als sie nur noch zwölfhundert Schritte von der österreichischen Fronte entfernt, und die Colennen des rechten Flügels weiter vorgerückt waren, als die zur linken, so entwickelten sie sich, indem sie sich gegen ihre Rechte zogen, und die Linke weiter zurück ließen, so daß die Linie, indem sie sich formierte, und rechts ausdehnte, sich dem linken Flügel der Oesterreicher näherte, mittler-

5. Christmonat 1757.

weile daß der preußische linke Flügel sich von ihrem rechten entfernt hielt. Sechs Bataillonen deckten die rechte Flanke ihrer schweren Reuterey, welche sich an einen kleinen Wald lehnte, der vor der obermähnten Krümmung lag, die das Ende des österreichischen linken Flügels formierte: hinter dem Cavallerieflügel stunden die Dragoner und Hussaren, welche letztere sich um den kleinen Wald zogen, um dem Feind in die Flanke zu fallen. Dieser Theil der preußischen Armee war noch durch ein Corps verstärkt, welches den Vortrab ausmachte, und den ersten Angriff unternahm. Das Dorf Sagschut ward erobert, und der ganze österreichische linke Flügel zum weichen gebracht; er zog sich auf eine gewisse Weite zurück, wo er sich wieder in Ordnung stellte. Während dieser Zeit wandte sich ihre Rechte durch eine Viertelschwenkung vorwärts gegen die Linke der Preussen, so daß aus dieser Bewegung eine neue Stellung entstund, welche die beyden Armeen in eine gerade Fronte brachte. Alsdann griff die Reuterey des preußischen linken Flügels die Cavallerie des österreichischen rechten Flügels an, und warf sie über den Haufen. Das Dorf Leuthen wurde von den Preussen besetzt, und die österreichische Infanterie, die sich von ihrer Reuterey verlassen sah, ward auf allen Seiten eingestürzt und zurückgetrieben. Es ist zu merken, daß bey dem Cavalleriegefechte des preußischen linken Flügels, die auf der zwoten Linie gestellten Dragoner, und die hinter dieser letztern stehenden Hussaren die österreichische Reuterey überflügelten, und ihnen in die Flanken sowol als in den Rücken fielen.

Bey dieser Schlachtordnung sieht man die Anwendung alle der Regeln, die sich in dem Kriegsunterrichte

des

des Königs und in den Grundsätzen seiner Taktik befinden; Bataillonen, welche die Flanken der Infanterie bedecken; Dragoner, die im zweyten Treffen; Husaren, die hinter jedem Flügel im Rückhalt stehen, um den Feind von hinten her zu umzingeln, und eine kleine Reserve hinter dem Mittelpunkte der Infanterie. Auf dem rechten Flügel sieht man ein Corps von sechs Bataillonen, welches die Reutereyflanke deckt. Diese Bataillonen besetzten den äussersten Rand des Wäldchens, woran jene sich lehnte: Wäre sie geschlagen worden, so hätten die Feinde beym Nachsetzen zwischen das Feuer dieses Hinterhalts, und derjenigen Bataillonen gerathen müssen, welche die Flanke der Infanterielinie bedeckten. Hierdurch wären sie aufgehalten, und der geschlagenen Reuterey Zeit gelassen worden sich wieder zu richten. *M. s. K. 12. des Kriegsunterr. Art. 32.*

Wenn man schwere Infanterie auf die Reutereyflanke stellet, so wird vorausgesetzt, daß sie ein zu ihrer Postierung günstiges Erdreich finde, wie bey dieser Gelegenheit geschehen ist. Denn wenn dieses Fußvolk nach der Niederlage der Cavallerie im freyen Felde stünde, so würde es Gefahr laufen aufgerieben zu werden, es sey denn, daß das Corps beträchtlich genug wäre, um sich in der Stellung eines Plesion, (a) oder eines viereckigten Bataillons halten zu können. Wenn ein Reutereyflügel, der solchergestalt zwischen zween Infanteriehaufen postiert ist, sich auf die Vertheidigung einschränkt, *S. K. 13. Ebd.*

(a) Unter der Benennung Plesion verstehe ich hier ein langes und leeres Viereck. Der Verfasser des Systems von den Plesionen macht kleine Colonnen daraus; daran liegt aber nichts; wenn nur diese Infanterie eine Stellung nimmt, die sie retten kann.

so muß er sich nicht mit der ersten Linie derselben in gleiche Fronte, sondern weiter rückwärts in die Höhe des zweyten Treffens stellen, weil man den angreifenden Feind auf seinen beyden Flanken mit dem Feuer dieser Infanterie begrüßet, falls er die Unvorsichtigkeit hat, sich demselben bloß zu stellen. Wenn man ihm entgegen gehet und bey (D) auf ihn stößt, so haben die beyderseitigen Fußvölker ihm bereits mit ihrem schrägen Feuer zugesetzt, ehe nur die Reutereylinie auf ihn anprellt, welche ihn würklich beschädigt finden, und desto eher mit ihm fertig werden muß. So war in der Schlacht bey Coni die sardinische Cavallerie geordnet, welche der König insgesammt auf seinen rechten Flügel gezogen hatte. Ihre erste Linie stund in gleicher Höhe mit dem zweyten Infanterietreffen, dessen Flanke durch einige Bataillonen bedeckt waren; weil aber der Cavallerieflügel völlig entblößt stund, so hatte er statt des Fußvolks eine Anzahl Schwadronen auf seine Flanke gestellt, welche sie nicht nur decken, sondern auch den spanischen Cavallerieflügel umschließen sollten. Dieses war weiter nichts, als eine genaue Ausführung der Vorschrift des Herrn von Santa Cruz, wovon wir oben geredet haben.

S. oben
K. 5fig. I.

Die Art, wie der König von Preussen seine schräge Schlachtordnung bildet, macht es dem Feinde unmöglich, seine Absicht zu entdecken, oder die Richtung seines Anfalles zu errathen; und wenn das Manöuvre einmal vor sich geht, so wird es mit solcher Schnelligkeit vollzogen, daß es nicht mehr Zeit ist einige Gegenanstalten zu treffen. Es wird dabey auf folgende Weise verfahren: Wenn die Colonnen sich noch in einer gewissen Entfernung befinden, so machen sie Halt, und drängen ihre

Divisionen

Divisionen zusammen. Diese Abtheilungen bestehen bald in halben oder Viertelsgliedern, bald aus halben Bataillonen oder Schwadronen, und lassen unter sich mehr nicht als einen Zwischenraum von vier Schritten. Hierauf setzen sie sich wieder in Bewegung, und zwar so, daß die rechte Flügelcolonne, der zu ihrer Linken vorschreitet, und die beyden andern gleichfalls hinter diesen zweyen dergestalt zurückbleiben, daß sie zusammen eine Reihe von Orgelpfeifen vorstellen. Auf diese Weise marschiren die Spitzen der Colonnen vorwärts, indem sie sich ein wenig rechts halten, bis die rechte Flügelcolonne nahe genug ist, um die feindliche Flanke zu umzingeln. Eben dieses Manduvre wird auf der linken Seite vorgenommen, wenn man seine rechte Flanke angreifen will. Haben die Colonnenspitzen solchergestalt eine schräge Richtung genommen, so lassen sie sich gar schnell entwickeln, welches auf folgende Art geschieht: Gesetzt jede Infanteriecolonne bestünde aus 24 Bataillonen, wovon 16 die erste Linie, und 8 die zwote ausmachten, so schwenken sich die acht vordersten Bataillonen rechts, und die acht folgenden links: Hierauf marschieren sie solange in einem schnellen Flankenschritt, bis die linke Rotte der letzten Abtheilung des achten Bataillons, und die rechte Rotte des neunten in gleicher Höhe stehen; alsdann machen diese beyden Abtheilungen vorwärts Fronte; alle andern thun zur Rechten und Linken ein gleiches, und so wie sie sich aufdecken, rücken sie vor und bilden die Linie. Die acht Bataillonen des zwoten Treffens machen eben die Bewegung, um ihre Linienstellung anzunehmen, so nämlich, daß die vier ersten sich rechts, die vier letzten sich links schwenken, und sich jene zur Rechten, diese zur Linken ausdehnen, indem sie unter sich die nöthigen Zwischenräume lassen. Die Reuterexcolonnen entwickeln sich auf gleiche Weise; die Cavallerie macht ihre Bewegungen im Trab, und das Fußvolk mit dem verdoppelten Schritte. Dieses geschieht mit solcher Schnelligkeit, daß eine Armee von 48 Bataillonen und 60 Schwadronen, in weniger als zehn Minuten gerichtet ist.

Der Vortheil dieser Entwicklungsart besteht darinnen, daß da die Divisionen sehr gedrungen sind, die Colonnen in ihrer Tiefe gar wenig Erdreich einnehmen, und man daher in einer gewissen Entfernung ihre Stärke nicht errathen kann; ein Umstand, welcher sehr dienlich ist den Feind zu hintergehen. Es liegt auch am Tage, daß die Linie auf diese Art weit geschwinder zu Stande kömmt, als wenn jede Colonne sich bey ihrer Entwicklung nur nach einer Seite hinstrecken, und die Bataillionen und Schwadronen nach der bisherigen Gewohnheit durch halbe Schwenkungen sich in Marsch setzen, und Fronte machen wollten. Nach der preussischen Methode kann man auf 7 bis 800 Schritte vom Feinde sich ohne Gefahr entwickeln. Indem diese Bewegungen vorgehen, macht die Artillerie ein grosses Feuer auf die ganze Fronte seiner Linie, und die Vortruppen, welche den Angriffsflügel noch verstärken, beginnen den Anfall mit Beyhülfe der ersten Völker die sich formiert haben. Es ist nicht zu vergessen, daß wenn das Erdreich es erlaubet, der König in Preussen eine Spitze seiner Truppen auf demjenigen Flügel sehen läßt, wo er nicht angreifen will, indeß daß er die andern hinter einer Anhöhe auf die entgegengesetzte Seite führet. Dieser Kriegslist hat er sich in der Schlacht bey Zorndorf

dorf gegen die Russen und in dem Treffen bey Lissa bedienet; da er sich anfänglich auf der Linken zeigte, so ließen die Oesterreicher, welche hieselbst umzingelt zu werden fürchteten, ihre Reserve nach dieser Seite vorrücken.

Obgleich alle die, welche die Friedenslager des Königs in Preussen gesehen haben, seine Taktik und seine Kunstbewegungen kennen, und sogar verschiedene, wiewol ziemlich kurze Beschreibungen davon in die Welt gestreut worden, so hat es mir dennoch nöthig geschienen, bey dieser Gelegenheit davon zu reden. Sie finden hier ihre natürliche Stelle, und können nicht nur über die Bildungsart der schrägen Schlachtordnung ein Licht verbreiten, sondern auch die Verbesserung aller andern Manoeuvres befördern.

T 4   Achtes

Achtes Hauptstück.

Schlacht bey Leuctra.

Alle Künste und Wissenschaften stehen unter sich in gewissen Verhältnißen die sie miteinander verbinden, und ihre Aufnahme sowol als ihren Verfall gemeinschaftlich machen. Die Kriegskunst, welche mehr als irgend eine andere mit der Naturlehre und Geometrie verwandt ist, muß mit diesen in gleichem Schritte gehen. Als das römische Kaiserthum auf allen Seiten einstürzte, und Europa von den Barbaren verheeret wurde, so verlohr sich der gute Geschmack und die Sphäre des Genies zog sich durchgehends in die Enge. Verschiedene Jahrhunderte verstrichen im Schooße der Finsterniß, bis die türkische Eroberung von Constantinopel den Zeitpunkt einer neuen Veränderung herbeyführte. Die Künste, die sich daselbst noch erhalten hatten, flüchteten sich nach Italien, und von da verbreiteten sie sich unter die übrigen Völker. Man studierte die Alten, man ergriff den Faden ihrer Kenntniße wieder, und schwung sich unvermerkt aus der Barbarey empor. Der Krieg der bisher mit mehr Kühnheit als Methode geführt worden, richtete sich nach neuen Grundsätzen. Geschickte Feldherren zogen seine Regeln aus der Vergessenheit hervor, und das Chaos der Taktik fieng an eine Gestalt zu bekommen. Weil man aber nicht zur Vollkommenheit gelanget, ohne durch das weite Gebiete

der

der Irrthümer zu schweifen, so kann man sich noch nicht schmeicheln, sie völlig erreicht zu haben: Vielleicht sind wir ihr vor einem Jahrhunderte näher gewesen; fast berührten wir das Ziel; schlechte Wegweiser haben uns wieder davon abgeführt. Der Marschall von Sachsen, welchem Frankreich verschiedene große Siege zu danken hat, ist nach seinem Tode unser Lehrer geworden. (a) Er hat uns wieder den rechten Weg geleitet, und wir können ihm mit Nutzen folgen, wenn wir uns nicht bey der Schale aufhalten, sondern den Kern suchen wollen.

Wir haben bisher noch keinen deutlichen Begriff von den unterschiedenen Schlachtordnungen gehabt. Wir wußten zwar überhaupt, daß wir gewiße Theile verstärken, dem Feind in die Flanken kommen, und ihn von den unsrigen abhalten müßten. Wir begriffen, daß vieles daran gelegen seye, ihm unsre Bewegungen zu verbergen, ihn durch betrügliche Manöuvers im Zweifel zu erhalten, und zu diesem Ende die Vortheile des Erdreichs zu benutzen; kurz wir waren überzeugt, daß es eine Kunst gebe, welche alle Theile des Krieges regiert, und daß diese Kunst darinnen bestehe, seine Absichten dem Feinde zu verbergen, und ihn auf andere Gegenstände

(a) Alsdann erschien sein Werk, dem er den bescheidenen Titel der Träumereyen gegeben hatte. Man darf nicht glauben, daß man allen seinen Ideen folgen müsse; bisweilen träumt er in der That; allein er träumt als ein großer Mann; und ich würde diesen geistreichen Schlaf allemal dem schlummernden Leben so vieler Dummköpfe vorziehen, welche den engen Dunstkreis ihrer Fähigkeiten für die Gränzen der Erkenntniß halten.

ſtånde zu ziehen. Allein wir kannten jene ſtolzen und
kühnen Manöuvres noch nicht, deren die ſchräge
Schlachtordnung fähig iſt, und die der König in Preuſ-
ſen zuerſt, und mit noch mehr Kunſt als die Alten aus-
geübt hat. Die Geſchichtſchreiber, die davon geredet,
und die Kriegsſchriftſteller Vegez und Aelian, welche ſie
in Grundſätze gebracht haben, wurden blos von einigen
Gelehrten geleſen, die nicht fähig waren, einen Gebrauch
davon zu machen. Der Ritter von Folard, deſſen Arbeiten unſern Dank verdienen, iſt der erſte, der dieſe
Geheimniße entwickelt, und der Welt vor Augen gelegt
hat. Dieſes iſt durch die Beſchreibung der Schlachten
bey Leuctra und Mantinea geſchehen, welches zwey
Meiſterſtücke der höhern Kriegskunſt, und ein paar un-
ſterbliche Töchter des Epaminondas ſind. (a) Er hat
den Schleyer der Unwiſſenheit zerriſſen, und ein bis dahin unbekanntes Land entdecket. Obgleich ſein Werk
von Irrthümern wimmelt, ſo iſt es darum nicht weniger ſchätzbar. Die Zeit und der Fleiß derer, die ſich
den Fortgang dieſer Wiſſenſchaften angelegen ſeyn laſſen,
müſſen die Fehler verbeſſern, worein Folard aus einem
allzugroßen Vorurtheil für ſein Lehrgebäude verfallen iſt.

Die Schlachtordnung bey Leuctra gehört zu Vegezens dritter Stellart. Hier verrichtet man mit dem linken

---

(a) Als dieſer große Feldherr auf dem Punkte war, an
der Wunde zu ſterben, die er bey Mantinea bekommen hatte,
ſo beklagten es ſeine Freunde, daß er keine Nachkommen hätte. Er antwortete ihnen, daß er zwo Töchter hinterließe, die
Schlachten bey Leuctra und Mantinea, die ſeinen Namen
verewigen würden.

ken Flügel, was bey der vorigen mit dem rechten ausgeführt worden, indem man seine besten Truppen auf diese Seite stellet, und sie nach den vortheilhaftesten Maßregeln agieren läßt. Indessen hält doch Vegez diese Stellart nicht für so gut als jene, weil er behauptet, daß die Würkung des linken Flügels allezeit schwach und unvollkommen sey. Dieser Grund kömmt uns anfänglich sonderbar vor; man muß ihn erklären. Da der Schild am linken Arme hieng, so war ein Kriegshaufe, der von seiner Rechten auf die Linke des Feindes zumarschierte, mit den Schildern bedeckt, anstatt daß in der entgegengesetzten Richtung, der Soldat seine rechte Seite blosgab. Hiezu kam noch eine andere physikalische Ursache: Da die vornehmste Stärke des Mannes in seiner Rechten liegt, so ist es gewiß, daß alle vereinigte Kräfte eines jeden sich natürlicher Weise nach dieser Seite ziehen. Dieses ist so wahr, daß ein marschierender Kriegshaufe sich allemal eher rechts als links wirft. Hieraus schlossen die Alten, daß der rechte Flügel einer Armee mehr Stärke als der linke besäße. Man siehet nicht, daß Alexander in der Schlacht bey Arbela, einen andern Entscheidungsgrund hatte, um den rechtseitigen Angriff dem entgegengesetzten vorzuziehen. Wenn Epaminondas bey Leuctra und Mantinea mit seiner Linken anfiel, so geschah es darum, weil triftigere Gründe die obigen überwogen.

Dieser Feldherr ließ einen Theil seiner Linie eine Viertelsschwenkung machen, und stieß hierauf mit seinem linken Flügel auf den rechten der Lacedämonier, die von ihrem Könige Cleombrotus angeführt wurden. Um diese Bewegung zu bewerkstelligen, hatte er die Höhe seiner

ner Phalanx verdreyfachet, woraus eine große Colonne
entstund, welche auf die lacedämonische anprellte. Zu
gleicher Zeit zog sich die Schaar der Dreyhundert um
den Flügel herum, und fiel demselben in die Flanke (a).
Der Ritter Folard muthmaßet, daß diese Colonne von
3000 Mann gewesen; wenn wir noch 72 hinzusetzen, so
wird diese Zahl mit den Eintheilungen der Phalanx übereinstimmen. Man weis, daß sie 16 Mann hoch stunden;
jede Fahne oder Compagnie, die man Syntagma nannte, hatte 16 Rotten, die ein vollkommenes Viereck ausmachten. Epaminondas hatte also nichts anders zu thun,
als die äussersten Syntagmen seiner Linie zu verdoppeln oder zu verdreyfachen. Xenophon berichtet, daß
diese Colonne wenigstens 50 Glieder hatte, wodurch er
aber nichts genaues bestimmen wollte, denn diese Zahl
steht mit der Zusammensetzung der Phalanx in gar keinem Verhältniß: sie muß also 32 in der Fronte und
48 in der Tiefe, oder 48 in der Fronte und 64 in der
Tiefe gehabt haben.

Diese Armee bestund aus 6000 schwer bewaffneten
Thebanern, 1500 leichten Fußknechten, und 500 thessalischen Reutern; folglich machte sie in allem 8000 Mann
aus. Der thebanische Feldherr, der dem Feinde an
Stärke bey weitem nicht gleichkam, hatte um seine
Linie nicht zu verkürzen, seine Tiefe in der ganzen Länge

(a) Die Schaar der Dreyhundert, oder die heilige Schaar,
bestund aus auserlesenen Jünglingen, die nach Polyäns Berichte durch die Bande der Freundschaft vereinigt, und entschlossen waren, miteinander zu siegen oder zu sterben. Bey
dieser Gelegenheit war Pelopidas an ihrer Spitze.

ge des rechten Flügels, welchen er zurückziehen wollte, vermindert, und auf acht Glieder heruntergesetzt; doch berührete er den an die Colonne stossenden Abschnitt nicht, weil er dem Feinde nahe genug kam, um dem Handgemenge ausgesetzt zu seyn. Die übrigen hatten Befehl, wenn man auf sie anrücken würde, nicht Stand zu halten, sondern weichend zu fechten; daher ließ er auf dieser Seite seine leichtbewaffneten thessalischen Fußvölker. Die Lacedämonier stunden nur 12 Manu hoch, und ihre Phalanx war in drey Abschnitte getheilet; ihre Bundsgenossen, welche den linken Flügel ausmachten, hatten sich vermuthlich nach ihrer Art gestellet. Das Gefechte fieng mit der Reuterey an; die thebanische, welche aus Thessaliern bestund, und folglich sehr gut war, griff die lacedämonische an, die nichts taugte. Sie stürzte dieselbe auf das Fußvolk zurück, welches in Unordnung gebracht wurde, weil Cleombrotus seine Cavallerie vor dasselbe hingestellt hatte. Mittlerweile rückte die thebanische Colonne an, und die Lacedämonier dehnten ihre Phalanx nach der feindlichen Rechten aus, um sie zu überflügeln. Als sie in der Nähe waren, so bogen sie sich, um sie einzuklammern; alsdann fiel Pelopidas der die heilige Schaar führete, ihnen in die Flanke, indeß daß die Colonne in ihre Fronte einbrach (a). Das gewaltigen

Diodor B. 5.

S. K. 8. Fig. I.

(a) Diodor sagt, daß die Lacedämonier mit beyden Flügeln in Form eines halben Mondes, acie falcata & incurva, vorrückten. Diese Schlachtbewegung war bey den Lacedämoniern üblich und ihrer Taktik gemäs, wie die Colonne die gewöhnliche Stellart der Thebaner war, die sich zur Regel machten bi einer grossen Tiefe zu fechten.

Die

waltigen Anlaufs dieses verdoppelten Flügels ungeachtet, war das Gefechte sehr hartnäckig; denn da Cleonibrotus getödtet worden, so gaben die Lacedämonier sich eine ausserordentliche Mühe, ihn nicht in der Gewalt des Feindes zu lassen, und endlich gelang es ihnen, seinen Leichnam hinweg zu bringen.

Der linke Flügel der Lacedämonier hatte sich ebenfalls in Bewegung gesetzt; allein er erreichte den thebanischen rechten nicht, der ihm das Feld räumte und sich zurückzog. So berichtet uns Diodor, welcher dieses Treffen sowol als die Lage des Schlachtfeldes ziemlich deutlich erörtert. Wenn der Herr von Folard ihn zu Rathe gezogen hätte, so würde er uns einen genauern Plan, und eine umständlichere Beschreibung geliefert haben.

Anmerkungen.

Als die Thebaner auf einigen Hügeln angekommen waren, von denen man das ganze feindliche Heer in der Ebene übersehen konnte, so berathschlagten sie sich was zu thun wäre. Von sechs Feldherren waren drey der Meynung, man müßte sich zurückziehen, und mit einer so überlegenen Macht keine Schlacht wagen; wenigstens sollte

---

Die Bewegungen der lacedämonischen Phalanx zur Rechten, und der Bundsgenossen zur Linken, verursachte mitten in der Linie eine Oeffnung, wodurch sich ein großer Theil der geschlagenen Reuterey hinaußzog. Ohne diesen Umstand wäre die Unordnung größer, und das Treffen weniger zweifelhaft geworden.

sollte man den Feind auf ein enges Erdreich locken, wo das Treffen mehr Gleichheit haben würde. Eine siebente Stimme gab dem Rathe des Epaminondas den Ausschlag, und es ward beschlossen Stand zu halten. (a) Alsdann veranstaltete er seine Schlachtordnung, und unterrichtete die verschiedenen Anführer von dem Manöuvre, welches er vorhatte. Aus Diodors Erzählung erhellet, daß er anfänglich auf Hügeln stund. Aller Wahrscheinlichkeit nach, hat er bey Vorführung des linken Flügels, mit welchem er angreifen wollte, seinen rechten nicht von den Anhöhen entfernt, die er auch wol gar zum Theil besetzt halten konnte, und bey welchen er seine meisten leichten Truppen gelassen hatte. Als daher der lacedämonische linke Flügel, der sich anfänglich in Bewegung gesetzt hatte, seine Reuterey zernichtet, und die Rechte seiner Phalanx eingestürzt sah, so getraute er sich nicht die weichenden Thebaner zu verfolgen.

Cleombrotus hatte alle seine Cavallerie an die Spitze seiner Rechten geordnet; eine Anstalt, welche lächerlich und höchst schlecht war; nichts destoweniger richtete sich Epaminondas darnach, indem er die seinige gleichfalls vor seine Linke stellte. Ohne Zweifel that er es nur darum, weil er gewiß versichert war, daß sie die lacedämonische schlagen würde; (b) er lief auch nicht gleiche Gefahr,

---

(a) Bey den Thebanern, so wie bey den Atheniensern hatten die Feldherren keine unbeschränkte Gewalt. Sie war unter verschiedene Häupter vertheilt, und die Entschließungen wurden nach der Mehrheit der Stimmen gefaßt, welches oft gute Unternehmungen hintertreiben mußte.

(b) Xenophon beschreibt uns ihre Zusammensetzung, welche nicht zweifelig seyn konnte. Wenn der Krieg erklärt wurde, Griech. Gesch. B. 4.

Gefahr, wenn sie wäre zerstreuet worden, weil sie Platz gehabt hätte, sich zurück zu ziehen, und hinter der Colonne wieder zu sammeln. Aus der Schlachtordnung des Cleombrotus sollte man schließen, daß das Erdreich ihm nicht erlaubte, seine Reuterey auf dem Flügel auszudehnen, ihm aber doch auf dieser Seite günstiger gewesen seyn müsse, als auf der linken. So viel ist allemal gewiß, daß dieser spartanische König eben nicht sehr geschickt war; er bewieß seine schlechte Einsicht, indem er eine so überlegene Macht wie die seinige, gar nicht zu gebrauchen wußte. Xenophon sagt, er habe nothwendig den Kürzern ziehen müssen, weil in seiner Armee nichts als Unordnung und Zuchtlosigkeit, besonders unter den lacedämonischen Bundsgenossen herrschte, welche den größten Theil derselben ausmachten. Er gehörte auch unter die Zahl jener Feldherren, die ihre Anschläge nach Tische, mit einem vom Weine benebelten Gehirne faßten; in einem solchen Zustande befanden sich die Häupter dieses Heeres, als sie Kriegsrath hielten, und ihre Schlachtanstalten machten. Man darf sich also nicht wundern, daß sie von einem kleinen Haufen wohlgeübter Truppen besiegt wurden, die ein festes Vertrauen in ihren Anführer setzten. In diesen Augenblicken zählten die Thebaner ihre Feinde

____

wurde, so nahm man die Stallpferde der reichsten Bürger, und setzte die elendesten Kerle darauf, die man bey der Infanterie ausgemustert hatte. Es ist leicht zu ermessen, was ein aus den Hefen der Nation zusammen geraffter Haufe, den man nicht einmal die Zeit hatte in den Waffen zu üben, für Dienste leisten konnte. Hierzu kam noch der Fehler, daß man diese Reuter zwölf Mann hoch stellte, ohne zwischen den Schwadronen einige Zwischenräume zu lassen.

de nicht: ob sie gleich mehr als um die Hälfte schwä- S. 31.
cher waren, so bezeugten sie dennoch die heisseste Begierde sich zu schlagen. Epaminondas hielt sogar für
nöthig, alle diejenigen auf die Seite zu schaffen, welche
einige Zaghaftigkeit äusserten: er ließ sie als Leute, die
ihm nur schaden, und andere verderben konnten, aus den
Gliedern treten, und schickte sie mit den Marketendern
ins Lager zurück (a). Xenophon hat sich in der Erzählung dieser Schlacht sehr kurz gefaßt, er berühret nur
überhaupt die Anordnung der Phalanx und der Reuterey; das übrige findet man nirgends als beym Diodor von Sicilien.

Die Stellart der Phalanx war zu den Manövren der
schrägen Schlachtordnung überaus geschickt, weil die Abschnitte sich gar leicht verdoppeln oder vereinfachen ließen,
welche insgesammt aus gevierten Zahlen bestunden. Als
Epaminondas, der sich anfangs dem Feinde parallel zeigte,
seine Linke verstärken wollte, so durften die beyden Syntagmen des Flügels nur vorrücken; die zwey folgenden
nahmen durch eine linke Schwenkung den nämlichen Platz
ein, und machten durch eine rechte wieder Fronte, um
vorwärts zu marschieren. Dieses geschah so lange, bis nach
und nach die Colonne gebildet war. Der Rest der Linie,
der ebenfalls linksum gemacht hatte, um an die vorrücken-
de Colonne zu stoßen, folgte ihr vermittelst einer Schwenkung. In diesem Augenblicke dachten die Lacedämonier sie
einzuschließen, und wollten eine Art von Zange oder halben
Mond formieren, den sie nicht zu Stande brachten.

U   Der

(a) Im ersten Hauptstück ist angemerkt worden, daß die
Juden gleiche Gewohnheit hatten.

I. Theil.

Der Herr von Folard behauptet, daß vor dieser Schlacht die Alten es nie versucht hätten, auf der Seite wo sie das Treffen anheben wollten, Colonnen zu gebrauchen, ob sie gleich die schräge Stellart schon lange kannten. Allein ich sehe nicht, was sie damals bey diesem Manövre für einen besondern Vortheil gefunden hätten, denn die schräge Schlachtordnung setzt nothwendig eine Verstärkung des Theiles voraus, welcher anfallen soll; nun aber hatten die Griechen kein anderes Mittel, als die Dicke der Phalanx zu vermehren, welches auf die bey Leuctra gemachte Bewegung herauskömmt, die der Ritter eine Colonne nennet. Hätte er auf den Polyän Acht gegeben, so würde er gestehen haben, daß man sich derselben bereits, wiewol mit weniger Kunst und Erfolg, als der thebanische Feldherr, bedient hatte. Aelian giebt uns auch einen hinlänglichen Bericht, sowol von der Art, wie sich die Phalanx zu einer Colonne bildete, um vorwärts oder mit einem Flügel zu marschieren, als auch von dem Zwecke dieser Evolution, welche in dem Lehrbegriff der griechischen Taktik enthalten seyn mußte. Es ist gewiß, daß man dergleichen Infanteriemassen oft gebrauchte, um einen großen Nachdstoß zu wagen, oder sich aus einer gefährlichen Stellung zu ziehen.

Kap. 26. und 27.

Eine einfache Phalanx, welche sich zum schrägen Angriffe gegen eine andere von gleicher Stärke gedrehet hätte, wäre bey Bloßgebung ihrer Flanke sehr übel gefahren. Der Feind würde den Theil A um sie herzugezogen haben, und ihr in die Seite sowol als in den Rücken gefallen seyn. Die zwote Figur zeiget, daß solches unvermeidlich gewesen wäre, wofern sie nicht den Feind weit genug

Kupf. 9. Fig. 2.

genug überflügelt hätte, um seine eigene Flanke vermittelst einer Schwenkung anzufallen; dieser aber hätte ihre Absicht leicht wahrnehmen, und sich alsdann nur mit seinem Flügel seitwärts ausdehnen können, um ihr das Ziel zu verrücken. Wenn also Aelian bey Gelegenheit Kap. 216 der schrägen Phalanx blos meldet, daß sie ihren rechten Flügel dem Feinde mehr näherte, als den linken, so ist kein Zweifel, daß sie alsdann verstärkt gewesen, weil sonst ihre Bewegung zu ihrem Nachtheil ausgeschlagen wäre.

Die Geschichte der Römer liefert uns keine schräge Angriffsstellung, welche mit der bey Leuctra eine Aehnlichkeit hätte. Sie kam mit ihrer Taktik nicht so wie mit der griechischen überein, und war eben so wenig ihrem Genie gemäß; ihre Kunstbewegungen liefen blos dahinaus, daß sie einen ihrer Flügel verstärkten, sich um den feindlichen hinzogen, ihm in den Rücken fielen, oder ihn in eine Falle lockten, welches auch die neuern Feldherren gleich ihnen gethan haben. Diese Manouvres sind, wie schon erwähnt worden, um desto vollkommener, da sie die parallele Schlachtordnung der schrägen näherbringen. Deswegen hat der König in Preussen die Vollkommenheit in der neuern Taktik erreicht, indem er ihr den Gebrauch der schrägen Stellart so geschickt angepaßt hat, daß er derselben alle die Feinheit, Schnelligkeit und Stärke gegeben, deren sie bey der Form unsrer Bataillonen und Schwadronen fähig ist. Vermittelst der Methode, nach der seine Colonnen anlangen und sich entwickeln, verbessert er die einzige Unbequemlichkeit dieses Manövre, nämlich die Drehung der ganzen Linie, und ihre abweichende Bewegung, um die feindliche Flanke zu überflügeln, oder sich wenigstens in gleicher Höhe zu befinden.

Neuntes Hauptstück.

Schlacht bey Mantinea.

Nach der Beschreibung die der Ritter Folard uns von dieser Schlacht gegeben hat, scheint sie von der leuctrischen blos darinnen verschieden zu seyn, daß Epaminondes seine ganze Linie beynahe völlig gegen die Mitte der feindlichen Armee schwenkte, wo seinem Berichte nach, die Lacedämonier stunden. Ein solches Manöuvre war nur mit einem sehr kleinen Heere möglich, so wie er uns dasselbe in seinem Plane vorbildet; und auch alsdann muste es in einer weiten Entfernung angefangen werden. Diese ganze Schwenkung der völligen Fronte einer Linie, wovon der vorderste Flügel an der feindlichen gleichsam hinstreift, bis er ihrem Mittelpunkte gegenüber kömmt, hat mir so sonderbar und so beherzt geschienen, daß ich begierig war, sie aus den Quellen zu bewähren. Ich habe den Xenophon mit Aufmerksamkeit gelesen, ich habe alle seine Worte erwogen, und nichts gefunden, das mir die Würklichkeit dieses Manöuvre bestätigen konnte, welches der Hr. von Folard blos erdichtet hat. Der griechische Schriftsteller sagt wol, daß Epaminondas ein Embolon bildete, mit welchem er marschierte, und dasselbe gleich einem Ruderschiffe mit der Spitze anprellen ließ; von einer Schwenkung aber ist gar keine Rede; und da er in seiner Erzählung sehr kurz ist, so habe ich seine Lücken

aus

aus dem Diodor zu ergänzen gesucht, und mich völlig überzeugt, daß der Ritter uns ein Geschöpfe seiner Einbildungskraft geliefert hat.

Bey dieser Gelegenheit befanden sich die Thebaner nicht wie bey Leuctra, schwächer als ihre Feinde; wenn man dem Diodor glauben will, so waren sie ihnen an B. 15. Fußvoll und Reuterey weit überlegen. Er sagt, sie hätten dreyßigtausend vierhundert Fußknechte, und dreytausend Reuter gehabt, wovon ihre Bundsgenoßen die Tegeaten, die Argier und andere peloponnesische Nationen ihnen den grösten Theil geliefert hatten. Die lacedämonischen, athenienfischen, eleischen und mantineischen Völker, beliefen sich nicht höher als auf zwanzigtausend Mann zu Fuß und zweytausend zu Pferde. Diodor ist in Kriegssachen zwar oft unrichtig, und stimmt in Berechnung der Truppen mit den andern Geschichtschreibern niemals überein; er kann die Anzahl der Thebaner übertrieben haben; allein soviel läßt sich doch hieraus schließen, daß die beyden Armeen ungefähr gleich waren. In der Schlachtordnung stunden die Mantineer und Arkadier zur Rechten, weil dieser Krieg ihrentwegen unternommen worden, und die übrigen bloße Hülfsvölker waren. Neben ihnen stunden die Lacedämonier; die Athenienser befanden sich zur Linken, und der Rest der Linie war mit den Eleern, Achäern, und andern Truppen ausgefüllt, in welche man allem Ansehen nach wenig Vertrauen setzte. Die athenienfische Reuterey stund auf der Linken, die lacedämonische war zur Rechten gestellt; ein anderes Corps eleischer Cavallerie befand sich im Rückhalt. Man sieht Kupf. 9. schon aus dieser Anordnung, daß die lacedämonischen

Fuß

Fußvölker nicht ganz in der Mitte stunden, sondern vielmehr noch zum rechten Flügel gehörten, weil die arkadischen, welche diesen Flügel schlossen, nur eine sehr kleine Phalanx ausmachten.

Was das andere Kriegsheer betrift, so stellten die Thebaner sich zur Linken; die Rechte gaben sie den Argiern, und die übrigen Völker füllten den Mittelpunkt der Linie. Die Reuterey ward auf die Flügel vertheilt und mit leichten Fußknechten gespickt, welche sich im Ueberfluß bey dieser Armee, hingegen in desto geringerer Anzahl bey den Alliirten befanden, deren Schwadronen auch nicht damit untermischt waren. Epaminondas, der nicht viel auf seine Hülfstruppen baute, die ihm durch eine Menge kleiner peloponnesischer Völkerschaften geliefert worden, beschloß das Treffen auf der Linken mit seinen Thebanern anzuheben. Er hatte sie mit größter Sorgfalt zu allen Kunstbewegungen abgerichtet, und ihnen jenen brennenden Eifer eingehaucht, welcher bey den Arbeiten die Arme stärkt, und bey den Gefahren die Augen verschließt. (a) Er unterrichtete sie von der Art wie er angreifen wollte, und zeigte ihnen die Manöuvres, welche sie zu machen hatten. So wußte ein jeder, ehe er sich noch rührte, seinen Posten in der Schlachtordnung, und alles war auf das beste veranstaltet. Als er auf die Feinde anzog, so nahm er nicht den kürzesten Weg, sondern er machte einen Um-

Xenoph. griech. Gesch. B. 7.

(a) Xenophon sagt, als man ihnen die Schlacht angekündigt, so hätten sie mit der größten Munterkeit ihre Schilde geputzt, und ihre Waffen geschärfet.

Umschweif, in der Absicht sie von einigen Anhöhen (a) zu überfallen, wo er sein Heer stellte, und hierauf dem Scheine nach lagern wollte. Er ließ es aus allen seinen Anstalten vermuthen; ein Theil der Armee blieb in Schlachtordnung stehen, mittlerweile daß der andere Miene machte, sich zu verschanzen. Die Feinde, welche zu seinem Empfange bereitstunden, glaubten, daß er den Angriff aufschieben wollte, und fiengen an, sich in ihr Lager zurück zu ziehen: Dieses, sagt Xenophon, verlöschte bey ihnen die erste Flamme des Muthes, welche die Vorboten einer Schlacht entzünden. Indessen ergriffen die Thebaner plötzlich die Waffen wieder, setzten sich in Bewegung, und kamen von den Anhöhen herunter. Wurde der Feind bey ihrer Annäherung bestürzt, so war er es nicht weniger, als er bey ihrer Infanterie Bewegungen wahrnahm, darein er sich nicht zu finden wußte. Dieses Räthsel bestund darinnen: Der thebanische Feldherr hatte auf seinen linken Flügel die Truppen gestellt, womit er denselben verstärken wollte; sie waren also geordnet, daß sie beym Vorrücken eine Colonne machen konnten. Mittlerweile daß diese Bewegung vorgieng, schien die Linie sich zusammen zu ziehen, weil der halbe Abschnitt (5) den halben Abschnitt (4) verdoppelte, und hinter diesem der halbe Abschnitt (7) ein gleiches mit (6) in entgegengesetzter Richtung vornahm, sodaß die feindlichen Heerführer aus diesem ganzen Manöuvre nicht klug werden konnten. Sie begriffen es nicht eher, als bis es keine Zeit mehr war Gegenanstalten zu treffen: die Colonne hatte schon ein Stück Weges zurückgelegt; sie verdoppelte
ihre

(a) Die tegeatischen Gebürge.

ihre Schritte, und fiel plötzlich auf den rechten Flügel der lacedämonischen Phalanx. Epaminondas war selbst an ihrer Spitze, und richtete den Angriff auf diesen Theil, in der Ueberzeugung, daß, wenn derselbe nur erst bezwungen wäre, der Rest sich bald zerstreuen würde. Mittlerweile daß die Colonne vorrückte, folgte ihr der Theil (2 ... 3) der Linie vermittelst einer Schwenkung. Da sie Platz gewonnen, und die letzten Rotten der Phalanx an ihren Hinterzug stießen, so drehte diese sich links, und marschierte mit ihrer Flanke immer hinter der Colonne fort, bis sie die feindliche Fronte erreicht hatte. Das Corps der Lohnvölker (B) und Euböer, vereinigte sich mit der Reuterey des rechten Flügels, welche auf einem Hügel stund, von dem sie die Athenienser im Zaum hielt, und sie hinderte den angreifenden Haufen zu umzingeln. (a)

Die Reuterey des linken Flügels, welche aus Thessaliern bestund, hatte zur Rechten und Linken einen Theil ihrer Schwadronen in Form eines Galgens umgebogen, und sich durchgängig mit einer Menge leichter Infanterie gespickt. Dieser Flügel war ansehnlich verstärkt, weil Epami-

---

(a) Xenophon meldet, Epaminondas habe um die auf dem linken Flügel stehenden Athenienser von seinem Rücken abzuhalten, auf einen Hügel Reuterey und schwere Infanterie gestellet, καὶ ἱππέας καὶ ὁπλίτας. Im Plane des Ritters Folard haben die Athenienser den rechten Flügel inne, und er sagt, es sey auf ihrer Seite nichts vorgegangen; man wird im Gegentheil sehen, daß das Gefechte allda sehr lebhaft gewesen. Der Ritter hat die ganze Stellung des Treffens umgekehrt; daher darf man sich auch nicht wundern, daß ihm die Beschreibung desselben mißrathen ist.

Epaminondas sich den Vortheil über die lacedämonische Cavallerie versichern wollte, die nach Art einer Phalanx in voller Linie stund. Er vermuthete auch, daß der Umsturz der Reuterey in kurzem die Niederlage der Fußvölker nach sich ziehen würde. Man siehet, daß sein Vorsatz war, auf einmal einen mächtigen Anfall gegen den ganzen rechten Flügel des Feindes zu wagen, und ihm zugleich durch kunstvolle Anstalten seine Absicht zu verbergen. Die Thessalier liessen die Colonne vorausgehen; sie brachen ein wenig später los, und als sie sich der lacedämonischen Reuterey, die ihnen ebenfalls entgegenkam, näherten, so dehnten sie sich aus, und öffneten ihre Schwadronen um jene einzuschliessen. Das Gefechte war eine Zeitlang ziemlich gleich; allein die grosse Menge der leichten Fußknechte setzte den feindlichen Reuterschaaren an allen Ecken so hitzig zu, daß sie endlich zum Weichen genöthigt wurden.

Das Gewichte der Colonne that inzwischen ebenfalls seine Würkung; sie hatte in die Phalanx ein Loch gemacht, und alles was sich widersetzte, über den Haufen geworfen. Der Sieg wollte sich entscheiden, als der thebanische Held eine tödliche Wunde bekam, welche sogleich den Fortgang desselben hemmte. Seine bestürzten Truppen denken nun nicht mehr auf die Verfolgung ihrer Vortheile; die Lacedämonier sammeln sich wieder, das Gefechte hebt von neuem an, und wird rings um den Feldherrn am hitzigsten, dessen sich beyde Theile mit hartnäckiger Erbitterung zu bemächtigen suchen.

Indessen war die thebanische Reuterey des rechten *Diodor.* Flügels mit der athenienfischen handgemein geworden, und hatte sie anfänglich zum Weichen gebracht; sie wollte ihr nicht nachhauen, sondern brach von hinten in das Fußvolk ein, welches bereits die Flucht ergriff, als ihm der gleiche Rückhalt zu Hülfe kam. Dieser fällt die Thebaner lebhaft an, wirft sie über den Haufen, und stellt auf dieser Seite die Ordnung wieder her. Die athenienische Cavallerie, welche nicht verfolgt worden, hatte sich bald wieder gerichtet; sie erblickte das Corps der Lohnvölker und der Euböer, welches auf die Ebene herabgekommen war, weil es den Sieg auf seiner Seite glaubte; sie fiel über diese Infanterie her, und hieb sie in die Pfanne. Dem ungeachtet kamen die Thebaner, nach angewandter äusserster Mühe, doch endlich in den Besitz ihres Feldherrn. Nun glaubten sie genug gewonnen zu haben; man blies auf beyden Seiten zum Rückzug, und jeder Theil richtete ein Siegszeichen auf, nachdem sie sich beyderseits ihre Todten ausgeliefert hatten.

Xenophon.

Beyde Partheyen fochten an diesem Tage mit abwechselndem Glücke. Die Thebaner würden einen vollkommenen Sieg erhalten haben, wenn ihr Feldherr nicht gefallen wäre, an welchem sie einen unersetzlichen Verlust erlitten. Dieser große Mann hatte sein Vaterland aus der Unterdrückung gezogen, und ihm einen bisher unbekannten Glanz gegeben. Die Einfalt seiner Sitten, sein redliches Gemüthe, seine Uneigennützigkeit, hatten ihm die Hochachtung und Liebe, so wie seine Talente, das ganze Vertrauen seiner Mitbürger erworben. Die Aerzte bedeuteten ihm, daß er in eben dem Augenblicke sterben müßte, da man das Eisen des Wurfspießes, womit er verwundet worden, aus seinem Leibe ziehen würde. Ehe er dieſes zugab, wollte er ſeinen Schild ſehen; im Schooſe des Ruhmes fürchtete er noch die Schande, womit die Geſetze den Verluſt dieſes Schutzgewehrs belegten. Als man ihm daſſelbe gezeigt hatte, ſo war er ganz vergnügt, und erlaubte die Operation. (†) Seine Unruhe war die Würkung des tiefen Eindrucks der Kriegszucht, deren Begriffe bey der erſten Kindheit eingeſchärſt wurden. Bey den Alten allein findet man Beyſpiele dieſer unverbrüchlichen Pflichtliebe, welche unſern Leichtſinn und unſere Gleichgültigkeit ſo ſehr beſchämen. (∗)

Beweißſtellen.

Ο δ᾽ Επαμινωνδας ων και τε ιστιαν δ᾽ εμβαλον ισχυρον εποιεσατο, και ως ιππους πεζους συνταξον αυτοις, νομιζον δ᾽ ιππικων των διακοψιν ολον ακολεπαλον νικηκεναι εσπαι.

Nach dem buchſtäblichen Verſtande heißt dieſes: Epaminondas machte ein ſehr ſtarkes Embolon von Reutern, welches er noch durch Fußvölker verſtärkte, weil er dachte, daß die Niederlage der feindlichen Reuterey auch die Zerſtreuung des Ueberreſts nach ſich ziehen würde.

Ob-

(†) Cornelius Nepos berichtet, Epaminondas habe das Eiſen ſolang in der Wunde gelaſſen, bis er vernommen, daß Kap. 9. ſeine Völker das Feld erhielten. Ich habe genug gelebt, ſagte er alsdann, weil ich unbeſiegt ſterbe.

(∗) Ich habe bisweilen entfliehende Soldaten ohne Waffen zurückkommen ſehen; allein ich habe es nie erlebt, daß weder ihre Flucht, noch ihre wehrloſe Zurückkunſt beſtraft werden.

Obgleich eben der Ausdruck, welcher eine gewöhnliche Faustbewegung der Infanterie bezeichnet, auch hier gebraucht wird, so will dieses doch nicht sagen, daß der thebanische Feldherr einen Keil, oder eine zugespitzte Colonne aus seinem ganzen Cavallerieflügel gebildet habe. Wenn die Griechen überzeugt waren, daß die Stärke des Fußvolks in dem Drucke und in der Tiefe der Glieder bestehe, so glaubten sie eben so fest, daß der Vortheil der Reuterey auf der Leichtigkeit und Schnelligkeit der Schwadronen beruhe. Die griechische Stelle heißt also blos: daß Epaminondas einen Haufen Reuterey formierte, welcher eine ganz schmale Fronte und folglich viel Tiefe hatte. Der Ausdruck ιμβολον bezeichnet eine jede Masse Truppen ohne Hinsicht auf ihre übrigen Eigenschaften. (a)

Durch diese Stellung verbarg man dem Feind einen Theil seiner Stärke, die er nicht schätzen konnte. Man rückte in solcher Ordnung vor und entwickelte sich erst in einer gewissen Entfernung, um ihn einzuschließen, ehe er Zeit fand eine Gegenbewegung zu machen. Dieses war eigentlich eine Marschcolonne von verschiedenen Schwa-

---

Abk. v. der Colonne.

(a) Der Ritter Folard ist mit unserm Verfasser gleicher Meynung, und hat aus den alten Schriftstellern, besonders dem Polyb, Thucydides, Xenophon, Plutarch, u. s. w. aus dem Cäsar, Livius und Tacitus mit vieler Wahrscheinlichkeit erwiesen, daß das Embolon der Griechen und der Cuneus der Lateiner, der zu Justinians Zeiten den Namen Caput porcinum oder Schweinskopf bekommen, weiter nichts als ein Corps Truppen gewesen, welches viel Tiefe und wenig Fronte gehabt, mithin unsern heutigen Colonnen beygekommen sey.

Schwadronen in der Fronte, welche uns im 3=ten Capitel Aelians beschrieben wird.

Dieser Schriftsteller redet zwar blos von einer Schwadrone, der man mehr Tiefe als Fronte gab; man sieht aber aus dem folgenden, daß diese einzelne Stellart auch auf ein ganzes Corps Cavallerie angewandt wurde. Die Alten hatten zu dergleichen Kunstbewegungen eine Leichtigkeit, die wir nicht besitzen, weil ihre Schwadronen sehr kurz waren, und ihre Fronte niemals über das gedoppelte ihrer Höhe lief; die Reuter stunden in ihren Gliedern auch nicht so gedrängt als die unsrigen. Hieraus folget, daß in den Fällen, wo wir eine halbe Rundung * machen müssen, die griechische Schwadrone blos mit ihrer Flanke marschieren, und sich nur sehr wenig verlängern durfte; sie gebrauchte auch den Querschritt, indem sie sich seitwärts lenkte und zu gleicher Zeit vorrückte. Auf diese Art entwickelte sich das Embolon der thebanischen Reuterey. Diese Stelle des Xenophon, zu deren Erörterung ich nichts mehr beyfügen will, könnte allein hinreichen, zu beweisen, daß die Griechen durch den Ausdruck Embolon, so wie die Lateiner unter dem Worte Cuneus, niemals einen zugespitzten Cörper △ oder ein Dreyeck verstunden, wie Aelian und Vegez, welche keine Kriegsleute waren, sich eingebildet haben. Man kann sich nicht genug verwundern, daß in unsern Tagen ein sehr schätzbarer und besonders geschickter Schriftsteller, (†) seine Wissenschaft zur Vertheidigung eines so grundlosen Satzes hat verschwenden mögen.

* Caracoler.

Jeno-

(†) Der neue französische Uebersetzer des Aelians, dessen Meynung der Verfasser im 2ten Bande näher untersucht.

Xenophon sagt in der Beschreibung dieses Treffens nichts von einem Angriff im Mittelpuncte, wie sichs der Ritter Folard vorgestellt, und daher Anlaß genommen hat, ein Manöuvre auszusinnen, das wider alle Wahrscheinlichkeit streitet. Es heißt im Gegentheil, daß Epaminondas bey der gemachten Verfügung, das Treffen mit seinen besten Truppen anzuheben, mittlerweile daß er den Rest entfernt halten wollte, darauf gezählt habe, daß der angegriffene Theil nicht widerstehen, und der an einem Orte zerstreute Feind ihm den gänzlichen Sieg nicht schwer machen würde. Der thebanische Feldherr wollte nicht nur auf die Infanterie, sondern auch auf die Reuterey der Lacedämonier losgehen; da nun beyde den rechten Flügel des feindlichen Heeres ausmachten, so konnte sein Angriff nicht auf die Mitte ihrer Schlachtordnung gerichtet seyn. Er hatte alle seine Anstalten sorgfältig verborgen, um den Feind zu überraschen. Die Reuterey war verdoppelt, und das leichte Fußvolk hinter ihr versteckt; die Truppen aus welchen die Colonne bestehen sollte, und der linke Flügelabschnitt der Phalanx, stunden nahe dabey im Rücken der Linie. Epaminondas bildete sein Embolon, und führte es selber gerade auf den Feind los. Es heißt im Texte, daß er sie an die Spitze kommen ließ, welches nichts anders als die Bewegung anzeigt, so die Colonne bey ihrer Formierung machte, weil sie alsdann über die Linie hervorragte.

Επει γι μεν παραγαγων τας επι κερως πορευομενες λοχες εις μετωπον, ισχυρον εποιησατο το περι εαυτον εμβολον. τοτε δη αναλαβειν παραγγειλας τα οπλα εγειτο.

Zehn-

Zehntes Hauptstück.

Uebergang des Hydaspes, und Schlacht des Alexanders mit dem Porus.

Es scheint, diese Unternehmung sey nach den Grundregeln ausgeführt worden, die Vegez für die sechste Stellart gibt, welche von der zwoten nicht sehr verschieden ist. Auch bey dieser thut man den Angriff zur Rechten mit dem Kern der Reuterey und Fußvölker, da indessen der Rest des Heeres in der Entfernung gehalten wird. Hier aber steht der abgelehnte Theil der Länge nach, gleich einem Wurfspieß, wie Vegez sich ausdrückt, anstatt daß er in der zwoten eine schräge Stellung behält. Man hat bey den Schlachten von Leuctra und Mantinea gesehen, daß die Armee der Thebaner sich anfänglich in gerader Fronte darstellte, und hernach mit einem ihrer Flügel vorrückte, da inzwischen der übrige Theil der Linie eine Schwenkbewegung machte; in der sechsten Stellart hingegen, rückt der ganze linke Flügel, welcher nicht zum Treffen kommen soll, blos mit einer schmalen Spitze, das ist, nach unserer Art zu reden, in einer Marschcolonne vor, so daß er mit dem angreifenden Theil gleichsam ein Winkelmaß vorstellet.

Der Uebergang des Hydaspes ist eine der kühnsten und geschicktesten Unternehmungen dieser Art, und die Schlacht, welche unmittelbar darauf geliefert wurde, gehört

gehört mit zu jenen Meisterstücken der Kriegskunst, die man nur in der Geschichte der Feldherren vom ersten Range findet. Der Ruhm und die Größe Alexanders saß dabey nicht weniger auf dem Spiele, als in der Schlacht bey Arbela. Jene hatte ihm die persische Monarchie gegeben, und diese eröffnete ihm den Weg zur Eroberung Indiens, indem sie die stärkste Vormauer des Landes einstürzte. Hier hatte er mit keinem weibischen Monarchen zu thun, den die Noth aus den Armen der Wollust riß; er bekriegte einen tapfern Fürsten, der entschlossen war seine Staaten zu erhalten, oder lieber mit den Waffen in der Hand zu sterben, als sich unter das Joch zu bücken. Alexander gestund auch, daß er hier Gefahren und einen Nebenbuhler angetroffen habe, die seiner würdig wären. Arrian hat diesen Vorgang ziemlich umständlich beschrieben, und ihn unter allen denen, die davon geredet haben, am besten aufgeklärt; gleichwol ist er nicht von Auslassungen frey, welche Zweifel und Dunkelheit verursachen. Aus dem wenigen, was Polyän, Plutarch und Diodor davon sagen, habe ich diese Lücken zu ergänzen gesucht. Des Curtius Erzählung ist wie gewöhnlich so verworren, daß es sehr schwer fallen würde, die Wahrheit aus seinem Mischmasch herauszuklauben.

Alexander war über den Fluß Indus gegangen, und mit dem Abisares und Taxilus, zween Königen dieser Gegend, in ein Bündniß getreten. Dieser letztere hatte ihm allerhand Geschenke, nebst siebenhundert Reutern und dreyßig Elephanten geschickt, und stieß nachher selbst mit fünftausend Fußknechten zu dessen Heere. Der Eroberer ward mit grossen Freundschaftsbezeugungen in seiner
Haupt-

Hauptstadt empfangen; wo er Opfer anstellte und öffentliche Spiele feyerte. Hierauf näherte er sich dem Ufer des Hydaspes, wo er wußte, daß Porus gelagert war, um den Uebergang desselben zu vertheidigen. Er hatte die Schiffe nachgeführt, mit welchen er über den Indus gegangen war. Um sie desto bequemer fortzubringen, hatte man die kleinen in zwey, die großen in drey Stücke zerlegt. Bey seiner Ankunft sah er den Porus jenseits des Flusses mit seiner ganzen Macht und vielen Elephanten, und bemerkte, daß er an allen den Orten, wo man hinübersetzen konnte, Wachen ausgestellt hatte. Auf gleiche Art legte er längs dem Strome Posten an, sowol um den Feind an verschiedenen Orten zu reizen, als um das Land abzufuttern. Er ließ eine Menge Truppen aus den bissettigen Gegenden des Hydaspes in sein Lager kommen, und sprengte aus, daß er bis zum Einbruche des Winters darinnen verharren wolle, um dem Ablauf des durch den geschmolzenen Schnee angewachsenen Gewässers auszuwarten. Indessen dachte er mit Ernst auf die Ausführung seines Vorhabens; er sah wohl, daß es wegen der Breite des Flusses und der Stärke der feindlichen Armee nicht möglich wäre, diesen Uebergang mit offenbarer Gewalt zu versuchen, wie er es bey dem Granicus gethan hatte. Er beschloß also es insgeheim zu wagen; und zu diesem Ende ließ er des Nachts durch seine Reuterey verschiedene Gegenden untersuchen, als ob er Lust hätte hinüberzusetzen. Porus eilte sogleich mit seinen Elephanten herbey; Alexander aber zog seine Truppen zurück, und ließ sie an dem Ufer in Schlachtordnung stehen. Dieses Spiel wiederholte er verschiedene male, so daß Porus, welcher es für nichts als Verstellung und eitle Drohungen hielt, sich

I. Theil.   W   zuletzt

zuletzt wenig mehr daraus machte; er begnügte sich Wachen auszustellen, und überall Läufer umherzuschicken.

Inzwischen hatte Alexander das ganze Ufer ausgekundschaftet, und fünf Meilen unterhalb seinem Lager einen Felsen, um welchen der Fluß sich krümmte, nebst einer daran stoßenden wüsten Insel wahrgenommen, die sowol als das disseitige Land mit Waldung bedeckt war: dieses war der Ort, den er zu seiner Unternehmung wählte. Er ließ öffentlich lauter Zubereitungen machen, woraus man schließen konnte, daß er gerade vor seinem Lager den Uebergang versuchen wollte; insgeheim aber mußten seine Leute Flösse zimmern, mit Stroh ausgestopfte Häute zusammennähen, und die Stücken der Prahmen, sowol als der dreyßigrudrigten Schiffe einfügen, welche man an den Ort der Ueberfahrt gebracht hatte, wo der Wald alle diese Anstalten verdeckte.

Nachdem alles fertig war, so verließ Alexander sein Lager mit seinen königlichen Leibgeschwadern und den Reuterregimentern des Hephästio, Perdiccas und des Demetrius, samt denen von Bactriana und Sogdiana, den Scythen und den Dahern, welches reutende Bogenschützen waren. Die Fußvölker bestunden aus den Argyraspiden, den Phalangen des Clytus und Cönus, aus den Bogenschützen und den Agriern. Alle diese Corps betrugen mehr nicht, als sechstausend Mann zu Fuß und fünftausend zu Pferde. (a) Er entfernte sich vom

---

(a) Wenn alle obermähnte Infanteriecorps mehr nicht als sechstausend Mann ausmachten, so müssen sie sehr schwach gewe-

vom Ufer, um nicht bemerkt zu werden, und zog beym Einbruche der Nacht gegen die Insel, wo er überzusetzen gedachte. Er ließ den Craterus mit dem Rest seiner asiatischen Reuterey, mit der Phalanx des Alcetas, des Polysperchon und den fünftausend Indianern im Lager zurück; er befahl ihm nicht eher überzugehen, als bis Porus entweder um sich zurückzuziehen, oder ihm eine Schlacht zu liefern, sein Lager aufheben würde. Auf dem halben Wege, zwischen der Insel und dem Lager, hatte er auch den Meleager, Attalus und Gorgias mit der in Sold genommenen Infanterie und Reuterey gestellet, und sie beordert truppweis überzusetzen, sobald sie ihn im Handgemenge erblicken würden. Dieses Corps stund so, daß es nicht gesehen werden konnte.

Ein heftiges Gewitter, welches die ganze Nacht anhielt, diente nicht wenig die Unternehmung zu verbergen, indem es den Feind hinderte, das Geräusche und die Bewegungen wahrzunehmen, welche auf dem Fährplatze gemacht wurden. Da es sich bey Anbruche des Tages

---

gewesen seyn; vielleicht aber waren sie auch nicht ganz dabey: denn der Bestandfuß der Argyraspiden war wenigstens von dreytausend, und der Agrier von tausend Mann. Was die Phalanxen betrift, so berufe ich mich auf das, was ich oben bey dem Artickel der Zusammensetzung der Phalanx gesagt habe; daß sie nämlich in vier große Abschnitte, Phalangarchien genannt, und jede von diesen in zwo Chiliarchien abgetheilt wurden. Von solchen Abschnitten ist die Rede, wenn von den Phalanxen des Cönus, des Craterus, des Clitus, u. s. w. Meldung geschieht. Diese Feldherren führten die gedachten Divisionen, und hatten die Mannszucht bey denselben zu besorgen.

Tages gelegt hatte, so setzte die ganze Armee hinüber, (a) und zwar die Reuterey auf den Häuten, das Fußvolk auf den Nachen und den kleinen Ruderschiffen. Je nachdem die Truppen auf dem andern Ufer anlangten, wurden sie im Angesichte der feindlichen Wachen, welche mit dieser Nachricht zum Porus eilten, vom Alexander in Schlachtordnung gestellt. Als er aber mit seiner Reuterey und den Argyraspiden vorrücken wollte, so fand er, daß er auf einer andern Insel stund, welche weit größer als die erste, und von dem festen Lande durch einen kleinen Arm abgesondert war.

Da das nächtliche Gewitter den Strom aufgeschwellet hatte, so sah man sich genöthiget eine Furth zu suchen, wo die Reuterey bis an die Hälse der Pferde, und das Fußvolk bis unter die Arme Wasser bekamen. Als nun alles hinüber war, ließ Alexander seine Cavallerie fortrücken, und die reutenden Bogenschützen vorausgehen; die leichte Infanterie der Agrier, ward auf die Kupf. 10. Seiten der Phalanx gestellet. Er zog mit seiner Reuterey dem Feind entgegen, und ließ die Infanterie mit langsamen Schritten folgen; ausser daß er den Schützen zu Fuße Befehl gab, in möglichster Geschwindigkeit nachzukommen. Er dachte, wenn Porus nur mit seiner Cavallerie auf ihn auszöge, so würde er ihn mit der seinigen, die weit besser war, zu Schanden hauen; sollte er mit aller seiner Macht anrücken, so wollte er ihn bis zur Ankunft der Infanterie aufhalten; würde er
sich

(a) Sie ließ die Insel auf der Seite liegen, wo man etwa einige leichte Infanterie aussetzte, um sich derselben zu versichern.

ſich aber zurückziehen, ſo könnte er ihm nachſetzen, ſeinen Hinterzug anfallen, und ihm einen Verluſt zufügen. Dieſe Urſache bewog ihn ſeine Infanterie hinter ſich zu laſſen. Kaum war er auf dem Marſch, ſo berichtete man ihn, daß der Feind zum Vorſchein käme. Es war der Sohn des Porus, (a) welcher mit zweyhundert Reutern und hundert und zwanzig Streitwagen anrückte, in der Hofnung den Uebergang zu verwehren. Nachdem Alexander die Stärke dieſes Zuges erkundigt hatte, ſo hielt er es nicht der Mühe werth, ſich ſeinetwegen in Schlachtordnung zu ſtellen. Er ließ ſeine reutende Bogenſchützen darauf losgehen, und griff ihn ſelber mit der Spitze ſeiner Reuterey in der Marſchordnung an. (b) Der Sohn des Porus blieb mit vierhundert Reutern auf dem Platze. Alle ſeine Wagen wurden weggenommen, ohne daß ſie den mindeſten Dienſt geleiſtet hätten; denn da ſie ſehr ſchwer waren, und der

Regen

(a) Curtius ſagt, daß es ſein Bruder war, der mit viertauſend Pferden herbeykam; allein Arrian iſt glaubwürdiger.

(b) Die Schwadronen, welche hundert und acht und zwanzig Mann ſtark waren, hatten nur eine Fronte von ſechzehn Pferden; in dieſer Ausdehnung war es ihm leicht zu marſchieren. Die Reuterey des Alexanders war alſo in Marſcheolynnen ſchw. bronenweiſe geordnet. Dieſes hat Älianus anzeigen wollen, wenn er ſagte, daß wenn man durch enge Päſſe marſchieren, oder ſeine Stärke dem Feinde verbergen will, ſo pflege man den Schwadronen mehr Tiefe als Fronte zu geben. In dieſer Stelle hat er die Marſcheolonne mit der Anordnung verwechſelt, die man einem Reutercorps gab, um ſeine Stärke zu verbergen, wie ſolches Epaminondas bey Leuctra mit der ſeinigen gethan hat.

Regen den Boden durchgeweicht hatte, so blieben sie in dem Moraste stecken, und konnten sich auch nicht zurückziehen.

Als Porus die Niederlage seines Sohns und die Ankunft Alexanders vernahm, so war er zweifelhaft, wozu er sich entschließen wollte. Vor sich sah er den Craterus, der hinüber zu kommen drohte, und er mußte besürchten, daß wenn ihm der Uebergang gelingen sollte, er ihm, während seines Gefechtes mit dem Alexander, in den Rücken fallen möchte. In der That hatte Alexander wol hierauf gedacht, und deswegen zwischen seinem Lager und der Insel das Corps der Lohnvölker zu Fuß und zu Pferde gestellt. Bey dieser Anordnung hatte er zweyerley Absichten: Sollte Porus weit genug vorrücken, um dem Alexander näher bey der Insel als bey dem Lager zu begegnen, so konnte dieses Corps über den Fluß setzen und ihm in den Rücken fallen; wenn im Gegentheil Alexander mehr Weg zurück legte als Porus, und die Lohnvölker hinter sich ließe, so hielt sie nichts ab, über den Fluß zu gehen, um zu ihm zu stoßen und seine Armee zu verstärken. (a) Endlich beschloß Porus dem Alexander entgegen zu gehen, weil er glaubte, daß er seine gröste Macht bey sich hätte. Er ließ

(a) Dieses Corps mußte Flösse und leichte Nachen bey sich haben, welche man jeden Augenblick ins Wasser lassen konnte. Q. Curtius meldet, der Fluß sey vier Stadien, das ist ungefehr hundert und zwanzig Klafter breit, sehr tief und ungemein reißend gewesen. Man sieht aber überall, daß er Geschichtschreibern gefolgt ist, welche die Thaten Alexanders zu erhöhen glaubten, wenn sie die Schwierigkeiten vergrößerten: Er selbst jagt immer nach dem Wunderbaren und den Bildern.

ließ nur einige Elephanten in seinem Lager, um diejenigen aufzuhalten, die auf dem jenseitigen Ufer waren. Seine Armee bestund aus dreyßigtausend zu Fuß, viertausend Reutern, dreyhundert Streitwagen und zweyhundert Elephanten. Er hielt auf einem Platze stille, wo das feste und sandigte Erdreich ihm zur Bewegung seiner Wagen bequem schien; hier ordnete er seine Fußvölker, an deren Spitze er von zwanzig zu zwanzig Schritten einen Elephanten stellte. Die Zwischenräume sollte er mit seinen Truppen, welche diese Thiere unterstützen und verhindern sollten, daß man sie nicht seitwärts anfiele. Seine Reuterey stund auf den beyden Flügeln, und hatte die Streitwagen vor sich; doch war der gröste Theil auf der Linken, weil die Rechte nicht weit vom Flusse stund, und ein etwas morastiges Erdreich vor sich hatte.

Alexander erschien zuerst mit seiner Reuterey, die er in Schlachtordnung stellte, und allerhand Bewegungen machen ließ, um den Feind bis zur Ankunft seines Fußvolks aufzuhalten. Zu gleicher Zeit schickte er den Cönus mit seinem und des Demetrius Cavallerieregiment ab, um sich vor den feindlichen rechten Flügel zu stellen. Die Bogenschützen zu Fuße, welche in der Nähe folgten, besetzten die Linke der Reuterey, die auf dem rechten Flügel blieb, wovon ein Theil eine Krümmung machte, (6) welche die Bogenschützen (4) fortführten. (a) Kupf. 10.

---

(1) Arrian redet nicht von dieser ersten Stellung, die es doch wol verdient hätte; allein Polyän hat sie uns aufbehalten; hier sind seine Worte:

Alexan-

Vielleicht zog sich diese Linie auf einen abschüßigen Boden, welcher die Feinde hinderte das rückwärts liegende Erdreich zu übersehen; deßwegen getrauten sie sich nicht vorzurücken, weil sie nicht wußten was dort vorgehen konnte. In dieser Stellung erwartete Alexander seine Phalanx, die unter Vortretung der Agrier in möglichster Geschwindigkeit herbeykam. Er ließ ihr Zeit sich zu erhohlen, und befahl ihr, sich nicht eher zu rühren, bis er den Feind würde zum Weichen gebracht haben. Cönus hatte Befehl den rechten Flügel anzugreifen, welcher sehr schwach war, und nach dessen Zerstreuung sich hinten durchzuziehen, um dem linken Flügel in den Rücken zu fallen, mittlerweile daß der König ihm von vorne zusetzen würde.

Anfänglich scheint es sonderbar, daß Cönus nicht Befehl hatte, sich gleich nach Einstürzung der Cavallerie des rechten Flügels auf die Flanke der Infanterie zu werfen, welches weil kürzer gewesen wäre, als daß er durch einen langen Umweg hinter der Linie auf den linken Flügel fallen sollte. Man muß aber bedenken, daß Alexan-

---

Ἀλέξανδρος ἐν τῇ πρὸς Πῶρον μάχῃ τὸ μὲν ἱππικὸν τὸ ἐν δεξιᾷ κέρως ἔταξεν ἐν τάξει· τὸ λαιπον δὲ ἐπικαμπιον. Τὴν φάλαγγα καὶ τοὺς ἐλέφαντας ἐπι τε λαιῳ μέρει ἔτυχει, και ὑπὸ τοῦ δὲ επικαμπειον ἔταξεν.

Alexander stellte in der Schlacht gegen den Porus seine Reuterey auf den rechten Flügel, zum Theil in einer krummen Linie. Er stellte zur Linken seine Elephanten und seine Phalanx, und gab ihnen auch die Gestalt einer krummen Linie. Man muß die Elephanten weglassen, welche Polyän ohne Grund beygefüget hat; denn die, welche Tarilus dem Alexander zugeführt, waren in seinem Lager zurückgeblieben.

Alexander der nur wenig Infanterie hatte, die noch über dieses äußerst abgemattet war, sich mit der feindlichen in kein Gefecht einlassen wollte, bis er erst ihre Reuterey gänzlich würde geschlagen haben. Um nun seiner Sache gewiß zu seyn, gab er dem Cönus diesen Befehl in der festen Ueberzeugung, daß ihm sodann der Sieg nicht würde entwischen können (a).

Unterdessen fieng sich das Treffen zur Rechten, und zwar folgender Gestalt an: Alexander ließ seine Reuterey flankwärts marschieren, um wo möglich den Feind durch eine schräge Wendung zu überflügeln; Porus, der seine Absicht errieth, ließ seine Linie ebenfalls hinausrücken, um auf der Linken Platz zu gewinnen. Indem diese Bewegung vorgieng, beschossen die reutenden Bogenschützen (ς) die feindliche Cavallerie, welche genöthiget wurde, still zu halten. Alexander, dessen Schwadronen leicht und behender waren, als die

(a) In der Schlacht bey Rocroy, wo das Treffen auf den zween Cavallerieflügeln anhub, kam die Reuterey des Linken, die der Marschall de l'Hopital anführte, zu schanden; allein der Prinz von Conde, welcher die gegen ihm stehenden Schwadronen über den Haufen geworfen hatte, zog sich hinter der feindlichen Infanterie durch, um den Marschall zu unterstützen. Eben dieses hat sich in der Schlacht bey Mollwitz zwischen den Oesterreichern und Preussen ereignet. Die Reuterey des preussischen rechten Flügels ward umgestürzt, und die Oesterreicher, welche durch einige auf der Infanteriestanke stehende Bataillonen aufgehalten wurden, sprengten bis hinter die zwote Linie des linken Flügels, welche sich rechts umkehrte, um sie zu empfangen. Gleichwol verlohren sie das Treffen, weil die preussische Cavallerie sich wieder sammlete, und die österreichischen Fußvölker geschlagen wurden.

die indianischen, hatte gar bald ihre Flanke erreicht. Da Cönus zu gleicher Zeit von hinten herbey kam, so nöthigte dieses die Feinde, ihre Stellung zu verändern, um sich gegen ihn und den König zu wehren, der sie in diesem Augenblicke der Unordnung angriff, und über den Haufen warf. Sie zogen sich auf die Flanke der Infanterie zurük, wo sie sich wieder sammleten. Dieses war der Zeitpunkt, da die Argyraspiden (1) sowol als die Phalanxen (2) sich in Schlachtordnung stellten, und vorrückten. Porus schickte ihnen seine Elephanten entgegen, welche die Führer anfrischten, um sie auf die Macedonier hinzutreiben. Die leichte agrianische Infanterie (3) und die Bogenschützen zu Fuße (4) giengen auf sie los, und empfiengen sie mit Pfeilen und Wurfspießen; allein die Elephanten drangen mit solchem Ungestümm auf sie ein, daß sie genöthigt waren sich zu öffnen, und ihnen Platz zu machen. Indessen hatte die indianische Reuterey einen neuen Angriff unternommen; sie ward aber zum zweytenmal auseinander gesprengt, und auf ihre Infanterie zurückgeworfen, gegen welche die Phalanx zu arbeiten anfieng. Nun sah man nichts mehr als Verwirrung und ein gräßliches Handgemenge; die verwundeten Elephanten ließen sich nicht mehr regieren; sie rannten wütend umher, und zertraten alles, was ihnen begegnete. Die Indianer, welche aller Orten im Gedränge, und dichte zusammengepreßt waren, hatten weit mehr von ihnen zu leiden als die Macedonier, welche Platz hatten, und sich öffneten, wenn sie auf sie loskamen. Die macedonische Reuterey umringte die barbarische, deren Rücken sich an ihre Infanterie lehnte, und diese, welche in der größten Unordnung war, zeigte überall Oeffnungen, worein die

Ab-

Abschnitte der Phalanx sich stürzten. Die getrennten Indianer nahmen die Flucht; fast ihre gesammte Reuterey ward in die Pfanne gehauen, und Craterus der inzwischen über den Fluß gegangen war, setzte den Flüchtlingen nach, unter welchen er ein großes Blutbad anrichtete. Die Indianer verlohren drey und zwanzig tausend Mann, ohne die Streitwagen und die Elephanten, welche alle entweder getödtet, oder gefangen wurden. Die beyden Söhne des Porus kamen an diesem Tage ums Leben; er selbst fiel mit Wunden bedeckt in die Gewalt Alexanders, der seiner Tapferkeit alle Hochachtung erwies, und ihm als ein großmüthiger Feind begegnete.

Erläuterungen.

Arrian berichtet nichts von dem Gefechte zwischen der Reuterey des indianischen rechten Flügels und der Cavallerie des Cönus. Indessen muß doch eines vorgefallen seyn, weil das Heer des Porus an den Hydaspes stieß, und Cönus ihm nicht in den Rücken kommen konnte, ohne die auf dieser Seite postierten Schwadronen über den Haufen zu werfen. Plutarch ergänzt diese Lücke, indem er sagt, daß Alexander wegen der Elephanten die Mitte der Schlachtordnung nicht angriff, sondern auf ihre beyden Ende losgieng, welche auseinander gesprengt wurden. Es ist gewiß, daß zur Rechten Cavallerie stund, sie befand sich aber freylich in geringer Anzahl, sowol wegen der Nachbarschaft des Flusses, dessen Ufer morastig war, als auch weil Porus bey der Niederlage seines Sohnes schon viel verlohren hatte. Alexander schickte gegen
die-

diesen Theil mehr nicht als zwey Regimenter ab; ein klarer Beweiß, daß derselbe sehr schwach seyn mußte. Arrian hat blos das Gefechte mit Stillschweigen übergangen, denn er gestehet übrigens, daß die Infanterieflanken mit Reuterey bedeckt waren.

Aller Wahrscheinlichkeit nach machten die Streitwagen wenig Lermen, weil in der Beschreibung des Gefechtes ihrer nicht erwähnt wird. Porus hatte schon hundert und zwanzig verlohren, die bey der Niederlage seines Sohnes hinweggenommen wurden. es blieben noch hundert und achtzig übrig, welche größtentheils vor der Reuterey des linken Flügels müssen gestanden haben. Da die Cavallerie des Alexanders den Indianern in die Flanke fiel, und seine reutenden Bogenschützen unaufhörlich um die Linie hin und her schwebten, so konnten die Streitwagen keine Dienste leisten.

Was die Elephanten betrift, so ist es schwer, ihre vom Arrian gegebene Zahl und Abstände mit der Berechnung der Infanterie des Porus zu vergleichen. Wären es zweyhundert Elephanten, und ihre Zwischenweiten von hundert Fuß gewesen, so hätte die Infanteriefronte zwanzigtausend Fuß betragen. Nimmt man nur hundert Elephanten an, so kämen zehntausend Fuß heraus, welches aber immer noch unwahrscheinlich ist, wenn Porus nur dreyßigtausend Fußknechte hatte; denn wenn man jedem Manne drey Fuß giebt, so müssen dreytausend dreyhundert und drey und dreyßig in der Fronte gewesen seyn. Diese Infanterie wäre also nur neun oder zehn Mann hoch, und wenn die Anzahl der

Elephanten ſich über hundert belaufen hätte, noch weit niedriger geſtanden. Solches aber kann darum nicht ſeyn, weil dieſe Völker ſich wie alle Aſiaten in groſſer Tieſe ſtellten. Ich habe alſo gemuthmaßet, daß dieſe Zwiſchenräume höchſtens zwanzig Schritte betrugen, und bin hierinnen dem Polyän gefolgt, der ſie nur auf fünfzig Fuß ſetzt. Alle Geſchichtſchreiber zeichnen uns die Linie des Porus als eine Stadtmauer, wobey die Elephanten den Thürmen, die Fußvölker den Mittelwällen * gleichen. Arrian ſagt, daß die Linie ein * Courtweulg in die Zwiſchenräume dieſer Thiere hervorlief; tines. allein Diodor berichtet, daß ſie auf der Fronte ſtunden, und daß man in die Zwiſchenweiten Fußknechte geſtellt habe, um ihre Flanken zu decken, weil man ſie gemeiniglich von dieſer Seite her zu verwunden ſuchte. Dieſe letzte Stellordnung iſt beſſer und natürlicher, deßwegen habe ich ſie vorgezogen. (†) Es wäre eine ſehr groſſe Unwiſſenheit vom Porus geweſen, die Elephanten ſolchergeſtalt in die Linie zu ſenken, wo ſie durch die mindeſte Rückbewegung alles übereinandergeworfen hätten. Antiochus wurde in der Schlacht bey dem Berge Sipylus geſchlagen, weil er ſie ungefähr auf ſolche Art geſtellt hatte.

Die

(†) Dieſe widerſprechenden Berichte laſſen ſich ſehr leicht vereinigen; Arrian kann die in die Zwiſchenräume der Elephanten geſtellten Infanteriehaufen mit zu der eigentlichen Linie gerechnet haben, an deren Fronte ſie ſich vielleicht lehnten. Das letztere will ich jedoch nicht behaupten, weil die Tieſe dieſer kleinen Truppen eben ſo wenig beſtimmt wird als die Entfernung, in welcher die Elephanten von der Linienfronte abſtunden.

Die schiefe Richtung, welche Alexander anfänglich seiner Reuterey gab, hatte die Absicht den Feind bis zur Ankunft seiner Infanterie aufzuhalten, ohne welche er weit entfernt war, sich in ein Gefecht einzulassen. Die Linie der Indianer war plump, und wegen des Geschlepps der Wagen und Elephanten schwer zu bewegen. Sie wäre zerfallen und in Unordnung gerathen, wenn sie hätte vorrücken und sich zum Angriffe dieser Cavallerie schwenken wollen. Zu gleicher Zeit hätte sie den Vortheil des Erdreichs verlohren, den sie für die Streitwagen gefunden zu haben glaubte. Ueberdas konnte die macedonische Armee jeden Augenblick anlangen, und ihr in der Unordnung des Angriffes in die Flanke fallen. Es war also nicht zu fürchten, daß Porus eine Bewegung vornehmen würde, welche für ihn anders nicht, als gefährlich seyn konnte.

In diesen ersten Augenblicken wurde Cönus abgeschickt, um sich vor den rechten Flügel der Feinde zu stellen. Dieser Marsch der in ihrem Angesicht geschah, und die verschiedenen Wendungen der reutenden Bogenschützen, die auf der Fronte umherschwärmten, trugen ebenfalls vieles dazu bey, die Indianer im Zaume zu halten. Die Phalanx kam in einer Marschcolonne entweder mit ihrer Flanke oder divisionsweis auf dem Platz an, denn sie pflegte auf beyderley Art zu marschieren; sie bot also gleich einem ausgestreckten Wurfspieß dem Feinde die Spitze ihres Flügels. In dieser Stellung ruhte sie sogar eine Zeitlang aus, und zeigte nicht eher eine durchgängige Fronte, als bis das Gefechte der Reuterey seinen Anfang genommen hatte; alsdann verschwanden diese schrägen Anordnungen, und das Treffen gieng auf allen Seiten vor sich. Auf solche Art kann man

den

den Text des Polyäns mit demjenigen zusammentrim̃en, was Arrian von den Bewegungen sagt, die Alexander mit seiner Cavallerie machte. Diese beyden Schriftsteller dienen einander wechselsweise zu Auslegern, und die Folge der Erzählung des Arrians, bekräftigt alle die verschiedenen Stellungen, welche ich in dieser Schlachtordnung angegeben habe.

Es ist nicht überflüßig, etwas von den Häuten zu sagen, deren Alexander sich zur Ueberfahrt des Flußes bediente. Sie waren mit Stroh ausgestopft, wohl vernähet, und hermetisch zugemacht. Hr. d'Ablancourt meynet, man habe Flöße darauf gelegt, auf welchen man die Reuterey übersetzte. Zum Beyspiel führt er die kleinen Flechtprahmen der Tartarn an, worauf sie über die Ströme fahren, und ihre Pferde nebenherschwimmen lassen. Die Alten haben den Gebrauch dieser Art von Flößen gekannt, die von ausgeblasenen Bockfellen über dem Waßer gehalten wurden. Man bedienet sich ihrer noch heutiges Tages in einigen Gegenden von Asien. Der Bau derselben ist leicht und bequem; man braucht nur die Felle mit sich zu führen, weil das benöthigte Holz überall angetroffen wird. Man verfertigt einen Rost von langen Stangen, auf welche man ein starkes Flechtwerk von Baumzweigen anschlägt, und hierauf die Schläuche an den Seiten befestigt. Als Alexander über die Donau gieng, um die Geten anzugreifen, so ließ er, nach Arrians Berichte, die ledernen Zelten seiner Soldaten mit Stroh ausstopfen, und solchergestalt bis viertausend Fußknechte und fünfzehnhundert Reuter übersetzen. Auf gleiche Weise gieng er über den Fluß Oxus, welcher sieben bis achthundert Schritte breit war. Bey

diesem

dieſen Gelegenheiten wird von keinem Flechtwerk Meldung gethan; vermuthlich weil verſchiedene zuſammengejochte und feſt aneinandergeſchnürte Zelten ein Floß ausmachten. In dem obigen Falle hingegen bediente ſich die Reuterey ausgeſtopfter Bockfelle, welche auf die beyden Seiten des Pferdes an dem Sattelgurt befeſtigt wurden. Der Ritter Folard ſchlägt ähnliche Schläuche vor, die mit einer Klappenröhre zum anblaſen verſehen ſeyn ſollen. Dieſes iſt zwar bequemer, aber nicht ſo ſicher, als wenn man ſie mit Stroh ausfüllet.

Parallele und Betrachtungen.

Ich habe gezeigt, daß die Kühnheit des Alexanders, da er mit ſeiner Reuterey vorausgieng, wohl überlegt und mit keiner Gefahr verbunden geweſen. Selten mißlingen dergleichen Manœuvres, wodurch man Zeit zu gewinnen ſucht; nur muß man ſich ein gutes Erdreich dazu wählen, und ſie mit aller Geſchicklichkeit veranſtalten. Der Feind, welcher die Truppen vor ſich ſieht, deren Anzahl mit jedem Augenblicke zunimmt, kann die Entfernung der übrigen nicht errathen; er weiß nicht was man ihm für Anordnungen verbergen mag, und getraut ſich nicht etwas zu unternehmen.

Kriegs-
Geſch.
Ludw.
XIV.
Th. 5.
S. 445.

Als im Jahr 1710. der General Stahrenberg ſich nach Caſtilien zurückzog, ſo ward ein Corps Truppen, das ſeinen Rückzug bedeckte, durch Philipp V. König von Spanien, in Brihuega eingeſchloßen. Stahrenberg kam ſchleunig zurück, um es zu befreyen; der König aber, welcher Zeit gewinnen wollte, um die Eingeſchloſſenen zu bezwingen, ehe ſie von der Ankunft dieſes Entſatzes

unter-

unterrichtet werden konnten, ließ den Herzog von Vendome mit der gesamimten Reuterey aufbrechen. Dieser General stellte sie auf die bey Villa-Viciosa befindlichen Anhöhen, von wannen der Feind herkommen sollte, welches ihn, so weit es nöthig war, im Zaume hielt. Während dieser Zeit ergab sich der Platz, und die Infanterie stieß geschwinde wieder zur Reuterey.

Der General Stahrenberg hätte auf gleiche Art seine Cavallerie vorausschicken, und den König nöthigen können; in der Meinung, daß die ganze feindliche Armee herantzöge, seine Beute fahren zu lassen: Bey solchen Gelegenheiten hält der erste, der sich zeigt, den andern auf, und führt ihn hinter das Licht. Indessen kann doch der Irrthum nicht lange dauren, wenn ein General die Vorsicht gebraucht hat, Parteyen auszusenden, um den Marsch des feindlichen Heeres zu erkundigen, von dem er eben sowol vermuthen kann, daß es auf ihn loskömmt, wie er gegen dasselbe im Anzug ist. Diese abgeschikten Schaaren, welche sehr klein, und von erfahrnen Officieren geführet werden müssen, schleichen sich auf die Flanken des marschierenden Heeres, um die Stärke der Colonnen, sowol als die Natur der Truppen zu beobachten. Hätten die deutschen Feldherren diese Maßregeln genommen, als sie über den Speyerbach giengen, um Landau zu entsetzen, so wären sie nicht von dem Marschall von Talard überfallen worden, der ihnen entgegen kam, und alsdann selber in große Verlegenheit gerathen seyn würde. Seine Truppen kamen reihenweise, eine Brigade hinter der andern an, und ein Theil seiner Infanterie war noch sehr weit entfernt, als das Gefechte mit der Reuterey anhub, welche gleich

I. Theil.   Y   anfangs

anfangs war postiert worden. Die Verwirrung der Feinde und die Unentschlüßigkeit ihrer sehr mittelmäßigen Anführer, gaben ihm den Sieg in die Hände. (a)

Fast immer ist die übertriebene Zuversicht und Sorglosigkeit eines Feldherrn Schuld daran, wenn er durch einen gewagten Marsch hintergangen wird. Er hält die Feinde für zu weit entfernt, oder für zu sehr beschäftigt, als daß sie auf ihn loskommen und ihn beunruhigen sollten. Wenn sie in solchen Umständen anrücken, so kömmt er aus seiner Fassung, weil er sie nicht vermuthete, und auf diesen Fall keine Maßregeln genommen hat. Diese Kühnheit setzt ihn in Erstaunen, und die Truppen, die solches wahrnehmen, lassen den Muth sinken.

Das Treffen des Alexanders mit dem Porus ist nicht das letzte Beyspiel der schrägen Schlachtordnung, vermöge deren man einen seiner Flügel zurücklehnt, um mit dem andern anzugreifen, den man mit den besten Truppen verstärkt hat. Es war die Lieblingsmethode dieses Eroberers, der jederzeit weit schwächer war, als seine Feinde, welche er ohne die Geschicklichkeit
und

(a) Der Marschall von Talard hatte bey dieser Gelegenheit das beste Mittel erwählt; er wollte den Feind nicht in seinen Linien erwarten, sondern, ob er gleich um ein Drittel schwächer war, ihm lieber entgegengehen. Er beschleunigte seinen Marsch, in der Hoffnung, ihn noch mit dem Uebergange des Speyerbachs beschäftigt zu finden. Die Feinde waren gleichwol bereits herüber, als der Marschall mit der Spitze seiner Colonnen zum Vorschein kam. Der Ritter Folard überhäuft ihn mit Lobsprüchen, denen aber der Herr von Feuquieres nicht beystimmt. Soviel ist gewiß, daß wenn der Prinz von Baden seinen Marsch erfahren hätte, jener unfehlbar wäre geschlagen worden.

und die kunstvolle Ueberlegenheit seiner Bewegungen nimmermehr hätte besiegen können. Seine Feldherren, die seine Schüler waren, behielten seine Grundsätze bey, und bedienten sich ihrer oft in den Kriegen, die sie nach seinem Tode unter sich führten. Man kann nicht läugnen, daß alle Unternehmungen dieses Fürsten mit einem außerordentlichen Glücke begleitet gewesen. Ein günstiges Gestirn, oder besser zu sagen, die Vorsicht, deren Rüstzeug er war, lenkte sein glänzendes Geschicke. Wenn er sich aber gleich auf sein Glück verließ, so ist er ihm doch nie blindlings gefolgt; jeder seiner Anschläge war wohl überdacht, und gegen die tauglichsten Beförderungsmittel eines guten Ausgangs abgewogen. Die kühne Unerschrockenheit, welche aus allen seinen Thaten hervorleuchtet, fand sich nie von der Klugheit verlassen; selbst diejenigen Unternehmungen, die uns am verwegensten scheinen, waren die Frucht einer reifen Ueberlegung. Als er am Granicus angelangt war, rieth ihm Parmenio den Uebergang auf den folgenden Tag zu verschieben: Er gab ihm zu bedenken, daß die ganze Reuterey der Feinde ihn am Ufer, welches an verschiedenen Orten steil war, erwartete, daß sie bey ihrer Schwäche an Fußvolk es nicht wagen dürften, sich nahe beym Flusse zu lagern, sondern sich des Nachts zurückziehen, und ihm dadurch Gelegenheit verschaffen würden, mit weniger Gefahr hinüberzusetzen. Dieser Rath war klug, und kam von einem alten General, der eine vollkommene Kriegserfahrung besaß. Gleichwol folgte ihm Alexander nicht, weil er glaubte, daß die ersten Auftritte eines so wichtigen Krieges, durch einen großen Streich bezeichnet werden müßten, der seinen Waffen einen Namen machen, und seinen Feinden

einen

einen Schrecken einjagen würde. Er sah auch ein, daß ihre Cavallerie, je näher sie an dem Flusse stünde, destoweniger Erdreich zu ihren Bewegungen haben würde, und daß wenn man nur erst an einigen Orten durchgebrochen hätte, ihre gänzliche Vertreibung nicht schwer fallen könnte. Ihre Infanterie stund hinten daran auf Hügeln, wo sie zu nichts diente; hingegen war die macedonische in aller Absicht vortreflich, leicht bewaffnet, und abgerichtet sich mit der Reuterey zu schlagen. Daher ließ er auch einen Theil derselben mit seinen Läufern und Päoniern, unter der Bedeckung einer Schwadrone schwerer Reuterey, zuerst hinübergehen, um es zu versuchen sich am Lande festzusetzen. Er folgte ihnen an der Spitze seines rechten Cavallerieflügels, den er schräg führte, sowol um den Strom desto leichter zu durchschneiden, als auch um nicht in gebrochenen Zügen, sondern in Schlachtordnung und in möglichst großer Fronte anzulanden. (a) Die Phalanx hatte Befehl auf gleiche Art besser unten hinüberzugehen. Die Gefahr war groß, und die Unternehmung mißlich, allein die Güte und die Tapferkeit seiner Truppen, die seine Gegenwart anfrischte, überwand alle Hindernisse. Auf gleiche Art drang er am hellen Tage über den Fluß Jaxartes, der durch die Scythen vertheidigt wurde. Bey der Beschreibung der Schlacht von Arbela, habe ich die Ursachen nicht vergessen, welche ihn auch damals veranlaßten, den Rath des Parmenio zu verwerfen, der ihm vorschlug, den Darius bey Nacht anzugreifen.

In

(a) Er setzte schwadronenweis über den Fluß, und die Phalanx, welche mit dem Flügel marschierte, machte eine andere Colonne aus.

In der Geschichte des Alexanders findet man wenig von jenen feinen und tiefausgedachten Märschen, noch von jenen listigen und täuschenden Bewegungen, wodurch verschiedene alte und neuere Feldherren sich hervorgethan haben. Die Natur des Krieges den er führte, gab ihm keine Gelegenheit, sich in diesem so gelehrten Theile der Kunst zu üben. Er eilte schnell von einem Siege zum andern; man stellte ihm eine Menge Barbaren in den Weg, deren Anführer weder Erfahrung noch Grundsätze besaßen. Wenn sie zerstreuet waren, so unterwarfen sich ganze Königreiche seinem Zepter, und er flog einem neuen Triumph entgegen. Tyrus, Halicarnassus und Gaza waren die einzigen Städte, die sich erkühnten, seinen Lauf zu hemmen und eine Belagerung auszuhalten. Nach der letzten Niederlage des Darius blieb nichts mehr übrig, als die entfernten Provinzen unter das Joch zu bringen. Die Völker, welche ein rauhes und unwegsames Land bewohnten, wollten den Eingang desselben vertheidigen; andere verschlossen sich in Vestungen, oder flüchteten sich auf steile Felsen. Man mußte sie in ihren Schlupfwinkeln bezwingen. Diese Unternehmungen kosteten ihn Arbeit, beschwerliche Märsche und Blut, denn er wurde dabey mehrmals verwundet; allein er brauchte bey allen diesen Verrichtungen keine andern als die gewöhnlichen Maßregeln, welche zur Ueberwältigung eines Postens, zur Belagerung eines festen Platzes, und zur Sicherheit eines eroberten Landes genommen werden. Hätte Alexander wohlgeübte Truppen und geschickte Feldherren vor sich gehabt, so wäre er unstreitig genöthigt worden, die Hitze seiner Gemüthsart zu dämpfen: Hätte er bey jedem Schritte stillstehen müssen, so würde er jene erhabene Dialektik ange-

angebracht haben, welche bey einer gewissen Gleichheit der Kriegsvortheile aus den Hindernissen entspringt, besonders wenn die Gegner, wie Hannibal und Fabius, Turenne und Montecuculi, sich an Talenten gleichen. Dieses allein hat zum Ruhm Alexanders gefehlt, dessen Progressen zu hitzig und zu schnell waren. Was man aber an ihm bewundern muß, sind seine weitläuftigen Entwürfe, seine Kühnheit und Thätigkeit in den Unternehmungen, seine Geschicklichkeit in den Anstalten, und jene Geistesgegenwart in den Schlachten, wodurch er sich wahrhaftig groß, und als den gelehrtesten Taktiker seiner Zeit bewiesen hat. Man sieht auch noch sein Genie aus den Kriegen seiner Nachfolger hervorglänzen, wovon Diodor uns die Geschichte aufbehalten hat. Man findet in ihren meisten Schlachten schräge Anordnungen, welche der bey Arbela nicht unähnlich sind. Ich will eine davon aufführen, deren Beschreibung ich am deutlichsten befunden habe, und welche mehr als irgend eine andere, alle die verschiedene Stellarten der besagten Gattung vereinigt.

Eilf-

Eilftes Hauptstück.

Krieg des Eumenes gegen den Antigonus.

Erster Abschnitt.

Nach Alexanders Tode theilten seine vornehmsten Diodor. Hauptleute sich in die Reichsverwaltung, und Per- B. 17. dikkas wurde zum Regenten und Vormund der zur Thronfolge bestimmten Prinzen ernannt. Der eine war der blödsinnige Aridäus, ein unächter Bruder Alexanders; der andere der Sohn, den er mit Roxanen gezeuget hatte. Man ließ sie den königlichen Titel annehmen, ohne ihnen die königliche Gewalt einzuräumen. Unter einer so schwachen Regierung waren die Statthalter der Provinzen blos darauf bedacht, sich unabhängig zu machen, und sich in ihren Usurpierungen festzusetzen. Sie deckten sich anfänglich mit dem Namen der minderjährigen Prinzen, und jeder griff nach den Waffen, unter dem Vorwand ihre Herrschaft zu behaupten; allein im Grunde suchte ein jeder nur seinen besondern Vortheil, und die Gelegenheit sich auf Unkosten der andern zu vergrößern. Antigonus war im Besitze von Pamphilien und Groß-Phrygien. Er machte sich die obwaltenden Verwirrungen zu Nutze, um die benachbarten Provinzen wegzunehmen, und sich in Ober-Asien auszubreiten. Eumenes hatte Cappadocien und Paphlagonien bekommen, denen Perdikkas hernach Carien und Lycien beybenfügte. Er war ein Fremder, (†) welcher sich durch seinen Muth und seine Verdienste bis zu den höchsten Würden emporgeschwungen, und allezeit am meisten Ergebenheit für das königliche Haus gezeigt hatte. Auf seiner Seite war das Corps der Argyraspiden, welche in dem gröſten Ruhme stunden. Verschiedene Statthalter, die über die Macht des Antigonus eifersüchtig waren, schlugen sich zum Eumenes, nicht sowol aus Freundschaft gegen ihn, als aus Furcht von jenem abzuhängen. Denn jeder maſſte sich der Herrschaft an, und sie sahen sich wider ihren Willen genöthiget, sie dem Eumenes abzutreten, welcher die ganze Hochachtung und das völlige Vertrauen der Soldaten besaſs. Dieser Vorzug erregte ihre Eifersucht, und veranlaſste die niederträchtigsten Verschwörungen, welche gegen ihn geschmiedet wurden. (a) Antigonus, welcher nichts eifriger

---

(†) Sein Geburtsort war Cardia, eine Stadt auf der thracischen Halbinsel. Er hatte sieben Jahre unter dem Philippus, und dreyzehn unter dem Alexander als General der Reutterey gedienet. Dieser letztere hielt ihn so hoch, daſs er ihm, seiner geringen Herkunft ungeachtet, die Schwester Barsinens, einer seiner Gemahlinnen, zur Ehe gab.

(a) Der ehrliche Mann, der gute Bürger wird allezeit höhern Talenten ohne Mühe weichen: Der Marschall von Bouflers schämte sich nicht, unter dem Herrn von Villars, dem er an Alter vorgieng; noch der Marschall von Rwilers bey Fontenoy unter dem Marschall von Sachsen zu dienen. Beyde haben sich dadurch viel Ehre erworben. Der Neid steckt mit seinem Gifte nur niederträchtige und thöricht ehrgeizige Seelen an; niemals erweckt er die Begierde seinen Mitbewerber durch Verdienste zu übertreffen, sondern ihn durch Arglist zu stürzen. Diese Leiden-

riger wünschte, als eines so gefährlichen Gegners los
zu seyn, verband sich dieserwegen mit dem Seleukus
und Python. Inzwischen brach Eumenes, der unter dem
Namen der Könige kriegte, in Ober-Asien ein, wo er
durch die erhaltenen Hülfsvölker in Stand gesetzt ward,
ihm die Spitze zu bieten. Beyde gebrauchten in diesem
Kriege viele List, und legten alle die Kunst und die Ränke Diodor.
zu Tage, welche die größte Fähigkeit mit einer langen Er- B. 19.
fahrung vereinigt, an die Hand geben kann. Die Manœuvres dieser zween geschickten Feldherren, haben mir zu
schön und zu merkwürdig geschienen, als daß ich sie nicht
anführen sollte. Sie werden mich auf die Erzählung des
Treffens bringen, das ich erörtern will, und welches
das letzte in diesem Kriege war.

Die beyden Armeen lagen nicht weit voneinander zu
Felde; sie wurden durch einen reissenden Strom und einige Moräste getrennet. Das umliegende Land war gänzlich verheert, und beyde Theile hatten darinnen viele Beschwerlichkeiten zu erdulden. Eumenes erfuhr, daß Antigonus sich bereitmachte, in der folgenden Nacht aufzu-
brechen. Er zweifelte nicht, daß sein Absehen wäre,
sich in die Provinz Gabena zu ziehen. Dieses war ein
frisches Land, welches überflüssige Lebensmittel hergeben
konnte, und wegen der Flüsse und engen Pässe die es bedeckten, zur Kantonnierung der Truppen alle Sicherheit
verschaffte. Er faßte den Anschlag ihm vorzueilen. Zu
diesem

denschaft ist es, welche die Untergebenen antreibt, gegen ihrem
Vorgesetzten Ränke zu gebrauchen, seinen Absichten insgeheim
entgegen zu arbeiten, und ihm eine Grube zu graben. Dreglei-
chen Kunstgriffe sind offenbare Verrätereyen, die eine scharfe
Ahndung verdienen.

diesem Ende bestach er einige Soldaten, welche sich als verstellte Ausreisser in das Lager des Antigonus begaben, dem sie hinterbrachten, daß Eumenes sie beym Einbruche der Nacht angreifen wollte. Zu gleicher Zeit schickte er sein Gepäcke fort, befahl den Truppen Speise zu sich zu nehmen, und machte sich des Abends auf den Weg. Er ließ blos vor seinem Lager einige leichte Cavallerie zurück, um die Feinde zu täuschen. Mittlerweile hielt Antigonus sein Heer in den Waffen, und erwartete den Augenblick, da man ihn angreifen würde. Nach einigen Stunden berichteten ihm seine Parteygänger, daß Eumenes aufgebrochen sey; sogleich nahm er sein Lager ab, und suchte ihm mit größter Geschwindigkeit vorzukommen. Als er aber sah, daß es ihm sogar unmöglich war, ihn mit seinem ganzen Heere einzuholen, weil er sechs Stunden voraushatte, so begab er sich an die Spitze seiner Reuterey, mit welcher er ihm in vollem Zügel nachjagte, und beym Anbruch des Tages den feindlichen Hinterzug auf dem Abhang eines Hügels erreichte: Hier machte er Halt, und stellte sich auf den Anhöhen in Ordnung. Eumenes, der diese Cavallerie erblickte, glaubte nicht anders, als daß die ganze Armee dabey wäre; deswegen hielt er still, um sich in Schlachtordnung zu stellen. So vergalt Antigonus dem Eumenes List mit List, und verschaffte dadurch seiner Infanterie die Zeit nachzukommen.

Das Mittel, dessen Antigonus sich bediente, um den Eumenes einzuholen und ihn zum Treffen zu nöthigen, ist bey solchen Gelegenheiten öfters und allemal mit Vortheil gebraucht worden; denn sobald derjenige, welcher auf seinem Zuge verfolgt wird, sich aufgehalten sieht, steht, so glaubt er, daß es durch die ganze Macht des Feindes geschehe; wenigstens vermuthet er, daß die sich zeigende Spitze die Hauptarmee nahe hinter sich habe. Diese Ungewißheit begünstigt bisweilen den Angriff eines Hinterzugs, wenn der entweichende Theil Bedenken trägt, sich in ein allgemeines Treffen einzulassen. Er bildet sich ein, die ganze feindliche Macht auf dem Nacken zu haben, indeß daß diese noch weit entfernt, und außer Stand ist, das vorausgegangene Corps zu unterstützen.

Als Antigonus den feindlichen Hinterzug auf der Neige des Hügels eingeholt hatte, so trieb er ihn, vermuthlich unter dem Schein eines Angriffs, durch einige Scharmützel in die Ebene fort; allein er nahm sich wohl in Acht, einen allzugrosen Ernst zu zeigen, weil sonst das Gefechte gar leicht vor Ankunft seines Fußvolks allgemein werden konnte. Die Anhöhen, auf welchen er seine Schwadronen ausdehnte, hinderten den Eumenes zu sehen, was auf der andern Seite vorgieng, und benahmen ihm die Lust, seinen Feind in einer so vortheilhaften Stellung anzugreifen. Dennoch ist man in solchem Falle nicht immer außer Gefahr; der verfolgte Theil kann hinter sich einen Schlupfweg ausspüren, vermittelst dessen er die Rückseite des Vorhaugs entdecket, welchen der Feind ihm vors Gesichte gezogen hat; oder wenn es sonst kein Mittel giebt, so sucht er einige Schwadronen auseinander zu sprengen, um aus dem Zweifel zu kommen, und die Stärke seines Gegners zu erkundigen. Eben so verfähret man auch, wenn der Feind eine Cavallericlinie ausstellt, von der man vermuthet, daß sie seinen Rückzug oder eine andere Bewegung verbergen soll.

Ein

Ein General, der seiner Schwäche wegen ein allgemeines Gefechte vermeidet, und sich gezwungen sieht still zu halten, waget nichts, wenn er auf die erste Reuterey, die sich zeiget, mit Nachdruck losgehet. Ist sie von der Hauptarmee getrennet, so wird sie nicht Stand halten, und er kann seinen Rückzug desto sicherer fortsetzen; kömmt jene hinten drein, so wird er es bald wahrnehmen, und immer noch Zeit haben, sich zum Treffen zu rüsten. Wenn man bey solchen Umständen einen vortheilhaften Posten einnehmen kann, so macht eine feste Entschlossenheit den Feind irre; man gewinnet Zeit, bis die Nacht einfällt, ziehet sich in der Stille zurück, und wenn man dem ungeachtet auf dem Fuße verfolgt wird, so opfert man bey einem Paß einige Truppen auf, die sich nach Möglichkeit befestigen, um dem Reste Zeit zu geben, sich zu entfernen. Man kann auch den Weg durch Verhacke sperren, und hinter sich her Fußangeln ausstreuen, welche zumal der Reuterey sehr beschwerlich fallen. (a)

In

(a) Bey dieser Gelegenheit will ich ein Manövre anführen, wovon ich Zeuge war, und welches mit Recht bewundert wurde. Als im Jahr 1742. der König in Preussen mit der Königin von Ungarn Friede gemacht hatte, so wandte die österreichische Armee, mit der er zu thun gehabt, sich gegen die Franzosen. Sie gieng über die Moldau, und überrumpelte an Corps, welches zu Tein postiert war. Der Marschall von Broglio, der bey Frauenberg stund, setzte sich sogleich in Bewegung, um Pisek zu gewinnen, wo er seine Vorrathsniederlage* hatte. Er traf zu Wodnian vor dem Feind ein, welcher ihn abschneiden wollte; er warf alle Granadiers in dem Plan, ließ einen grossen Bach vor sich, welcher hindurchfließt, dehnte seine Linie bis Protiwin aus, welches er durch zwey Batallio-

*Entrepôt,

In dem gegenwärtigen Falle zog Eumenes sich nicht aus der Ursache zurück, weil er schwächer war, oder ein Treffen scheuete; er hatte keine andere Absicht, als ein verheertes Land zu verlassen, und am ersten ein anders einzunehmen, worinnen es gute Quartiere gab. Antigonus wollte ihn aus gleichen Ursachen daran hindern, und da er es anders nicht, als durch eine Schlacht thun konnte, so faßte er den Schluß, ihn dazu zu nöthigen. Der Sieg blieb unentschieden, weil auf beyden Seiten der linke Flügel geschlagen wurde: Die einbrechende Nacht trennte die Armeen, welche sich dreyßig Stadien voneinander zurückzogen.

Eumenes wollte auf das Schlachtfeld zurückkehren, um die Todten zu begraben, und seinem Feinde diesen Bataillonen besetzen ließ, ehe die dahin geschickten Trosten sich des Platzes bemeistern konnten. In dieser Stellung bot er dem Feinde mit höchstens zwölftausend Mann die Spitze; mittlerweile daß sein Troßzug, der durch zwo Brigaden bedeckt war, sich immer weiter entfernte. Um Mitternacht zog er sich in der Stille zurück, indem er seine Lagerfeuer brennen ließ; eine alte Kriegslist, welche aber noch immer mit Vortheil wiederholt wird. Um zwey Uhr Nachmittag langte er zu Pisek an, wohin ihm die feindlichen Vortruppen auf dem Fuße nachfolgten. Auf diesem schlechten Posten, gab er vierhundert Mann Preiß, und erreichte durch einen gewaltsamen Marsch die Stadt Prag. Hätte der Feind sich von Wodnian Meister gemacht, so hätte er dem Marschall den Weg nach Pisek, und folglich nach Prag verrannt, welches er vertheidigen sollte. Vielleicht wäre dieses für die damaligen Zeitumstände ein großes Glück gewesen: Prag gieng nichts destoweniger verlohren, und wenn diese Armee, welche darinnen aufgerieben wurde, sich mit denen in Bayern stehenden Truppen vereinigt hätte, so wäre sie allemal noch furchtbar gewesen.

richt hievon hatte, faßte den Entschluß, diese getrennten und in die Ferne zerstreuten Haufen unvermuthet zu überfallen. Er konnte zween Wege nehmen; der eine führte ihn durch ein flaches und bevölkertes Land, wo er Obdach und Lebensmittel finden konnte, der andere gieng durch Wüsteneyen und dürre Gebürge, welche von allen Bedürfnißen entblößt waren. Er wählte diesen letztern, weil er sich zu seinem Vorhaben am besten schickte, und er auf demselben bis mitten unter die feindlichen Quartiere vordringen konnte. Er ließ seine Truppen auf zehn Tage Mundvorrath, angefüllte Wasserschläuche, für die Reuterey aber Gersten und Heu mit sich nehmen, und sprengte überall aus, daß er nach Armenien ziehen wollte. (a) Er nahm in der That den Weg dahin, bald aber schlug er sich auf eine andere Seite, und lenkte seinen Marsch nach den Wüsteneyen. Dieses geschah mitten im Winter, am Ende des Decembers. Antigonus marschierte größtentheils bey Nacht; nur des Tages erlaubte er Feuer anzuzünden. Auf diese Art machte er fünf Tagreisen, auf welchen man ihm einen pünktlichen Gehorsam leistete; allein die Jahrszeit war so streng und die Nächte waren so lang, daß er seine Soldaten nicht weiter verhindern konnte, in den Raststunden, die er ihnen bewilligen mußte, Feuer anzuzünden. Eumenes, welcher seine schlimme Lage und die Gefahr, so er dabey lief, wohl einsah, war nicht eingeschlafen; er hatte die Vorsorge gehabt, Lauser voraus-

(a) Dieser Vorwand war scheinbar: Da seine Armee zu Grunde gerichtet, und weit schwächer war, als das Heer des Eumenes, so entfernte er sich um so mehr von dem Feinde, und Armenien konnte ihm alles verschaffen, was zu seiner Erholung und Rekrutierung erfordert wurde.

zuschicken und Kundschafter zu bestellen, welche ihn von allen Bewegungen der Feinde benachrichtigen mußten. Als er vernahm, daß sie im Marsch begriffen wären, und schon auf dem halben Wege gesehen worden, so waren alle Feldherren der Meynung, die Quartiere zu verlassen, und sich an das Ende der Landschaft zurückzuziehen. Peucestes, einer der vornehmsten Anführer, drang hauptsächlich darauf, weil er in der ersten Linie stund, und dem Ueberfall am meisten ausgesetzt war. Eumenes beruhigte sie alle, und versprach ihnen, den Feind drey bis vier Tage aufzuhalten, welches die Zeit war, so die Truppen zu ihrer Vereinigung nöthig hatten. Alsbald raffte er die am nächsten gelegenen Corps zusammen, und postierte sie auf die Gebürge, von welchen der Feind herkommen sollte. Er theilte sie in verschiedene Haufen, und ließ sie eine Strecke von mehr als drey Stunden Wegs einnehmen, damit es das Ansehen hätte, als ob es Truppen wären, welche von verschiedenen Orten heranrückten. Er befahl ihnen allemal von dreyßig zu dreyßig Schuhen ein Feuer anzuzünden, und um den Feind desto besser zu überreden, daß es ein wahres Lager sey, mußten sie folgende Stuffen dabey beobachten: Die Feuer in der ersten Nachtwache* mußten stark und flammend seyn, weil dieses die Stunde war, da die Soldaten sich mit Oele zu schmieren (a) und Speise zu bereiten

*6 Uhr Abends.

(a) Die Alten hatten den Gebrauch, sich am Feuer mit Oele zu schmieren; sie unterließen solches niemals, besonders an den Tagen eines Treffens. Dieses zog die Müdigkeit aus den Gliedern, und gab ihnen Geschmeidigkeit und Stärke. Nach der Schlacht bey Trebia wurde Sempronius gestraft, weil er diese Vorsicht unterlassen hatte.

rrien pflegten; um die zwote Nachtwache* mußten sie** weniger Holz anlegen, die Flamme unvermerkt abnehmen, und vor der dritten*** völlig ausgehen lassen. Einige Bewohner der Berge, welche dem Pithon, Statthalter von Meden, der es mit dem Antigonus hielt, ergeben waren, berichteten ihm, was sie gesehen hatten, mit der Versicherung, daß die Armee des Eumenes an diesem Orte gelagert sey. Antigonus, der nicht daran zweifelte, getrauete sich nicht mit abgematteten Truppen, die seit verschiedenen Tagen vieles gelitten hatten, ein Treffen zu wagen. Er schwenkte sich rechts, um aus der Wüste in das bewohnte Land zu kommen, und sich daselbst zu erholen. Durch diese Kriegslist gewann Eumenes Zeit, seine ganze Armee zu versammeln, und ein vortheilhaftes Lager zu beziehen, worinnen er sich verschanzte.

Antigonus hätte Bericht, daß die feindlichen Elephanten noch entfernt wären, und ohne Bedeckung nachzögen; er schickte ein Corps von viertausend Pferden mit seinen leichten Fußvölkern ab, um dieselben wegzunehmen. Die Führer der Elephanten machten ein Viereck und nahmen das Gepäcke in die Mitte. Ihre ganze Bedeckung bestund aus vierhundert Reutern, die sie hintenanstellten. Sie vertheidigten sich eine Zeitlang; wären aber doch endlich überwältigt worden, wenn nicht Eumenes, welcher diesen Fall vorausgesehen, ihnen Truppen entgegengeschickt hätte, die noch eben recht zu ihrer Befreyung herbeykamen.

Das Alterthum und die neuere Geschichte liefert uns keinen Krieg, der lehrreicher oder fruchtbarer an Ränken und gegenseitigen Kunstbewegungen wäre. Es ist ein schöner Anblick, zween feindliche Heerführer von gleicher Stärke, welche alle mögliche Verschlagenheit anwenden, um einander zu überfallen, auf der Schaubühne des Krieges zu sehen. Allein es werden nicht alle Tage dergleichen Scenen aufgeführt, deren Vortrefflichkeit nur Kennern fühlbar ist; es sind Wunder der Kunst, die sich nur in weit getrennten Zeitaltern ereignen, und die Feldherren mit einem unsterblichen Glanze bedecken. Diese Begebenheit erinnert uns sogleich an die Unternehmung, welche der große Turenne im Winter von 1674. ausführte. Sie ist dem Meisterstücke des Antigonus zu ähnlich, als daß wir sie nicht gegeneinanderhalten sollten, obgleich der Ausgang verschieden war.

Vergleichung.

Der Vicomte von Turenne sah die Feinde mit einer zahlreichen Armee im obern Elsaß den Meister spielen; er war nicht im Stande, sie mit offenbarer Gewalt aus ihrem Vortheil zu vertreiben, und nahm daher seine Zuflucht zur List. Nachdem er Zabern, Hagenau und Lützelstein mit den erforderlichen Besatzungen versehen, zog er den Rest seiner Truppen nach Lothringen und in die Grasschaft Burgund, um daselbst dem Scheine nach, seine Winterquartiere zu nehmen. Er selbst reißte nach Hofe, nachdem er alles zu seinem großen Vorhaben veranstaltet hatte. Dieses Verfahren setzte ihn dem Tadel des gemeinen Haufens und selbst der Officiere seines Heeres aus; sie erriethen seine Absichten nicht, und beschuldigten ihn, die ganze Provinz

ohne

ohne Noth verlassen zu haben. (a) Sobald die Feinde ihn entfernt sahen, so glaubten sie, daß er nicht mehr daran dächte, sie zu beunruhigen; sie zerstreuten sich daher im obern Elsaß, wo sie verschiedene Standquartiere und die vornehmsten Städte bezogen, so daß sie eine Strecke von mehr als fünf und zwanzig Stunden einnahmen. Ihr Hauptquartier war zu Colmar, wo der Churfürst von Brandenburg sein Hoflager errichtet hatte. Als Turenne gewahr wurde, daß sich alles nach Wunsch fügte, wie er es vorausgesehen, so kam er im Christmonat zurück, um sein Vorhaben auszuführen. Er hatte den Truppen einen Sammelplatz angewiesen, und da jedes Corps einen verschiedenen Weg zog, so wußte es nichts von den Bewegungen der andern. Er fand sie nach einem langen Marsch längs den wasgauischen Gebürgen, in der Gegend von Belfort versammlet. Von dieser Seite her drang er ins Elsaß, und fiel mitten unter die feindlichen Quartiere; verschiedene wurden aufgehoben, andere unterweges geschlagen, ehe sie Zeit hatten sich zu vereinigen. Ihre Hauptarmee setzte sich zwischen Türkheim (†) und Colmar, wo sie ihres vortheilhaften Postens ungeachtet, überwältigt, (b) und

Ramsai Hist. de Turenne p. 560.

(a) Ein General muß sich an den Rath erinnern, welchen Fabius dem Paul Aemil gegeben, und durch sein Beyspiel bestätigt hatte. Er ermahnte ihn, sich über den öffentlichen Tadel hinauszusetzen, und auf eine Zeitlang seinen Namen aufzuopfern, um einen unvergänglichen Ruhm zu erwerben.

(†) Eigentlich Thüringheim, eine vormalige Reichsstadt, am Fuße der wasgauischen Gebürge, eine Stunde von Colmar.

(b) Nachdem Turenne einige zur Rechten der Feinde gelegene Anhöhen weggenommen hatte, so begnügte er sich, dieselben

und genöthigt wurde, mit Schanden über den Rhein
zurückzugehen. Der Anschlag des Turenne stimmt mit
der Unternehmung des Antigonus völlig überein; der
Plan und die Anstalten sind sowol als die Ausführung
einander ähnlich. Der Ausgang war für den französischen Feldherrn glücklicher, weil die Deutschen in Aus-
theilung ihrer Quartiere mit den Truppen des Eumenes
gleichen Fehler begangen, und ihre Anführer, welche
in der größten Sicherheit lagen, keine Maßregeln ergriffen hatten, um zu rechter Zeit von den Bewegungen
des französischen Heeres unterrichtet zu werden. Hingegen rettete die Wachsamkeit und Geschicklichkeit des Eumenes, seine Armee von einer allgemeinen Zerstreuung,
und ersparte ihr die Schande, überfallen und aus ihren
Quartieren gejagt zu werden.

Einst fragte jemand: Ob der Krieg eine Kunst
oder ein Handwerk sey? Er ist, war die Antwort,
ein Handwerk für die Unwissenden, und eine
Kunst für die geschickten Männer. Denn in allen Künsten beruht das Schöne und Große auf der Täuschung, da man der Lüge den Schein der Wahrheit
giebt. Man muß die Sachen nicht so darstellen, wie
sie sind, sondern so, wie sie scheinen müssen, um ihre
Wür-

---

selben so wie die Stadt Türkheim zu behaupten, welche auf
ihrer Flanke lag, und die sie nicht wieder einnehmen konnten.
Er hatte verboten ihnen nachzusetzen, und das Treffen eher
nicht als eine Stunde vor Abend anheben lassen. Seine Absicht war, eine allgemeine Schlacht zu vermeiden, und die
Feinde zu nöthigen, sich der Nacht zu ihrem Rückzuge zu
bedienen, welches sie auch ihrer schlechten Stellung wegen ins
Werk richteten.

Würkung zu thun: (†) Der Dichter, der Mahler, der Bildhauer, der Baumeister, arbeitet nach diesem Grundsatze. Der Staatsmann handelt nach eben den Regeln, und der Mensch befleißt sich überhaupt seine Fehler zu verbergen, um sich in einem schönen Lichte zu zeigen. Der Krieg gehört auch mit in die Dioptrik; er bedarf mehr als alle andere Künste der Geschicklichkeit des Meisters, um seine schwachen Theile zu decken, und blos seine Stärke sichtbar zu machen.

Im Anfang des Feldzugs von 1645. setzte Turenne bey Speyer über den Rhein, und gieng gerade auf den General Merci los, welcher hinter der Ens, einem kleinen Flusse, der in den Neckar fällt, sein Lager hatte. Dieser letztere, welcher schwächer war, erwartete ihn nicht, und zog sich in die obere Pfalz. Der Vicomte, dessen abgemattete Völker einer Erholung bedurften, nahm seine Standquartiere in Franken, wo er aus Gefälligkeit gegen die Officiers von der Reuterey, ihnen erlaubte sich zu weit zu trennen. Kaum war seine Armee auseinander, so vernahm er, daß Merci, dessen Truppen er, nach den eingegangenen Berichten, in den Plätzen der Oberpfalz zerstreuet glaubte, auf dem genommenen Wege zurückkehrte. Er hatte blos die Zeit, in die Ebene von Marienthal, eine Stunde vor der Mitte seiner Standquartiere, acht Regimenter Cavallerie und drey-

---

(†) Wenn man den Krieg nach der mathematischen Gewißheit seiner ersten Grundsätze betrachtet, so verdient derselbe nicht nur eine Kunst, sondern eine Wissenschaft, eine sehr große Wissenschaft zu heissen. Die Kunst des Kriegers ist vielmehr die Fertigkeit, die Grundsätze desselben auf die vortheilhafteste Art anzuwenden, und von dieser Kunst ist freylich die Täuschung eines der vornehmsten Stücke.

dreytausend Mann Fußvoll ausrücken zu lassen. Dieses wäre genug gewesen den Feind aufzuhalten, wenn man sich gehörig postiert hätte. Es war in der Nähe ein Wald von fünf bis sechshundert Schritten in der Länge, und weiterhin eine Ebene, über welche die Bayern durchziehen mußten. Der General-Major Rosen, der die Infanterie anführte, hätte den Rand des Waldes mit einem Bataillon besetzen, und die andern in der Entfernung halten können; diese hätten verschiedene Bewegungen und Gegenmärsche machen müssen, als ob es Truppen gewesen wären, welche nach und nach anlangten. Die Reuterey, die sich zur Linken des Waldes in Schlachtordnung stellte, würde diesen Theil, hinter welchem sich noch ein anderes entferneres Gehölze befand, vollends verdeckt haben. Kurz, diese Lage war sehr günstig, um den Feind zu hintergehen, wenn man sie zu benutzen gewußt hätte. Es kam darauf an, zwo oder drey Stunden Zeit zu gewinnen, welche hinlänglich waren, die Armee zu versammlen. Allein der General Rosen, der die Feinde nicht so nahe glaubte, stellte seine Infanterie außerhalb des Waldes auf das Erdreich, welches sie in der Schlachtordnung einnehmen sollte. Der Herr von Turenne bemerkte diesen Fehler nicht eher, als bis er ihn nicht mehr gut machen konnte, indem die Feinde schon ganz nahe waren, und in Schlachtordnung anrückten. Hätte er Zeit gehabt ein Gegenmittel zu gebrauchen, so wäre der General Merci wie Antigonus davongezogen; vielleicht hätte er gar die Reisekosten theuer bezahlen müssen. (a) Ich

―――――――――

(a) Es scheint, daß der Geschichtschreiber des Marschalls von Turenne, ihn hat entschuldigen wollen, indem er den ganzen

Ich könnte noch das schöne Manoeuvre Heinrichs IV anführen, der mit achthundert eiligst zusammengerafften Reutern sich der spanischen Armee zeigte, welche über die Saone gegangen war, ihr die Spitze bot, sie aufhielt, und sie hinderte in Burgund einzubringen. Die Umstände dieser außerordentlichen Begebenheit, kann man in den Nachrichten des Herzogs von Sully nachlesen. Ich würde sie mit Vergnügen erzählen, allein es ist Zeit, daß wir auf das letzte Treffen kommen, welches zwischen dem Eumenes und Antigonus vorgefallen ist.

Dritter Abschnitt.
Schlacht bey Gabena.

Antigonus hatte sich, wie bereits gemeldet worden, nach seiner fehlgeschlagenen Unternehmung in Standquartiere zurückgezogen, um seinen abgematteten Truppen Zeit zu geben, sich zu erholen. Da er sich aber ganz nahe bey dem Eumenes befand, dessen Armee versammlet war, so schien es nicht wol möglich zu seyn, daß er darinnen lange ruhig bleiben würde. Auf der andern Seite brauchte er einen weiten Marsch, um in die Gegend zurückzukehren, welche er verlassen hatte.

Diese

---

zen Fehler dieser Stellung auf den General-Major Rosen geworfen: Doch der Herr von Turenne hätte sie selber durch seine Befehle verbessern können. Wo ist aber ein Feldherr, dessen Thaten von allen Vorwürfen frey wären? Derjenige, den man hier diesem großen Manne machen kann, wird seinen Ruhm niemals verdunkeln. Es ist der einzige Fehler, den er begangen, und den er sich sehr wohl zu Nutze gemacht hat.

Diese Bewegungsgründe, und vornämlich die Scham über seinen mißlungenen Anschlag, brachte ihn auf den Entschluß ein Treffen zu wagen: Er näherte sich also dem Eumenes, welcher eben so starke Gründe hatte, es anzunehmen. Beyde Heere stunden einander unweit Gabena im Gesichte. Die Stellart des Antigonus war nach der gewöhnlichen Ordnung, das Fußvolk in der Mitte, und die Reuterey auf den Flügeln; die Elephanten, an der Zahl fünf und sechzig, besetzten die ganze Fronte, und waren von leichten Fußknechten unterstützt, welche ihre Zwischenräume innehatten. Seine Truppen beliefen sich auf zwey und zwanzigtausend Mann zu Fuß, und neuntausend zu Pferde: Er gab den linken Flügel dem Pithon anzuführen; er selbst stellte sich mit seinem Sohne Demetrius auf den rechten. Eumenes war stärker an Infanterie; er hatte aber nur sechstausend Mann Reuterey. Er nahm den grösten und besten Theil derselben zu seinem linken Flügel: Neben sie stellte er die Argoraspiden, ein unüberwindliches Corps von unbeflecktem Ruhme, welches aus lauter alten Soldaten bestund, die noch unter dem Alexander gedient hatten; nach ihnen kam ein Haufen besoldeter Griechen. Dieses war der Kern seiner Infanterie, womit er das Treffen anheben wollte. Der Rest der Linie war mit asiatischen, aber auf macedonische Art bewaffneten Truppen angefüllt. Diejenige Reuterey, auf welche er sich am wenigsten verließ, stund auf dem rechten Flügel, und war etwas schräg umgebogen. Philippus, der sie anführte, hatte Befehl, auf dieser Seite ein förmliches Gefechte zu vermeiden, und deßwegen, falls man auf ihn loskommen würde, unter beständigem Scharmützeln zurückzuweichen. Eumenes hatte hundert und vierzehn

Elephan-

Elephanten: Hievon stellte er sechzig auf seinen linken Flügel, und gab ihnen die Gestalt eines Bogens, dessen Endspitzen auf die Linie zurückfielen. (a) Der Rest stund vor der Infanterie und der Reuterey des rechten Flügels; doch befanden sich die wenigsten und schlechtesten auf dieser Seite; Antigonus hingegen hatte eine kleine Anzahl auf seiner Rechten; er hielt es für besser, diese Seite durch eine Menge leichter Cavallerie zu verstärken, womit er sehr wohl versehen war. Ein Theil seiner Linienfronte war mit reutenden Bogenschützen bedeckt; die Tarentiner stunden an der Spitze des Flügels. Es scheint, daß Antigonus sich weniger als die andern Feldherren aus den Elephanten machte; denn ich habe bemerkt, daß derjenige Flügel, mit welchem er schlagen wollte, allezeit am wenigsten damit besetzt war, anstatt daß die andern den grösten Theil der ihrigen auf denselben stellten. (b)

D 5.   In

(a) Eumenes hatte sie schon in dem vorigen Treffen also geordnet; ein gleiches findet man auch bey einer andern Gelegenheit. Man kann Diodors Ausdrücke, welche ich nach der sehr getreuen lateinischen Uebersetzung beybringe, nicht anders Diodor Buch 9. versteben. Ante universum Cornu inflexa acie collocavit optimos Elephantorum 60.

(b) Es ist zu verwundern, daß die Heerführer des Alexanders, denen seine Verachtung gegen diese eiteln Schreckbilder, und die schlechten Dienste, welche sie den überwundenen Nationen geleistet, zur Genüge bekannt waren, dennoch den Gebrauch derselben eingeführt haben. Ohne Zweifel wurden sie genöthigt, sich nach dem Geschmacke der asiatischen Völker zu richten, welche sich nicht von ihren Vorurtheilen abbringen ließen. In der Folge nahmen sie noch andere auswärtige Grundsätze an, und ließen die guten außer Acht. So gieng ihre Kriegszucht unvermerkt verlohren.

In beyden Armeen waren die Zwischenweiten der Elephanten mit Bogenschützen zu Fuße und mit Schleuderern ausgefüllt; vornämlich hatte Eumenes seinen linken Flügel häufig damit versehen, an dessen Spitze auch etwas leichte Reuterey befindlich war. Der durch die Elephanten gemachte Bogen, ließ eine große Leere zwischen ihnen und der Reutereylinie: Dieser Einfall hatte die Absicht den Thieren mehr Raum zu geben, weil sie gern zurückwichen, und sodann die hinter ihnen gestellten Truppen in Unordnung brachten; hierdurch aber gewann man Zeit sie aufzuhalten, und zum Angriffe zurückzubringen. Die leichte Cavalerie folgte ihnen nach, und trieb sie auf den Feind los. Wenn dieser erste Anfall glückte, so war es den Kürassierschwadronen leicht ihn vollends auszutreiben; wo nicht, so konnten sie ihnen doch keinen Schaden zufügen. Antigonus hatte, wie schon erwähnt worden, die Gewohnheit, auf seinen Angriffsflügel nur wenig Elephanten zu stellen, und gegen die feindlichen eine Menge reutender Bogenschützen zu gebrauchen, welche um sie her schwärmten, und sie mit einem Pfeilhagel bedeckten. Eumenes hingegen, der viele auf dieser Seite hatte, verstärkte sie mit allem, was er an leichten Fußvölkern und Reutern austreiben konnte, um sie zu vertheidigen, und sich den feindlichen Bogenschützen zu widersetzen. Die krumme Linie, welche die Elephanten bildeten, war auch ein Fallstrick, der den Feind anreizen sollte sie zu umzingeln: Dieses konnte er nicht thun, ohne sich auszudehnen, und seine Flanke kleinen Cavalleriereserven bloszugeben, die zu diesem Ende postiert waren.

Die

Die Truppen des Eumenes bezeugten eine brennende Ungedult sich zu schlagen. Als die Trompeten das Zeichen dazu gaben, so machten sie ein Freudengeschrey, und das Treffen nahm sogleich auf seinem linken Flügel mit den Elephanten und leichten Truppen seinen Anfang. Das Erdreich war so sandigt, daß sich ganze Wirbel von Staub erhoben, vor welchen man keine vier Schritte vor sich sehen konnte. Diesen Umstand machte sich Antigonus zu Nutze, um einen Haufen Cavallerie abzuschicken, der sich hinter den linken feindlichen Flügel herzog, und auf das Gepäcke fiel, welches schlecht bewacht, und nur fünf Stadien, oder eine Viertelstunde weit entfernt war. Zu gleicher Zeit brach er mit seiner Reuterey hervor, um in die Schwadronen des Eumenes einzuhauen. Als dieses geschah, so ergrif Peucestes der Statthalter von Persien, welcher fünfzehnhundert Reuter anführte, entweder aus Feigheit oder aus Verrätherey die Flucht, und zog seinen ganzen Haufen mit sich fort. Obgleich Eumenes durch diesen Zufall sehr geschwächt wurde, so hielt er doch den Angriff muthig aus, und gab dem Feinde viel zu schaffen. Als er aber sah, daß er durch die Oeffnungen, welche der Flüchtling in der Linie gemacht hatte, umringt werden sollte, so zog er die noch übrige Reuterey zurück, führte sie auf seinen rechten Flügel, und nachdem er sie mit der dortigen vereinigt hatte, befahl er ihrem Anführer Phillippus, auf den Feind loszugehen. Seine Infanterie hatte inzwischen das Fußvolk des Antigonus ebenfalls angefallen, und Wunder der Tapferkeit gethan. Die Argyraspiden, diese alten versuchten Soldaten, riefen beym Angreifen den Feinden zu: Ihr Bösewichter unterstehr euch gegen eure Väter zu fechten, welche

überall

überall mit dem Philippus und Alexander gesieget haben; ihr sollt bald erfahren, an wen ihr euch waget. (a) Indessen suchte Eumenes die Schwadronen des Peucestes zurückzuführen. Er hoffte alsdann mit denselben den Antigonus aufzuhalten, mittlerweile daß seine Infanterie die feindliche vollends zurückschlagen würde: Es war ihm aber nicht möglich, eine Schaar Flüchtlinge zu sammeln, welche mit verhängtem Zügel davonjagten. Antigonus, der keine Reuterey mehr vor sich hatte, schickte einen Theil der seinigen ab, um die Schwadronen seines linken Flügels damit zu verstärken; mit dem Rest wandte er sich gegen die Argyraspiden und Lohntruppen, denen er in den Rücken fiel. Diese Infanterie, welche sich von ihrer Reuterey verlassen, und völlig umzingelt sah, formierte ein Viereck und zog sich zurück. Die einbrechende Nacht erleichterte dem Eumenes auch den Abzug seiner übrigen Truppen. Der erlittene Unfall hatte ihnen den Muth nicht benommen; sie schrieben denselben blos der Flucht des Peucestes zu; als aber die Soldaten ihre Sachen geplündert, ihre Weiber und Kinder entführt sahen, so geriethen sie in eine Wuth, welche ihr Feldherr entgelten mußte. Umsonst führte er ihnen zu Gemüthe, daß die Feinde in dem Treffen vieles verlohren, daß ihre ganze Infanterie zu Grunde gerichtet, und daß es leicht sey, die geraubten Güter mit dem Degen in der Faust zu erobern. Diese treulosen Soldaten, welche durch Kundschafter und

(a) Diodor meldet, daß der jüngste von den Argyraspiden sechzig Jahr alt war, und daß es lauter ansehnliche und sehr starke Männer gewesen. Der erste Punkt ist unstreitig übertrieben.

und bestochene Anführer gereizt wurden, schickten Abgeordnete an den Antigonus, und machten sich anheischig, ihm ihren General gegen den Ersatz ihres Geräthes auszuliefern. Die Argyraspiden griffen ihn, banden ihm die Hände auf den Rücken, und nachdem sie ihn solchergestalt mitten unter die ausgerückte Phalanx und die entgegengekommnen Truppen des Antigonus geführt hatten, übergaben sie ihn in seine Hände. (†) Antigenes ihr Befehlshaber, und das vornehmste Haupt dieser Verschwörung, empfieng bald hernach den gerechten Lohn seiner Untreue. Antigonus hatte einen solchen Abscheu vor dieser That, daß er ihn auf einen brennenden Scheiterhaufen werfen ließ: Er verschickte auch die Argyraspiden an verschiedene Orte, wo er Befehl gab, sie niederzumetzeln. So pflegt man, wenn man die Frucht der Verrätherey genossen, sich gemeiniglich die Verräther vom Halse zu schaffen; es sey nun,

daß

(†) Weil Eumenes und Antigonus vormals Freunde waren, so wollte dieser aus einer grausamen Bedenklichkeit seine Hand an ihn legen, sondern ihn Hungers sterben lassen. Er genoß auch bis an den dritten Tag keine Speise; da er ohne Vorwissen des Antigonus, beym Aufbruche des Heeres von der Wache ermordet, und hierauf sein Leichnam seinen Verwandten ausgeliefert wurde. So starb dieser tapfere Mann im fünf und vierzigsten Jahr seines Alters. Er hatte nie um sein Leben gebeten, welches Demetrias, der eigene Sohn des Antigonus, und Nearchus, der ehemalige Admiral des Alexanders, ihm zu retten bemüht waren. Das Ansehen, in welchem Eumenes gestanden, läßt sich daraus abnehmen, daß bey seinen Lebzeiten keiner von den Feldherren des Alexanders den königlichen Titel angenommen, welches sie aber gleich nach seinem Tode gethan, und ihre untergebenen Länder an sich gerissen haben. Corn. Nep. Eumen. Cap. 13.

daß man ihrer Treulosigkeit nicht trauet, oder daß man sie seinen Leuten zum Schreckerempel ausstellen will.

Anmerkungen.

Bey Erwähnung des Krieges zwischen dem Eumenes und Antigonus, ist meine Absicht nicht gewesen, eine Geschichte desselben zu schreiben, sondern die Grundsätze und die Streitart dieser geschickten Feldherren zu entwickeln, welche sich unter ihrem Meister gebildet, und die gute macedonische Kriegszucht noch gröstentheils beybehalten hatten. Sie war von der griechischen überhaupt nicht verschieden, und selbst die Römer gelangten eher nicht zur Vollkommenheit, als bis sie dieselbe in vielen Stücken nachahmten. Der Gebrauch die Linienfronte mit leichten Fußvölkern zu versehen, sie mit der Reuterey zu vermischen, vornehin und auf die Flügel reutende Bogenschützen, Schleuderer, Tarentiner, Laufer zu stellen, welches lauter verschiedene Gattungen von leichter Cavallerie waren, und die Bestimmung hatten, die schweren Reuter zu beunruhigen oder zu umzingeln, alles dieses war schon ehedem von den besten griechischen Feldherren bewerkstelligt worden. Philippus, welcher die Macedonier zur Mannszucht gewöhnte, und eine vortreffliche Kriegsverfassung einführte, baute seine Taktik auf diese Grundsätze. Er wurde vom Hannibal, und diese von den Römern nachgeahmt, sobald sie den Vortheil davon erkannt hatten. Dieses habe ich zeigen, und daraus beweisen wollen, daß wenig Dinge ausgenommen, die Alten im Krieg unsere Wegweiser seyn müssen, wie sie es in allen andern Künsten gewesen sind. Gewiß ist es, daß es auch hier nur eine

Bahn

Bahn giebt, die Vollkommenheit zu erreichen, und eben so leicht ist es darzuthun, daß man nur einen einzigen guten Weg findet, der zum Siege leitet.

Vor dem Kriege von 1741. war der Gebrauch der leichten Fußvölker unbekannt. Man hatte nichts als Freycompagnien, welche man auf Parteyen ausschickte, und durch Piketer von freywilligen Soldaten verstärkte, welche aus den Regimentern gezogen wurden. Diese thaten unter dem Namen der Volontairs ungefähr eben die Dienste, welche vorzeiten die sogenannten Verlohrnen Kinder* in Frankreich verrichtet haben. Da die häufigen Detaschementer, so zum kleinen Kriege gebraucht wurden, die Bataillonen schwächten, und die Infanterie abmatteten, so erkannte man die Nothwendigkeit leichter Truppen, und errichtete verschiedene Regimenter, (a) welche sehr wohl gedienet haben. (†)

*Enfans perdus.

In dem letzten Kriege hat man den gleichen Grundsatz befolgt, und ist, wie es scheint, von ihrer Nutzbarkeit völlig überzeugt worden. Man gebraucht sie zu schnellen Unternehmungen, zur Verheerung der Länder, zur Eintreibung der Brandschatzungen, den Feind zu zwacken, und ihn auf seinen Märschen aufzuhalten. In der Schlachtordnung werden sie auf die Flügel

---

(a) Vermuthlich wäre man noch nicht darauf verfallen, wenn nicht die große Menge der ungarischen Miliz, die Franzosen in den beyden böhmischen und bayerischen Feldzügen so sehr mitgenommen hätte.

(†) Unter diesen haben sich besonders die Freywilligen von La Morliere hervorgethan.

Flügel gestellt; ein Posten, der ihnen sowol als den Dragonern zukömmt. In dem Treffen bey Rocour stunden sie zur Rechten auf der Seite von Lüttich; bey Sandershausen befanden sich die französischen Freywilligen auf der linken Flanke, und die Hessen hatten ihre Jäger aus ihrem Cavalleriesflügel geworfen. (a) In der Schlachtordnung bey Lutterberg, stund die königliche Legion, (†) die Freywilligen von Flandern, und das Fischerische Corps auf dem rechten Flügel. Die Feinde hatten ihnen ihre Jäger entgegengestellt, welche ihre Linke deckten; auf der andern Seite war die Flanke der

---

(a) Bey diesem Gefechte kam die französische Reuterey, nachdem sie die feindliche angegriffen, einerseits in das Feuer der gedachten Jäger, und auf der andern in den Kugelregen eines Bataillons, welches jene hatten vorrücken lassen, so daß sie auseinandergesprengt und genöthigt wurden zurückzuweichen, um sich wieder zu sammeln. Der Herzog von Broglio lief Gefahr geschlagen zu werden, wenn nicht das deutsche Infanterieregiment Royal-Baviere, die hessische Reuterey aufgehalten, und in einer Entfernung von dreyßig Schritten, ein so dichtes Feuer auf sie gemacht hätte, daß sie in Unordnung gerieth, und nicht wieder zum Vorschein kam. Dieses Beyspiel macht einen vortrefflichen Gegensatz mit dem Unfall der zwey Bataillonen vom Regiment Neuperg, welchen der Marschall von Sachsen in seinem Kriegswerk erzählt, und der ihm, wie er meldet, eine so große Verachtung gegen das Feuer der Infanterie beygebracht hat. Ich habe bey einer andern Gelegenheit meine Gedanken über diesen Gegenstand eröfnet.

(†) Heut zu Tage werden in Frankreich alle Regimenter leichter Truppen Legionen genannt; ein Name, der seinem Ursprunge nach, weder mit ihrem Dienste, noch mit ihrer Zusammensetzung übereinstimmt. Es sind sieben an der Zahl, wovon jede aus vier Schwadronen und einem Bataillon besteht.

der Gensdarmerie durch die Freywilligen der Armee beschützt.

Der Gebrauch der verlohrnen Kinder, der Freywilligen, und die Corps der leichten Truppen, sind ein Beweis der Nothwendigkeit, worinnen man jederzeit war, zwo Gattungen von Infanterie zu haben; eine schwerbewaffnete, um in der Linie zu fechten, und eine leichtere, um auf ihren Flügeln herumzuschwärmen, das Land zu durchstreifen, und den Feind zu beunruhigen. Ob man aber gleich die Hauptsache einsieht, so hat man doch noch nicht wie die Alten, besonders die Römer, jede Gattung auf einen zweckmäßigen Fuß gesetzt. Wenn man die rechte Ordnung beobachten will, so muß man die schwere Infanterie zwar nicht völlig so, wie vorzeiten, wol aber wie die römische, mit einem Helm und einem Brußstück ausrüsten, und die Leichtbewaffneten (†) anweisen, unter den Bataillonen und Schwadronen zu fechten. Wäre dieser Schritt einmal gethan, so würde er uns bald von den schlechten Grundsätzen abführen, wenn er nicht vielmehr voraussetzt, daß man sie eingesehen habe; denn wie kann man eine vernünftige Methode mit einer unsinnigen verbinden? So nenne ich die seichte Stellordnung von drey Mann in der Höhe, welche weder Stärke noch Festigkeit besitzt, und zu nichts tauglich ist, als eine Verschanzung zu vertheidigen, oder wenn man nicht auf einander losgehen kann, sich aus dem kleinen Gewehr herumzuschießen.

I. Theil.   3   Aus

(†) Diese scheinen des Helms so sehr als jene zu bedürfen, da sie weit öfter handgemein werden. Auch die römischen Veliten hatten leichte Sturmhauben von Leder, welche seit kurzem unter der französischen Infanterie nachgeahmt worden.

Aus der Beschreibung der Schlacht bey Gabena, kann man den damaligen Zustand der macedonischen Taktik beurtheilen, unter welche sich bereits einige barbarische Gebräuche einzuschleichen begunnten; dem ungeachtet entgieng ihr noch nichts von ihrer vorigen Stärke, und alle Nachfolger des Alexanders, welche seine Schüler gewesen, fuhren fort seine Grundsätze zu befolgen. In ihren Kriegen herrscht die Geschicklichkeit und Feinheit der Kunst, und man findet in den Schlachten, die sie sich lieferten, gelehrte und seltene Anordnungen, davon verschiedene in meinem gegebenen Plane verzeichnet sind. Diodor erwähnet nichts von der Stellart der leichten Reuterey; man kann aber aus den Folgen des Treffens, und aus der Art, wie sie in dem vorigen geordnet war, davon urtheilen. Es waren auf beyden Seiten die nämlichen, und ungefähr die gleiche Anzahl Völker sowol als Elephanten: Die beyden Gefechte fielen auf einem fast ähnlichen Erdreich vor, und die Anordnungen waren nicht sonderlich verschieden; außer daß in dem ersten die Rechte des Eumenes, und die Linke des Antigonus verstärkt wurden und das Treffen anfiengen, anstatt daß bey dem letztern das Gegentheil geschah. Wenn ich daher einige Cavalleriehaufen so gestellt habe, wie sie bey der vorigen Gelegenheit stunden, so glaube ich es um so eher verantworten zu können, da verschiedene Schlachten jener Zeit, welche Diodor beschreibet, einer ähnlichen Stellordnung folgen, und in ihren Anstalten sehr wenig voneinander abgehen. Unter andern findet man ein Treffen, welches Ptolomäus dem Demetrius lieferte, (a) wo dieser letztere,

---

(a) Es fiel unweit Gaja in Syrien vor.

tere, welcher schwächer war, den besten Theil seiner Reuterey und Elephanten auf seinen linken Flügel warf, und auf der Rechten nichts als leichte Cavallerie ließ, welche sich wie die Schwadronen des Eumenes, in schräger Richtung zurückziehute. Sie hatte Befehl, den Feind durch bloßes Scharmützeln aufzuhalten. Die Streitart wozu sie abgerichtet war, glich der Gewohnheit der Parther und Numidier; sie floh sobald sie ins Gedränge kam. Wenn der Feind im Nachsetzen seine Glieder trennte, so sammlete sie sich wieder, und stürzte plötzlich auf ihn ein; schloß er hingegen seine Schwadronen, und hielt sich in guter Ordnung, so schwärmte sie blos umher, suchte ihm auf die Flanken und den Rücken zu kommen, und bedeckte ihn mit einem Pfeilregen.

Demetrius wurde durch ein Mittel geschlagen, dessen Ptolomäus sich bediente, um seine Elephanten unbrauchbar zu machen. Es waren Ketten, welche man an Pfosten befestigte, aus denen lange und starke eiserne Stacheln hervorragten. Diese bewegliche Verschanzung hat einige Aehnlichkeit mit unsern spanischen Reutern. Diodor beschreibt ihren Bau nicht, er läßt sich aber leicht aus ihrer Würkung auf die Elephanten abnehmen. Er sagt, daß als sie von ihren Führern angefrischt und vorgetrieben wurden, sie gegen diese Sperrung anrannten, und sich die Spitzen in den Leib stießen. Sie wurde durch Spießwerfer und Bogenschützen zu Fuße vertheidigt, welche den Thieren noch überdas mit ihren Pfeilen zusetzten. Dieses ist um so besser ausgedacht, da die Leichtbewaffneten ohne Mühe vordringen konnten, indem sie die Ketten herabließen, welche die Pfosten vereinigten.

Einleitung

Es war den Fußvölkern leichter als der Reuterey, sich vor den Elephanten zu schützen, indem sie entweder ein Mittel von der erstgedachten Art gebrauchten, oder vor ihrer Fronte Graben machten, bald auch ihre Picken vorhielten, mittlerweile daß die Leichtbewaffneten den Thieren von der Seite beykamen, und sie mit Wurfspeilen erlegten. Deswegen stellte man die Elephanten auch gemeiniglich der Reuterey entgegen, wenn man sie nicht in hinlänglicher Menge hatte, um die ganze Linienfronte damit zu versehen. In der Schlacht bey Apollonia zwischen dem Antiochus und Molon, hatte der erstere seine Elephanten nur darum vor die Phalanx gestellt, weil er sie den Streitwagen entgegensetzen wollte, welche der Feind vor die seinige geordnet hatte.

Es war eine große Thorheit das Schicksal der Schlachten unsichern Gebräuchen zu überlassen, welche so oft die widrigsten Würkungen hervorbrachten, denn die Elephanten mochten nun einander selbst oder bewaffneten Wagen entgegengesetzt werden, oder es mochten auf beyden Seiten Wagen stehen, so war es allemal gewiß, daß der erste, auf welchen die seinigen zurückstohen, in eine greuliche Unordnung gerathen, und den Kürzern ziehen mußte.

Wenn zu beyden Theilen Elephanten stunden, so wurden sie aufeinander angehetzt. Ihre Art zu kämpfen bestund darinnen, daß sie sich den Rüssel mit den Zähnen faßten, die man bisweilen mit einem spitzigen Eisen bewaffnete. * Sie stießen aus allen Kräften auf einander, bis der eine seinen Feind nöthigte sich zu drehen, und eine Seite blos zu geben; alsdann durchstach er ihn mit den Zähnen, wie die Stiere sich mit ihren Hör-

Arrians Catul.

Hörnern zerfleischen. In der Schlacht bey Raphia fuhr Ptolomäus sehr übel mit seinen Elephanten: Es waren afrikanische, welche den indianischen an Stärke und Muth nicht beykommen; sie wurden durch die Elephanten des Antiochus überwunden, die sie gegen die Cavallerie zurückjagten, wo sie eine große Unordnung anrichteten, als die Reuterey des Antiochus dazukam, und sie vollends in die Flucht jagte. Man hätte sich ohne große Anstrengung der Vernunft, von der Unbrauchbarkeit dieser Thiere überzeugen können. Indessen konnten sie doch zu etwas dienen, wovon eben dieses Treffen ein Beyspiel aufweist. Als der linke Flügel des Ptolomäus in vollem Rennen davonjagte, so schloß der Officier, welcher die Reuterey des rechten anführte, aus dem hinter der Linie aufsteigenden Staube, daß dieser Flügel geschlagen seyn müsse. Da er die Elephanten als die vornehmste Ursache dieses Unfalls betrachtete, so hielt er diejenigen, welche vor seiner Fronte stunden, in einem bloßen Vertheidigungsstande, und indem der Feind beschäftigt war, die seinigen vorauszutreiben, denen er mit seiner Reuterey nachfolgte, so ließ er die äußersten Schwadronen seines Flügels sich eiligst hinüberziehen, und dem Feind in den Rücken fallen; ein Manöuvre, welches dem Ptolomäus den Sieg zuwege brachte. So weiß ein gründlicher und scharfsinniger Officier, auf der Stelle jeden Umstand zu benutzen, und macht, daß ein Vorfall, der ihm natürlicher Weise Schaden bringen sollte, zu seinem größten Ruhm anschlägt.

Polyb. Buch 5. Kap. 17.

Die Römer, welche auf alles Achtung gaben, was ihnen nützen konnte, haben sich eben so wenig um Elephanten

phanten, als um Streitwagen bekümmert. Wenn Flaminius in Griechenland welche mit sich führte, und wenn man in dem Kriege gegen die Allobrogen einige antrift, so waren sie in geringer Anzahl, und die Seltenheit dieser Beyspiele beweißt, daß sie sich wenig daraus machten. Ihre leichte Infanterie verstund die Art sie anzugreifen, und abzuwenden. Den Streitwagen legten sie Fußangeln in den Weg; bisweilen schlugen sie Pfähle in die Erde, oder warfen Graben vor ihnen auf. (a) In der Schlacht bey Orchomen brauchte Sylla ein ganz neues Mittel, sich gegen die zahlreiche Reuterey, und die häufigen Streitwagen des Archelaus zu schützen. Er deckte seine Flanke durch Laufgraben, und die Fronte seines zweyten Treffens mit Pallisaden. Als die Wagen sich in Bewegung setzten, so verschwand die erste Linie, indem sie sich durch die angebrachten Zwischenräume zurückzog: Zu gleicher Zeit ließen die Bogenschützen einen heftigen Pfeilhagel auf die Pferde und ihre Führer fallen. Ehe man sichs versah, war Sylla ihrer los; das Pfahlwerk wurde zerrissen, und die Legionen rückten vor.

Lehr=

(a) Diese Schutzanstalten hatten den Fehler, daß sie denen die sie gebrauchten, im Vorrücken hinderlich waren: Daher gewohnten sich auch die Römer, die Elephanten durch ihre Velites zu bekämpfen; selbst die Legionisten stellten sich ihnen truppweis entgegen, und ängstigten sie mit ihren Wurfspießen. Alexander brauchte gegen die Streitwagen nichts anders, als seine Bogenschützen und Spießwerfer. Wenn der Führer eines Wagens, oder auch nur ein einziges Pferd getödtet wurde, so war dieses hinreichend ihn aufzuhalten; drang er bis an die Phalanx vor, so öffnete sie sich ihm Platz zu machen; oft hatten die Pikenirer den Muth, ihn mit ihren vorgehaltenen Spießen zu erwarten.

Lehrsätze.

Man findet in der Geschichte des Alexanders und seiner Nachfolger, häufige Kunstbewegungen der Cavallerie, welche zumal bey denen, die sich diesem Dienste widmen, eine besondere Aufmerksamkeit verdienen. Die Truppen, die man in den Beschreibungen, so Diodor von verschiedenen Schlachten giebt, in einer schrägen Stellung antrift, sind gröstentheils kleine Cavallerielinien, welche hinter dem Vordertreffen an der Spitze des Flügels, oder in der Mitte, oder auch bisweilen auf der an die Infanterie stoßenden Seite hackenförmig geordnet sind. Die Absicht dieser Anstalt war die feindliche Flanke zu umschwenken, einzuschließen, oder die Lücken auszufüllen, welche in der Linie entstunden, wenn die Schwadronen flankwärts marschierten, wie es die obgemeldete Reuterey des Ptolomäus gethan hat. Dieses Mittel konnte auch noch zum Angriffe der feindlichen Schwadronen dienen, welche sich zur Einschließung des Flügels absondern mochten. In meinem Plane von der Schlacht bey Gabena, findet man zwo solcher Hackenlinien. Aus dem, was ich eben gesagt habe, läßt sich leicht von dem Manouvre urtheilen, das sie machen sollten, nachdem sie mehr oder weniger von der Flügelspitze entfernt waren. (a) Vermittelst dieser Stellung entzog man dem Feinde auch einen Theil sei-

---

(a) Diodor bezeichnet die Stellung dieser kleinen Reserven immer durch die Ausdrücke, εν πλαγμασιν, in obliquum posuit, er hat sie schräg gestellt, oder κεφαλην εξω κεφως, in præsidio extra Cornu, in einem Rückhalt außerhalb des Flügels; anstatt daß wenn von den Elephanten die Rede ist,

der Stärke, und verbarg ihm sein Vorhaben. Antiochus hatte in der Schlacht bey Raphia die Hälfte der Reuterey seines rechten Flügels nach der Seite der Infanterie auf diese Art geordnet, so daß die Hackenlinie so stark war, als die Frontenlinie. Als der Feind sich näherte, zog diese sich nach seiner Rechten, und der Hacken machte eine halbe Schwenkung, um ihren Platz einzunehmen. Die folgende Figur bildet diese Stellung ab, und zeiget den Vortheil, den man daraus ziehen kann.

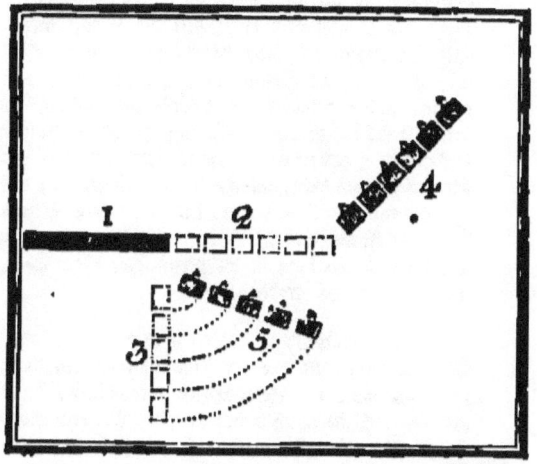

1. Rechte

ist, er sich der Worte: quodam veluti finu...... facto flexu finuoso, bedienet, welche eine Krümmung andeuten. Dieses beweiset, daß die letztere Stellung eine Bogenlinie, und das andere eine gerade Linie war, die an der Spitze des

Flü-

1. Rechte der Infanterie. 2. Rechter Cavallerieflügel. 3. Hackenlinie. 4. Rechter Cavallerieflügel, der sich rechts zieht. 5. Der Hacken, welcher die halbe Schwenkung macht.

Da die Alten ihre Reuterey nur in ein Treffen ordneten, so war alles was sich hinten daranstellte, bloße Reserven, die zu verschiedenen Manöuvres gebraucht wurden. Ihre Bewegungen waren sehr lebhaft, und weit schneller als die unsrigen, weil ihre Schwadronen kurz und viereckigt waren, so daß ihre Höhe den Drittel oder die Hälfte der Fronte betrug. Die Seichtigkeit und große Ausdehnung unserer Stellart, vermehret die Gefahr umzingelt zu werden nicht wenig, und vermindert die Stärke der Linie. Aus dieser Ursache, ist die Einführung zweyer Cavallerietreffen nöthig geworden. Dem ungeachtet sieht es noch sehr mißlich um die Flanken, wenn sie überflügelt werden können. Um sie zu decken, kann man einige Schwadronen in Form eines Winkels auf dieselben stellen; allein die beste Methode ist die preußische, deren ich im fünften Hauptstück erwähnt habe.

In der Anordnung, wodurch man den Feind zu umschwenken, und auf der Flanke anzugreifen sucht, muß man auch die Bewegungen voraussehen, die er auf seiner Seite machen kann. Der Hr. von Santa Cruz stellt an das Ende jedes Flügels zwo Schwadronen,

---

Flügels, oder hinter demselben einen Winkel machte. Man hat in der Schlacht bey Arbela gesehen, wie Alexander dieser kleinen Reserven zu gebrauchen pflegte; seine Nachfolger verfuhren auf gleiche Weise.

nen, die er zwischen die beyden Linien parallel ordnet. Wenn man den Feind erreicht hat, so marschieren sie, falls es der rechte Flügel ist, nach der Rechten bis an (M), rücken sodann vor, und machen bey (N) die halbe Schwenkung nach der Linken, um die feindliche Flanke anzufallen. Allein der Verfasser hat nicht bedacht, daß sie ihre eigene den letzten Schwadronen der feindlichen Linie blosgeben, welche nicht ermanglen werden, ihnen durch eine kleine Wendung nach der Lüken entgegen zu gehen, und sie zu umringen. Diesem Uebel abzuhelfen, müßten die beyden letzten Schwadronen (OP) des zweyten Treffens, mit denen in der Zwischenlinie gleiche Bewegung machen, und von hintenher zu deren Beschützung heranrücken, wie solches durch den Buchstaben (Q) angedeutet wird.

Kupf. 12. Fig. 1.

Die zur Bedeckung eines Flügels bestimmten Schwadronen, müssen sich nicht gleich winkelförmig stellen, weil sie bey jeder unvermeidlichen Bewegung der Linien, sich trennen müssen, um nachzufolgen. Ich würde sie parallel hinter das erste und zweyte Treffen ordnen. Sollte mich der Feind überflügeln wollen, so müßten die beyden Schwadronen (A), welche eine Zwischenlinie ausmachen, und die letzte Schwadrone des zweyten Treffens, durch eine halbe Schwenkung baukwärts Fronte machen. Gesetzt nun, der Feind ragt nur mit zwo bis drey Schwadronen (X) über mich hinaus, so muß die Schwadrone (B), welche hundert Schritte hinter dem zweyten Treffen steht, und sich dieserwegen im marschiren links werfen wird, ihnen beym Umwenden in die Flanke fallen. Wird man mit vier Schwadronen überflügelt, so muß die Schwadrone (B) seitwärts Fronte

Ebd.

Fronte machen, indem sie sich nach den drey ersten richtet, und die Schwadrone (C) wird sich links biegen, um den Feind auf der Flanke anzugreifen. Wenn dieser nicht im Stande, oder nicht darauf bedacht ist mich zu überflügeln, so können alsdann die gedachten Schwadronen zu dessen Einschließung dienen.

Folgendes Mittel, den Feind zu umzingeln, kömmt mir ganz einfach und kurz vor. Gesetzt, daß die beyden ersten Linien einander in einer Weite von vier bis fünfhundert Schritten im Gesichte stünden, und sich zum Angriffe in Bewegung setzten, so brechen sechs Schwadronen vom rechten Flügel meines zweyten Treffens, welches ich hundert Schritte hinter dem ersten halte, in vollem Trab los, um sich auf die Linie (RS) zu stellen. Fig. 2. Durch diese Bewegung umklastern sie die Flanken der beyden feindlichen Linien, auf welche sie losgehen, sobald sie sich wieder in Fronte gestellt haben. Man darf nicht fürchten, daß der Feind sie angreifen werde, so lange sie noch in Colonnen marschieren, weil er es anders nicht, als durch einige Schwadronen seines linken Flügels thun könnte, da ihm denn meine erste Linie in die Flanke fallen würde. Das einzige Mittel das er brauchen kann, ist, wenn er schleunig zwo oder drey Schwadronen (T) seines zweyten Treffens auf die Flanke wirft. Da ich ihm aber noch immer überlegen bin, so müssen auch diese Schwadronen umzogen, und seine Linie von hinten angefallen werden: Er wird also unfehlbar den Kürzern ziehen, es sey denn, daß er einige Schwadronen im Rückhalt hätte. Dieses ist das einzige Mittel, sich vor einem solchen Manövre zu schützen, welches mit großer Behendigkeit vollzogen werden muß. Wenn die Schwa-

Schwadronen vierzig Mann in der Fronte haben, so muß die Linie sich in halbe Schwadronen brechen, welches besser ist, als wenn es in ganzen geschieht, weil die Bewegungen dadurch kürzer und schneller werden. Die Reserve (V) ergänzt die Lücke des zweyten Treffens.

In der Schlacht bey Rocrov hatten die Spanier ein ganz dünnes Wäldchen vor dem linken Flügel ihrer Cavallerie, worein sie tausend Musketenschützen geworfen hatten. Als diese Infanterie verjagt worden, so befahl der Herzog von Enguien, welcher nicht gern durch das Gehölze gehen wollte, wo seine Reuterey sich hätte trennen müssen, dem Hrn. von Gaßion, sich mit der ersten Linie rechts zu schwenken. Dieser General, der hinter dem Vorhang des Waldes marschierte, erschien plötzlich auf der Flanke der spanischen Cavallerie, indes daß der Herzog von Enguien, der sich auf seiner Linken zusammengezogen hatte, sie von vorneher anfiel; ein Manoúvre, welches die Feinde so sehr bestürzte, daß sie bey dem ersten Angriffe getrennt wurden.

Hist. Mil. de Louis XIV. T.I. p. 4.

Uebrigens muß man bey allen diesen Bewegungen voraussetzen, daß der Feind sie nicht errathen, oder in gleicher Absicht keine ähnliche auf seiner Seite machen wird. Deswegen muß man mehr als eine im Kopfe haben, um nach Befinden der Umstände sofort die schicklichste wählen zu können, und zugleich eine Stellung wählen, worinnen man vor allen feindlichen Unternehmungen gesichert seyn möge. Eine der schönsten Cavaleriebewegungen neuerer Zeiten, ist diejenige, welche in der Schlacht bey Friedlingen gemacht worden. Der Prinz von Baden hatte acht und vierzig Schwadronen, wovon

wovon vier und dreyßig in der ersten Linie zwischen dem Schloße Friedlingen, an welches ihre Rechte stieß, und dem Berg, auf den er drey Bataillonen postiert hatte, in Schlachtordnung stunden. Hr. von Magnac, der sie in dieser Stellung nicht angreifen wollte, zog seine erste Linie zurück, um sie mit der zwoten zu vereinigen. Diese Bewegung, welche die Feinde für einen Rückzug hielten, lockte ihre Cavallerie hervor, und beraubte sie des Schutzes ihrer Flanken. Alsdann fiel Hr. von Magnac sie mit Nachdruck an, und ob er gleich um mehr als einen Drittel schwächer war, so warf er sie dennoch über den Haufen.

Der Gebrauch zwoer Linien scheint mir für die Reuterey nicht weniger vortheilhaft, als für die Infanterie, nur müssen die Schwadronen wie gesagt, kurz und die Feinde nicht allzuweit entfernt seyn. (a) Es ist gewiß, daß man vortreffliche Manöuvres, und bey widrigen Zufällen, schleunige Hülfsmittel aus dieser Anordnung ziehen kann.

Wenn

(a) Wenn wir in unsern Tagen, sagt der Herzog von Rohan, beobachtet haben, daß verschiedene Schlachten vermittelst eines Rückhalts gewonnen worden, was für eine weit größere Würkung muß nicht eine zwote Schlachtordnung hervorbringen, welche zum Angriffe herbeyrücken wird, nachdem die ganze feindliche Armee gegen die erste Ordnung gefochten hat?..... Es ist ein gewißer Grundsatz, daß ein Kriegshaufen, wie groß er auch seyn mag, sich nach dem Gefechte in solcher Unordnung befindet, daß die kleinste Schaar, die alsdann auf ihn loskömmt, im Stand ist ihn zu schlagen, und mithin derjenige Heerführer, der am längsten einige frische Truppen aufbehalten kann, mit denselben den Sieg davon tragen muß. *Traité de la Guerre Chap. 6.*

Wenn die Griechen ihre Lanzierer nur in eine Linie stellten, so ersetzten sie diesen Mangel durch die reutenden Schützen, welche vorausrannten, und durch Reserven, womit sie oft den Rücken der Schlachtordnung verwahrten. Diese unvergleichlichen Anstalten sind einer zwoten Linie vielleicht noch vorzuziehen. Indessen waren sie doch nicht alle gleich groß in dieser Kunst. Man hat gesehen, daß die Lacedämonier sich allezeit sehr schlecht darauf verstunden; und es ist gewiß, daß diese Saumseligkeit ihnen bisweilen sehr nachtheilig *Plutarch.* gewesen. Als Agesilaus in Asien Krieg führte, so hatte er zwar eine vortreffliche Cavallerie, allein sie wurde in jenen Gegenden angeworben, und nach seinem Sinn bewaffnet und abgerichtet. Alexander hat die Manöuvres dieses Dienstes zur feinsten Vollkommenheit gebracht. Er war ein Schüler des Philippus, und unterrichtete hinwieder seine Feldherren, welche sich nicht minder Geschicklichkeit erwarben. Dieses war also das Zeitalter, da die griechische Reuterey in ihrem vollen Glanze stund, und wo man sie am besten zu gebrauchen wußte. Es hat den heutigen Mächten zum Muster gedienet, als sie nach Abschaffung der gewap-
Gendar-neten Reisigen, *leichte Cavallerieschwadronen er-
merie. richtet haben.

Zwölf-

Zwölftes Hauptstück.

Von der Reuterey.

Die alten Reisigen, auf denen lange Zeit die Stärke der europäischen Heere beruhte, stellten sich heckenweis, das ist in einzelnen Gliedern, welche vierzig Schritte von einander abstunden, und wechselsweis an-einander prellten. Da man diese vom Kopf bis auf die Füße geharnischte Reuterey zu schwer fand, so errichtete man eine andere, welche blos einen Küras, Streithandschuhe und eine Sturmhaube trug. Sie stellte sich schwadronenweis, und hatte zu Trutzwaffen den Pallasch und die Pistole. (a) Dieser Unterschied brachte ihr den Namen der leichten Reuterey zuwege, den sie in Frankreich beybehalten hat (†): In Deutschland wurden sie Reuter und nachher Kürasser genannt.

Montgommeri.

Anmerkung (†) S. 207.

Zur Zeit der ehmaligen Lehnsmiliz, zog man aus dem Gefolge der Bannerherren leichtberittene Cavalleriehaufen, * welche bestimmt waren, die feindlichen Rei-

Chevaux légere.

(a) Nach der Hand ist der Carabiner (Mousqueton) hinzugekommen.

(†) Sie verdient diesen Namen mehr als jemals, da seit zweyen Jahren sogar der Küras bey derselben abgeschaft worden; eine Veränderung, die mit dem Lehrgebäude unsers Dreßlers nicht übereinstimmt, und deren Werth die Zeit lehren wird.

Reisigen zu zwacken, sie seitwärts anzufallen, und sie zu verfolgen, wenn sie getrennt worden. Man hatte auch Trabanten * eine Gattung besoldeter leichter Cavallerie, welche zu Fuß und zu Pferde fochten. Als Karl VII. König in Frankreich die sogenannten Ordonnanz-Compagnien errichtete, so bediente man sich der Bogenschützen und Armbrustschützen zu Pferde. (a) Unter Ludwig XII setzte man die Arkebusierer, welche auch Argoulets genannt wurden, und die Carabiner an ihre Stelle. Diese letztern trugen ein an der rechten Schulter ausgeschnittenes Bruststück, um desto leichter anschlagen zu können, ein vierthalb Fuß langes Stutzrohr *, eine Pistole und einen breiten Degen.

* Satelliten.

Anm. (†) S. 161.

* Escopete.

In der Stellordnung wurden oft einzelne Glieder von reutenden Arkebusierern, Lanzierern, und Küraßern untereinander gemischt. Wenn die ersten gefeuert hatten, so zogen sie sich zurück; hierauf griffen die Lanzierer an, und wenn sie den Feind nur ein wenig erschüttert hatten, so warfen ihn die Küraßer vollends über den Haufen. Die Gewohnheit gliedweis anzugreifen, schickte sich gut für die Lanze, weil bey einem Kriegshaufen mit geschlossenen Gliedern sich nur das erste derselben bedienen kann. Indessen war es doch ein Hauptfehler, der die Franzosen in dem Kriege mit Karl V theuer zu stehen kam, welcher die spanische und deutsche Reuterey in Schwadronen stellte. Sie entschlossen sich erst unter Heinrich II zu dieser neuen Streit-

(a) Man hat unter Karl VIII auch Albanier gehabt, welche Stratioten genannt wurden. Sie waren mit einer an beyden Enden beschlagenem Lanze *, nach Art der Alten bewaffnet.

* Arzegaie.

Streitart, nachdem sie mehrmals mit Schaden erfahren hatten, wie sehr diese neue Anordnung der alten vorzuziehen war.

Der damalige Gebrauch stimmte mit den Maximen der Griechen ziemlich überein. Man hatte wie sie, verschiedene Gattungen von Cavallerie. Die Reißigen, deren man überdrüßig zu werden begunnte, können mit ihren schweren Lanzierern oder Cataphrakten, die Leichtberittenen, welche den Pallasch und die Pistole führten, mit der gewöhnlichen Reuterey und den Tarentinern verglichen werden. Endlich waren die Arkebusierer, die Carabiner, die Argoulets, lauter Truppen die unsere heutigen Dragoner vorstellten, den reutenden Bogenschützen und allen andern Arten von Schießcavallerie an die Seite zu setzen. Ihre Art zu fechten war auch ebendieselbe. Die Schwadronen der Leichtberittenen oder Kirasser (†) stellten sich acht Mann hoch. (a) Man fügte ihnen kleine Haufen von Karabinern bey, welche sich auf den Flanken oder vorneher in Schlachtordnung stellten. Sie feuerten nach Gliedern, und dasjenige, welches geschossen hatte, zog sich hinten an die andern. Außerdem wurden sie bey den Scharmützeln, den Rückzügen, den Parteyen, und zum Hinterhalt mit Nutzen gebraucht; man pflegte auch kleine Musketierplotons in die Zwischenräume der Schwadronen zu stellen.

Duc de Rohan. Chap. s.

I. Theil.   A a   Gustav

(†) Wir haben oben gesehen, daß diese im Gegensatze mit den gewaynelen Reißigen, als leichte Reuter betrachtet wurden.

(a) Man hat sie auch zehn und zwölf Mann hoch gestellt.

Gustav Adolph, welcher an Reutterey weit schwächer war als die Kayserlichen, hat sich ihrer beständig bedient, und ihnen seine grösten Siege zu danken gehabt.

Die Kriegsverständigen, welche über die beste Stellart der Cavallerie nachgedacht, haben allezeit die kleinen Schwadronen, als von zwanzig bis fünf und zwanzig in der Fronte, gegen sechs oder acht in der Tiefe vorgezogen; dabey aber gestunden sie, daß die Stärke der feindlichen mit in Betrachtung kommen müsse, welches sehr wohl angeht, ohne die Natur der Schwadronen zu ändern, die ganz bequem zwey und zwey zusammengestellt werden können. Die in jenen Zeiten gebräuchliche Tiefe von acht bis zehn Gliedern, war für den Anlauf zwar unnütze, allein sie gab der Schwadrone eine gewisse Festigkeit, und ihren Seiten eine starke Stütze. Die Flankenschliesser durften nur den Zügel wenden, um einem nebenherkommenden Feind die Spitze zu bieten; die letzten Glieder konnten sich auch öffnen und absondern, um ihn selber einzuschliessen.

Lenoße Disc. 14.

Indessen muß man doch bekennen, daß die Schwadrone nicht ohne Ursache auf drey Glieder heruntergesetzt worden, (†) und daß die Gewohnheit sich auf zwo Linien zu stellen, dieser großen Tiefe vorzuziehen ist, wofern nur jene nicht zuweit voneinander abstehen. Die Römer, welche nur eine Linie hatten, sind niemals über vier Glieder gestiegen; sie hielten diese Höhe für hinlänglich, weil man bey der Cavallerie den Gliedern nicht eben die Steifigkeit geben kann, wie bey dem Fußvolke.

K. Verord. 1766. (†) Gegenwärtig stehen die französischen Schwadronen nur zwey Mann hoch.

volle. Ihre wahre Stärke besteht in dem Schutze den sie sich leisten; die beyden ersten werden durch die zwey folgenden ergänzet, gesichert, und beysammengehalten. Durch diese Zahl von Gliedern erhält die Schwadrone im Augenblicke des Angriffs eine gewiße ungestüme Würksamkeit, welche bey der Bewegung eines einzigen nicht Statt fände, und es scheint, daß die römische Reuterey nach dem genauesten Verhältnißmaß gestellt wurde. Die Turme war zum Anlaufe, zu den Schwenkungen und zu wiederholten Angriffen noch weit geschickter, als die Epilarchie; ihre Bewegungen waren viel kürzer, viel schneller, und wenn sie getrennt wurde, so konnte sie sich gleich wieder vereinigen. Die Römer hatten sichs zur Hauptregel gemacht, sowol die Cavallerie als das Fußvolk in kleinen Haufen fechten zu lassen. Dieser Gebrauch gründete sich nicht auf das Herkommen, sondern auf eine tiefsinnige Berechnung, und auf ein durch die Erfahrung gerechtfertigtes Nachdenken. Sie fanden in den kleinen Haufen den Vortheil einer leichtern und durchgängigen Bewegsamkeit, die sie jedoch deswegen nicht hinderte sie zu vereinigen, und im erforderlichen Falle dichtere Massen daraus zu bilden.

Hieraus kann man den Schluß machen, daß die beste Methode in kleinen Schwadronen von vier und zwanzig, oder höchstens dreyßig Mann in der Fronte bestehe. Sollten auch die feindlichen stärker seyn, so wäre dieses kein Grund sie zu vergrößern. Zween Haufen, welche abgesondert manouvrirten, müssen eine gleiche und selbst größere Anzahl schlagen, die einen einzigen Trupp ausmacht. Man wird einwenden, daß alsdann die feindliche Linie stärker seyn wird; leinesweges; ich werde zwar mehr, aber auch um desto kleinere Zwischenräume haben: Wenn der Feind sich durch seine zwote Linie verstärkt und enger zusammenrückt, so kann ich ein gleiches thun. Kurz, ich werde in allen Fällen die Oberhand behaupten, wenn ich nur meine Schwadronen mit kleinen Dragonerplotons durchflechte, weil diese vor dem Angriff auf den Feind losfeuern, und hierauf seine Flanken und seinen Rücken anfallen können.

Der einzige Einwurf, den man gegen dieses Lehrgebäude machen kann, ist, daß meine leichten Reuter, falls sie den Kürzern ziehen, und plötzlich auf die Küraßierschwadronen zurückstürzen, sie in Unordnung bringen, und denselben ihren Schrecken mittheilen werden. Allein so hätten die griechischen Schwadronen durch ihre Bogenschützen, die Phalanx durch ihr leichtes Fußvolk, und die römische Legion durch die Veliten ebenfalls in Verwirrung gerathen müssen. Indessen findet man doch nicht, daß dieses jemals geschehen ist. Warum würde es also nur in unsern Zeiten zu befürchten seyn? Die reutenden Musketiers, welche vor der Linie stehen, sind blos dazu bestimmt, mit dem Feinde zu scharmützeln, und auf ihn zu schießen. Werden sie fortgejagt, so dürfen die Küraßiers nicht erschrecken, wenn sie ihnen entgegen kommen, und sich durch die Zwischenräume ihrer Schwadronen zurückziehen. Eine öftere Uebung in diesem Manöuvre, wird sie bald daran gewöhnt haben. Ich weiß wohl, daß Montecuculi den Wallenstein anführt, der sich zu Lützen bey dieser Methode übel befand, und hierauf die Karabiner und Arkebusierer aus seiner Armee verbannte. Gleichwol
hat

hat jener sich selbst ihrer bedient", und man muß über- "M. f. die
haupt merken, daß er diesen Gebrauch nicht schlechter- Schlacht-
dings verwirft, sondern blos die allzugroße Menge der St. Goth
leichten Reuterey dabey mißbilligt, weil man sie schwer- S. 440.
lich so stellen kann, daß sie nicht bey ihrem Rückzug
eine Verwirrung anrichten sollte. Allein kleine Plotons von vier und zwanzig leichten Reutern, können in
der Linie keine Unordnung machen, und sehr leicht durch
die Zwischenräume durchglitschen, so eng sie auch seyn
mögen. Man muß den Montecuculi mit Aufmerksamkeit überdenken, sonst wird man ihn bisweilen mit sich
selbst uneins finden: Seiner Meynung nach, ist zum
Beyspiel, die Lanze die Königin aller Waffen; dem ungeachtet räumt er ein, daß die Unbequemlichkeit ihres
Gebrauches ihre Abschaffung veranlasset habe." Wenn S. 17.
die Pferde nicht aufs beste abgerichtet sind, so
taugen sie nicht dazu, und da die Reuter durchaus geharnischt seyn müssen, so haben sie Knechte
nöthig, welches große Unkosten verursachet......
Ihre Rüstung ist zu schwer, zu unbequem; sie
muß die Pferde niederdrücken und verwunden"...... Wenn das Erdreich nicht fest und S. 19.
eben, ohne Gebüsche und Graben ist, so wird
die Lanze meistens unnütze, weil die Laufbahn
frey seyn muß. Alles das sind würkliche Mängel;
indessen hätte man doch dieses Gewehr für das erste Glied
beybehalten können, ob man gleich die Rüstung auf den
bloßen Helm und den Harnisch eingeschränkt hat. Die
griechische und römische Reuterey führte bey der Lanze
keine andere Schutzwaffen.

Dreh-

Dreyzehntes Hauptstück.
Schlacht bey Marathon.

Vierte Stellart.

Nach der vierten Stellart des Vegez, wird mit den beyden Flügeln eines Heeres angegriffen, und der Mittelpunkt desselben zurückgelassen. Wenn eure Armee in voller Schlachtordnung marschiert, und ihr vier bis fünfhundert Schritte vom Feind entfernt seyd, so müßt ihr schnell und unvermuthet eure beyden Flügel mit verdoppelten Schritten vortreten, und euer Mitteltreffen dahinten lassen, sie plötzlich ehe der Feind sich besinnen kann, gegen seine beyden Flügel anführen, ihn zu trennen, und in die Flucht zu jagen suchen.

Buch 3. Cap. 4.

Vegez hält nicht so viel auf diese Stellordnung, als auf die vorigen. Die Schwierigkeit die er dabey findet, besteht darinn, daß der, welcher sich ihrer bedienet, sein Mittelheer bloßgiebt, und seine Armee in drey Theile zertrennet, welche besonders angegriffen werden können. Diesem Mangel abzuhelfen, stellt er eine Linie Bogenschützen vor die Mitte, um sie gegen die Unternehmungen des Feindes zu decken, und vor seiner Gewalt zu schützen, wenn der Angriff der Flügel mißlinget. Er macht hieraus eine fünfte Stellart, welche im Grunde

Grunde mit der vierten eines ist, und in dem folgenden Hauptstück vorkommen soll. Die erste Schlachtordnung von dieser Art, haben wir in dem berühmten Treffen bey Marathon, wo zehntausend Griechen die persische Armee von hunderttausend Mann zu Fuß und zehntausend Reutern, aufs Haupt schlugen. Eine so denkwürdige Begebenheit, verdienet als ein Beyspiel angeführt zu werden.

Darius, des Hystaspes Sohn, der dritte König in Persien nach dem Cyrus, war über die Donau gegangen, und hatte gegen die Scythen einen sehr unglücklichen Feldzug unternommen; Kurz nach seiner Rückkunft in Asien ereignete sich ein allgemeiner Aufstand unter den jonischen Griechen, welche die Athenienser um Hülfe anriefen, und zwanzig Schiffe von ihnen bekamen. Sie hielten den Krieg sechs Jahre lang aus, und wurden endlich durch den Artaphernes und Otanes, zween königliche Statthalter bezwungen, welche in Klein-Asien das Commando führten. Darius, der über die Athenienser entrüstet war, und außerdem durch den Hippias, einen Sohn des Pißstratus, den sie verjagt hatten angereizt wurde, faßte den Entschluß Griechenland mit Feuer und Schwerdt zu verheeren. Er sandte den Datis und Ar- *C. Nep.* taphernes mit einer Flotte ab, welche zweymal hundert- *Miltiades* tausend Fußknechte und zehntausend Reuter an Bord hatte. Diese beyden Feldherren bemeisterten sich verschiedener Inseln des ägäischen Meeres, und landeten endlich in Euböa, wo sie nach einer siebentägigen Belagerung die Stadt Eretria einnahmen. Sie ward in die Asche gelegt, und ihre Einwohner nach Persien geschickt. Hierauf zog Datis mit hunderttausend Mann
Fußvolk

Fußvolk und seiner gesammten Reuterey nach Attica: Hippias, der ihm den Weg wies, führte ihn auf die Ebene von Marathon, einer kleinen Stadt, vierzig Meilen von Athen am Ufer des Meeres gelegen, wo die Perser ihr Lager aufschlugen. Die Athenienser erwarteten eine Hülfe von Lacedämon; weil aber die Gefahr keinen Verzug litt, so giengen sie unter sich zu Rathe, ob sie sich in die Stadt einschließen, oder nicht lieber den Persern entgegenziehen sollten. Miltiades, einer der zehn Anführer die sie erwählt hatten, brachte es dahin, daß man schlüßig wurde herauszurücken, und dem Feind entgegen zu gehen. Die Athenienser erhielten auch eine Verstärkung von tausend Plateanern, und machten in allem mehr nicht als zehntausend Mann schweres Fußvolk aus, die Leichtbewaffneten und die Reuterey nicht mitgerechnet: Allein dieser kleine Haufen, der voller Muth und vom Geiste der Freyheit belebt war, brannte vor Begierde zu fechten. Es war der Kern der patrietischen Bürger, welche einen rühmlichen Tod der Schmach der Dienstbarkeit vorzogen. Die zehn Feldherren sollten tagweise commandieren; dem ungeachtet übergaben sie auf den Rath und nach dem Beyspiel des Aristides, die Heersführung dem Miltiades, den sie für den erfahrensten und geschicktesten hielten. Bey so mißlichen Umständen war es unumgänglich nöthig, die oberste Gewalt einem einzigen anzuvertrauen, weil die Stimmen jederzeit getheilt gewesen wären; denn eine Parten hielt es für eine Verwegenheit, die Wohlfahrt des Staats dem zweifelhaften Ausgang einer so ungleichen Schlacht zu überlassen. Die andern hingegen behaupteten, daß es weit gefährlicher sey ihr auszuweichen, und daß man alles von der ersten

sten Hitze des Soldaten hoffen könne, die man sich zu Nutz machen müße. Miltiades war dieser letztern Meynung zugethan, und da man ihm freye Hände gelassen, so postirte er sich acht Stadien (a) von dem persischen Lager, am Fuß eines Berges, der sich gleich einem Hufeisen krümmte. Er ließ alle benachbarten Bäume umhauen, und verschanzte sich damit auf seinen beyden Flanken; auf gleiche Art ließ er alle Zugänge des Berges versperren. Dieser Verhack erstreckte sich zu beyden Seiten auf mehr als fünfhundert Schritte. *Herodot. Buch 6. Kap. 20.*

Die Phalanx der Athenienser war zunftweise (b) geordnet: Der Polemarch (c) führte den rechten Flügel; die Plateaner wurden zur Linken gestellt. Wenn man die Tiefe der Armee zu sechzehn Gliedern annimmt, so wäre ihre Fronte nur von sechshundert fünf und zwanzig Mann

---

(a) Eine Stadie betrug hundert und fünf und zwanzig Schritte.

(b) Athen war damals in zehn Zünfte eingetheilt, und die aus jeder Zunft gezogenen Truppen wurden zusammengestellt.

(c) Der Polemarch war eine der obersten Magistratspersonen von Athen. Sein Amt bestund in der Verwaltung der Gerechtigkeit, und zugleich auch in Führung der Truppen. Da die Stimmen in Absicht der Schlacht getheilt gewesen, so gab er der Sache den Ausschlag, und machte daß die Meynung des Miltiades befolgt wurde. Herodotus sagt, dieser letztere habe seinen Befehlstag erwartet, um die Schlacht zu liefern, vermuthlich um nicht auf den Vorzug stolz zu scheinen, den seine Amtsgehülfen durch die freywillige Vergebung ihres Ansehens ihm zugestanden hatten.

Mann gewesen; allein man verminderte ihre Mitt:/, um die beyden Flügel zu verstärken. Es ist zu vermuthen, daß die mittlern Glieder auf acht heruntergesetzt, und die von den Flügeln bis auf vier und zwanzig vermehrt wurden. Auf diese Art wäre die Frontenlänge von ungefähr achthundert Mann, das ist, von zweytausend vierhundert Fuß gewesen. Da die Griechen sich in solcher Schlachtordnung wiesen, so nahmen die Perser die Ausforderung an, ob sie gleich wohl einsahen, daß die Lage des Ortes ihnen nicht günstig war. Allein ihr Feldherr Daris dachte diese kleine Armee durch die große Menge seiner Truppen zu verschlingen, und hielt es außerdem für zuträglich, der lacedämonischen Hülfe zuvorzukommen, welche jeden Tag anlangen sollte. Er setzte sich also in Bewegung und

Ebd. rückte auf das Erdreich vor, welches zwischen den beyderseitigen Verhacken lag. Der Platz war so enge, daß seine Reuterey sich nicht rühren konnte, und seine Fronte eben so schmal wurde, als die athenienssische. Sobald sich Miltiades nur noch fünfhundert Schritte vom Feind entfernt sah, befahl er das Zeichen zum Angriffe zu geben. Alsbald rührten sich die beyden Flügel und liessen das Mittelheer zurück, welches langsamer und in einer bogenförmigen Wendung vorrückte. Die Perser, welche diese Handvoll Pikenierer ohne Reuterey noch Bogenschützen ankommen sahen, hielten sie für verzweifelte und unsinnige Leute; bald aber erfuh-

Kupf. 13. ren sie mit wem sie zu thun hatten. Die Griechen fielen sie mit solchem Ungestümm an, daß sie durch den bloßen Anlauf die ersten Glieder umstürzten, die ihnen in den Weg kamen. Da sie aber sehr tiefe und verdoppelte Linien vor sich hatten, so fanden sie starken Widerstand,

derstand, und mußten die gröste Gewalt brauchen, um hindurchzubrechen. Während dieser Zeit hatten die Perser sich auf das Mittelheer geworfen, welches sie schwach und unbedeckt sahen. Aristides und Themistocles, die es anführten, hielten mit der grösten Unerschrockenheit Stand, bis sie durch die Menge, welche durchgängig nach dieser Seite vordrang, fortgestoßen und genöthiget wurden sich zurückzuziehen. Sie waren auf dem Punkt überwältigt zu werden, als die beyden siegreichen Flügel ihnen zu Hülfe eilten. Nachdem sie alles, was ihnen Widerstand geleistet, zerstreuet hatten, ließen sie die Flüchtlinge laufen und drehten sich plötzlich um, das Mittelheer zu bestreyen. Alsdann wurde die Flucht der Perser allgemein; sie liefen zu ihren Schiffen zurück, auf welchen sie Rettung suchten. Die Athenienser verfolgten sie, steckten verschiedene in Brand, und nahmen sieben davon weg, die man nicht flott machen konnte. (a) Bey einer so allgemeinen Niederlage blieben jedoch auf Seiten der Perser mehr nicht als sechstausend dreyhundert Mann, welches beweißt, wie sehr der Schrecken sich ihrer bemeistert hatte, und daß sie mehr in ihren Gedanken als durch Gewalt besiegt wurden; denn dieser Verlust war bey einem so großen Heere für nichts zu rechnen. Als Miltiades gegen die Meynung der meisten andern Häupter den Rath gegeben, auf den Feind loszugehen, so hatte er ihnen

---

(a) Ein eitler Aberglaube hinderte die Lacedämonier, den Ruhm dieses großen Tages zu theilen. Sie erwarteten den Vollmond, um sich in Marsch zu setzen, und so sehr sie auch hernach eilten, so kamen sie blos an, um die Zeugen des Triumphes der Athenienser zu seyn.

ihnen zu Gemüthe geführt, daß die Kühnheit dieses Schrittes die Perser abschrecken und den Muth der Griechen erheben würde. Seine Prophezeyung traf ein, und so pflegt es auch gemeiniglich zu geschehen. Ein kleiner Haufen faßt niemals den Entschluß einen ungleichgrößern anzugreifen, wenn er nicht von außerordentlicher Herzhaftigkeit glühet, und sich eines glücklichen Ausgangs versichert hält. Auf der andern Seite, pflegt der Feind der einen so schwachen Haufen verachtet, die nöthige Vorsicht zu versäumen. Wenn er ihn aber dennoch auf sich loskommen sieht, so erstaunt er über seine Vermessenheit; er glaubt, daß sie sich auf unbekannte Hülfsmittel gründet, und sein Erstaunen verwandelt sich in Furcht und Schrecken.

Das Treffen bey Marathon war die Quelle der großen Siege, welche die Griechen nachher über die Perser davontrugen. Es zernichtete die hohe Meynung, die sie bisher von dieser so furchtbaren Macht gehabt hatten, und lehrte sie ihre eigene Stärke kennen. Es überzeugte sie von dem Vortheil, den Tapferkeit, Ruhmbegierde und Kriegszucht gegen ein zahlreiches Heer geben, das ohne diese Haupteigenschaften bloß dem Namen nach furchtbar ist. Von nun an sah man *zwo kleine Republiken,* deren Landeseinkünfte kaum hinreichend gewesen wären, ein einziges Gastmahl des Königes in Persien zu bestreiten, das Kriegsfeuer im Herzen Asiens anzünden, und ihn mitten in seinen Staaten zu zittern machen.

* Sparta und Athen.

Miltiades ließ nach seinem Siege den Aristides mit einer Zunftschaar zurück, um die Beute sowol als die Gefan-

Gefangenen zu theilen. Er selbst eilte mit seinem Heere nach Athen, um diese Stadt vor den Unternehmungen der Flotte zu schützen, welche nun auf sie zusegelte, in der Hoffnung sie von Truppen entblößt zu finden, und sich ihrer zu bemeistern. Ob Miltiades gleich einen Marsch von dreyzehn Stunden hatte, so kam er doch noch an eben dem Tage daselbst an, und vereitelte hierdurch dieses Vorhaben. Pausanias* berichtet, die Athenienser hätten vor der Schlacht bey Marathon alles was Gewehr tragen konnte, und selbst die Sklaven bewaffnet. Allein die neuntausend Athenienser, welche die Armee ausmachten, waren der Kern der Bürger, die alle schwere Waffen trugen, und Schwerdt und Picke führten. Man wird es sonderbar finden, daß man ihnen keine andere leichtbewehrte Truppen beygefügt hat. So schlecht sie auch gewesen wären, so hätte man sie doch mit Vortheil auf die Bergspitzen und hinter die Verhacke stellen können, welche Gefahr liefen von den Persern umzogen zu werden. Nichts wäre ihnen bey ihrer großen Menge leichter gewesen. Die Anhöhen, welche die Athenienser in dem Rücken und auf ihren Flanken hatten, waren nicht unersteiglich, und ein Berg mag übrigens beschaffen seyn wie er wolle, so findet die Infanterie, sobald er nicht vertheidiget wird, allezeit Mittel hinauf zu kommen. Wenn der General der Perser dieses bedacht hätte, und es wurde weiter kein hoher Verstand dazu erfordert, so wären die Griechen bey allem ihrem Heldenmuth, in große Verlegenheit gerathen. Allein sie hatten ihr Heil entweder der Dummheit der Perser, oder der Verachtung zu danken, womit diese ihre kleine Anzahl betrachteten.

* In A-chaicis.

Ver-

Vergleichungen.

Die Schlacht bey Marathon, welche für die Athenienser so rühmlich war, und von ihren Geschichtschreibern unter die Wunder gerechnet wurde, ist darum nicht wunderbarer, als das Treffen bey Arques, wo Heinrich IV mit weniger als viertausend Mann die Kühnheit hatte, den Herzog von Mayenne zu erwarten, welcher eine Macht von zwanzigtausend Mann Fußknechten und acht tausend Reutern führte. (a) Eben die Umstände, worin-

---

(a) Der Herzog von Sully meldet, daß Heinrich IV nur zweytausend achthundert Fußknechte und sechshundert Reuter hatte. Mezerai setzt die Armee des Herzogs von Mayenne nur auf viertausend Pferde und fünfzehntausend Mann Fußvoll, und der P. Daniel giebt dem König überhaupt siebentausend Mann, und dem Herzog dreyßigtausend. Die Geschichtschreiber werden in Berechnung der Armeen sowol als der Todten und Verwundeten nie miteinander übereinstimmen. Dem sey wie ihm wolle, so wird diese That immer glorreich und ein seltenes Beyspiel der Unerschrockenheit und Kriegserfahrung bleiben. Die Erzählung welche Sully davon macht, könnte nicht dunkler seyn; man kann aus seiner Topographie nicht klug werden: Vielleicht fällt dieser Fehler auf diejenigen, welche seine Nachrichten gesammlet haben. Das beste darinnen ist das Gemälde des Helden, den man nicht genug bewundern kann; sein frohes und heiteres Gesichte bey der mißlichsten Lage der Sachen, sein ruhiges Wesen mit einer weisen Hitze vermischt, welche der Soldat für etwas übermenschliches hielt. Die königliche Infanterie bestund blos aus Schweizern und Landsknechten; lauter Miethsoldaten, aus denen Heinrich eben so viel Helden gemacht hatte. Indem er sich an die Spitze des Solothurnischen Regiments stellte, sagte er zum Obristen Kregger: Lieber Gevatter, ich komme mit euch zu sterben, oder Ruhm zu erfechten.

Legrain Liv. 5.

worinnen die Athenienser sich befanden, bewogen auch
ihn ein Treffen zu wagen. Er mußte etwas grosses
unternehmen, um die Hoffnung seiner Partey wieder
aufzurichten, und das Vertrauen seiner Bundsgenossen zu erwerben. Außerdem erkannte er, daß er bey
seiner damaligen Stellung ohne die größte Gefahr nicht
zurückweichen, und für seine Handvoll Truppen kein
günstigers Schlachtfeld finden konnte. Er war in einem Winkel der Normandie eingeschlossen; vor sich
hatte er die Armee der Ligue, die Spanier saßen in
Dünkirchen und in den Plätzen von Picardie und Artois: Er mußte fürchten, daß die von Rouen kommenden Schiffe, und diejenigen welche der Herzog von
Parma in Dünkirchen ausrüstete, ihm auch noch den
Weg nach dem Meere versperren würden. Die einzige
Stadt Dieppe stund ihm offen; er wäre aber gar bald
bis an ihre Mauern verfolgt, und darinnen belagert
worden. Deswegen hielt ihn auch der Herzog von
Mayenne für so fest umzingelt, und für so gewiß verlohren, daß er an mehr als an einen Ort schrieb:
Der Bearner (†) könne ihm nun nicht entwischen,
es sey denn, daß er ins Meer spränge. Verschiedene von Heinrichs Gefolge waren der Meynung, er
sollte nach England übersetzen, und die Sache ward in
Erwegung gezogen. Der Herzog von Biron gab einen
kühnern Rath, und der König besann sich nicht lange
furchtsame Anschläge zu verwerfen, welche nicht nach
seinem Geschmacke waren. Gleich dem atheniensischen
Feldherrn, vergaß er nichts was seine Schwäche ersetzen
konnte. Er hatte sich auf die Landstraße von Arques,
zwischen

Sully,
Buch 3.
J. 1589.

(†) So pflegte er Heinrichen spottsweise zu nennen.

zwischen einen waldichten Hügel und einen Morast postiert, der durch das Schloß beschützt wurde, auf welchem sich vier Canonen befanden. Die Armee des Herzogs von Mayenne konnte sich nicht ausdehnen, weil sie zwischen demselben Hügel und einen Bach eingepreßt war, der sehr steile Ufer hatte, und sich in den benachbarten Fluß Arques ergoß: Folglich hatte sie gleiche Fronte mit der königlichen Armee, welche sich mit ihrer Linken an den Fluß, und mit der Rechten an den Hügel stützte. Da dieser Raum sehr enge war, so stund das Heer der Ligue in verschiedenen Linien, welche demselben mehr Tiefe als Breite gaben. Der König war die ganze Nacht beschäftigt, sich zu verschanzen, und an den benöthigten Orten Verhacke zu machen. Des folgenden Tages griffen die Feinde ihn an; umsonst bestrebten sie sich seine Infanterie aus ihrem Posten zu vertreiben; die Schweizer und Landsknechte waren unbeweglich, und die Reuterey that Wunder der Tapferkeit, so daß die abgeschreckten Liguisten die Unternehmung aufgaben.

Ich lasse den Leser selbst urtheilen, ob diese denkwürdige Kriegsbegebenheit mit der bey Marathon zu vergleichen sey. Ich füge hier eine andere bey, welche zwar nicht so bekannt, aber einer Anführung nicht minder würdig ist.

Agathokles, Tyrann von Syrakus, ein sehr böser Fürst, aber einer der geschicktesten Staatsleute und der besten Feldherren seiner Zeit, (a) war in etlichen starken Gefech-

---

(a) So haben Scipio und Polyb von ihm geurtheilt.

in die Taktik.

Gefechten von den Karthaginensern geschlagen worden, welche hierauf mit schnellen Schritten gegen Syrakus marschierten, um den Ort zu belagern. Bey diesen Umständen faßte er einen Entschluß, der beym ersten Publicke verzweifelt scheinet, aber im Grunde nur herzhaft, und eines so tapfern Mannes würdig heißen konnte. Er nahm sich vor, in Afrika einzufallen, obgleich der Feind in Sicilien den Meister spielte, und er alles für Syrakus zu befürchten hatte, wo er zu Wasser und zu Land eingeschlossen war. Er wußte, daß die besten karthaginensischen Truppen sich in Sicilien befanden, und hoffte auf den Beystand der Völker, welche die afrikanische Küste bewohnten, und das Joch Diodor. dieser Republik mit Widerwillen trugen. Er machte Buch 20. daher insgeheim seine Anstalten, und da er wohl wußte, daß die meisten Syrakusaner übel mit ihm zufrieden waren, so nahm er, um sich ihrer in seiner Abwesenheit zu versichern, die Kinder, Brüder, oder nächsten Verwandten derer die ihm verdächtig schienen, mit sich fort, und steckte sie unter seine Truppen. Diese beliefen sich nicht über zweytausend Mann; er vermehrte sie aber durch einen beträchtlichen Haufen Sklaven, die er in Freyheit setzte. Einige glaubten, diese Ausrüstung sey für Italien bestimmt; andere sagten, man wolle damit den karthaginensischen Antheil der sicilianischen Küste verheeren; niemand muthmaßte die Größe und Kühnheit seines Vorhabens.

Agathokles bestieg mit seinen Truppen sechzig Galeeren, stahl sich in einem günstigen Augenblicke zum Hafen hinaus, und segelte nach Afrika. Die karthaginensischen Galeeren waren damals mit der Verfolgung

I. Theil. Bb ein-

einiger Kornschiffe beschäftigt, welche nach Syracus wollten. Sobald sie die Flotte des Agathokles erblickten, so wandten sie sich und setzten ihm nach; er entwischte ihnen aber in der Dunkelheit der Nacht. Als er seine Soldaten ausgeschifft hatte, so versammlete er sie und sagte ihnen, er hätte, als die Karthaginenser ihn verfolgten, ein Gelübde gethan, seine Schiffe der Ceres und Proserpina, den Schutzgöttinnen Siciliens zu opfern, und befahl sie sogleich in Brand zu stecken. Dieses wurde beym Trompetenschall und unter dem Jubelgeschrey der Truppen ins Werk gerichtet. Nachdem er ihnen solchergestalt alle Hoffnung der Rückkehr benommen hatte, so erklärte er ihnen, daß er sie zur Einnahme von Karthago und zur Plünderung eines reichen Landes führte. Er rückte vor Tunis, nahm es ein, und ließ die Mauern aus eben den Gründen niederreißen, welche ihn zur Verbrennung der Schiffe bewogen hatten. Hierauf marschierte er gerade nach Karthago, wo alles in gröster Bestürzung war, weil man nicht glaubte, daß der Feind diese Unternehmung wagen konnte, ohne die in Sicilien befindliche Macht und die in der See stehende Flotte geschlagen zu haben. Indessen versammleten Hanno und Bomilcar in der Eile vierzigtausend Mann zu Fuß, tausend Reuter, und zweytausend Streitwagen; sie zogen dem Agathokles entgegen und schmeichelten sich mit der gewissen Zuversicht, daß sie ihn an Händen und Füßen gefesselt nach Karthago bringen würden. Die beyden Armeen begegneten einander an einem Orte, der diesem letztern vollkommen günstig war, welcher etwas über zehntausend Mann und gar keine Cavallerie bey sich hatte: Er ordnete seine Schwerbewaffneten in eine Linie, und warf seine Bogen genschützen und Schlenderer auf die Flügel. Da er viele neuangeworbene und schlechtbewehrte Soldaten hatte, so stellte er sie nebst den Troßbuben, die er mit Helmfutteralen und geschnitzten Schilden ausrüstete, auf Anhöhen, wo sie in der Entfernung würklichen Truppen ähnlich sahen.

Die Karthaginenser, welche keinen Platz hatten sich auszubreiten, stellten ihre Infanterie in einer großen Tiefe, und vorne daran ihre Reuterey mit so vielen Streitwagen, als der Raum es erlaubte. Diese Stellung hatte das Schicksal, welches sie verdiente; die Wagenpferde und ihre Führer wurden von der leichten Infanterie theils getödtet oder verwundet, theils gegen ihre Linie zurückgejagt. Die schwerbewaffneten Syrakusaner, die den Anlauf der Reuterey aushielten, warfen sie über den Haufen, und giengen sogleich auf die feindliche Infanterie los, welche, da sie bereits durch die Wagen und Pferde in Unordnung gebracht worden, die Flucht ergriff. Die siegreichen Syrakusaner plünderten das Lager, wo sie ganze Wagen voll Ketten fanden, welche die Karthaginenser für sie bestimmt hatten; eine Vorsicht, die noch immer mißlungen, und zur Schande derer ausgeschlagen ist, welche sie gebraucht haben. Da sie gemeiniglich von der Nachläßigkeit und einem eiteln Stolze begleitet wird, so muß man sich über ihren schlechten Erfolg nicht wundern. (a)

Bb 2 Als

(a) Die Türken haben bisweilen diese Gattung Kriegsvorrath mit sich geführt, der ihnen nicht mehr genüzt hat, als den Karthaginensern. Nach der Schlacht bey Zenta, wo der 1697. Sultan Mustapha vom Prinzen Eugen geschlagen wurde, fand

Als Agathokles seine Truppen über die Stärke des feindlichen Heeres erstaunt sah, so bediente er sich einer überaus drolligten List, um sie aufzumuntern. Er ließ so viel Nachteulen fangen, als man nur finden konnte, und sperrte sie in ein Zelt ein. Nach diesem versammlete er seine Soldaten, und während der Zeit, daß er eine Rede an sie hielt, wurden die Eulen losgelassen, welche überall in dem Lager herumflogen, und sich bald auf die Zelten, bald auf die Schilde setzten. Da dieser Vogel der Minerva geheiligt war, so wurde dieses scheinbare Wunder als eine gute Vorbedeutung ausgelegt, und Agathokles war eifrig bemüht, den Soldaten zu bereden, daß es ein sichtbares Zeichen des Schutzes dieser Göttinn sey. Die Heiden zogen aus allem Vorbedeutungen, und die gemeinsten Dinge mußten ihnen zu Zeichen dienen. Wenn die Soldaten sie nicht für günstig hielten, so wurden sie darüber stutzig und niedergeschlagen. Hiedurch entwischten oft gute Gelegenheiten, weil die Heerführer bey solchen Umständen keine Unternehmung wagen durften; bisweilen gebrauchten sie diesen Aberglauben das Volk geschickt zu hintergehen, indem sie wie hier, eine falsche Vorbedeutung, einen Traum, eine Erscheinung vorschützten, oder die Wahrsager und Zeichendeuter bestachen. Was zu jener Zeit gelang, würde auch noch heut zu Tage glücken.

1683. fand man verschiedene mit Fesseln beladene Wagen. Bey der letzten Belagerung von Wien hielt der Gros-Vezier, der an Unwissenheit und Eitelkeit seines gleichen nicht hatte, den ganzen Zierroth in Bereitschaft, der zu seinem Einzug in diese Hauptstadt dienen sollte. Durch seine Niederlage wurde dieser Schmuck des Stolzes und der Ueppigkeit, eine Beute seiner Ueberwinder.

cken. Die Menschen haben sich nicht verändert, und werden immer dieselben, das ist, einfältig und leichtgläubig bleiben; man muß sie nur mit Geschicklichkeit betrügen, und die Sache wovon man sie überreden will, nach ihren herrschenden Vorurtheilen einkleiden. Wir lesen im Mariana eine Menge Wunder, welche den Spaniern und Portugiesen mehr als einen Sieg über die Saracenen zuwegegebracht haben. Ich erinnere mich unter andern, einer Erscheinung des H. Jacobus, der auf einem weißen Pferde saß, und an der Spitze einer Armee stritt, welche zu weichen anfieng, aber sich wieder vereinigte, und sehr tapfer fochte, sobald man sie von der Gegenwart des Heiligen versichert hatte. Der Wahrsager Aristander, welcher den macedonischen Helden in seinen Feldzügen begleitete, stund in der Schlacht bey Arbela in einem weißen Kleide, und mit einer Krone auf dem Haupt an seiner Seite. Als man im Begriffe war das Treffen anzufangen, so versicherte er die Soldaten, daß ein Adler über dem Haupte des Königs schwebte. Sie waren gewohnt ihm zu glauben, und glaubten ihm auch itzt, ob sie gleich den Adler eben so wenig sahen, als die Spanier ihren Heiligen. Diese Mittel die Soldaten aufzumuntern, muß man nicht aus der Acht lassen. (†) Obgleich Epaminondas bey

Bb 3 Leuctra

(†) In unsern Zeiten würden dergleichen Blendwerke nicht bey allen Armeen angehen, und ein General, der sich ihrer in gewissen Ländern bedienen wollte, könnte gar leicht eine widrige Würkung davon erfahren. Es giebt auch unter den Truppen aufgeheiterte Köpfe, welche die Erscheinungen und andere falsche Wunder verlachen. Diese werden den Betrug merken, ohne die Absicht desselben einzusehen; sie werden ein

Mißtrau-

Leuctra sehr tapfere und versuchte Truppen hatte, so
fürchtete er doch, daß sie vor der großen Menge der
Feinde erschrecken möchten. Um ihr Vertrauen anzufrischen, sprengte er überall aus, daß die geheiligten
Waffen aus dem Tempel des Herkules verschwunden
wären, und daß dieser Held sie weggenommen hätte,
Xenoph. um den Thebanern zu Hülfe zu kommen. Er ließ sich
diese Zeitung durch einen bestochenen Boten ankündigen,
welcher

Mißtrauen auf ihren General werfen, und glauben, daß entweder seine Ungeschicklichkeit oder seine Schwäche ihn zu einem so leeren Kunstgriffe nöthigt. Sind diese Zweifler zugleich versuchte Soldaten, welche die Welt gesehen haben,
so werden sie als die Orakel der Casernen und Wachstuben
betrachtet, und ihre Cameraden suchen eine Ehre darinnen ihre
Affen zu seyn. Ein paar hundert solcher Leute, welche ihre
Beobachtungen selten für sich allein behalten, wären hinlänglich, die Täuschung bey einer halben Armee zu vereiteln, zumal wenn sie Zeit haben ihre Freydenkerey auszukramen,
und ihren Nachbarn zu demonstrieren, daß man ihnen etwas
weiß machen will. Ueberdieses lehrt uns die Geschichte, und
der Verfasser hat es nur eben selbst gestanden, daß der Aberglaube gar oft die entgegengesetzte Würkung hervorgebracht,
und die wichtigsten Unternehmungen hinterrieben habe. Es
würde eine leichte Sache seyn, durch alte und neuere Beyspiele darzuthun, daß durch ihn eben so viele Schlachten ver-
1704. lohren als gewonnen worden. Das Treffen am Flusse Sabugal,
Mem. de wo die Portugiesen bloß darum, ohne den Feind zu erwarten,
Berwick. die Flucht ergriffen, weil das Bild des H. Antonius von
Padua, den sie als ihren Patron und ernannten Generalissimus
vor ihrer Armee hertragen liessen, von einer Kanonen-
kugel getroffen worden, macht einen sehr merkwürdigen
Kontrast mit der Erscheinung des H. Jacobus, und wäre hinlänglich den höchst unsichern Gebrauch dieses Mittels zu beweisen.

welcher vorgab, daß er blos dieserwegen von Theben gesandt worden. Zu gleicher Zeit kam ein anderer aus der Höhle des Trophonius, welcher den Sieg weissagte, und im Namen dieses Sohnes des Apollo befahl, nach dem Treffen dem Jupiter zu Ehren öffentliche Spiele zu feyern. Er ließ auch durch die Wahrsager das Gerücht eines alten Orakels ausstreuen, welches verkündigte, daß die Lacedämonier bey dem Grabe der Töchter des Leuctrus und Scedasius eine grosse Niederlage leiden sollten. Die Geschichte meldete, daß sie an diesem Orte Diodor. Buch 15. durch die Lacedämonier genothzüchtigt worden, und da sie nach dieser Schmach das Leben nicht mehr ertragen konnten, sich selbst getödtet hätten. Man sieht, daß der thebanische Feldherr nichts versäumte, was er für fähig hielt, die Einbildung des grossen Haufens zu erhitzen, welcher allezeit leichtgläubig und abergläubisch ist. Ich bin überzeugt, daß diese Kunstgriffe eben so viel zum Siege beytrugen, als die Stellart seiner Colonne; da er die Verschmitztheit mit guten Anstalten verband, so mußte er unfehlbar die Feinde schlagen.

B b 4   Vier-

Vierzehntes Hauptſtück.

Fünfte Stellart des Vegez.

Buch 3.
Kap. 4.

Dieſe Stellart iſt von der vorigen nur darinn verſchieden, daß Vegez eine Linie von Bogenſchützen und leichter Infanterie vor das Mittelheer wirft, um es gegen die Gewalt des Feindes zu decken. Bey dieſem Schutze glaubt er daſſelbe weniger in Gefahr überwältigt zu werden, und wenn die beyden Flügel Noth leiden, ſo begünſtigt das noch unbeſchädigte Mittelheer den Rückzug, und verhindert eine gänzliche Niederlage. Dieſe Stellart muß unſtreitig um deſto vortheilhafter ſeyn, je mehr man für die Sicherheit ſeiner Mitte ſorgen wird; denn wenn dieſe umgeſtürzt iſt, und die beyden Flügel gleich ſiegen, ſo befindet man ſich dennoch in ſchlimmen Umſtänden, die getrennten Flügel können nicht mehr zuſammenſtoßen, und laufen Gefahr einzeln geſchlagen zu werden. Dieſes wäre den Athmienſern begegnet, wenn nicht die Flügel ihrer Armee noch eben recht gekommen wären, um das Mittelheer zu befreyen, ehe es zerriſſen wurde. Hätte Miltiades leichte Truppen gehabt, ſo hätte ſein Mittelpunkt größern Widerſtand geleiſtet; und geſetzt auch, der Angriff ſeiner beyden Flügel wäre mißlungen, ſo hätte er ſich leicht ohne großen Verluſt auf den Berg zurückziehen können, den er hinter ſich und auf den Flanken hatte.

Eine

Eine solche Schlachtordnung kann sich für eine Armee schicken, welche der feindlichen an Stärke gleicht oder ihr überlegen ist, oder auch für eine schwächere, deren Flanken wohl gedeckt sind, und die sich auf einem Erdreich befindet, welches den Feind nöthigt in einer der ihrigen gleichen Fronte zu erscheinen, wie solches der Fall der Athenienser bey Marathon war. Wenn man ein weit zahlreicheres Heer als der Feind hat, so kann man seine Flügel leicht verstärken, sie ausbreiten um ihn einzuschließen, und dem ungeachtet seinem Mittelpunkte noch Stärke genug lassen, um der Gewalt zu widerstehen, die er dagegen brauchen könnte. So machen es die Türken mit ihrem halben Monde, der bisher ihre gewöhnlichste Schlachtordnung gewesen, und wovon ich im dritten Theil reden werde. Wenn die Armeen sich gleichen, so kann man doch schwächer an Infanterie, und stärker an Reuterey seyn, oder man hat eine bessere Cavallerie und mehr Völker als die Feinde. In diesen beyden Fällen kann die obige Stellart angehen, weil man die zween feindliche Cavallerieflügel mit einem Vortheil in der Anzahl oder der Mannschaft angreift, und sie mit den leichten Truppen umringen kann. Alsdann muß man seine Infanterie weit genug entfernt halten, oder sie auf ein hinlänglich vortheilhaftes Erdreich stellen, wo sie an dem Treffen keinen Theil nehmen darf, oder wenigstens nicht überwältigt werden kann, ehe die beyden Flügel des Feindes geschlagen sind. Geschieht dieses, so wird sein Fußvolk auf nichts mehr bedacht seyn, als sich, so gut als möglich, zurückzuziehen, und dieses ist auch der einzige Weg der ihm übrig bleibt.

In der Schlacht bey Villa Viciosa war das vor dem Mittelheere und folglich vor der Infanterie befindliche Erdreich mit Graben, und drey bis vier Fuß hohen Mauern von getrockneter Erde bedeckt. Der Herzog von Vendome, der die Absicht hatte, das Treffen mit der Cavallerie anzufangen, gieng auf die feindliche los, deren beyde Flügel umgestürzt wurden; dem linken fielen die Dragoner in den Rücken, zu denen ein Corps Cavallerie stieß, welches zween Tage vorher detaschiert worden, und eben zu rechter Zeit anlangte. Die feindliche Infanterie, welche vorgerückt war, hatte bereits die spanische zum Weichen gebracht, als sie sich von ihrer Reuterey verlassen, und in der grösten Gefahr sah umringt zu werden: Ein Theil derselben formierte ein grosses Viereck; der Rest ergriff die Flucht, und rettete sich so gut er konnte mit Hülfe der Nacht in die Gegend von Siguenja. Es ist leicht zu begreifen, daß ein solcher Angriff mit einer schwächern Reuterey nichts taugen kann, was man auch vor Mittel anwenden mag, um seine Schwadronen zu verstärken und zu unterstützen. In diesem Falle ist es rathsamer, die Schlacht mit der Infanterie zu liefern, und den besten Theil seiner Reuterey auf einen Flügel zu werfen, indeß daß man den andern entfernt, oder auch bedeckt hält, wenn anders das Erdreich es verstattet. Man kann ihn auch mit spanischen Reutern verwahren, die durch einige Bataillonen und kleine Plotons leichter Infanterie beschützt werden müssen. Bey solchen Gelegenheiten ist die Truppenmischung gar wol thunlich, weil es auf eine Wehrstellung ankömmt, wobey die Fußvölker allezeit nöthig sind.

Hist. Mil. de Louis XIV. T. 6. pag. 442.

Die

Die Geschichte der Römer liefert uns ein Beyspiel der vierten oder fünften Stellart, aus welcher nicht nur das Genie und die Geschicklichkeit des Generals, sondern auch alle die Biegsamkeit hervorleuchtet, deren ihre Anordnung fähig war. Ich meyne die Schlacht bey Elinga, welche Scipio der Afrikaner gegen den Asdrubal Giscons Sohn in Spanien gewann. (a) Sie ist der Vorschrift des Vegez vollkommen gemäß, welcher die beyden mit den besten Truppen verstärkten Flügel vorrücken läßt, da indessen das Mittelheer dahinten bleibt.

Scipio der in einer kleinen Entfernung vom Asdrubal gelagert war, hatte bey den verschiedenen Gelegenheiten, da die gegenseitigen Armeen sich einander in Schlachtordnung zeigten, wahrgenommen, daß der karthaginensische Feldherr die Afrikaner als den besten Theil seines Fußvolks in die Mitte, und die Spanier nebst den Elephanten auf die Flügel stellte. Nach dieser Bemerkung überdachte er seinen Schlachtplan; anstatt seine Legionen wie gewöhnlich in die Mitte der Linie, und die spanischen Hülfsvölker auf die Flügel zu stellen, so that er gerade das Gegentheil. Er formierte den Mittelpunkt aus den Spaniern, denen er nicht trauete, und ordnete die Römer zur Rechten und Linken. Mit diesen wollte er das Treffen liefern; die andern hatten Befehl nur langsam fortzurücken, und in

---

(a). Es ist zu verwundern, daß eine so denkwürdige Schlacht bisher keinen Namen gehabt. Dem Polyb zufolge, war Asdrubal bey einer kleinen Stadt gelagert, die den Namen Elinga trug, welcher auch dem dabey vorgefallenen Treffen bleiben muß.

in der Entfernung zu bleiben. Mit dieser ersten Anordnung verband er einen andern sehr schlauen Kunstgriff, wodurch er sein eigentliches Vorhaben gänzlich verbarg. Er hatte seiner Reuterey und den leichten Truppen befohlen, sich dem Lager der Karthaginenser zu nähern, welche diesen Tag kein Treffen vermutheten, und daher in gröster Eile ausrückten, und ihre Schlachtordnung bildeten. Nach einigen Scharmüzeln rief Scipio, der mit seiner Infanterie herbeykam, seine Reuterey und leichte Truppen zurück, welche sich durch die Zwischenräume der Cohorten hindurchzogen, um sich hinten daran zu stellen. (a) Durch dieses Manoeuvre befand sich die Reuterey gerade hinter der römischen Infanterie, welches den Asdrubal auf die Vermuthung brachte, daß er sie würde umringen können. Aber plözlich ließ Scipio seinen rechten und linken Flügel zuerst sankwärts, um Plaz zu gewinnen, und hierauf gerade aus gegen den Feind losmarschieren, doch so, daß, da die Endspizen mehr als die übrigen Theile hervorragten, die beyden Flügel in die Quere stunden, und einen einspringenden Winkel machten, in dessen Tiefe die Spanier befindlich waren. Während dieser Zeit breitete die Cavallerie sich aus, und machte ihre Bewegungen, um der karthaginensischen in die Flanke zu

---

(a) Ich bediene mich hier des Ausdrucks Cohorten, obgleich damals die Manipuln noch üblich waren; allein Scipio hatte bey dieser Gelegenheit die Principes hinter die Hastarier, und die Triarier hinter die Principes gestellt. Wenn man auf diese Art drey Manipuln zusammenstieß, um einen gemeinsamen Haufen daraus zu machen, so wurde derselbe Cohors genannt. Dieses ist lange gebräuchlich gewesen, ehe sie durch die Veränderung der Stellart vereiniget worden.

zu fallen. Man kann den Plan dieser Schlacht in dem Werke des Hrn. Guischard nachsehen, welcher diese Tom. 1. Stelle des Polyb mit vieler Einsicht aufgeklärt hat. P. 193.

Um die Manöuvres deren Scipio sich bey dieser Gelegenheit bediente, mit der nöthigen Genauigkeit zu bewerkstelligen, wurde eben soviel Standhaftigkeit von den Truppen, eben soviel Geschicklichkeit bey den Obristen, als Wissenschaft von dem Feldherrn erfordert. Diese Schlacht ist ein wahres Meisterstück und das Alterthum liefert uns keine, worinnen mehr Kunst und Feinheit läge. Sie giebt uns einen Begriff von der Vortrefflichkeit der römischen Taktik und von den Vortheilen, die man daraus ziehen konnte, wenn die Heerführer sie zu gebrauchen wußten. Die Phalanx war allerdings, vermöge ihrer Zusammensetzung, überaus feiner Entwicklungen fähig; allein die römische Stellordnung war es nicht weniger, und besaß noch überdas Eigenschaften, die ihr allein zukamen. Nichts war biegsamer, nichts war geschickter sich nach allerley Erdreich zu schmiegen, nichts war zu alle den Bewegungen günstiger, die man zu einer Angriffsstellung oder zur schnellen Entsetzung eines bedrängten Theiles machen wollte. Solang diese Stellart sich nebst der Kriegszucht in ihrer Stärke erhielt, so konnten die Römer sich von allen erlittenen Schäden erholen, und die häufigen Stöße, die sie im zweyten punischen Kriege bekamen, welche jede andere Nation in den Staub gelegt hätten, hinderten sie nicht die Oberhand zu gewinnen, und den Hannibal aus Italien zu verjagen. Es scheint, daß in diesem ganzen Kriege das Verhängnis Roms nur immer diejenigen an die Spitze der Ar-

meen stellte, welche am geschikteſten waren, alles zu
verderben; ſie bemühten ſich gleichſam um die Wette,
die gröbſten Fehler zu begehen. Es war keiner darunter, der nicht eine ſehr große Meynung von ſich
hatte, und gleichwol tappten ſie faſt immer in die Netze,
die Hannibal ihnen ſtellte. Marcellus, der ſich durch
die Eroberung von Syrakus und andere Kriegsthaten
berühmt gemacht hatte, ward endlich wie ſo viele andere auch hinter das Licht geführt. Allein man ſieht,
daß die Römer ſich ihre Unfälle zur Warnung dienen
lieſſen, und von dieſer Zeit an ihre Kenntniſſe ausbrei-
teten. Sie legten ſich auf leichte Reuterey, verbeſſer-
ten die ſchwere, und bewaffneten ſie weit vortheilhafter, als ſie es bisher war. Sie führten den Gebrauch
ein, unter derſelben kleine Haufen leichtbewaffneter Fußknechte fechten zu laſſen; ihre Feldherren erwarben
ſich auch mehr Wiſſenſchaft in der Kenntniß der Mär-
ſche und der großen Kunſtbewegungen. Die gelehrte-
ſten, ſchönſten, und lehrreichſten Muſter, die ſie uns
lieferten, ſind von dieſem Zeitpunkte herzurechnen.

Vergleichungen.

Ehe man ſich für eine gewiſſe Schlachtordnung ent-
ſcheidet, muß man verſchiedene Dinge in Erwegung
ziehen: Die Stärke des feindlichen Heeres, die Gattung
der Truppen woraus es beſtehet, die Natur ſeiner
Trutz- und Schutzwaffen, ihre Art ſich zu ſtellen und
zu fechten, ihre größere oder mindere Anzahl an Reuterey oder Fußvolk, die Corps welche am ſtandhaf-
teſten und verſuchteſten ſind, den Platz den ſie gemeiniglich in der Linie einnehmen. Auf gleiche Weiſe un-
ter-

tersucht der Feldherr auch seine Armee, und indem er
beyde miteinander vergleichet, so beobachtet er hierauf
mit aller Genauigkeit das Erdreich, auf welchem er sich
schlagen soll. Wenn es eine freye und kahle Ebene
ist, so wird seine Anordnung vollkommen taktisch seyn,
das ist, der Ausschlag des Treffens wird einzig und
allein auf der Stellung der Truppen, auf ihren Evolutionen, und auf der Geschicklichkeit beruhen, womit
ihre Kunstbewegungen veranstaltet werden. Die Schlachten bey Thymbra, bey Arbela und Elinga, gehören
in diese Classe. Ist das Erdreich nicht so beschaffen,
wie oben gemeldet worden, so werden alsdann die Anordnungen nach ihm gerichtet, und das Augenmerk ** Coup-
des Anführers fasset die verschiedenen Vortheile, so man d'œil.
daraus ziehen kann. Er untersuchet, ob er Meister ist
den Schauplatz der Schlacht zu wählen, und was
er für Zeit hat, sich zu derselben zu rüsten, oder er
überschlägt den Platz, wo er den Feind antreffen, und
die Ordnung, worinnen derselbe stehen wird. Alle
diese Vergleichungen müssen den zu fassenden Entschluß,
und die Form der Schlachtordnung entscheiden.

Die berühmte Schlacht bey Metaurum, deren
Verlust die Karthaginenser völlig herunterbrachte, und
den Hannibal nöthigte Italien zu verlassen, ist in ihren
Manöuvren zwar nicht so glänzend, als die bey Elinga;
allein sie verdient unter denen von der vierten oder
fünften Stellart des Weges einen Platz, und die Lage
der Oerter hat die Anordnung derselben bestimmt.

Asdrubal, Bruder des Hannibal, war mit einem
zahlreichen Heere über die Alpen gegangen, in der Absicht

sicht, ihm zu Hülfe zu kommen, und sich mit ihm zu vereinigen. Er hatte sich an die Belagerung von Placenz gemacht, welche er bey der Annäherung des M. Livius aufhob, und die beyden Heere campierten sehr nahe beysammen. Hannibal stund damals in Apulien, und zwar bey Venusia, nicht weit von der römischen Armee, die durch den andern Bürgermeister C. Nero geführt wurde. Während dieser Zeit belagerte Fabius die Stadt Tarent; der Consul Nero, der die Vereinigung der beyden Brüder hindern wollte, las sechzehntausend Mann zu Fuß, nebst tausend Reutern aus, und ließ den Rest unter den Befehlen seines Unterfeldherrn

L. Livius Buch 27. zurück: Er machte starke Märsche, um seinen Amtsgehülfen zu erreichen, und rückte des Nachts verstohlnerweis in sein Lager, worauf die beyden Bürgermeister des folgenden Morgens in Schlachtordnung erschienen. Asdrubal, welcher die Anwesenheit frischer Truppen bemerkte, wollte dem Treffen ausweichen und sich zurückziehen; man kam ihm aber so nahe auf den Leib, daß es sich nicht mehr thun ließ. Er beschloß also Stand zu halten, und stellte seine Armee in Schlachtordnung. Da der Platz nicht breit war, so vermehrte er die Höhe seiner Linien. Die Spanier, Ligurier und Gallier formierten das erste, die afrikanische Infanterie, welche schwer bewaffnet war, das zweyte Treffen. Vor dem Mittelheer und bis nach der Linken zu, befanden sich eine Menge Graben und Hohlwege, welche den Zugang sehr schwer machten. Dieses bewog die zween Bürgermeister, ihre beyden Flügel zu verstärken, und mit denselben den Angriff zu unternehmen. Asdrubal war auf seiner Seite willens das Treffen mit seinem rechten Flügel gegen

gegen den römischen Linken anzuheben; zu diesem Ende hatte er sich mit allen seinen Elephanten dahin gestellt, welche sich auf zehn beliefen. Der Anfall gieng auf dieser Seite mit großer Lebhaftigkeit vor sich: Zu gleicher Zeit versuchte Nero dem feindlichen linken Flügel beyzukommen, und die Gallier, die einen Hügel besetzt hielten, von ihrem Posten zu vertreiben. Da die Beschwerlichkeit des Weges ihn daran hinderte, so machte er sich diese Lage auf eine geschickte Art zu Nutze; er nahm einen Theil seines Fußvolks, führte ihn hinter der römischen Armee durch, umzog den rechten Flügel der Karthaginenser, und fiel ihm in die Flanke. Der Sieg, welcher bisher zweifelhaft gewesen, erklärte sich nun für die Römer. Dieser ganze feindliche Flügel ward in die Pfanne gehauen, und die Elephanten getödtet oder gefangen; der Rest wurde so lebhaft verfolgt, daß wenige davonkamen. Nie hat man eine so vollständige Niederlage gesehen, als diese, welche von den Römern als die Vergeltung der Schlacht bey Cannä betrachtet wurde.

Die fast gänzliche Zernichtung des karthaginensischen Heeres, der Tod des Feldherrn, und die Folgen dieser Kriegsbegebenheit, haben sie zu einer der wichtigsten gemacht, die jemals vorgefallen sind. (a) Nero nahm

1. Theil.   C c   sich

(a) Polyb und Plutarch sind in Absicht des Verlustes der Karthaginenser sehr voneinander verschieden. Daß er sehr beträchtlich gewesen seyn müsse, beweiset eine Rede des Consuls Nero, dem man nach dem Treffen vorschlug, einige Truppen abzuschicken, um ein kleines Corps das sich zurückzog, in die Pfanne zu hauen. Er antwortete: Wir müssen doch einige übriglassen, welche unsern Sieg verkündigen können.

sich nur sechs Tage, um zu seinem Amtsgehülfen zu stoßen, und kam in einem gleichen Zeitraum nach einer vierzehntägigen Abwesenheit in sein Lager zurück. Es ist kaum zu begreifen, daß seine Abwesenheit dem Hannibal so lange verborgen bleiben konnte; vielleicht machte Fabius eine Bewegung, welche ihn diese ganze Zeit über zur Unthätigkeit zwang, und ihn abhielt das geschwächte Lager des Consuls anzugreifen. Der geschwinde Marsch dieses letzteren ist nicht minder zu bewundern, denn man findet nicht, daß er seine Infanterie auf Pferde oder Wagen gesetzt habe. Indessen machte er doch mit derselben in sechs Tagen wenigstens achtzig Stundenmeilen, und hernach in einer gleichen Zeit den nämlichen Weg wieder zurück. (a)

Nach der Beschreibung dieser Schlacht hält Polyb eine Lobrede auf den Asdrubal, dessen Betragen und Kriegstugenden er bewundert. Er bringt darinnen vortreffliche Betrachtungen an, welche eines solchen Geschichtschreibers würdig sind. Der Tod des Asdrubal, der als er keine Rettung mehr sah, sich ohne seiner zu schonen in die größte Gefahr begab, ist in der That rühmlich; es scheint aber gleichwol, daß die Schlachtanstalten dieses Feldherrn nicht von allen Vorwürfen frey sind. Polyb sagt, er hätte die Höhe seiner Linien vermehrt, weil der Platz enge war; dem ungeachtet fielen ihm die Truppen des Cl. Nero in die Flanke, und

––––––––––––––––––––––––––––––––
(a) Von Venusia bis an den Fluß Mätaurus, der heut zu Tage Metro heißt, sind es zweyhundert und vierzig italiänische Meilen. Ich habe im fünften Hauptstücke des ersten Theils das Geheimniß dieser Begebenheit entdekt.

und zwar mit eben dem Flügel, wo er das Treffen anfangen wollte. Dieses beweißt, daß es ihm entweder an einer Seitenstütze fehlte, oder daß er sich nicht weit genug ausgedehnt hatte, um die Ueberflügelung zu vermeiden: Nichts hinderte ihn sein Mitteltreffen, welches keine Gefahr lief, zu entblößen, und seine Rechte zu verstärken, wo der Anfall am heftigsten seyn sollte: Hätte er dieses gethan, so wäre er nicht umflügelt worden. Die Stellung der Römer ist so gut, als sie es nur seyn konnte, und der Beschaffenheit des Erdreichs gemäß. Das Betragen des Consuls Nero während des Treffens, und der Schluß den er faßte, zeugen von seiner Beurtheilungskraft und Geschicklichkeit. Polyb ist in der Erzählung dieser Schlacht ein wenig dunkel; die folgende Stelle des Frontin aber scheinet die Anordnung beyder Armeen deutlich zu entscheiden. Asdrubal hatte sich, um das Treffen zu vermeiden, auf eine holperichte und ungleiche Anhöhe gestellt. Die Bürgermeister zogen alle ihre Truppen auf die Flügel, und indem sie die Mitte entblößt ließen, griffen sie den Feind zu beyden Seiten an.

Man sieht daß diese durch das Erdreich veranlaßte Stellart anfänglich der vierten Ordnung des Vegez gemäß war, durch die Wendung aber, die das Gefechte nahm, näherte sie sich der dritten, vermöge deren man mit einem durch die besten Truppen verstärkten Flügel den Angriff thut, und den Rest dahinten läßt, oder welches einerley ist, ihn durch die Natur des Erdreichs bedeckt hält. Diese Veränderung war die Frucht des Augenmerks und der Geistesgegenwart des römischen

schen Feldherrn, der, als er den Mittelpunkt und den rechten Flügel in Sicherheit sah, kein Bedenken trug diesen letztern zu schwächen, um einen Theil seiner Macht auf die Linke zu ziehen.

So kann es sich also bisweilen ereignen, daß eine Schlachtordnung, nach der man zu fechten beschlossen hat, während dem Treffen eine andere Gestalt annimmt, weil die Umstände den General veranlassen, wenn die Zeit es erlaubt, sein Ziel zu ändern. Hier ist ein Beyspiel aus den neuern Zeiten.

In dem Treffen zu Rocroy war die Anordnung zu beyden Seiten parallel, und der gemeinen Stellart gemäß. Indessen nahm sie doch durch die Geschicklichkeit und Klugheit des Anführers der französischen Infanterie die Form des vierten an, weil er sich mit dem Feinde nicht einließ, bis das Gefechte der Reuterey entschieden war. Es lag zwischen den beyden Fronten der französischen und spanischen Infanterie eine Tiefe in Gestalt eines Thales, und vor dem Ende des linken Flügels der Spanier ein ziemlich dünnes Wäldchen; worein sie tausend Musketiers geworfen hatten. Nachdem der Prinz von Conde durch das schöne Manövre, wovon im eilften Hauptstück geredet worden, diese Infanterie vertrieben und die Cavallerie dieses Flügels geschlagen hatte, so ließ er um ihre Wiedervereinigung zu verhindern, sie durch den Hrn. von Gaſſion, verfolgen, und wandte sich auf das Mittelheer, wo er einige auf dieser Seite befindliche italiänische und deutsche Bataillonen in Unordnung brachte. Da er diesen Augenblick wahrnahm, daß sein linker Flügel,

den

den der Marschall von Hopital commandirte, die Flucht ergriff, so verließ er diese Infanterie, zog sich hinter der spanischen Linie durch, fiel in ihre auseinander gewichenen Schwadronen, und befreyete den Marschall. Indem die beyden Flügel das Treffen anfiengen, hatte die Infanterie eine Bewegung gemacht; als aber der Hr. von Espenan der an ihrer Spitze war, den Unfall des linken Cavalleriesflügels wahrnahm, so fürchtete er während seines auf das feindliche Fußvolk gerichteten Angriffs von ihrer Reuterey seitwärts angefallen zu werden: Er hielt also inne, und begnügte sich ein kleines Scharmützel zu unterhalten, bis er sah, auf welche Seite der Sieg sich wandte. Als die beyden Cavalleriesflügel geschlagen waren, so bildete die spanische Infanterie ein großes Viereck, welches achtzehn mit Kartetschen geladene Stücke enthielt, und sich öffnete, so oft sie losgebrannt wurden: Sie widerstund verschiedenen Angriffen mit großer Tapferkeit, bis sie endlich eingestürzt, und fast ganz in die Pfanne gehauen ward.

Wenn der Prinz von Conde die Absicht hatte, das Treffen mit seinen beyden Flügeln anzuheben, und das Fußvolk entfernt zu halten, so war ihm das Erdreich ziemlich günstig; er hatte auch einen starken Bewegungsgrund dazu, nämlich die Tapferkeit und den großen Ruhm der spanischen Infanterie, welche damals der französischen weit vorgieng. Man findet aber nicht, daß dieses sein eigentlicher Vorsatz gewesen; es scheinet nur, daß der Hr. von Espenan es für dienlich hielt, sich auf die erzählte Art zu verhalten, woran er sehr weißlich handelte. Wir sehen also, daß diese Schlacht

nicht

nicht aus einer vorsetzlichen Absicht des Generals, sondern durch die Gestalt der Sachen, und durch das Betragen des Anführers der französischen Infanterie während dem Treffen, die Form der vierten Stellart angenommen habe.

Lehrsätze.

Der Ritter Folard hat ein großes Vertrauen in die Schlachtordnung gesetzt, die er für ein besonders an Cavallerie schwächeres und im freyen Felde stehendes Kriegsheer vorgeschlagen hat. Ich hingegen halte dafür, daß es gefährlich wäre, sich desselben sogar bey gleicher Stärke zu bedienen. Wir wollen seinen Verfechtern das Vergnügen lassen zu glauben, daß seine beyden mit einigen Colonnen und kleinen Infanteriehaufen gespickten Reuterflügel unüberwindlich seyn werden, wenn auch noch soviel feindliche Schwadronen sie auf allen Seiten umringen sollten. Eben so wenig läßt es sich gedenken, daß die feindliche Infanterie unbeweglich bleiben werde, wenn sie eine seichte und entblößte Linie vor sich sieht, auf die sie mit gedrungenen und verstärkten Bataillonen losgehen kann, welche beym ersten Angriffe sie trennen, und sich sodann um die abgesonderten Flügel schwenken werden. Das System des Hrn. von Folard hat seine Vortheile; man muß ihm aber Gränzen setzen, und es nicht immer für untrüglich halten. Die Schlachtordnung wovon hier die Rede ist, könnte diese Tugend nur bey der Voraussetzung haben, daß man immer mit drey bis vier Mann hohen Bataillonen fechten, und daß die angegriffene Armee sich überall durchlöchern lassen werde,

ohne

Tom. 4.
Fig. 185.

ohne das mindeste Mittel zu ihrer Sicherheit anzuwenden. Wenn sie statt ihre Bataillonen auf drey bis vier Glieder einzuschränken, sie nach meinen Grundsätzen ordnet; so wird sie die Würkung der Colonnen bald hemmen, und ihren Nachdruck zu nichte machen. Ausserdem könnten die Leichtbewaffneten sie umflügeln, und ihnen in den Rücken fallen, indeß daß die Cohorten sie von vorne und von der Seite angreifen würden. Wenn man über Schlachtordnungen streitet, so muß man sich nicht einbilden, daß der Feind immer nach seiner gewöhnlichen Methode fechten, oder auf keine Mittel denken werde, sie nach Maßgabe der Oerter und Umstände zu verbessern: Die Folardische ist im Grunde sehr gut; als eine Erfindung betrachtet ist sie bewundernswürdig, vortreflich in der Ausführung, wenn man sie bey einer günstigen Gelegenheit gebraucht; dehnt man sie aber zu weit aus, so wird man nicht immer wohl dabey fahren, weil sie auch ihre schwachen Seiten und Mängel hat, die der Feind sich zu Nutze machen kann.

Man darf nur des Ritters beyde Schlachtstellungen zwischen zweyen Cavalleriecorps, wovon das eine dem andern um das gedoppelte überlegen ist, mit Aufmerksamkeit betrachten, so wird man sehen, wie sehr seine Meynungen ihn verführt haben, und wie weit er sich durch seine glühende Einbildungskraft hat hinreißen lassen. Er nimmt vier und zwanzig Schwadronen an, *M. s. feh-* die in zwo Linien, die erste von vierzehn, die andere *ne Risse* von zehn gestellt sind; diesen setzt er zwölf Schwadro- *im 4ten* nen, und eben soviel Granadier-Compagnien entgegen. *Bande.* Er giebt seinen Schwadronen nur achtzig Pferde, und

Ee 4

stellt sie auf eine einzige Linie, welche mit kleinen Granadierplotons durchstochten ist: Aus der Mannschaft, die er von den Schwadronen abgesondert hat, macht er fünf andere, die er in einen Rückhalt stellt, nämlich drey hinter den Mittelpunkt, und eine hinter jeden Flügel. Da seine Schwadronen klein sind, so wird seine Linie auf jeder Seite von zwo Schwadronen überflügelt, und er hat ihnen nur eine einzige entgegen zu stellen. Dieses ist der erste Mangel. Er läßt die drey Reserveschwadronen des Mittelheeres vor die erste Linie herausrücken und sie hierauf durch die Zwischenräume der feindlichen ziehen, um die Reuterey des zweyten Treffens anzufallen; ein anderer Fehler; weil der Feind auf dieser Seite fünf Schwadronen hat, welche noch stärker sind, als die von denen sie angegriffen werden. Wer wird sich überdas einbilden, daß die Schwadronen, welche die zwote Linie schließen, wie die Bildsäulen stehen bleiben, und nicht vorrücken werden, um die ersten zu verstärken, die sich alsdann ausbreiten, und ihn ohne Mühe einschließen wird? Dieser ganze Stellungsplan kluft also dahinaus, daß zwölf kleine Schwadronen mit Zwischenräumen die ihrer Fronte gleichen, von einer vollen Linie werden angegriffen, und von ihr auf jeder Seite mit drey oder vier Schwadronen überflügelt werden. Die Granadiers, welche bestimmt sind den feindlichen Schwadronen in die Flanke zu fallen, können dieses nicht mehr thun, sobald die Linie voll ist; sie werden vielmehr selbst von der dem Zwischenraume gegenüberstehenden Schwadrone angegriffen werden. Nur ist noch die Frage, ob kleine Haufen von fünf und zwanzig Fußknechten eine Schwadrone von vorneher aufhalten können? Dieses

ist

ist vielleicht nicht unmöglich, doch aber kommt es mir schwer vor. Das schlimmste bey der ganzen Sache ist die unvermeidliche Einschließung, welche das Gefechte bald entscheiden wird. Der andere Schlachtplan ist ungefähr in gleichem Geschmack, und hält nicht besser Stich.

Das Feuer der Infanterie ist freylich der Reuterey sehr gefährlich; sie ist furchtbar, wenn sie in Schlachthaufen beysammen stehen; aber kleine getrennte Plotons sind nicht hinreichend Schwadronen aufzuhalten, welche in vollem Rennen einhauen. Sie werden zwar Schaden anrichten, wenn sie dem Feind auf die Flanke oder in den Rücken fallen können; allein sobald die Linie voll ist, so müssen sie dieses wol bleiben lassen; sehen sie nun erst, daß man sie umringen will, so werden sie blos darauf bedacht seyn, wie sie fliehen, und dem Tod entgehen können. Diese Methode ist zwar bey den Griechen üblich gewesen, und die Römer haben sie, wiewol etwas späte, nachgeahmt. Ihre leichten Fußknechte waren sehr geschickt dazu, und wurden zu dieser Uebung sorgfältig abgerichtet. Die Neuern, haben sie in der That ebenfalls mit gutem Nutzen gebraucht, und ich will sie deswegen gar nicht tadeln. Der Admiral von Coligni, Heinrich IV, Gustav Adolph, und der Herzog von Rohan, sind über die Kritik erhaben; zu ihren Zeiten aber waren die Schwadronen sehr stark. Sie stellten sich in acht oder zehn, bisweilen noch in mehr Glieder. Diese großen Heerführer sahen ihre Unbequemlichkeit ein, und setzten sie merklich herunter. Sie zogen kleine Schwadronen vor, die sich leichter bewegen ließen, und die sie mit Ar-

Pebuſierplotons verſtärkten, welches ihnen gegen ſchwere und unbehülfliche Maſſen den Vortheil einräumen muß: Tilly hat zu Leipzig, Wallenſtein zu Lützen, Joyeuſe zu Coutras dieſen Unterſchied zu ſeinem Unglück erfahren. Die Umſtände müſſen hierinnen den Ausſchlag geben. In dem Falle wovon wir reden, hat Folard nur zwölf Granabier-Compagnien, die er in lauter kleine Plotons zerſtücket: Es iſt leicht zu zeigen, daß man ſie nützlicher gebrauchen kann, wenn man ſie beyſammen läßt, und ihnen einen Platz anweißt, wo ſie die Reuterey unterſtützen und vertheidigen können. Selten iſt eine Ebene ſo glatt, daß nicht einige Graben, Waſſerlöcher, Hecken, Hohlwege, oder andere zu einem Infanteriepoſten taugliche Plätze darauf anzutreffen wären. Dergleichen Oerter können zur Stellung eines Hinterhalts dienen, worein die feindliche Reuterey gelockt, und ſodann von dem Feuer der verborgenen Infanterie begrüßt wird. Geſetzt, die zwölf Schwadronen (A) ſollten von den vier und zwanzig (B) angegriffen werden, ſo werfe ich in den Hohlweg (C) ſechs Compagnien Granadiers (2); viere laſſe ich ausgeſtreckt in das Gebüſche (D) und zwo in die Tiefe (E) liegen; meine auf dem Erdreich (A) ſtehende Cavallerielinie wird ſich bey der Ankunft des Feindes bis (F) zurückziehen, um ihn dem Feuer des hohlen Weges bloszugeben. Der Theil (G) ſeiner Linie, der ſich um meinen rechten Flügel ſchwenken wird, geräth ebenfalls in das Feuer des Gebüſches und der Tiefe, welches ihn in eine greuliche Unordnung ſetzen muß. Zu gleicher Zeit müſſen meine zurückgekehrten Schwadronen auf ihn losgehen, ihn angreifen und ihn unfehlbar über den Haufen werfen. Wenn dieſes geſchehen iſt, ſo ſieht man leicht, daß ſie

mit

mit den Schwadronen der zwoten Linie bald fertig seyn werden.

Ist die Ebene durchgängig so flach, daß man keinen Stützpunkt allda finden kann, so ist kein anderer Weg übrig, als daß man sich zurückzuziehen sucht, indem man die Cavallerie auf zwo Linien stellet, und die zwölf Granadiercompagnien auf die beyden Flanken vertheilet. So hätte es Scipio machen sollen, als er am Tessinoflusse dem Hannibal im Gesichte stund, wo er mit einer sehr ungleichen Macht ein ziemlich unnützes Cavallerlegefechte lieferte. War er ja gezwungen, sich zu schlagen, so hätte auf einer Seite die Nachbarschaft des Flusses, auf der andern der geringste Vortheil des Erdreichs ihm Mittel an die Hand gegeben, sich durch eine der obigen ähnliche Veranstaltung vor der Umringung der Numidier zu schützen. Auf diese Art hätte er seine Leichtbewaffneten weit besser benutzet, als daß er sie vor seine Schwadronen hinausstellte, wo sie zu nichts dienten. Comm. sur Poly- be T. 4. Pag. 115.

Im Jahr 1703. ließ der Prinz von Baden, der am linken Ufer der Donau gelagert war, ein Corps von fünf tausend Reutern über diesen Fluß setzen, in der Absicht der französischen Armee die Gemeinschaft mit der Schweiz abzuschneiden. Der Marschall von Villars wollte dieses Corps überrumpeln lassen. Zu diesem Ende schickte er den Herrn von Legal mit zwey und zwanzig Schwadronen und sieben hundert Musketierern ab, welche sich hinter die Reuter aufsetzten. Allein die Feinde, denen die Unternehmung verkundschaftet worden, befanden sich auf einer Ebene in Schlachtordnung. Da der französische Anführer dem Gefechte nicht ausweichen konn- Hist. Mil. de Louis XIV.

konnte, und sich auf seiner Linken weit überflügelt sah, so warf er seine Infanterie in einen auf dieser Seite befindlichen Hohlweg. Die Feinde thaten den Angriff, und brachten ihn zum Weichen; alsdann brach die Infanterie aus dem Hohlweg hervor, griff den Feind mit aufgepflanztem Baionet von vorne und von der Seite an, und gab der französischen Cavallerie Zeit sich wieder zu sammeln. Der Feind wurde geschlagen, und ließ vierzehn hundert Mann auf dem Platze, den Verlust vieler Standarten und Gefangenen nicht gerechnet.

Beschluß.

In diesem zweyten Theile hat man gesehen, mit welcher Kunst die Alten ihre Schlachtordnungen stellten, wie sie ihre Schwäche an Mannschaft ersetzten, und mit was für Geschicklichkeit sie in einem flachen Felde, das ihren Flanken keine Stützen gewährte, einer überlegenen Macht Trotz boten. Man hat das Feine ihrer Kunstbewegungen, ihre richtigen und einfachen Entwicklungen und die Genauigkeit bemerken müssen, womit sie dieselben bey den gefährlichsten Vorfällen ausführten. Man muß aber zugleich bedenken, daß alle Vollkommenheiten aus ihren ersten Grundbegriffen, aus dem wohlüberdachten Mechanismus in ihrer Stellordnung, ihrer Waffen, und ihrer Kriegszucht herfloß; ein Mechanismus, dessen verschiedene Triebfedern gegeneinander abgemessen, zusammenpassend, und also vertheilt waren, als ob alle Stücke zugleich spielten. Dieses gab ihnen für ihre großen Bewegungen eine

Leich-

Leichtigkeit und eine Schnellkraft, die uns ganz wunderbar vorkömmt.

In dem Zustande worinnen die französische Taktik vor dreyßig oder vierzig Jahren war, dachte man nicht daran, auf seinem Wege umzukehren, und die Alten aufzusuchen; man folgte einem blinden und trägen Schlendrian, den man keiner weitern Verbesserung fähig hielt. Das Werk des Ritters Folard hat denen, die am wenigsten verblendet waren, zuerst die Augen geöffnet. Dieser Schriftsteller hat die Vorurtheile ohne Schonung angegriffen, sie mit Nachdruck bestritten und wenn ich so sagen darf, ein lockeres und schlecht abgetheiltes Gebäude gänzlich umgestürzt. Ob er gleich ein anderes an seine Stelle setzen wollte, das nicht ohne Mängel ist, so muß man deswegen seinen Eifer und seine Verdienste nicht minder bewundern.

Der Marschall von Sachsen, der uns durch seine Schriften eben sosehr belehret, als er uns durch seine Siege genützet hat, wollte einen andern Plan geben, der aber vielleicht nicht minder verwerflich ist. Sein System der in acht Glieder gestellten Manipuln von hundert und vier und achzig Mann mit Inbegriff der Officiers, ist nichts anders als die erste römische Stellordnung. Was aber zu einer Zeit thunlich war, da die Soldaten aus dem Kern der Bürger bestunden, da der Durst nach Eroberungen, der brennende Eifer fürs Vaterland, den Truppen noch mehr Standhaftigkeit gab als die Kriegszucht, das würde in unsern Tagen schwerlich mehr angehen. Die Streitart der Römer, die Beschaffenheit ihrer Waffen, welche offene Rotten und Glieder

der erforderten, der Karakter und die Schlachtordnung ihrer Feinde, konnte sie ebenfalls zu dieser Stellung berechtigen. Nun aber hat sich alles geändert. Unsre Soldaten, welche gröstentheils aus der niedrigsten Classe des Volks gezogen sind, erlangen die Tapferkeit bloß durch Beyspiele, und durch die Macht der Kriegszucht. Sie bedürfen einer dichten, einer festern Stellart, und da der Mangel an Schutzwaffen ihre natürliche Furchtsamkeit vermehret, so muß die Menge sie wieder stark machen.

Dieses hat der Marschall von Sachsen nicht bedacht, welcher auch für die Picken eingenommen war, deren Untauglichkeit ich im ersten Theile hinlänglich erwiesen zu haben glaube (a). Dieser große Mann, dessen Meynungen ich mit aller seinem Andenken schuldigen Ehrfurcht und der ihm gebührenden Bewunderung bestreite, hat uns auf nützlichere Einfälle gebracht. Sein abgemessener Schritt hat die ersten Triebfedern und das große Geheimniß der Taktik aufgedeckt, woraus uns Kenntnisse zugeflossen sind, die wenn wir sie noch weiter ausbreiten und verbessern, uns dereinst bis zu den Alten führen können. Diese Entdeckung sowol als die
Anle-

(a) Der Marschall von Sachsen hat die Nothwendigkeit eingesehen, eine leichte und schwere Infanterie in der Stellordnung miteinander zu vermischen. Allein anstatt diese letztere durch eine große Muskete niederzudrücken, wie sein Vorschlag ist, so wäre es besser, wenn man sie durch ein gutes Schutzgewehre zu verwahren suchte; dieses müßte kein Schild seyn, welches zu beschwerlich ist, und die Probe nicht halten kann, sondern ein Bruststück, dem die Gewohnheit und Uebung gar bald alle Unbequemlichkeit benehmen würde.

Anlegung der Reutschulen zur Bildung der Cavallerie, war der glorreichen Regierung Ludwigs XV. aufbehalten. Aus denen für beyde Gattung Truppen festgesetzten Grundregeln, kann man eine Theorie der ersten Manöuvren herleiten, welche in der Folge die großen Operationen vereinfachen, und eine Leichtigkeit, eine Genauigkeit hineinbringen muß, darüber wir erstaunen werden. Dieses können wir unter einem erleuchteten Minister erwarten, welcher aufmerksam ist den Mißbräuchen zu steuern, den Wetteifer aufzumuntern, und viele wesentliche Stücke der Kriegskunst einzuführen, die uns zuvor unbekannt waren.

Wir können uns also schmeicheln, in mancher Absicht eine größere Vollkommenheit erreicht zu haben; allein die Vorurtheile und die Gewohnheit behaupten noch in den wichtigsten Puncten die Oberhand. Oft ist auch zu fürchten, daß die besten Einrichtungen aus der Art schlagen, wenn sie in ungeschickte Hände gerathen, welche sie von ihrer Natur und von ihrem wahren Ziel abwenden.

Die Kriegsgesetze, worunter ich alle in die Policey, die Mannszucht, die Form des Dienstes und in die Grundregeln der Taktik einschlagende Vorschriften begreife, sollten, wenn sie einmal festgesetzt worden, unabänderlich seyn (†). Diese Verordnungen, welche klar und deutlich abgefaßt, richtig ausgedrückt, und in einer möglichst kurzen Sammlung enthalten seyn müßten, könnten

---

(†) Dieses sollte sich auch auf die Kleidung der Truppen erstrecken, um den häufigen und oft kostbaren Thorheiten vorzubeugen, denen dieser an sich unerheblichte Punct ausgesetzt ist.

ten einem aus gelehrten und vollkommen erfahrnen Officiers bestehenden Kriegsrath anvertrauet werden. Man
würde darinnen unter den Augen des Königs oder des Ministers, sich über die Veränderungen berathschlagen, welche die Umstände erfordern möchten. Diese Versammlung würde darauf bedacht seyn, den Mißbräuchen vorzubeugen, ihnen abzuhelfen, und die noch unvollkom-
menen Theile zu verbessern. Da dieses ihre einzige Be-
schäftigung wäre, so würden sie auf alle Theile des
Kriegsstaats ein wachsames Auge haben, und darüber
ihr Gutachten ertheilen; sie würden dem Minister in
seiner mühsamen Verwaltung an die Hand gehen, und
ihm Arbeiten ersparen, die ihm zu schwer fallen können.

Die Theorie der Griechen war festgesetzt, stetig und
einförmig, weil sie sich in den Lehrbüchern aufgezeichnet fand, woran Heerführer und selbst Könige zu arbeiten geruhet hatten. Die öffentlichen Kriegsschulen besaßen zwar das Ansehen eines Rathes nicht; weil
sie aber vom Staat genehmiget waren, und dieser die
alten Vorschriften nicht zu ändern dachte, so mußten sie
ungefähr gleiche Würkung hervorbringen. Die Jugend
welche sie besuchte, war gewiß, daß ihr die Grundsätze,
die sie darinnen einsog, auf Zeitlebens brauchbar seyn
würden.

Als

Anhang
von den Schutzwaffen.

Erster Abschnitt.

Man glaubt gemeiniglich, daß die Erfindung des Pulvers und der Gebrauch der Feuergewehre, die Art zu schlagen und sich zu bewaffnen verändern mußte, und macht daher den Schluß, daß alle Schutzwaffen als eine unbequeme und künftighin unnütze Last mit gutem Grunde abgeschafft worden. Um dieses Vorurtheil zu bestreiten, ist es nöthig, daß man die verschiedenen Gebräuche unter einem Gesichtspunkt vereinige, die Natur der ehmaligen Waffen untersuche, und dieselben mit den heutigen gegeneinander halte. Dieses soll meine Bemühung seyn, insoweit die vorgesetzten Gränzen es mir erlauben werden.

Die Trutzwaffen müssen als Wurf- und Handgewehre betrachtet werden. Das Wurfgewehr bestund bey den Alten in dem Bogen, der Schleuder und dem Wurfspieß. Das Handgewehr war die Lanze und der Streitkolbe für die Reuterey; der Degen, die Pike und das römische Pilum (a) für das Fußvolk. Unsere Schießwaffen

---

(a) Das Pilum hatte mit dem Eisen sechs Fuß und drey Zoll in der Länge. Der Soldat war abgerichtet, dieses Gewehre zu werfen, und sich dessen auch zum Stoßen zu bedienen, wie wir oben bereits umständlich gesehen haben. S. 71. und 94.

waffen bestehen in der Flinte, dem Karabiner und der Pistole; sie sind in Ansehung der Würkung von den Wurfgewehren wenig unterschieden. Hernächst haben wir gleich ihnen den Degen oder Pallasch, und das auf die Flinte gepflanzte Bajonet ist wol das furchtbarste Gewehr, so man jemals gehabt hat, weil es in eben der Hand die beyden Gattungen der Trutzwaffen vereinigt, welche bey den Alten gänzlich abgesondert waren.

Wäre die Erfindung des Pulvers der einzige Grund zur Abschaffung der Harnische und anderer Rüstungen gewesen, so hätte die Reuterey sie weit eher abgelegt, und man würde bey Aufrichtung der beständigen Infanterie diese nicht dazu genöthigt, oder sie wenigstens nicht noch mehr als zweyhundert Jahre nach Erfindung der Büchsen beybehalten haben. (a) Man muß daher den Grund hievon anderswo suchen, und ich glaube, daß es nicht schwer fallen wird denselben zu finden.

1448. Als der König Karl VII. eine regelmäßige Infanterie von fünfzehn tausend Freyschützen aufrichtete, so befahl er sie mit Waffenröcken zu versehen, die aus fünf und zwanzig- bis dreyßigfacher alter Leinewand bestunden, welche geschlagen und auf eine Hirschhaut geklebt

---

(a) Das Feuergewehr welches unter Karl VII. aufkam, verursachte eine kleine Veränderung in der Art sich zu bewaffnen. Da der Panzer, welcher nur ein Gewebe von Eisendrath war, den Würkungen der Büchse nicht widerstehen konnte, so wurde er abgeschafft, und dagegen der Küraß von geschlagenem Eisen eingeführt. Es ist also ganz klar, daß nicht das Feuergewehr an Ablegung der Schutzwaffen Schuld gewesen, weil es vielmehr zu deren Verstärkung Anlaß gegeben hat.

geklebt wurde: Diese Röcke hielten gegen die Lanzen, Degen, ja selbst gegen die Pfeile die Probe, und in dem Befehl zu ihrer Einführung heißt es, daß man selten getödtete Soldaten in dieser Rüstung gesehen habe. Das nachherige Fußvolk trug eine Pikelhaube * oder einen Helm ohne Kamm und Visier, und einen Leibharnisch, der aus zwey Stücken bestund, das eine für die Brust, und das andere für den Rücken. Hierzu kamen Arm- ** und Schenkelschienen *** (a) die von eisernen Platten durch vernietete Nägel dergestalt zusammengesetzt waren, daß sie die Bewegung der Glieder nicht verhinderten. Diese Rüstung diente zu nichts anders, als etwa den Pistolenschuß abzuhalten; denn ungefähr zu eben der Zeit, da man anfieng eine ordentliche Infanterie auszurichten, wurden die ersten tragbaren Feuergewehre erfunden. Dieses waren sehr weitgebohrte und schwere Büchsen, die man auf eine Gabel legen mußte, wenn man sie richten wollte. (b) Nach der Erfindung des Pulvers und der schweren Stücke, erdachte man auch kleine Feldschlangen, die sich tragen und mit freyer Hand bewegen ließen; einige ruheten auf Lavetten und andere auf eisernen Zapfen; man hatte sie in großer Anzahl, und bediente sich derselben im offenen Felde. Einem Fußgänger war es nicht möglich solche Schutzwaffen zu tragen, welche diesem Gewehr widerstehen konnten;

* Salade oder Cabasset.
** Brassards.
*** Tassettes.

(a) Die Schenkelschienen bedeckten das Vordertheil der Schenkel; die Armschienen giengen bis an den Ellenbogen, und wurden mit Riemen an den Harnisch geschnallt.

(b) Man hatte dieses Geschütz schon zu Zeiten Karls VII; allein man findet, daß es in Frankreich erst unter Ludwig XII. und Franz I. recht in Aufnahme gekommen. Die Spanier haben sich desselben früher bedienet.

konnten; man suchte sich also blos gegen die Armbrust und die Pfeile zu beschirmen, die noch lange Zeit nach Erfindung der Büchsen im Gebrauche waren.

Als das Feuergewehr gemeiner wurde, und der Fußknecht keine so schwere Rüstung ertragen konnte als die Reisigen, welche sich vom Kopf bis zu den Füßen bewaffneten, so begnügte man sich demselben eine zu geben, die der Pistole widerstund, welches anfänglich das einzige Feuergewehr der leichten Reuterey war. Hiebey aber ist zu bemerken, daß die ersten Pistolen drey Schuh in der Länge hatten, und fast eben so gute Dienste leisteten, als die halben Musketen, die nach der Zeit eingeführet wurden. (a)

Nach den Büchsen mit Feuerrädern kamen die Musketen auf, die leichter waren; dennoch bediente man sich noch immer der Gabeln um sie zu richten. Ein Bataillon bestund theils aus Pikenträgern, theils aus Musketierern; diese bekamen die Erlaubniß den Harnisch abzulegen, es sey nun aus einem Verfall der Kriegszucht, oder weil man glaubte, daß diese Rüstung für sie eben nicht so nöthig wäre, da dieselben blos vom ferne zu streiten pflegten; die Pikenträger aber mußten ihn behalten, weil sie dem Angriffe der Reuter mehr ausgesetzt waren, welche ganz nahe heransprengten, und ihre Pistolen auf sie losdrückten. Indessen trugen sie diese Rüstung mit Widerwillen, da die Musketierer derselben entlästigt waren. Darum beklagt sich auch der

---

(a) Diese letztern wurden erst nach dem pyrenäischen Frieden im Jahr 1660. üblich, und die Pistolen waren damals schon um ein merkliches abgekürzt.

der Herr von La Noue, daß die Franzosen immer eine Discours
Abneigung gegen die Pike bezeugten, und daß man 13 & 14.
zu seiner Zeit, nämlich unter Karl IX und Heinrich
III, Mühe gehabt habe, Leute zu diesem Dienste zu
finden, weil sie gezwungen waren Leibharnische zu
tragen. Dieses war Ursache, daß man den Pikenträgern einen höhern Sold als den Musketierern ausmachte, allein sie fuhren nichts destoweniger fort ihrer
schweren Rüstung überdrüßig zu seyn. (a)

Die innerlichen Unruhen vermehrten in Frankreich
den Verfall der Mannszucht um ein großes. Man dankte
beym

(a) Es waren anfänglich sowol bey dem französischen
Fußvolk, als in andern Ländern sehr wenig Musketierer;
folglich durfte ein Bataillon bloß wider die Pfeile und das
Feuer der Reuterey bewaffnet seyn. Als die Anzahl der Musketierer vermehrt wurde, so konnten die Reuter sich nicht mehr
so leicht nähern; dagegen wurden aber die Pikenträger bey
einem Infanterietreffen durch das Musketenfeuer übel zugerichtet. Bey solchen Umständen hätte man einem Theil des
Leibharnisches ablegen, und den andern um soviel verstärken sollen. Dieses wäre vernünftig gewesen, allein es
geschah nicht; man blieb beym Alten, und behielt aus Gewohnheit eine Rüstung die wenig nützte. Endlich sah man
den Fehler ein, und als die Piken ausser Acht kamen, so
machte man den Schluß, daß nun auch der Harnisch abgelegt werden müsse. Die Pikenträger waren im Jahr 1651
bis auf ein Drittheil vermindert worden. Im Jahr 1679
blieben nur zehn bey einer Compagnie von fünf und vierzig
Mann, und nach der Belagerung von Luxemburg, ließ der
König bey Abdankung der Völker im Jahr 1684, nur bey 36
Regimentern Pikenträger stehen. Im Jahr 1703 aber wurden
sie gänzlich abgeschafft.

beym Frieden die Völker ab, und wenn der Krieg bald darauf wieder anfieng, so wurden in der Eile andere angeworben, die wegen Kürze der Zeit weder geübet, noch aus Geldmangel gehörigermaßen bewaffnet werden konnten. Die Tracht schlich sich in die Heere, und führte die Weichlichkeit bey der Hand. Die Jugend verließ den Dienst der Infanterie, weil sie denselben zu mühsam fand, und zu Fuße mit keinem Harnische beschweret seyn wollte. Die sogenannte Gendarmerie legte auch einen Theil ihrer Rüstung ab, und als nach der Regierung Heinrichs IV. die Feldcompagnien (†) abgeschafft worden, so behielten die wenig übrig gebliebenen nach dem Beyspiel der leichten Reuterey, die sich ungemein vermehret hatte, weiter nichts als den Küraß. (a) Was das Fußvolk betrifft, so war unter Ludwig XIII. von den Schutzwaffen keine Frage mehr, außer daß die Pikenträger den Leibharnisch noch beybehielten. Unter Ludwig XIV. gieng auch dieser gänzlich ab, so wie die

---

(†) Compagnies d'ordonnance, oder abgesonderte Schaaren von schwerer Reuterey, aus welchen nachher die ersten Cavallerieregimenter formiert worden.

(a) Laut einer Verordnung vom Jahr 1651. sollte die leichte Reuterey mit einem Kürasse, einer Sturmhaube und einem Paar Pistolen bewaffnet seyn. Die deutschen Reuter trugen überdas noch Arm- und Schenkelschienen; allein zu Zeiten des Generals Montecuculi hatten sie nur noch den Küraß, davon bloß das Bruststück gegen die damalige Muskete, das Hintertheil gegen die Pistole schußfrey war; die andern Stücke wurden als überflüßig angesehen. Die Karabiner welche zu Pferde und zu Fuße fochten, trugen einen an der rechten Schulter ausgeschnittenen Küraß, damit sie desto leichter anschlagen konnten, eine Sturmhaube, und einen Panzerhandschuh an der Linken, um den Zügel ohne Gefahr zu regieren.

die Sturmhaube, welche schon vorher nicht mehr stark *S. Lo-*
im Gebrauche war. *stelman.*

Als der Herr von La Noue den zunehmenden Eckel
des Fußvolks gegen die alte Rüstung bemerkte, und die
schlimmen Folgen desselben voraussah, so drang er stark
auf die Nothwendigkeit dieselbe beyzubehalten und die
Officiere zu verbinden, durch Tragung der Pike des
Helmes und des Leibharnisches den Gemeinen ein Beyspiel zu geben. Er führte die spanische Infanterie zum
Muster an, welche weit besser bewaffnet, höher bezahlt
und ordentlicher gehalten sey als die französische. Ein *Disc. 24*
Soldat, sagt er, welcher ohne Schutzwaffen ficht,
ist furchtsam und schon halb überwunden. Du
Bellai Langei ein noch älterer Schriftsteller, der unter
Franz I. gedient hatte, eiferte schon wider die einreis-
sende Begierde vorzüglich unter die Büchsenschützen zu
gehen, weil dieselben entfernter fochten und leichter be- *Art. Mil.*
waffnet waren. Er wollte, daß die Soldaten des Mit- *Cap. 4.*
teltreffens nach dem Exempel der Römer sehr schwer
bewaffnet seyn sollten, um ihnen desto mehr Festigkeit
zu geben; er wünschte sogar, daß die, so zu den Scharmützeln bestimmt waren, Schutzwaffen haben sollten,
weil er in der Ueberzeugung stund, daß schlecht bedeckte
Soldaten, sobald sie nur können, die Flucht ergreifen.

Als die römische Kriegszucht aus der Art schlug,
und die Legionen in Verfall kamen, so sahen sie ihre
Schutzwaffen als überlästig an. Zügellosigkeit und Faul-
heit brachten nach und nach die gewöhnlichen Kriegsübungen ab, und die Fußvölker welche den Helm und
den Küraß nicht mehr ausstehen konnten, trugen sie sehr
selten.

seiten. Endlich ertheilte der Kaiser Gratian die Erlaubniß, sie völlig abzulegen, so daß die Soldaten, welche sich den Pfeilen der Barbaren blosgestellt sahen, mehr an die Flucht als an den Sieg gedachten. Hieraus entstunden die großen Niederlagen der römischen Armeen, die Verheerung der Provinzen und der Untergang ihres Reichs. Das Feuergewehr war also nicht die Ursache, warum die Römer ihre Schutzwaffen ablegten, weil das Pulver erst im vierzehnten Jahrhundert bekannt wurde; sondern die Tugenden dieser Weltbezwinger waren ausgeartet, die Zeit ihres Ruhms war verstrichen, und die Hauptursache der Zerstörung nahm immer zu, je mehr diese ungeheure Macht sich ihrem Ende nahete.

Wegen Buch 2. Kap. 4.

Zweyter Abschnitt.

Die Gewohnheit erzeugt die Vorurtheile, und die Menschen erheben sie zu Tugenden. Da wir gewohnt sind unbedeckt zu fechten, so glauben wir etwa tapferer als unsere Vorfahren zu seyn. Ich finde für nöthig, den Ungrund dieser Meynung zu zeigen. Seitdem man die Schutzwaffen abgelegt hat, so sind fast alle Schlachten durch das Feuer entschieden worden. Es ist wahr, daß man in denselben einen Wall aus seinem Cörper macht, es ist aber auch gewiß, daß man sich nur von ferne und mit großer Behutsamkeit schlägt. Man schleicht zu beyden Seiten umeinander herum, ohne einen muthigen Schritt zu wagen, und wenn sich endlich der eine Theil zum Angriffe entschließet, so ist es sicher, daß er seiner Uebermacht gewahr wird, und der andere pflegt gemeiniglich sogleich die Flucht zu nehmen. Dieses ist
ein

ein Beweiß, daß ein jeder seine Schwäche fühlt, und nur alsdann einige Kühnheit zeiget, wenn er an seinem Gegner wenig Standhaftigkeit bemerket. (a) Die Alten schlugen sich nicht auf diese Art; sie hielten den Sturm der Pfeile, Schleudern und Wurfspieße aus, wogegen sie sich bestmöglichst mit ihren Schilden bedeckten. Zugleich aber giengen sie in der größten Geschwindigkeit auf ihren Feind los, und ein jeder legte seinen Muth, seine Stärke und seine Geschicklichkeit zu Tage.

Da die Römer besser bewaffnet und besser abgerichtet waren, als alle andere Völker, so hatten sie hierdurch einen ausgemachten Vortheil über dieselben. Als man

(a) In Mallets Buche Les travaux de Mars betitelt, welches im Jahr 1684 herauskam, befindet sich eine merkwürdige Stelle. Zu ihrer Erläuterung dienet, daß die Musketierer vor Zeiten zwey vier Zoll breite Schultergebänder trugen; an dem rechten hiengen verschiedene kleine Pulverhörner, das linke trug den Degen. "Die beyden Wehrgehänke, sagt er, waren den Soldaten gegeben, um ihnen anstatt des Kürasses in ordentlichen Schlachten den Körper zu bedecken. (Welch eine armselige Erfindung!) Weil aber jetzo die Schlachten nicht mehr so zahlreich sind, und das Menschenblut mehr geschonet wird, auch die alte Verwegenheit nachgelassen, und insgemein eine Parten so stark ist, daß die andere sich nicht getrauet das Feld zu behaupten, so hat man aus diesen Ursachen die Soldaten eines so beschwerlichen Aufzugs entlästiget." Sollte man sich nicht über die Scharfsinnigkeit dieser Betrachtung verwundern? Freylich hat die alte Verwegenheit nachgelassen; dem ungeachtet aber sind die Schlachten nicht weniger gemein, und man hat in dem letztern deutschen Kriege, der 1762. ein Ende nahm, mehr als vierzig Treffen geliefert. Die Schutzwaffen wären also bey diesen Umständen eben so nützlich als vormals gewesen.

man in Europa die Kriegskunst zu studieren anfieng, so suchte man diese Meister nachzuahmen, es ist aber allezeit sehr unvollkommen geschehen. La Noue sagte schon zu seiner Zeit: "Man wird in der Schlacht nicht mehr „handgemein wie die Griechen und Römer. Jetzt gibt „der erste Anfall den Ausschlag und treibt den einen oder „den andern von der Stelle."

Seitdem die Schlachten blos vom Feuern abhängen, so hat man sich äußerst bestißen demselben alle mögliche Lebhaftigkeit zu geben; besonders scheint man in unsern Zeiten alle Aufmerksamkeit auf diese Seite zu lenken. Den phlegmatischen Nationen, welche zu dergleichen Uebungen geschickter sind als wir, muß es hierinnen jederzeit besser gelingen, und vielleicht hat man durch ihre Nachahmung der ungestümmen Lebhaftigkeit des französischen Soldaten Fesseln angelegt. Die eingeführte Gewohnheit sich von ferne zu schlagen, ist Ursache, daß man in neuerfundenen Feuergewehren und insonderheit in der Menge der Feldstücke Vortheile gesucht hat. Ich weiß eben nicht, ob dieses ein Beweiß unsres Fortgangs in der Kriegskunst ist, ob wir gleich in der That seit einiger Zeit und besonders unter dem itzigen Minister, in verschiedenen Theilen derselben zugenommen haben.

Als die gute Taktik bey den Römern verlohren gieng, so glaubte man sie durch die Mannigfaltigkeit des Wurfgewehrs zu ersetzen. So lange sie in ihrer Stärke blieb, so war das Verhältniß der Leichtbewaffneten zu den Legionisten ungefähr ein Viertheil. Unter den Kaisern vermehrte man die Schützen, und machte ganze Legionen daraus. Zu Diocletians Zeiten stunden ihrer zwo, jede zu sechs tausend Mann in Illyrien. Freylich haben die

Römer

Römer bisweilen Ursache gehabt ihre Anzahl zu vermehren. In einem bedeckten und bergichten Lande, oder gegen einen Feind, der wie die Spanier, Afrikaner und Parther nicht Stand hielt, wurden diese Truppen allerdings nöthiger. Ueberdas mußte man welche bey den Belagerungen haben, und daher ward auch ein Theil der Legionisten im Bogenschießen geübt. Allein der gröste Theil dieser leichten Völker wurde bey den Bundsgenossen, und in dem Lande wo man den Krieg führte angeworben; der Hauptfuß der Armee war jederzeit nach den nämlichen Verhältnissen zusammengesetzt, und die Schwerbewaffneten machten das Mitteltreffen aus. (a) Dieser Unterschied verlohr sich bey der Abnahme des Reichs; die Legionen, welche ihre Schutzwaffen abgelegt hatten, führten weiter nichts mehr als verschiedene Arten von Wurfgewehr; es kamen aber auch alsdann eine Menge Maschinen zum Vorschein, die man den Armeen nachschleppte, und worauf man bey einer Schlacht ein großes Vertrauen setzte. In den vorhergehenden Zeiten, da die Kriegskunst in einem blühenden Zustande war, pflegte man sie nur zu Belagerungen, zum Angriffe und zur Vertheidigung der Verschanzungen, zum Uebergang der Flüsse und bey andern ähnlichen Gelegenheiten zu gebrauchen. So vervielfältigten sich die Erfindungen, je mehr man von den wahren Grundsätzen abwich; und unter den griechischen Kaisern, wo weder Eifer noch Tugend mehr anzutreffen war, suchte man durch alles was nur die Einbildung zu Zerstörung des mensch-

Veget. Buch. 2. Kap. 3.

───────────────────

(a) Diese Gewohnheit der Römer war auch bey den Griechen üblich, welche hierinnen gleiche Grundsätze befolgten.

menschlichen Geschlechts erdenken kann, diesem Uebel abzuhelfen. (a)

Ich bin weit entfernt, unsere heutige Kriegswissenschaft mit dem verfallenen Zustande der römischen zu vergleichen. Dennoch ist es gewiß, daß man in vielen Stücken eine Aehnlichkeit findet. Aus gleichen Bewegungsgründen haben wir die Schutzwaffen abgelegt, das System des in die Ferne reichenden Wurfgewehres angenommen, durch die Menge des groben Geschützes und der Erfindung den Mangel der Geschicklichkeit und des Heldenmuthes zu ersetzen gesucht, und endlich die Anzahl der Truppen zum Nachtheil ihrer Güte vermehrt.

In den ersten Zeiten der römischen Republik, wurden diejenigen die bey den Legionen dienen sollten, mit einer ganz besondern Achtsamkeit ausgesucht, und mit eben so vieler Sorgfalt in der Kriegskunst unterrichtet. Rom, welches damals noch nichts von Wollust und Ueppigkeit wußte, ernährte in seinem Schoose gesunde und nervichte Jünglinge, die sich durch die Uebungen im Ringen und Laufen noch mehr stärkten, und ihre schweißvollen Glieder in der Tyber abzuwaschen pflegten.

(a) Das schwere Geschütz war bey den Alten so nothwendig, als es in den heutigen Zeiten ist. Wir haben sogar neue Erfindungen, die nach den Umständen nützlich seyn können; allein man muß ihnen die gebührigen Gränzen setzen, und sich nicht gar zu stark darauf verlassen. Wenn man sein ganzes Vertrauen auf die Mordmaschinen setzt, so ist es ein Beweiß, daß man sich zu schlagen fürchtet; und diese Furcht entsteht aus zweyerley Ursachen, entweder aus einem Mangel der Kriegszucht, oder aus einem Fehler in den Waffen.

ten. Was für Soldaten konnte man nicht aus einer solchen Jugend ziehen!

Die innerlichen Kriege sind gleichsam die Gicht eines Staatskörpers, welche seine Gesundheit schwächet, und in demselben eine gewisse Mattigkeit zurück läßt: Die Händel des Marius und Sylla hatten diese Wirkung, und trugen nicht wenig zu den Veränderungen bey, die sich im Kriegswesen ereigneten. Man hatte bereits den niedrigsten Pöbel (a) unter die Schwerbewaffneten angenommen, da er vorher davon ausgeschlossen war. Alles was sich nur angab und sogar auch die Sklaven, wurden ohne Unterschied angeworben. Weil aber die Römer dem ungeachtet mit der grösten Sorgfalt in ihren Kriegsübungen fortfuhren, so blieben sie noch eine lange Zeit der Schrecken der Welt, und erweiterten ihre Eroberungen bis in die entferntesten Gegenden. Wenn sie in dem Laufe ihres Glückes bisweilen geschlagen wurden, so muß man den Fehler nirgends anders als in der Vernachläßigung der Kriegszucht suchen. Die numidischen Legionen waren in diesem Falle, und wurden unter das Joch gebracht. Metellus stellte die alte Verfassung wieder her, sie löschten ihre vorige Schande aus und siegten. Diejenigen so bey Numantia geschlagen wurden,

―――――――――――――――――

(a) Die Allerärmsten mußten unter den Veliten dienen. Ihre Zusammensetzung ward eben nicht als eine Hauptsache angesehen: da hingegen Rom sein ganzes Heil in die Legionisten setzte, unter deren Schutz die Leichtbewaffneten eine Zuflucht finden sollten. Als man die Legionen beständig auf den Beinen hielt, wurde nicht mehr so genau darauf geachtet, man verlangte nur daß die Schwerbewaffneten grösser und stärker, die andern aber leichter auf den Füßen seyn sollten.

wurden, hatten sich der Weichlichkeit ergeben. Aemilius Scipio vermehrte ihre Arbeit, jagte ihre Buhlerinnen weg, nahm ihnen ihre Lastthiere, und zwang sie während dem Marsche sieben Pfähle und auf dreyßig Tage Getreyde zu tragen. Auch in unsern Zeiten hat man gesehen, daß entkräftete und niedergeschlagene Heere, bey denen Zügellosigkeit und Raubsucht im Schwange gieng, nach Herstellung der Mannszucht und bey Verbannung der Schwelgerey, sich wieder erholt haben.

Alle Nationen denen die Kriegskunst bekannt war, wie, zum Beyspiel, die Griechen und Römer, sind in der Ueberzeugung gestanden, daß die Stärke der Armeen nicht sowol auf der Anzahl, als auf der Vortreflichkeit der Truppen beruhe. Starke wohlgeübte und gut bewaffnete Soldaten, zählen niemals die Menge ihrer Feinde, und ertragen die Beschwerlichkeiten des Krieges mit frölichem Muthe. Die consularischen Armeen bestunden gemeiniglich nur aus vier Legionen, davon zwo den Römern, die beyden andern den Bundsgenossen zugehörten. Regulus bekriegte Afrika mit fünfzehn tausend Mann, erhielt verschiedene Siege, und wurde zuletzt blos durch seine Schuld überwunden. Lucullus schlug das ungeheure Heer des Tigranes mit einer gleichen Anzahl, und Pompejus führte nicht mehr als vier Legionen gegen den Mithridates zu Felde. Cäsar brauchte nur achte zur Eroberung Galliens, und stritt bey Pharsalus mit drey und zwanzig tausend Mann um die Herrschaft der Welt.

Die französischen Armeen waren vor diesem auch nicht so zahlreich als heut zu Tage. Karl VIII. eroberte das Königreich Neapel mit sechs und zwanzig tausend
- Mann;

Mann; er hatte nur acht tausend bey sich, als er seine dreymal stärkern Feinde bey Fornua besiegte. Ludwig XII. und Franz I. hatten ebenfalls keine zahlreichen Heere. Dieser letztere hatte eine gute und wohlversuchte Infanterie; der Adel nahm haufenweise darunter Dienste, und machte sich eine Ehre daraus, die Pike oder das Feuerrohr zu tragen. Die Befehlshaber der damaligen Banden (†) beflißen sich, lauter bekannte und tüchtige Leute zu nehmen. Es herrschte unter diesen Schaaren eine Ruhmbegierde und ein Wetteifer, die sie zu einer vortreflichen Kriegsschule machten. Man hatte nur wenig, aber gute und auserlesene Soldaten. (a)

"Die Schlachten, sagt Vegez, werden nicht durch „die Menge der Völker, sondern durch die Tapferkeit und Kriegszucht gewonnen." Möchten wir doch diese Regel beständig vor Augen haben, so werden wir

---

(†) So hieß man in Frankreich die Infanterischaaren ehe die Regimenter aufkamen: Es waren starke Compagnien, die ihren Namen von den Fahnen erhielten, die damals Banden genannt wurden.

(a) Du Bellai Langri wollte nicht, daß man Leute Chap. 2. unter siebzehn und über fünf und dreyßig Jahren annehmen sollte, weil die erstern zu schwach wären, und es bey den andern zu viele Mühe koste sie abzurichten. Montecuculi sagt, man müsse kein schlechtes Gesindel auf ein Gerathewohl anwerben, sondern gesunde, starke und abgehärtete Leute wählen, die weder faul noch liederlich seyn. Die Athenienser hoben keine Jünglinge unter achtzehn Jahren aus; man unterrichtete sie zwey Jahre lang in den Kriegsübungen, worauf sie den Eid ablegten und zur Armee giengen. Auf dergleichen Soldaten konnte man sich verlassen, und durfte nicht fürchten daß sie ihre Waffen zu schwer finden würden.

wir uns nicht so sehr um große Armeen bemühen, sondern vielmehr auf dauerhafte Soldaten sehen, die im Stande sind die Beschwerlichkeiten des Feldzugs auszuhalten. Wir werden nicht wie bisher geschehen, eine schwache Jugend ins Feld schleppen, die ihr Gewehr kaum tragen konnte, und die aus dem Schooße der Ruhe ohne Vorbereitung zu einer harten und beschwerlichen Lebensart übergieng, worunter sie erliegen mußte. Ein unersetzlicher Verlust für den Staat, der denselben einer großen Anzahl Bürger ohne Nutzen beraubte! Den weisen Einsichten der heutigen Regierung haben wir die Maßregeln zu danken, welche bey dem letztern Frieden zur Verhütung dieser Mißbräuche genommen worden. Nichts ist vortheilhafter als unsere Rekrutenpflanzungen, aus welchen man die tauglichsten Leute zieht, mittlerweile daß die andern fortfahren, sich in einer ruhigen Schule zu bilden. (†)

Die innerlichen Kriege des sechzehnten Jahrhunderts verderbten die gute Einrichtung der französischen Truppen

---

(†) Wenig Jahre nach ihrer Errichtung sind die Rekrutenbataillons auf welche der Verfasser zielet, beträchtlich vermindert und endlich gar abgeschafft worden, weil sich fast keine Leute fanden, die darunter Dienste nehmen wollten. Die einzige Unvollkommenheit dieser vortreflichen Anstalt bestund wol darinnen, daß nicht jedes Regiment seine eigene Werbniederlage hatte, und die Rekruten welche bey obigen Bataillonen Dienste nahmen, nicht wußten unter welche Gattung von Truppen man sie stoßen würde. In einem Lande wie Frankreich, wo lauter freywillige Mannschaft geworben wird, wollen die Leute nicht nur in der Art des Dienstes, sondern selbst in der Wahl der Regimenter ihrem eigenen Geschmacke folgen.

pen, und öffneten der Unordnung und Zuchtlosigkeit die Thore. Heinrich IV. that sein möglichstes, um sie wieder auf einen guten Fuß zu stellen, und weil er den Entschluß gefaßt hatte das Haus Oesterreich zu demüthigen, so ließ er sichs angelegen seyn, ein gutes Kriegsheer zu bilden. Gleichwol bestimmte er mehr nicht als vierzig tausend Mann, diese furchtbare Macht anzugreifen. Die Zeiten Ludwigs XIII, und der Anfang der Regierung Ludwigs XIV, zeigen uns nur kleine Armeen unter den Befehlen großer Feldherren. Allein der Ehrgeiz des letztern erschreckte die europäischen Mächte. Sie wandten ihr äußerstes an um denselben zu unterdrücken; er aber gab sich noch mehr Mühe, ihnen zu widerstehen. Dieses ist der Zeitpunkt des Anwachses der Truppen, und der Einführung großer Armeen. Man achtete nicht mehr, weder auf die Stärke noch auf die Eigenschaften der Soldaten, man dachte nur auf die Vollzähligkeit, und alles schien gut zu seyn diese ungeheure Menge zu ergänzen. Welch eine schlechte Zusammensetzung! Wie viele Räubereyen sind aber nicht daraus entstanden! In dem Kriege wegen der spanischen Erbfolge, der von dem Jahre 1701. bis 1713. dauerte, spannte ein Hauptmann dem andern seine Soldaten ab. Die besten und stärksten davon waren Landstreicher und Ausreißer. Der Rest bestund aus Leuten die man mit Gewalt von den Dörfern und Landstraßen wegnahm, aus jungen Weichlingen die der Liederlichkeit nachzogen, oder auch oft durch Betrug aus dem Schoose ihrer Familien gerissen wurden. Dergleichen Soldaten konnte man freilich mit keiner Rüstung beschweren, noch sie dergestalt abrichten, daß sie sich ohne Furcht, Mann gegen Mann, schlagen konnten; Wir mußten also eine Streitart er-

I. Theil.   E e   finden,

finden, die ihrer Schwachheit und den Mängeln der damaligen Kriegszucht gemäß war. Hiezu schicke sich das häufige Schießen am besten, wobey wenig Ordnung erfodert wird, wo Stärke und Herzhaftigkeit ihren Vortheil verlieren, wo der nichtswürdigste Soldat mit dem allerbesten anbinden, und einen Milo oder einen Cäsar erlegen kann.

Wir haben nun die Ursachen der Abschaffung des Schutzgewehrs unter den Römern erwogen, und zu gleicher Zeit die Gründe bemerkt, warum diese Waffen unter uns aus der Acht gekommen sind. Man sieht hieraus, daß wir zwar von der alten Tapferkeit, die sich noch immer gleich ist, nichts verlohren, ihr aber doch Fesseln angelegt, und durch die Verwahrlosung der guten Mannszucht und der ächten Kriegsregeln, die Mittel benommen haben, sich an den Tag zu legen.

Dritter Abschnitt.

Man kann in dem Menschen zweyerley Kräfte betrachten, die moralischen und physischen. Jene bestehen in der Ehre, in dem Wetteifer, in der Liebe zum Ruhme und zum Vaterlande. Die verschiedenen Regierungsarten können in den Trieben des patriotischen Geistes Ungleichheiten verursachen; allein die Ehre und der Wetteifer, werden durch die Sehnsucht nach einer allgemeinen Hochachtung, durch die Hofnung der Belohnungen und durch die Schande der Strafe allenthalben gereizet. Die physischen Kräfte, sind die Stärke und die Geschicklichkeit.

keit. Die Vereinigung dieser physischen und moralischen Triebfedern, macht den ersten Grundsatz in der Kriegswissenschaft aus, welche die thätige Bestimmung des Muthes zum Vorwurf hat. Ich werde an seinem Orte von den moralischen Triebfedern reden und mich hier vornemlich mit den physischen, als der Stärke, der Geschicklichkeit und dem Vertrauen beschäftigen, weil diese Eigenschaften dem Soldaten vor allen Dingen nöthig sind. Sein Muth ist nichts, wenn ihn diese nicht unterstützen, ja er ist nur nach Maßgabe der Hülfsmittel vorhanden, die er von ihnen empfängt. (a) Es ist also vieles daran gelegen, daß man sie entwickeln und alle die Vortheile einsehen lerne, die daraus gezogen werden können. Dieses sollte man den Mechanismus des Krieges heißen, welcher bey den Alten zween Theile, den Angriff und die Vertheidigung, das ist, den Gebrauch der Trutzwaffen und des Schutzgewehres in sich faßte.

Ee 2

Der

(a) Es ist ein Unterschied zwischen dem Muthe und der Tapferkeit. Diese letztere ist eine Standhaftigkeit der Seele, welche die Gefahr ruhig betrachtet, und die Vorstellung derselben entfernet, um den Geist in seiner völligen Freyheit zu erhalten. Man kann sie auch als ein gewisses Feuer in den Adern betrachten, welches durch die Auferziehung und die Ehrbegierde genähret, durch die Beurtheilungskraft gereiniget und durch die Erfahrung gemäßiget wird. Der Muth ist das Gefühl seiner eigenen Kräfte, mit dem Vertrauen auf seine Geschicklichkeit und auf die Güte der Waffen verbunden. Er ist eine Hofnung zu siegen, welche die Seele härtet. Zugleich ist er auch eine Standhaftigkeit in der Arbeit, und eine gelassene Erduldung aller Beschwerlichkeiten. Der Muth ist hauptsächlich die Tugend des Soldaten. Der Officier, dem er ebenfalls zukommt, muß nebst ihm auch die Tapferkeit besitzen.

Der römische Soldat wurde im Jünglingsalter, und zwar frühstens im siebenzehnten Jahre geworben. Er mußte stark, wohlgebaut, aufrecht seyn, gerade und nervichte Beine, einen geschmeidigen Wuchs, und wenigstens fünf Schuh drey Zoll unsers Maßes in der Länge haben. Zuerst ward er im Kriegsschritte geübt; dann gewöhnte er sich zu laufen, zu springen, über Graben zu setzen, über Flüsse und reissende Ströme zu schwimmen. Hierauf übergab man ihn einem Exercitienmeister, der ihn gegen einen sechs Fuß hohen Pfal fechten ließ. Er lernte die gehörigen Stellungen, um den Feind mit dem Degen anzugreifen, ihm ins Gesichte zu stoßen, von der Seite beyzukommen, und seine Kniesechsen durchzuhauen; man zeigte ihm, wie er ausfallen, zurückweichen, die feindlichen Streiche ablenken, und ohne sich blos zu geben die Seinigen anbringen sollte. In dieser Absicht zogen sie auch die Stöße vor, und verachteten die Hiebe, welche selten tödlich sind. Er ward ferner unterrichtet, den Wurfspieß, sowol festes Fußes als im Laufen, zu schießen, und sicher damit zu zielen. Man zeigte ihm die Art sich mit dem Schilde zu decken, ihn den feindlichen Streichen ent-

S. Anmerkung S. 271. und 272. gegen zu halten, und damit das Schildtach zu machen. Endlich ließ man die Rekruten zusammenstossen, um die Waffenübungen und Kunstbewegungen gemeinsam vorzunehmen. Die Reuter wurden mit gleicher Sorgfalt abgerichtet; sie waren mit der Sturmhaube und dem Küraße bedeckt, und führten bey ihren Uebungen weit schwerere Waffen, als diejenigen womit sie den Feind bestreiten sollten.

Man

in die Taktik.

Man führte die Soldaten des Monats dreymal spazieren; (a) sie machten bis auf zehn römische Meilen im gemeinen Schritte, den sie manchmal verdoppelten, und dabey auf dem ungleichsten Erdreich ihre Glieder hielten. Man gewöhnte sie überdieses zu allen nöthigen Kriegsarbeiten, so daß sie bey dem Unterrichte zu gleicher Zeit abgehärtet, und zu den grösten Beschwerlichkeiten vorbereitet wurden. Daher sind auch die römischen Armeen niemals durch die Krankheiten geschmolzen, und gleich den unsrigen, ohne sich zu schlagen, aufgerieben worden. Mit solchen Leuten konnte man alles unternehmen, und eines guten Erfolgs versichert seyn. Da jeder Soldat wehrhafter und versuchter als sein Feind war, so setzte er in sich selbst das gröste Vertrauen. Er besaß von Natur nicht mehr Muth als die andern Völker; allein er verachtete sie, weil er seine Geschicklichkeit und seine eigene Stärke fühlte. Die von den Römern bekriegte Nationen waren ihnen meistens an Menge, an Grösse und an Leibeskräften überlegen. Wie würde es ihnen also ergangen seyn, wenn sie keinen Vorzug in den Waffen gehabt hätten? Der Parther und Afrikaner welche im Fliehen wieder angriffen, hätten den Römer unter ihren Pfeilen begraben, wenn er nicht dagegen verwahrt gewesen wäre. Im Kriege kömmt es weder auf die Menge, noch auf einen blinden Muth,

Veget. Buch 7. Kap. 4.

sondern

─────────────

(a) Dieser Gebrauch, den wir vor kurzem angenommen haben, gehört unter die wichtigsten Theile der Kriegskunst. Der öftere Wechsel der Besatzungen kann dadurch aufgehoben, und sowol dem König als den Truppen vieles erspart werden. Diese würden alsdann auch länger unter den nämlichen Commandanten und Musterungsaufsehern bleiben, welches gewiß kein geringer Vortheil ist.

sondern auf die Beschaffenheit der Waffen, auf die
Kriegszucht und auf die Stellordnung an. Hannibal
erkannte, daß er einen Theil seiner Infanterie auf römische Art bewaffnen müßte, wenn er den Sieg davon
tragen wollte. Er that es, und der Erfolg rechtfertigte
seine Gedanken. Laßt uns ebenfalls unsern Nutzen erwägen, und die Kriegsregeln in ihren Quellen aufsuchen; laßt uns die Schutzwaffen wieder annehmen, und
unsern Leib, wie die Römer, durch Uebung daran gewöhnen, so werden wir uns gleiche Vortheile versprechen
können.

Es ist ein Irrthum, wenn man glaubt, daß zwischen
ihrer Welt und der unsrigen ein Unterschied sey, und
daß die Erfindung des Pulvers die Gestalt des Krieges
habe verändern müssen. Diese Veränderung ist blos in
unserer Ueppigkeit und Verzärtelung zu suchen. Der
Wahn von der Gewalt des Feuergewehrs hat sich durch
unsre Neigung vergrößert, und man war froh einen
Vorwand zur Ablegung eines zu plump und unbequem
scheinenden Anzugs gefunden zu haben. Man hat sich
unvermerkt an den Gedanken gewöhnt, die Tapferkeit
habe künftighin die Hülfe der Leibeskräfte nicht nöthig,
und geglaubt, daß sie in einer Streitart, wo der Stärkste keinen Vortheil über den Schwächsten hat, ganz unnütze wären.

Anstatt Soldaten zu ziehen, welche sich auf sich selbst
verlassen, ist man auf ihre Anzahl verfallen, so daß jeder einzelne Mann nur auf die Menge sein Vertrauen
setzt. Selbst die Gleichheit verursacht bisweilen Schrecken, und um sich wieder zu ermannen, wird die Armee

mee mit Kanonen verzäunet, auf deren beschleunigtes Feuer man große Rechnung macht, da doch diese Hülfsmittel nichts als Schwäche und Zagheit verrathen. Die Truppen die ihre ganze Hofnung darauf setzen, erzittern, wenn bey Annäherung eines Treffens die feindlichen Stücke vor den ihrigen zu spielen anfangen, und die Furcht vergehet nicht eher, als bis sie den Donner ihres eigenen Geschützes hören.

Ich muß bekennen, daß es vernünftig ist seinen Feind nachzuahmen, sobald er im widrigen Fall einen Vortheil über uns erhalten würde. Es ist auch gewiß, daß von zwoen Armeen, die ohne handgemein zu werden, sich in seichten Linien schlagen, diejenige, welche mehr Stücke bey sich führt, und deren Soldaten am geschwindesten feuern, nothwendiger Weise die Oberhand gewinnen muß. Wenn aber eine von beyden mit ungestümmter Lebhaftigkeit erfüllt, und in kurze, doch hinlänglich tiefe Haufen, geordnet ist, um die Stärke mit der Leichtigkeit zu verbinden, so wird sie gar bald auf ihren Feind losgehen, und ihm den ganzen Vortheil seines Feuers aus den Händen reissen.

Die Kaiserlichen waren die ersten, die durch eine gehäufte Artillerie sich zu verstärken dachten. Sie hatten nicht unrecht, weil sie das Genie der Völker, mit welchen sie am meisten Krieg führten, nämlich der Türken und Franzosen, dabey in Betrachtung zogen. Sie müssen ihren hitzigen Anfall fürchten, und sie daher zu nöthig zu trachten, in der Entfernung zu fechten. Mit uns ist es ihnen nur allzuoft gelungen; die Türken aber lassen sich weder durch das Kanonenfeuer, noch durch die spani-

spanischen Reuter im Zurücken hindern: Zum Glück ist ihre Kriegszucht zu schlecht, um ihren Eifer zu unterstützen.

Nach diesen Betrachtungen wird man gestehen müssen, daß der Mechanismus des Krieges noch auf keinen hohen Grad der Vollkommenheit getrieben worden. Mit Anstalten welche blos die Ordnung und Policey betreffen, und mit schwachen Waffenübungen, ist es nicht ausgerichtet. Obwol die Kunst in einigen Theilen gestiegen ist, so bleiben hingegen noch andere unentwickelt liegen. Die Talente der Feldherren sind gehemmet, und die höhern Theile der Taktik auf das Herkommen eingeschränkt. Doch alles dieses rührt von gewissen Vorurtheilen her, deren Ursachen zu einer Zeit, wo man in alle Fächer der Staats- und Kriegsverwaltung tiefer eindringt, sich leicht finden und aus dem Wege räumen lassen.

Gesetzt aber, so wird man mir einwenden, daß man diesen Irrthümern entsagen wollte, wie ist es möglich sich zu gewöhnen den ganzen Tag einen Küraß zu tragen? Wie wird man in dieser Rüstung sich bewegen, marschieren, über Graben springen und auf Berge klettern können? Wie kann man den Officier diesem Zwang unterwerfen, und dem Soldaten eine solche Last erträglich machen? Nichts ist vermittelst der Kriegszucht leichter zu bewerkstelligen. (a) Wenn wir die Schutzwaffen bey den Kriegsübungen und auf den Märschen tragen, so
werden

(a) Die Alten waren so stark gewohnt, ihre Schutzwaffen zu tragen, daß sie gewisse Reigen hatten, welche zu schlachtfertiger

werden wir uns mit ihrer Schwere und mit ihrem Gebrauche vertraut machen. Ernstliche Strafen wider einen jeden Officier, der sich davon befreyen wollte, würden sie nöthigen dem Soldaten ein Beyspiel zu geben. Man muß, gleich den Alten, eine Ehre auf ihre Erhaltung setzen, vornemlich aber diesen üppigen Prachtgeist und diese Liebe zur Bequemlichkeit, welche uns verderben und weibisch machen, aus unsern Heeren verbannen, und statt des Ruhmes, den man in der Weichlichkeit und in dem Müßiggange sucht, sie mit Verachtung und Schande belegen. Dieses sind die Mittel, wodurch man die falschen Meynungen und die verderblichen Vorurtheile überwinden kann.

Wir besitzen eben die Kräfte wie die Römer; es kömmt nur darauf an, daß wir sie gleich ihnen recht austheilen und anwenden lernen. Wir sind zu allem fähig was sie ausgerichtet haben, und diese Dinge schrecken und nur beswergen ab, weil wir sie nicht mehr gewohnt sind. Meine Absicht ist übrigens gar nicht, den Fußknecht mit einer niederdrückenden Bürde zu beladen. Ein schußfreyer Brustharnisch, und ein Helm, wie ich ihn unten beschreiben will, ist alles was zu seiner Rüstung nöthig wäre.

Der stärkste Halbküraß wiegt ungefähr fünfzehn Pfund; wenn man aber dem Brustharnisch ohne die Achselstücke, nur dreyzehn Zoll in der Höhe und zwölf

---

fertiger Rüstung getanzt wurden. Man kann im sechsten Buche von dem Rückzuge der zehn tausend Griechen nachsehen, wie die Barbaren erstaunten, als sie dieselben in vollem Harnisch umherspringen sahen.

in der Breite gäbe, so würde derselbe nicht mehr als zehn Pfund wiegen. Er müßte an der rechten Schulter einen Ausschnitt haben, um das Anschlagen zu erleichtern. Ein Soldat, dem er zu schwer fiele, müßte sehr kraftlos seyn, zumal wenn die Zelten auf Pferde geladen, und die blos mit den nöthigsten Dingen angefüllten Tornister nach Art der Rücklörde getragen werden. (a) Es wäre auch möglich noch einen leichteren Küraß zu erfinden; ich habe dißfalls mit verschiedenen Materien Versuche gemacht, an deren Verbesserung man nicht vergebens arbeiten würde.

Der Marschall von Sachsen der dem Fußknecht keinen Küraß zu geben dachte, wollte ihn mit einem grossen Schild ausrüsten. Ich verehre die Asche uud die Gedanken dieses Helden, doch wird man mir vergönnen eine andere Meynung zu hegen. Sein Leibschild von gesottenem Leder würde nicht schußfrey, (b) und dennoch viel schwerer als ein Bruststück seyn; überdieses verträgt der Gebrauch der Flinte sich nicht mit dieser Rüstung, die man daher, je nachdem das Feuergewehr die Oberhand gewann, abgeschaft hat. Den Alten war der Schild nothwendig, um sich damit wider die Pfeile zu bedecken, und der Gebrauch der Pike sowol als die Art mit dem Wurfspieß umzugehen, schickte sich ganz gut zu diesem

---

(a) Dieser Gebrauch ist anfänglich von einigen Regimentern angenommen, hernach von dem Minister gut befunden und durchgängig eingeführt worden.

(b) Er gesteht, daß dieser Schild nur alsdann dienen kann, wenn man sich festen Fußes schlägt, und daß man zween übereinander legen muß, um die Flintenkugeln abzuhalten.

sem Schutzgewehr, das man an dem linken Arme trug. Der Herr von Montecuculi wollte auch Schilde haben, weil man zu seiner Zeit sich noch der Piken bediente, und das Bajonet noch nicht gemein war. Er stellet ein Bataillon in folgende Ordnung: Dem ersten Gliede giebt er Rundtatschen; (†) das zweyte bestand aus Musketierern, die durch das erste bedeckt sind; hierauf folgen vier hundert und achtzig Pikenträger in sechs Gliedern; der Rest der Musketierer besetzt die Flanken. Diese Stellung sieht sehr schön aus, sie ist aber bey einem unebenen Boden ziemlich schwer beyzubehalten.

Es fehlt dem Schilde nicht an mächtigen Vertheidigern, deren Aussprüche aber nur unter der Voraussetzung entscheidend sind, wenn man die alten Waffen wieder hervorsuchen, oder sie mit den neuern vermischen wollte. Der Prinz Moritz von Nassau fand sie gegen die Piken nützlich, und der Herzog von Rohan * war gleicher Meynung. Du Bellai giebt in seiner Stellordnung, die er aus verschiedenen Waffen, als Piken, Partisanen, Büchsen und Bogenschützen zusammengesetzt, nur den Pikenträgern Rundellen. Man sieht hieraus, daß man blos um der Piken und Pfeile willen die Schilde verlangte, welche mit dem Wurfgewehr unverträglich schienen. Die römischen Bogenschützen trugen nichts als einen

* Traité de la Guerre.

(†) Eine Gattung runder Schilde, die vorzeiten häufig im Schwange giengen, und sich in Spanien am längsten erhalten haben. Es ist der eigentliche Clypeus der Alten. Die Rundelle, welche im vierten Abschnitt näher beschrieben wird, war um ein merkliches kleiner.

einen Helm und einen Küraß. Diejenigen, deren wir
uns vormals bedienten, hatten auch keine Schilde, wie
solches aus denen zu ihrer Bewaffnung gemachten Verordnungen erweislich ist. Es scheint auch daß die Engländer, welche noch unter der Regierung der Königinn
Elisabeth den Bogen und die Armbrust führten, sich
dessen eben so wenig bedient haben. Die Niederländer
trugen zwar Schilde, allein die Schweizer, welche den
Gebrauch der Pike wieder ausbrachten, haben sich, so
wie die Landsknechte, wenig daraus gemacht.

 Die Schilde, deren die Ritter sich bey den Turnie-
ren bedienten, und worauf ihre Wappen stunden, waren von Holz und mit gesottenem Leder überzogen, um
der Lanze zu widerstehen. Der Fußvölker ihre (†) waren
von einer fürchterlichen Größe. Man brauchte sie noch
im Jahr 1621. bey der Belagerung von St. Jean d'An-
geli. Ludwig XIII. der sie bey Angriffen und Stürmen
dienlich fand, hatte sich vorgenommen, einer jeden Compagnie eine gewisse Anzahl derselben austheilen zu lassen.
In der That könnte diese Rüstung bey manchen Gelegenheiten, als, nach dem Anfall eines Aussenwerks oder
des bedeckten Weges, nützlich seyn, wo man bis die Ein-
* Loge- schanzung * fertig ist, dem Feuer der Festung ausgesetzt
ment. bleibt. Sie könnte auch beym Angriff eines im offenen
Felde befindlichen Postens dienen, wenn man zur Unterstützung derer welche darauf losgehen, ein stehendes
Muskketenfeuer anbringen wollte. Hierzu aber ist es genug, wenn man eine Anzahl solcher Schilde im Artille-
riepark

 (†) Sie wurden in Frankreich Targes oder Pavois genannt.

Repart vorräthig hat, und den Soldaten bey den großen Kriegsübungen den Gebrauch derselben beybringt. Die genuesischen Bergschützen haben Schirme* von Kork, die sie vermittelst einer Gabel vor sich hinstellen. Es ist eine Schießscharte hineingeschnitten, durch welche sie die Flinte stecken. Sobald sie gefeuert haben, so nehmen sie mit dem Gewehrlauf den Schirm auf die Schulter, so daß derselbe hinten hängt, und seinen Mann im Rückzuge bedeckt. Diese Art Schilde sind leicht, sie würden aber einem nahen Flintenschusse schwerlich widerstehen. Indessen gäbe es Mittel sie dichter zu machen, ohne ihr Gewichte merklich zu vermehren.

*Mantelets.

Vorzeiten bediente man sich bey den Belagerungen großer Blendschilde,* um die Bogenschützen, die auf die Belagerten schossen, damit zu bedecken. Sie wurden von Leuten getragen, die keine andern Verrichtungen hatten als dieselben vorzuhalten. Alle Arten von Schilden, können in vielen Fällen, aber niemals in einem freyen Treffen dienlich seyn. Wir müssen also den Soldaten nicht mit einer Sache belästigen, deren Unbequemlichkeit ihren Nutzen übertreffen dürfte; ja dieses Verwahrungsmittel würde ihn vielleicht nur furchtsam machen, indem es die Vorstellung einer allzugroßen Behutsamkeit in ihm hervorbrächte. Es würde der Kühnheit nachtheilig seyn, die man ihm einflößen muß, und sich mithin sehr schlecht zu unserm Lehrgebäude schicken. Dieser Grund bewog ehmals den Alexander, seinen Soldaten nichts als den halben Küraß zu lassen. Die Meynung vertritt bey den Menschen die Stelle der Wirklichkeit. Der Muth entfällt ihnen, wenn sie nackend zur Schlacht geführt werden; bedeckt man ihnen aber die

*Tüllevm.

die Haupttheile ihres Körpers und die Quellen des Lebens, so glauben sie überall wohl verwahrt zu seyn, und dieses ist genug.

Nichts war widersinniger als der Gebrauch einen Reuter vom Kopfe bis zu den Füßen mit Eisen zu bedecken; dieses gab ihm nicht mehr Kühnheit, als wenn er nur mit dem Helm und dem halben Kürasse bewaffnet gewesen wäre, und es kamen dadurch viel mehr ums Leben. Derjenige, der einmal zu Boden lag, konnte nicht mehr aufstehen und wurde gefangen, von den Pferden zertreten oder todt geschlagen. Die von gesottenem Leder bereiteten und mit Eisen beschlagenen Wehrstücke, welche dem Pferde den Kopf, die Brust und die Dünnungen bedeckten, waren weit vernünftiger. Das Pferd ist der Schirm des Reuters, und es wäre vielleicht zu wünschen, daß man die nützlichsten dieser Stücke wieder hervorsuchte. Ich kann mich nicht genug verwundern, daß der Marschall von Sachsen nicht darauf verfallen ist, da er doch seinen Reuter vom Kopfe bis zu den Füßen und zwar mit einer Rüstung bewaffnet, die nur gegen das blanke Gewehr Stich hält.

Es ist gewiß, daß die Infanterie durch ein gespartes und wohlgeordnetes Feuer, einer solchen Reuterey noch immer großen Schaden zufügen würde. Die Rüstung des Marschalls könnte also keinesweges hindern, daß nicht eine Schwadrone bey der ersten vollen Ladung der Infanterie zu Grunde gerichtet würde. Man sieht hieraus, daß er blos an die Gefechte zwischen Cavallerie und Fußvolk gedacht hatte. Dieser letzter Gedanke ist ihm entwischt, und dennoch pflegt der Fall sich sehr oft zu ereignen.

Vierter

Vierter Abschnitt.

Zu den Unfällen die mit der Menschheit verknüpft sind, gehöret auch der Krieg, welcher unzählbare Plagen mit sich führet, die aber durch Kunst und Manuszucht vermindert werden können. Der Soldat soll mit Freuden sein Leben wagen; demjenigen aber, die ihn gebrauchen, liegt es ob sein Blut zu schonen. Der Sieg ist jederzeit zu theuer, wenn er Leute kostet, die man hätte sparen können, zumal solche die den Kern der Truppen ausmachen. Unsere Granadiers müssen bey jedem Angriffe vorangehen, und jeder Augenblick erneuert ihre Gefahren; man liefert sie in Menge auf die Schlachtbank, und ganze Compagnien gehen zu Grunde, ohne daß man im geringsten darauf achtet. Diese auserlesene starke und tapfere Männer, sollen freylich zu schleunigen und kühnen Unternehmungen vorzüglich gebraucht werden; ist aber der Nutzen den man von ihnen ziehet, so groß als er seyn sollte, und auch würklich seyn könnte, wenn sie mit Schutzwaffen versehen wären? Wie mancher findet den Tod bey einem schlechten Pfahlwerk, wovon man doch endlich zurückgetrieben wird; wenn sie geharnischt wären, so hätten sie Zeit die Pfähle abzuhauen oder auszureissen. Ich habe es schon gesagt, und scheue mich nicht es zu wiederholen, daß sobald die Schutzwaffen im Staube liegen, die Stärke gar keinen, und die Tapferkeit sehr wenig Vortheil mehr habe. David fällte den Goliath mit einem Schleudersteine. Hundert Pygmäen können hinter einer Verschanzung soviel Riesen erlegen als auf sie loskommen; man gebe diesen Kürasse, so werden sie die Hindernisse umstürzen und alle Pygmäen zerschmettern.

Zu der Zeit, da die Reißgen allein in Ehren stunden, nahm man unter das Fußvolk allerhand Landstreicher, (†) welche zwar tapfer, aber lauter zerlumpte, schlecht bewehrte und zuchtvergessene Buben waren. Sie wurden beym Sturmlaufe vorangestellt, und die Gewapneten zu Fuße folgten ihnen nach. Man verschwendete ein Blut das man nicht achtete, und war oft froh den Staat davon zu säubern. Eine ganz andere Bewandniß hat es mit unsern Granadierern, welche der kostbarste Theil der Armee sind. Der Ruhm und die Ehrbegierde stellen die ältesten Officiers an ihre Spitze, deswegen sollte man ein wenig mehr auf ihre Erhaltung bedacht seyn.

Es ist schwer sich im Punkte des Gleichgewichts zu erhalten; man überschreitet fast immer die Gränzen. Vorzeiten waren wir vom Kopfe bis auf die Füße geharnischt, und itzt gehen wir nackend wie die Wilden. Die ersten Franken hatten, gleich den nordischen Völkern, keine andere Schutzwaffen, als einen schlechten hölzernen oder aus Weiden geflochtenen Schild, den sie mit Leder bedeckten. Kaum waren sie in Gallien eingedrungen, so nahmen sie einige Gebräuche von den Römern an. Die Gallier dienten sehr wohl zu Pferde; hierdurch

---

(†) Man nannte sie auf französisch Ribauds und Routiers. Das letztere Wort bezeichnet einen Landfahrer, das erste heißt in der alten Sprache soviel als ein handfester und beherzter Mann, wie denn auch die Fußtrabanten des Königs Philipp August den Namen Ribauds führten. Er hat aber schon lange seine Bedeutung verlohren, und ist wie das englische Blackgarde eine Beschimpfung, die noch etwas ärgers als einen Taugenichts andeutet.

durch bekamen jene Luſt, ſich Reuter zu halten; ſie fien‐
gen auch an ſich mit dem Helme und dem Küraſſe zu be‐
waffnen. Doch war der gröſte Theil zu Karl Martels
Zeiten noch nicht damit verſehen; es fehlte auch nicht
viel, ſo wären ſie dieſerwegen bey Tours von den Sa‐
racenen geſchlagen worden, welche Waffenröcke trugen,
die mit Baumwolle ausgeſtopft waren. (a). Sie ahm‐
ten ihnen nach und führten hiernächſt auch die Panzer‐
hemder ein; ſie bewaffneten die Schenkel und Beine
und ſchützten den Kopf mit einer Helmdecke*. Alle dieſe   *Capo‐
zuſammengefügten Stücke mußten den Mann unverletz‐ line.
lich machen.

 Die Rüſtung der Ritter war ein ausgeſtopftes
Wamms *, (†) ein doppelter Panzer **, der Arme, *Gambe‐
Schenkel und Beine bedeckte (††) und ein groſer voll‐ ſon. **Hans‐
 I. Theil.   F f   ſtändiger bert.

 (a) Wenn die Saracenen, wie man glaubt, die Erfinder der
Turniere geweſen, ſo mußten ſie auch zuerſt die dazu erfor‐
liche Rüſtung haben. Bey den aſiatiſchen Völkern war es im‐
mer ſehr gewöhnlich die Reuterey vom Kopfe bis zu den Füſ‐
ſen zu bewaffnen. Die Meder waren mit Eiſen bedeckt; ver‐
ſchiedene perſiſche Schaaren trugen Panzer und Schilde; ihre
Pferde waren ebenfalls mit eiſernen Platten oder geflochtenem
Drathwerke verwahrt. Die Parther hatten Reiſige, welche die
volle Rüſtung führten. Es iſt wahrſcheinlich, daß die aus Aſien
gekommenen Araber die Gebräuche dieſes Landes angenommen,
ſie bey ihrer Ausbreitung mit nach Africa, und ſodann nach
Spanien gebracht haben.
 (†) Dieſes Wamms wurde unter dem Panzer getragen,
und die Ritter ſuchten in deſſen Form ihren Geſchmack an
den Tag zu legen.
 (††) Hierinnen beſtund der Vorzug des ritterlichen Pan‐
zers vor dem gemeinen, welcher nicht einmal Kragen und Er‐
               mel

* Heaume. ständiger Helm * mit dem Visier und Kinnbleche. Er gieng sehr tief hinab, und vereinigte sich durch einen Kragen mit dem Panzer. Einige trugen noch überdieses eine eiserne Platte auf der Brust. Diese Stücke waren bestimmt der Gewalt der Lanze zu widerstehen, auch die Pfeile und Wurfspieße konnten nicht hindurchdringen: Die Bogen- und Armbrustschützen hatten auch von diesen ausgestopften Streitwammsern oder Waffenröcken, die mit einer Hirschhaut überzogen, und bisweilen durch dünne eiserne Blechstreifen, zwischen dem Unterfutter und dem Zeuge, verstärkt waren. Es wurden
* Chaperon. ** Gorgerin. auch Ermel, Handschuhe, Kappe * und Halskragen **, alles von eisernem Gitterwerk hinzugefüget. Weil aber die Gemeinden die Fußvölker stellen mußten, (a) so waren sie nicht alle so wohl bewafnet, und daher pflegte man auch nicht sonderlich viel auf sie zu halten. Man hatte auch leichte Reuter, die nur eine eiserne Haube oder einen Helm ohne Visier trugen, und so wie die Bogenschützen und andere, welche den Bannerherren folgten, mit leinem Panzer bewaffnet waren.

Gegen die Regierung Philipps des Schönen kamen die Rüstungen von geschlagenem Eisen auf; (b) gleichwol wurde der Panzer eher nicht als unter Karl VIII. gäuzlich

---

*mel haben durfte. Daher pflegten auch diese Ritter den Titel der Herren vom gekrägelten oder geermelten Panzer (Seigneurs de Haubert) zu führen.

(a) Es war eine Art von Landmiliz, welche durch die Städte, Flecken und Dörfer geliefert wurde. Man fieng unter Philipp I. an sich ihrer zu bedienen.

(b) Le Gendre sagt, es sey ums Jahr 1300. geschehen.

gänzlich abgelegt. Diese Veränderung rührte von dem
Feuergewehr her, dessen die Truppen sich zu bedienen
anfiengen. Die Reisigen deckten sich vom Kopfe bis zu den
Füßen, wie sie es vorher mit dem Panzer gethan hatten,
denn es durfte kein Theil des Körpers unverwahrt
bleiben. Dieses veranlaßte den Hrn. von la Noue zu
sagen: „Sie hätten bey Verstärkung ihrer Schutzwaf-
„fen alles Maß überschritten, und anstatt sich durch
„Rüstungen zu decken, sich mit Ambosen belästiget."
Sie schafften auch nach der Zeit verschiedene Stücke davon ab, wie sie denn unter Heinrich III. weder Arm-
noch Schenkelschienen mehr trugen, sondern nur noch
den Kürass, die Panzerhandschuhe und die Sturmhaube beybehielten. (a) Die Fußknechte hatten den eisernen
Schuppenharnisch * angenommen, welchem noch Arm- *Hals-
schienen für den Oberarm, und Schenkelschienen die ret.
bis an die Knie reichten, beygefügt wurden; doch
pflegten einige auch geerwelte Panzer zu tragen; der
Kopf wurde mit einem kleinen Helme bedeckt, der
den Namen der Sturmhaube * führte. Du Bellai sagt, *Cabas-
daß sie zu seiner Zeit, nämlich unter der Regierung set.
Franz I. auf solche Art bewaffnet gewesen. Diese Rüstung muß ihm nicht hinlänglich geschienen haben, weil
er noch Streithandschuhe und Panzerstrümpfe * dazu *Jm-
vorschlug, und also in eben den Fehler verfiel, welchen biéres.
La Noue an den Reisigen tadelt. Allein bey der damaligen Zuchtlosigkeit hatte es keine Gefahr, daß sein

Ff 2 Vor-

(a) Die Trutzwaffen bestunden in der Lanze, in dem Streitkolben, dem Degen und dem Dolche. Unter Heinrich III.
fieng man an die Lanze abzulegen, und nach Heinrich IV. war
sie gar nicht mehr im Gebrauche.

468 **Einleitung**

Corce-let. Vorschlag angenommen wurde. Man trug nichts mehr als den bloßen Leibharnisch, * und dieses einzige Schutzgewehr hat sich bis ans Ende erhalten.

Milice franç. de Montgummo-ri. Unsere Vorfahren machten sich eben soviel Ehre daraus ihre Rüstung zu tragen, als wir in der gänzlichen Verwerfung derselben suchen wollen. Die Officiers pflegten sich auch nach den Umständen verschiedentlich zu bewaffnen. In einer förmlichen Schlacht mußten sie die vollständige Rüstung, den Küraß, den Helm, die aus drey pistolfreyen Klingen zusammengesetzten Arm- und Schenkelschienen und die biskaische Pike führen; bey einem Sturme hingegen, beym Angriff einer Verschanzung, bey Ersteigung einer Mauer, nahmen sie den Degen in die Faust und deckten sich blos mit dem Panzerhemd und einer Rundelle. (a) Auf diese Art war der Herr von Montluc bey der Belagerung von Boulogne bewaffnet, wo er zween Pfeilschüsse in seine Rundelle bekam. Der Herr von Sulli wurde in seiner Jugend

---

(a) Ein kleiner Schild von Holz mit gesottenem Leder überzogen. Er maß 24 bis 30 Zoll im Durchschnitt, und hat den französischen Lanzierern unter dem Namen Ecù gedienet. Es gab runde und eyförmige. Man fand in Deutschland noch vor kurzem Spuren der alten Rüstung, als Helme und Armpanzer. Die polnischen Kronküraßiers oder Gendarmes (†) tragen einen Helm und Harnisch, und die Panzernen welche den alten französischen Chevaux legers gleichen, sind mit Panzerhemdern bewaffnet.

(†) In der Landessprache führen sie den Namen Hußaren, und ihre Pferde sind noch mit dem Stirn- und Brustbleche beweht. König Casimir Jagello hat diese schwere Reuterey im 15ten Jahrhundert errichtet.

gend bey dem Sturme von Villefranche in Perigord durch den Stoß der Piken und Hellebarden in einen Graben gestürzt; ohne seine Waffen wäre er durchstochen und getödtet worden. Was vor einen Mann hätte nicht Frankreich an ihm verlohren, und wie viel tüchtige und tapfere Officiers, die durch ihre Verdienste sich zu den höchsten Ehrenstellen geschwungen hätten, würden wir nicht seit einem Jahrhundert durch wohlgewählte Schutzwaffen, beym Leben erhalten haben! Ich verlange gar nicht, daß man die ganze alte Rüstung hervorsuchen soll, und begnüge mich, wie ich schon oft gesagt habe, mit dem schußfreyen Brustftücke! Die Officiers würden ohne Schwierigkeit noch Panzerermel hinzufügen können, insonderheit bey Stürmen und Angriffen der Posten, wo man, wenn sie gut vertheidiget werden, den Streichen des blanken Gewehrs ausgesetzt ist. Sie sollten auch einen guten Degen und eine Pistole am Gürtel führen, die bey diesen Gelegenheiten weit brauchbarer sind als das Sponton, (†) welches zu gar nichts dienet.

Die Brigadiers und Majors haben Befehl sich in der Schlacht mit Kürassen zu bewaffnen, weil sie zu Pferde sind, und man es für unmöglich gehalten hat, zu Fuße einige Schutzwaffen zu führen; allein da auch diese nicht daran gewöhnt sind, so können sie dieselbe nicht ertragen. Einige wollen aus Eitelkeit, oder um keinen Anlaß zur Spötterey zu geben, sich nicht damit verwahren.

In

(†) Dieses Stoßgewehr ist schon gegen das Ende des letzten Krieges bey der ganzen französischen Infanterie mit der Flinte und dem Bajonet vertauscht, und seithero vom Ober- und Unterofficier nicht mehr gebraucht worden.

In der That muß man sich einigermaßen schämen bedeckt zu seyn, indeß daß die übrigen Kameraden entblößt stehen. Die Mode wird zum Gesetze, und wenn der gröste Theil keine Schutzwaffen hat, so scheint man auch viel tapferer zu seyn, wenn man ohne dieselben zum Kampfe gehet. So stark ist die Gewalt der Vorurtheile. Es ist eine Verwegenheit ihnen zu widersprechen, und vielleicht stelle ich selbst mich den Spöttereyen des gemeinen Haufens bloß; dennoch will ich es wagen, wenn nur dem Vaterlande und der Menschheit einiger Nutzen aus meinen Betrachtungen zuwächst.

Ich untersuche nicht, ob die Liebe zum Reichthum, die Pracht und Unmäßigkeit, indem sie unsern Körper entnervet, nicht auch die Kräfte der Seele geschwächt haben, und ob wir jederzeit denselben Eifer für das Vaterland und die gleiche Begierde nach Ehre fühlen. Dieses ist eine Frage die zur Staatswissenschaft gehöret, und welche ich nicht entscheiden will. Ich bin versichert, daß wir zwar noch die alte Tapferkeit, aber nicht die alte Kühnheit mehr haben, und dieses ist eine ganz natürliche Sache. Der so mit einer Rüstung versehen ist, hat viel mehr Vertrauen auf sich selbst, als ein anderer der ganz unbedeckt da stehet; das geringste Schutzgewehr verbirgt ihm mehr als die Hälfte der Gefahr. Nährt gleich unser Herz noch den Keim des ehemaligen Heldenmuthes, so fehlen uns doch die Mittel, ihn wie vordiesem anzuwenden, da der vereinigten Stärke und Herzhaftigkeit alles möglich war.

Alexander wurde in der Stadt der Oxydracer, wo er selbdritte die Mauer hinabgesprungen war, von den

ersten

erſten auf ihn geführten Streichen das Leben verlohren haben, wenn ſein Harniſch und ſein Schild es nicht beſchützet hätten.

Auf gleiche Art war Heinrich IV. mit fünfzehn Reutern in der Gasconiſchen Stadt Auch eingeſchloſſen, und wurde nach Einreiſſung des Fallgatters von fünfzig Mann angegriffen, welche rieffen: ſchießet auf den mit dem weißen Federbuſche, es iſt der König von Navarra. Als ihm die Menge ſeiner Feinde von allen Seiten auf das lebhafteſte zuſetzte, ſo lehnte er ſich mit dem Rücken an ein Portal und vertheidigte ſich daſelbſt ſolange, bis ſeine Leute das Thor einſprengeten und ihm zu Hülfe eilten. Zu einer andern Zeit hemmte er auf der Brücke zu Aumale mit zwanzig Gendarmes den Marſch der ganzen Reuterey des Herzogs von Parma, und nahm hernach ſeinen Rückzug.

Der Ritter Bayard hielt mit einem einzigen Waffenträger die Spanier an der Brücke zu Garillan auf und verſchaffte den Entſatztruppen Zeit herbey zu rücken. Er warf gleich anfänglich mit der Lanze vier Soldaten zu Boden, davon zwoen in das Waſſer fielen. Die ergrimmten Spanier ſtürmten voll Wuth auf den Ritter ein, er hielt aber mit dem Degen in der Fauſt alle ab, ſtellte ſich mit dem Rücken vor den Schlagbaum, um den Eingang zur Brücke zu verwehren, und machte ihnen nach der Ausſage des Geſchichtſchreibers ſoviel zu ſchaffen, daß ſie glaubten mit einem Teufel zu thun zu haben.

Hierbey kann man ſich der That des Horatius Cocles, der ebenſo die Brücke über die Tyber vertheidigte, und vieler andern ähnlichen Fälle erinnern, ohne der Gelegenheiten zu gedenken, wo ein kleiner Haufen der großen Menge Widerstand geleistet und gar öfters den Sieg davon getragen hat. Diese Begebenheiten kommen uns freylich fabelhaft vor; allein wenn wir den Eindruck der damaligen Kriegszucht und die alte Bewaffnungsart erwegen, so wird das Wunderbare gar bald verschwinden. Unsere itzige Blöße beraubt die Tapferkeit der schönsten Mittel sich unsterblich zu machen; sie verbietet uns die Thaten, zu denen die Unerschrockenheit und die Stärke selbst nicht hinlänglich sind, wofern sie nicht durch die Beschaffenheit der Waffen unterstützet werden. Wir pflegen uns noch immer an einem Posten, in einem Hohlwege, oder in einem Hause beherzt zu wehren; aber wo ist der Mann, der den Ritter Bayard bey Vertheidigung der Brücke zu Garillan nachahmen wollte? Einige entfernte Flintenschüsse würden ihn bald zu Boden legen. Hieraus kann man urtheilen, daß viele Unternehmungen die zu unsern Zeiten verwegen scheinen, vordiesem nur kühn gewesen sind. Laßt uns die Schutzwaffen wieder hervorsuchen, so werden die Thaten die jetzt verwegen sind, bloß die Merkmale einer edlen Kühnheit annehmen.

Fünfter Abschnitt.

Man sagt gemeiniglich, daß die Schlachten vordiesem weit mehr Blut gekostet haben als zu unsern Zeiten, und zieht daraus die Folge, daß die Schutzwaffen unnütze sind, weil sie den Verlust der Menschen nicht verrin verringern. Ich antworte hierauf, daß die damaligen Schlachten deswegen so blutig waren, weil die beyderseitigen Truppen zusammentrafen, und sich miteinander vermengten. Ueberdieses geschah das stärkste Blutbad nicht in der Schlacht, sondern auf der Flucht und wenn die Truppen zerstreuet waren. Sobald eine Armee an einem oder dem andern Orte eingerissen wurde, so blieb den Weichenden keine Zeit zum Rückzuge übrig, weil die Leichtbewaffneten sie auf das hitzigste verfolgten, und also muste der Verlust freylich groß seyn. Von einer solchen Beschaffenheit waren die Schlachten, welche die Römer mit den Samnitern oder mit den Karthaginensern, und die griechischen Nationen unter sich lieferten. Noch ärger aber verhielt es sich mit denjenigen, die unter Völkern vorfielen, welche ungleiche und ganz unterschiedene Waffen hatten; denn wenn der größere Haufen verlohr, so war das Metzeln abscheulich, und die Erde mit Todten bedeckt. Dies ist die Ursache, warum wir in den Schlachten der Römer gegen die Cimbern und die Gallier, und in den Treffen der Griechen mit den Persern so gar viel Erschlagene finden. Diese Vorfälle waren allemal entscheidend. Wir finden keine zweifelhafte Schlachten, wo sich beyde Theile den Sieg zuschreiben, als nur bey Völkern die eine gleiche Kriegszucht und ungefähr die nämliche Streitart haben. Die neuere Geschichte liefert uns hievon mehr Beyspiele als die alte, weil die Europäer in ihrer Taktik sehr wenig verschieden sind, und fast alle einen gleichen Grad der Kriegswissenschaft besitzen.

Eine andere Ursache, welche zu den blutigen Niederlagen der vorigen Zeiten vieles beitrug, ist diese, daß

weil

weil die Kriegsheere eine mäßige Ausdehnung und
sehr viel Tiefe hatten, ihre ganze Fronte gemeiniglich
aufeinander stieß und die völlige Linie zum Treffen kam.
Dieses geschieht zu unsern Zeiten sehr selten, entweder
wegen der großen Ausdehnung der Linien, oder weil
man gewohnt ist ganze Stunden lang mit Kanonen
und dem kleinen Gewehr aufeinander zu feuern. Gleichwol können wir Beyspiele anführen, wo man sich mit
der größten Erbitterung geschlagen, und sehr viel Volk
verlohren hat. Ganze Ströme von Blut flossen bey
Senef, Malplaquet und Zorndorf. In Italien wurde
die Erde bey Parma, Luzara und Cassano durch das
heftigste Musketenfeuer damit überschwemmt. Darf
man wol behaupten, daß die Schutzwaffen bey diesen
Gelegenheiten zu nichts gedient hätten; und wenn die
Heere aufeinander gestoßen wären, so würden sie unstreitig noch nützlicher gewesen seyn. Ich gestehe, daß
sie diejenigen welche schändlicher Weise den Rücken
kehren, gegen einen schimpflichen Tod nicht beschützen
werden; allein dieses ist auch ihre Bestimmung nicht;
sie sollen nur die tapfern Männer beschirmen, deren
Blut kostbar ist, und auf die ich allein mein Augenmerk richte; wenn auch dadurch nur eine kleine Anzahl derselben errettet werden könnte, so würde man
doch schon vieles gewinnen.

Allein der größte Verlust ereignet sich nicht immer
bey Gefechten, die auf dem flachen Felde vorgehen.
Die Stürme, die Angriffe der Posten und Verschanzungen verursachen, wenn die Gegenwehr hartnäckig ist,
bisweilen die grausamsten Blutbäder. Es ist unstreitig,
daß wir dabey mehr Volk verlieren als die Alten,
und

und man kann nicht leugnen, daß ihre Waffen und ihre Vorsichtsanstalten ihnen sehr zu statten kamen (a). Der Marschall von Sachsen hielt dafür, daß die französische Nation zum Angriffe der Posten geschickter als zu irgend einer andern Sache sey, und der Ritter Folard sagt, daß dieselbe bey einer Belagerung nach und nach mehr Leute einbüße, als sie bey einem allgemeinen und heftigen Angriffe verlieren würde. Beyde glaubten, daß das Genie des Franzosen ihn zum Angriffe treibt, und daß man seiner Hitze eine Laufbahn eröffnen müsse (b). Hat diese Meynung ihre Richtigkeit, so kann der Nutzen der Schutzwaffen nicht geleugnet werden, und man wird zugeben müssen, daß dieselben, indem sie das Vertrauen des Soldaten vermehren, seiner ungestümmen Hitze einen neuen Grad der Heftigkeit zulegen. Allein wenn wir die Schutzwaffen

---

(a) Der Angriff der Verschanzungen bey Crillés, der so viel Volk gekostet hat, und der Sturm vor Münster würden uns vielleicht gelungen seyn, wenn wir mit Schutzwaffen versehen gewesen wären. Bey Sietta sind Officiers und Soldaten bis auf die Brustwehr gestiegen. Wären sie nicht auf der Stelle niedergeschossen worden, so hätten ihnen andere gefolget, und der bestürzte Feind würde die Verschanzung verlassen haben. 1747.

(b) Der Herr von Montluc sagt: „Die Zeit ist verlohren, da man sich mit platzen aufhält; man muß aufeinander losgehen." Und an einem andern Orte, wo derselbe von der Erfindung der Büchsen redet: „Vernünfscht sey das Werkzeug, das so viele tapfere Leute öfters durch „die Hände der allerfeigsten tödtet, die sich nicht unterste„hen würden, demjenigen ins Gesichte zu sehen, den sie „von ferne mit ihren Kugeln erlegen."

waffen einführen, so werden andere Völker ein gleiches thun. Diesen Einwurf haben alle diejenigen vorausgesehen, welche etwas nützliches vorschlagen wollten. Ich antworte darauf: Es ist nicht gewiß, daß sie uns gleich anfänglich nachahmen werden, und man wird allemal die ersten Vortheile für sich haben; geschieht es, so bleiben uns noch Vorzüge genug übrig.

Weil der Franzose vermöge seines Nationalkarakters zum Angreifen geneigt ist, so wird er den Krieg' allemal auf Postengefechte, und die Schlachten auf den Gebrauch des blanken Gewehrs zu lenken suchen; er wird sich bemühen die Dauer der Belagerungen zu verkürzen, und wenn es möglich ist, die Langsamkeit ihrer Arbeiten in hastige Anfälle zu verwandeln. Bey allen diesen Gelegenheiten müssen ihm die Schutzwaffen nützlicher seyn als seinen Feinden, weil der angreifende Theil eine lange Zeit dem Schießgewehr ausgesetzt ist, ehe der Angegriffene, welcher ihn festes Fußes oder bedeckt erwartet, beschädiget werden kann. Jener hält die feindlichen Streiche eine Zeitlang auf, blos in der Absicht, damit er die seinigen in der Nähe und mit besserem Erfolg anbringen möge. Die Völker welche nicht mit gleicher Lebhaftigkeit begabt sind, können auch nicht so viele Vortheile von den Schutzwaffen ziehen. Eine benachbarte Nation die in der Ruhmbegierde und in der Handlung unsere Nebenbuhlerinn ist, verfährt bey den Belagerungen mit einer allzubedächtlichen Vorsicht und Langsamkeit, die sie vielleicht niemals ablegen wird. Sie ist tapfer, großmüthig, stolz und verachtet ihre Feinde; hat man aber die Kühnheit dieselbe anzugreifen, so geräth ihr Muth

in

in Erstaunen, und sie verliert die Kraft sich zu vertheidigen. Unsere andern Nachbarn sind mäßiger, wirthschaftlicher, handvester und gedultiger als wir, aber auch frostiger und schwerfälliger, und folglich nicht so geschickt zum Offensivkriege. Die Natur der Waffen wird ihr Temperament nicht verändern, und dieses wird jederzeit auf die Streitart seinen Einfluß haben.

Wenn die Gallier den Helm, das Brustflück und den Schild der Römer nebst ihrem Degen gehabt hätten, so ist es wahrscheinlich, daß diese weder durch ihren patriotischen Eifer, noch vielleicht durch die Vortreflichkeit ihrer Stellordnung wären gerettet worden. Sie hätten endlich der Menge, der Leibesstärke und der Gewalt des Anlaufs nachgeben müssen (a). Es war ein Glück für Rom, daß es seinen Feinden niemals in den Sinn kam, den Ursachen ihrer Niederlagen nachzudenken. Wäre die französische Infanterie nach

Franz

(a) Die Gallier verachteten bisweilen die Schutzwaffen so sehr, daß sie bey der Schlacht zu Telamon ihre Streitröcke * ablegten, um ganz nackend zu seyn. Die Römer* Sayes. hielten sie ihrer schlechten Waffen ungeachtet, für die allergefährlichsten Feinde. Eben so übel waren auch die Franken berothret da sie in Gallien einfielen; allein sie besaßen das Feuer und das ungestüme Wesen der Gallier, und die Römer hatten damals weder Schutzwaffen noch Kriegszucht mehr. Die Franken schlugen sie bey Soissons mit ihrem Streitarten * die zweyschneidig waren, und einem ganz kur-*Francis zen Helm hatten; sie mußten sie mit vieler Geschicklichkeit que. auf die Feinde zu werfen, und griffen sodann zum Degen. Ueberdas führten sie einen großen Dolch * und nahmen in* Dague. den folgenden Zeiten die Schleuder, den Bogen, den Wurfspieß und die Lanze an.

Franz I. so gut als die spanische gewesen, so hätte der gleichen Bewaffnung ungeachtet, das Kriegsglück zwischen beyden Nationen nicht so lange die Wage gehalten; so aber wurden anhaltende Kriege dazu erfordert, bis unser Fußvolk den Spaniern beykam, deren Ruhm sich endlich vor dem Glücksstern und dem Genie des großen Conde verbergen mußte.

Es fehlet niemals an scheinbaren Gründen die Vorurtheile zu vertheidigen, und wenn man sie bestreiten will, so kommen, gleich den Köpfen der lernäischen Hyder, immer neue Einwürfe zum Vorschein. Ich zweifle nicht, daß man mir viele machen werde, davon aber die meisten nicht wichtig genug sind, um ihnen vorzubauen. Ich will nur in Ansehung der Unkosten bemerken, daß man in einer Kriegseinrichtung unmöglich etwas gutes erwarten kann, sobald auf diesen Punkt zu stark gesehen wird. Die Fehler welche eine übelverstandene Sparsamkeit bey einem Kriegsheere veranlaßt, fressen wie der Krebs um sich, und die vervielfältigten Mißbräuche hängen kettenweis aneinander. Der erste Ankauf der Brustsücke für das Fußvolk, würde eben keine so beträchtliche Sache seyn, und ihre Unterhaltung nur im Kriege Kosten verursachen. Man könnte einen jeden Hauptmann durch eine geringe Entschädigung ermuntern, seine Kürasse, so wie seine Montierungsstücke, Gewehre und andere Compagniegeräthschaften in brauchbarem Stande zu erhalten (†). Diejeni-

(†) Da seit dem letztern Frieden der König nebst der Retrutierung, auch alle andere Theile des Unterhalts der Truppen auf seine eigene Rechnung genommen hat, so fiele diese

jenigen welche die Unkosten als eine Hinderniß dieser Einrichtung ansehen, lassen der Freygebigkeit und der Klugheit des Königs sowol als seiner Minister keine Gerechtigkeit wiederfahren. Ein so schwacher Grund würde den Hof nicht abhalten die Schutzwaffen einzuführen, wenn er nur erst von ihren mannigfaltigen Vortheilen genugsam überzeugt wäre.

Die größte Hinderniß ist unsere weichliche Gemüthsart und der herrschende Geschmack an übertriebenen Gemächlichkeiten, welche alles was ein wenig beschwerlich und unbequem scheint, platterdings verwerfen. Sollten aber unsere Zärtlinge nicht erröthen, daß sie nicht einmal den geringsten Theil von denjenigen Waffen ausstehen können, welche die von Natur so schwächliche Weiber ehemals getragen haben? Ich würde ohne in das Alterthum zurück zu gehen, in unserer Nation genugsame Beyspiele von Heldinnen finden, die in voller Rüstung zum Kampfe geeilet sind. Auch wir besitzen bey aller dieser Zärtlichkeit, bey alle dem Hange zu den Wollüsten welche uns entmannen, noch itzt eine Fähigkeit zu allem, was man nur von uns verlangen kann. Die Classen, daraus der Soldat gezogen werden soll, haben noch nichts von ihrer Stärke verlohren, und der von den Ueppigkeiten der Hauptstadt entfernte Landadel, wird jederzeit eine sichere Hülfsquelle für den Staat seyn; er wird ohne Murren sich den Gesetzen der Kriegszucht unterwerfen, und seinen Vorfahren nachzuahmen suchen. In diesem Orden muß sich
der

---

diese Entschädigung für die Hauptleute von selbst weg, weil diese ihre Compagnien blos anführen, und mit ihrer Ausrüstung nichts mehr zu thun haben.

der Saame der Kriegstugenden erhalten, den der verführerische Reiz des Geldes und das Gift der Lüste nur allzusehr verdorben hat.

Ich habe jederzeit wahrgenommen, daß der gemeine Soldat weniger als der Officier murret, weil er zum Ungemach und zu den Beschwerlichkeiten geschickter und abgehärteter ist. Ich zweifle nicht, daß man von den erstern eine große Standhaftigkeit erwarten könne, sobald ihnen die Officiers mit gutem Exempel vorgehen werden. Diese Tugend muß man als den Grund der Kriegszucht ansehen, welche noch mehr von dem Einfluß, als von der angebohrnen Neigung abhängt. Bey einer Nation der sie weniger natürlich ist, wird sie durch die Ordnung und durch gute Anstalten eingeführt, und durch die Nachahmung bevestigt. Der Untergebene schämt sich zu klagen, wenn sein Befehlshaber schweiget. Dieses ist ein überaus wichtiger Punkt, der in allen Fällen auf die Denkungsart würket, und gar öfters die Stelle der Kriegsgesetze vertritt. Die Strafen der Griechen und Römer gegen einen Soldaten, der seinen Posten verließ, oder seine Waffen wegwarf, waren sehr scharf. Zu Athen zog man den Feigen ein Weiberkleid an, und stellte denselben dem Hohngelächter des Pöbels dar. Die Spartaner behiengen ihn mit einem zerlumpten Rocke, und jedermann hatte die Erlaubniß, ihm Maulschellen zu geben und ihm Koth ins Gesichte zu werfen; Beschimpfungen, welche tausendmal ärger sind als der Tod. Derjenige, der bey den Germaniern und Franken seinen Schild verlohren hatte, wurde für unehrlich erklärt, und von den Opfern und den öffentlichen Feyerlichkeiten ausgeschlossen; sehr oft erhieng

er

er sich aus Verzweiflung, um seiner Schande ein Ende zu machen. Die Zaghaftigkeit ist immer mit der größten Verachtung belegt worden; es scheint aber, daß man zu unsern Zeiten gelindere Grundsätze hege, da Leute, die vordiesem sich nicht hätten zeigen dürfen, voll Stolz ihr Haupt emporheben, und nach Maßgabe ihres Aufzugs, von der Gesellschaft Ehrenbezeugungen erhalten.

Beschluß.

Wenn man die Zeiten des Gebrauches der Schutzwaffen durchgehet, und diejenigen welche an verschiedenen Orten üblich gewesen, nebst den dabey vorgefallenen Veränderungen betrachtet, so findet man, daß in diesem Stücke selten die richtigen Verhältnisse beobachtet worden. Einige, welche gar zu gut bewaffnet seyn wollten, steckten sich in eine so plumpe Rüstung, daß sie sich beynahe gar nicht darinnen rühren konnten. Aus dieser Ursache, wurde in der Schlacht bey Issus, ein Theil der persischen Reuterey, von der thessalischen zu Schanden gehauen, welche leichter bewehrt war. Da die Europäer die Schutzwaffen annahmen, so verfielen sie unvermerkt in eben den Fehler, und die Ritter bemühten sich, auch den geringsten Theil des Körpers nicht unbedeckt zu lassen. Nicht viel klüger gieng es bey der Infanterie zu, welche bey aller ihrer Rüstung dennoch, überhaupt zu reden, niemals wohl bewaffnet war. Die ausgestopften Wämser und die Waffenröcke konnten zwar den Pfeilen und dem blanken Gewehr widerstehen; als aber nach Erfindung der Büchsen, die Rüstungen von geschlagenem Eisen aufzumen, so wollte man da‍mit eben so bedeckt seyn, welches aller Vernunft zu‍wider lief. Der Leibharnisch, samt den dazu gehö‍rigen Stücken, war nur gegen die Pistole schußfrey; dennoch fiel diese Rüstung ziemlich schwer aus, so daß man ihrer, zumal nach Vervielfältigung des Feuergewehrs, ganz und gar überdrüßig wurde. Es wäre sehr natür‍lich gewesen, einen Theil der Wehrstücke abzuschaffen, und den andern zu verstärken; allein man dachte nicht daran, und behielt aus Gewohnheit noch viele Jahre eine Bewaffnung bey, welche alle Tage unnützer ward, und die man weder völlig abzulegen, noch sie zu verbeß‍sern den Muth hatte. Du Bellai und La Noue, welche den Verfall einsahen, erhoben zwar ihre Stimmen, aber sie fanden das rechte Hülfsmittel nicht. Sie drangen auf die Beybehaltung der ganzen Rüstung, welches doch unmöglich war; sie beriefen sich dabey auf die Römer, die doch in dem blühenden Zustande ihrer Kriegsverfas‍sung niemals auf solche Art bewaffnet gewesen. Sie zogen den Vegez an, der die Zeiten und Gebräuche der Legion, mit den Gewohnheiten der Griechen und selbst der Barbaren, vermenget hatte.

Du Bellai Kap. 4.

Wenn die Schutzwaffen ein gewisses Ziel überschrei‍ten, so stiften sie mehr Schaden als Nutzen, und man muß sie ohne Mühe und ohne Unbequemlichkeit tragen können. Die Reuterey der Perser und Armenier stak völlig in Eisen; demungeachtet wurde sie von den Grie‍chen und Römern überwunden. Wie vielmal ist un‍sern Reisigen die Last ihrer Waffen hinderlich gewesen, so daß sie öfters aus eben dieser Ursache, nach dem eige‍nen Geständnisse des La Noue, den Kürzern gezogen haben!

Ist

Ist die schwere Rüstung bey der Reuterey ein Fehler, so ist sie noch ein größerer bey dem Fußvolke, welches behende und ohne Zwang muß marschieren und sich bewegen können. Es wäre, wie ich schon oft erwähnt habe, ein leichtes gewesen, die Rüstung auf den Helm und auf den Brustharnisch einzuschränken; allein man war gewohnt, mit Eisen überzogene Leute zu sehen, und bildete sich ein, daß eine gute Bewaffnung nicht anders aussehen könnte.

Die Schutzwaffen welche Veges den Römern zuschreibt, sind zum Theil eben diejenigen, deren die Griechen sich allem Ansehen nach bedienet haben. (a) Sie trugen einen Helm und den gedoppelten Harnisch, davon die meisten von eisernen Blättern nach Art der Fischschuppen zusammengesetzt, oder wie die Panzerhember von Gitterwerke gemacht waren. Die Athenienser nahmen wegen der Leichtigkeit leinene Rüstungen an. Iphicrates, der letzte berühmte General den sie hatten, führte sie nebst dem kleinen Schilde (†) bey ihnen ein. Die andern Griechen, als die Lacedämonier und die Thebaner, behielten den eisernen Küraß und den großen Schild. Philopömen, der die Achäer schwer bewaffnen wollte, gab ihnen noch andere Wehrstücke. Die Griechen hatten in diesem Punkte keinen festen Grundsatz

Corn.
Nep.
Iphicrat.
Cap. 1.

wie

(a) Nach diesem Schriftsteller wären die Schutzwaffen der Legionisten ein vollständiger Harnisch, nebst den Schenkel- und Beinschienen gewesen. Du Bellai sagt ein gleiches, und führt mit Unrecht den Polyb an.

(†) Diese kleinen Schilde wurden Pelta genannt; dahingegen die größten Parma hießen.

wie die Römer, welche sich beständig mit dem offenen Helme, dem Brustharnisch * und einer eisernen Schiene am rechten Bein (†) begnügten. Sie glaubten, daß die andern Stücke mehr unbequem als nützlich seyn müßten. Es hat also kein Volk besser als sie das richtige Verhältniß einer guten Schutzrüstung erkannt, und wenn wir jemals den Gebrauch derselben wieder hervorsuchen wollen, so sind sie das einzige Muster so wir nachahmen müssen.

*Polyb. Buch 6. Kap. 4.

Von dem Kopfzeug des Soldaten.

Das zu unsern Zeiten gebräuchliche Kopfzeug schickt sich unter allen am wenigsten für den Soldaten. Der Stoff des Hutes ist schlecht, seine Gestalt unbequem und höchst lächerlich, und die drey Krempen sind eben soviel Behältnisse für den Regen. Es hindert den Soldaten in den Handgriffen, und das Gewehr schlägt ihn öfters zu Boden. Um dieser Unbequemlichkeit auszuweichen, trägt man demselben heut zu Tage ziemlich klein und, nach preußischer Art, gegen das rechte Ohr gelehnt;

(†) Diese Beinschiene an einem einzigen Fuße, ist vielleicht eines der größten Wunderwerke der römischen Kriegskunst. Man kann, ohne es zu versuchen, sich überzeugen, daß es noch weit mühsamer ist, mit einem freyen und einem beschwerten Fuße zu marschieren, als wenn beyde gepanzert sind, indem das natürliche Gleichgewicht im ersten Falle gänzlich aufgehoben wird. Gleichwol findet man nicht, daß die Römer, vor dem Verfall ihrer Kriegszucht, über diese Rüstung gemurret hätten.

gelehnt; demungeachtet bleibt diese Kopfdecke noch immer die alleruntauglichste für einen Kriegsmann. Ich halte nicht viel auf die hohe und spitzige Mützen der englischen und hessischen Granadiers, und noch weniger auf die großen Bärenmützen, die wir von den Oesterreichern angenommen haben; sie sind sehr unbequem, und dienen zu nichts, als zu einem eiteln-Schreckbilde. Dieser Gebrauch kömmt von den Barbaren her, die sich dadurch fürchterlich zu machen, und ihre Feinde zu ängstigen dachten. (a)

Der wahre Kopfputz des Soldaten ist der Helm, den die Griechen und Römer getragen haben. Er war Anm.(†) von Eisen, und wurde beym Anfange des Treffens auf-S. 70. gesetzt, auf dem Marsch aber von den Soldaten in einem ledernen Futterale nachgeführt; er war mit einem rothen oder schwarzen Federbusche geziert, welches ihm ein furchtbares Ansehen gab. Die itzige Art Krieg zu führen, und unsere Weichlichkeit, stehen einer solchen Bewaffnung zu sehr im Wege. Der ganze eiserne Helm, den man vordiesem trug, schickt sich nicht mehr für uns, bis andere Kriegsgebräuche vielleicht einst die Mode wieder zurückbringen werden. Heut zu Tage könnte eine mit Eisen beschlagene

Gg 3 Sturm-

(a) Einige von den Germaniern kämmten ihre Haare in die Höhe, daß sie auf eine schreckliche Art zu Berge stunden; andere bedeckten sich mit Häuten von wilden Thieren, die sie auf der Jagd getödtet hatten, so daß ihnen die Köpfe derselben zu gräßlichen Hauben dienen mußten. Nach Plutarchs Berichte, trugen die Cimbern und die alten Deutschen dergleichen Kopfputz, auf welchem ein hoher Federbusch stund, um desto größer und fürchterlicher zu scheinen.

Sturmhaube von gesottenem Leder hinreichend seyn. Sie würde den Soldaten gegen die verlohrnen und schlecht geladenen Schüsse, die nicht in geringer Anzahl sind, beschirmen, und die Steine in einem Laufgraben, so wie die Säbelhiebe und andere Streiche, so man bey Ersteigung einer Mauer oder Verschanzung auf den Kopf bekommen kann, abhalten. Der Reuter würde weit besser darinn aussehen als in seinem großen Filze, (a) welches aus den bey den Dragonern eingeführten Helmen abzunehmen ist: Ich bin daher versichert, daß der Minister, der auf alle diese Stücke ein wachsames Auge hat, auch die schwere Cavallerie damit versehen wird. Die Befehlshaber und Hauptleute, können sich gleich den römischen Centurionen durch den Kamm ihres Helms unterscheiden.

Es giebt noch eine andere Art von Kopfbedecken, welche nach dem Helme die beste ist; sie besteht in einer ledernen Mütze *, mit einer Krempe die sich auf den Hals herunterschlagen läßt. Sie sind sehr bequem, und dauren eine lange Zeit.

* Pokalem.

Vielleicht wird man eben die Einwendung die bey den Brustharnischen gemacht worden, ich meyne die Schwere und Unbequemlichkeit, auch in Ansehung der Helme vorbringen; ich antworte aber mit zwey Worten, Gewohnheit und Uebung. Ich will mich nicht bemühen, das Beyspiel der Alten anzuführen. Der unwissende Haufen bildet sich ein, daß sie frischere, stärkere, und ganz andere Leute gewesen sind als wir.

Dieses

(a) Man trug vordiesem sehr große Hüte.

Dieses ist wahr, wenn wir den Grund in der Stärke, in der Lebensordnung und in den Uebungsarten, nicht aber in der Natur suchen; denn diese ist nicht so stark ausgeartet, als es selbst einige Naturforscher sich einbilden. Die heutigen Tartarn halten den Geten und Scythen die Wage. Die Türken und Persianer, welche die Gegenden bewohnen, die unter des Darius Botmäßigkeit stunden, geben ihren alten Einwohnern, weder an Stärke, noch an Herzhaftigkeit etwas nach, sondern man könnte vielmehr das Gegentheil sagen. Sollte denn unser Europa der einzige Welttheil seyn, wo die Natur abgenommen und von ihren Kräften verlohren hätte? Wenn man Veränderungen an ihr zu bemerken glaubt, so müssen solche moralischen Ursachen zugeschrieben werden. Die Gebräuche, die Sitten und die Politik, können zwar das Genie eines Volks abändern, aber seine physikalische Beschaffenheit nicht gänzlich verderben. Wenn sie gleich darauf würken, so ist doch das Uebel nicht unheilbar, weil die Mittel in der Abschaffung oder in der Verbesserung der Ursachen zu finden sind. Wenn man aus den Waffen einer Nation den Grad ihrer natürlichen Stärke beurtheilen wollte, so würde zwischen uns und unsern Vorfahren ein sehr großer Unterschied herauskommen. Man erstaunt wie unsere tapfern Ritter und Reisigen einen ganzen Tag in voller Rüstung zu Pferde gesessen, ohne eine andere Erleichterung zu genießen, als daß sie zuweilen auf einige Augenblicke ihr Visier aufschlugen, und man erstaunet noch mehr, wenn man sie absteigen, und in einer Schlacht, oder bey einem Sturme, in dieser Bewaffnung kämpfen sieht. Die Gewohnheit und die

Meynung

Meynung erleichterten ihnen diese Last. (a) Demungeachtet war es der Vernunft nicht gemäß, sich auf eine übertriebene Weise mit Eisen zu beladen; dieses hieße sehr schlecht von der Natur der Schutzwaffen und ihrem Endzwecke, und noch viel schlechter von ihren Wirkungen urtheilen. Man muß sich auch an diese Mißbräuche nicht binden, dahingegen das Beyspiel der leichten Reutrey und der Pikenträger bey der Infanterie, welche noch lange nach dem pyrendischen Frieden mit einer Sturmhaube und einem Kürasse bewaffnet waren, alle Aufmerksamkeit verdient. (b) Die Pikenträger von der Schweizer-Garde, behielten diese Rüstung bis in das Jahr 1703, da die Piken abkamen, und die französische Leibwache hatte noch im Jahre 1680 eine Art Helme, welche Bourguignottes genannt wurden.

Von

(a) Die Turniere die ein Bild des Krieges waren, dienten ihnen zum Spiel und zur Belustigung. Da sie denselben öfters beywohnten, so gewöhnten sie sich hierdurch an die Last ihrer Waffen, und wurden sowol zu den Schlachten gebildet, als zu den Kriegsbeschwerlichkeiten abgehärtet. Das Gewichte der alten Schlachtschwerdter und Streitkolben muß in uns keine Verwunderung erregen, denn man gewöhnte die jungen Leute von Kindheit an sehr schwere Lasten zu bewegen und in den Händen zu tragen, so daß ihr Arm dadurch eine besondere Stärke erlangte. Der dänische Ogier und Roland waren weiter nichts als Menschen, dergleichen sich heutiges Tages noch finden würden.

(b) Dieses läßt sich durch eine Verordnung von 1659 erweisen.

Von der Beinkleidung.

Die Beinkleidung des Fußknechts ist eben so mangelhaft als sein Kopfzeug. Sie bestehet aus verschiedenen Stücken die gebunden werden, welches viele Zeit zum Anzug erfordert, und im gehen sehr beschwerlich ist. Die Kniegürtel pressen die Kniekehle und hemmen den Umlauf des Blutes. Eben dieses thun auch die Knöpfe der Kamasche, welche gar knapp seyn und wohl passen muß, um die Wade recht genau zu bezeichnen. Die Soldaten haben die Gewohnheit sie auf dem Marsche loszuknöpfen, um sich dadurch eine Erleichterung zu verschaffen, und ich habe verschiedene gesehen, die auf einer Vorwache geschlafen hatten, und deren Beine so sehr erstarret waren, daß sie sich nicht rühren konnten. Der Marschall von Sachsen, der alle diese Unbequemlichkeiten einsah, suchte sie durch die Weglassung der Kniegürtel zu heben; allein er behält Kamaschen bey, welche die nämlichen Mängel an sich haben, sie mögen nun von Leder oder von Leinwand gemacht seyn. Wenn die ledernen Hosen, die er vorschlägt, einmal naß sind, so brauchen sie eine sehr lange Zeit um zu trocknen. (†) Er hätte auch bedenken können, daß wenn der Soldat in seinem Quartier Oberschuhe tragen soll, dieses nur so lange geschehen kann, als er stille liegen bleibt. Er würde sich ihrer auf dem Marsch unmöglich bedienen können, zumal wenn er gewohnt ist, für das trockne Wetter einen leichten umgewandten Schuh zu tragen. Er muß eine beständige Beinkleidung haben, die er bey allen Gelegenheiten

Reveries
L. 1. C. 1.
Art. 2.

und

(†) Ein geschmeidiges ungefärbtes Lohgerberleder mit eingekehrten Narben würde vielleicht tauglicher seyn.

und zu allen Zeiten tragen kann. Die ungarische hat mir jederzeit die vernünftigste und bequemste geschienen; es käme nur darauf an, sie der Infanterie anzupassen.

Ich würde also dem Fußknechte lange Hosen geben, die bis zu den Knöcheln hinab gehen, und von dem obern Theile des Knies bis ganz hinunter aufgeschlitzt seyn müßten. (†) Dieser Schlitz müßte bis unter die Wade mit kleinen Knöpfen; weiter hinaus aber, mit einem Schnürsenkel zugemacht und mit einer Klappe untersetzt seyn. Hiernächst müßte man dem Soldaten kalbliederne Fußsocken geben, die derselbe inwendig mit Fett schmieren, und auf dem bloßen Fuße zu einem Halbstiefel tragen könnte, welcher hoch genug seyn müßte, um den untern Theil der Hosen zu bedecken. Auf diese Art würde der Soldat von allem befreyt seyn, was ihm beschwerlich ist und seine Bewegung hindert. Er würde beständig einen trockenen Fuß behalten, weil das Wasser viel weniger in die Halbstiefeln als in die Schuhe bringet, und weil derselbe noch ein paar Fußsocken zur Abwechslung haben müßte. Kömmt er

(†) Es fällt einem jeden ins Auge, daß hiebey eben soviel Knöpfe herauskommen würden, als bey den Kamaschen, und wenn man den geschnürten Halbstiefel dazu nimmt, so kann dieser Anzug nicht weniger Zeit als der jetzige erfordern. Bequemer würde er allemal seyn, und sich auch nicht übel ausnehmen. Seit dem Hubertsburger Frieden trägt die ganze sächsische Infanterie geschlossene Hussarenhosen mit niedrigen Kamaschen, die nur bis unter die Waden reichen. Ein leichter ungarischer Stiefel der hinten an die Hosen angehackt wird, könnte freylich nicht so hübsch sitzen als die sächsische Kamasche, oder der Halbstiefel unsers Verfassers; allein er würde weit geschwinder angethan seyn, und den Fuß weit trockener halten, ohne demselben beschwerlich zu fallen.

er naß ins Lager, so ziehet er ein paar leinene Unterhosen an, bis die andern trocken sind.

Die Beinkleidung der Alten war bald fertig, weil sie mit nackten Füßen giengen. Da wir sie aber bedeckt haben wollen, so werden Strümpfe, Stiefeletten und Kniegürtel dazu erfordert, welches ein sehr unbequemer Aufzug ist. Dieses gilt besonders von den Strümpfen welche an den Füßen verfaulen, und dem Soldaten Blasen und Wunden verursachen. (†)

Die römischen Fußgänger trugen Halbstiefeln; der am rechten Fuße war mit einer eisernen Schiene versehen, weil der Soldat wenn er sich mit dem Degen schlug, diesen Fuß vorsetzen mußte. Einige Schriftsteller glaubten, daß derselbe nur einen Stiefel, nämlich am rechten Fuße gehabt habe, vermuthlich darum, weil bey den Geschichtschreibern nur von dem bewaffneten geredet wird. Allein dies ist ein großer Irrthum; denn die Halbstiefeln sind jederzeit ein militarischer Anzug gewesen, dessen die Griechen und Römer sich bedienet haben, und deren Gebrauch in den ersten Zeiten der Stadt Rom allgemein war. Sie wurden von Leder verfertigt, reichten bis an die Mitte der Wade, und hießen Perones. Der Fußanzug, den man in der Stadt trug, bestund aus einem weichen zubereiteten Leder; er war

Veget. Buch 1. Kap. 2.

Arrians Taktik.

Horaz. Brief I.

H h 2 niedriger,

―――――――――――――

(†) Der Marschall von Sachsen ist aus gleichen Gründen gegen die Strümpfe eingenommen. Ob die ledernen Fußsocken unsers Verfassers, des Fettes ungeachtet, der Fäulniß länger widerstehen würden, müste die Erfahrung lehren: Wenn sie von starkem Zwirne gestrickt und wohl geschmieret wären, so würden sie vielleicht eben die Dienste leisten, und nicht nur dauerhafter, sondern auch leichter zu waschen seyn. Ich würde die Leinewand noch vorziehen, wenn nicht bey dieser sowol als bey dem Leder die Naht zu fürchten wäre.

niedriger, und öfters nur eine Art von Pantoffeln. Polyb, welcher der eisernen Schienen nicht gedenkt, sagt nur, die Soldaten hätten Halbstieseln getragen; man siehet aber aus den Verordnungen des Servius Tullius, (†) daß ein Theil von denjenigen welche unter der Infanterie dienten, eherne Panzerstrümpfe getragen habe. Arma his imperata, galea, clypeus, ocreæ, lorica, omnia ex ære. Es scheint, daß sie zu selbiger Zeit an beyden Füßen bewaffnet seyn mußten. Es waren die in den zwo ersten Klassen eingeschriebenen Bürger; die aus der dritten trugen keine Panzerstrümpfe. Vermuthlich hat man, als sie nachher abgerichtet wurden, den rechten Fuß vorzusetzen, sich begnüget, denselben mit einer eisernen oder ehernen Schiene zu bewaffnen. Der rechte Halbstiefel wurde auch viel höher gemacht als der linke; denn dieser war nur eine Art von Bundschuh *. Die alten Deutschen hatten einen ziemlich ähnlichen Fußanzug, der aus einer Dachshaut gemacht war.

Livius Buch 43.

* Brocequin.

Die griechische und römische Reuterey trug gleichfalls lederne Halbstieseln * welche aber viel höher als die vom Fußvolke waren. Sie mußten auch fest an dem Fuße anliegen, hatten aber keine Schienen; folglich waren es eigentlich keine Stiefeln *, wie einige Uebersetzer sich dieses Ausdrucks bedient haben, der einen ganz andern Begriff darstellet.

* Boticnes Arrian.

* Bottes.

(†) Der sechste König der Römer und einer ihrer größten Gesetzgeber. Er hat die Eintheilung der Bürger in Classen und Centurien verordnet, und dem Kriegswesen eine Gestalt gegeben.

Ende des ersten Bandes.

Innhalt

Innhalt
Dieses ersten Bandes.

Erster Theil.

Erstes Hauptstück. Von den ersten Kriegsgebräuchen, und der Taktik der alten asiatischen Völker.

   Erster Abschnitt. Von den Assyrern und Persern. ... 13.

   Zweyter Abschnitt. Von dem Gebrauch der Kameele und der Streitwagen. ... 21.

   Dritter Abschnitt. Von den Juden und Aegyptiern. 28.

Zweytes Hauptstück. Von der Stellordnung und Mannszucht der Griechen.

   Erster Abschnitt. Von dem Ursprung der Phalanx; von den ersten Grundsätzen der Griechen, und der Art ihre Cavallerie zu formieren. ... 38.

   Zweyter Abschnitt. Erklärung der Phalanx; Zergliederung derselben. ... 52.

Drittes Hauptstück. Von der römischen Taktik.

   Erster Abschnitt. Beschreibung ihrer ersten Stellordnung. ... 65.

   Zweyter Abschnitt. Beschreibung ihrer zwoten Stellordnung seit Marius Zeiten. ... 77.

Viertes Hauptstück. Vergleichung der Legion mit der Phalanx und der alten Waffen mit den neuern. 84.

Fünftes Hauptstück. Von dem Feldgeschrey und den Kriegsinstrumenten. ... 106.

Zweyter Theil.

	Seite
Entwurf der verschiedenen Schlachtordnungen.	117.
Erstes Hauptstück. Erste Stellordnung des Vegez; Von der Schlacht bey Thymbra.	122.
Anmerkungen.	138.
Zweytes Hauptstück. Von der Schlacht bey Pharsalus.	147.
Erklärungen und Beweise.	151.
Drittes Hauptstück. Von der schrägen Stellordnung.	157.
Viertes Hauptstück. Zwote Stellordnung des Vegez; von der Schlacht bey Gaugamela oder Arbela.	178.
Anmerkungen.	188.
Fünftes Hauptstück. Untersuchung verschiedener zur Schlachtordnung gehörigen Gebräuche.	
Erster Abschnitt. Von der Art eine Armee zu stellen, ihre Flanken zu verwahren; Grundsätze verschiedener Feldherren: Gebräuche der Alten.	190.
Zweyter Abschnitt. Von der Vermischung der Truppen.	200.
Dritter Abschnitt. Von dem Hinterhalte.	213.
Sechstes Hauptstück. Von den postierten Armeen, den verschanzten Lagern und den Linien.	
Erster Abschnitt. Von den postierten Armeen.	220.
Zweyter Abschnitt. Von den verschanzten Lagern.	228.
Dritter Abschnitt. Von den Linien.	237.
Vierter Abschnitt. Stellordnung der Truppen in den Linien; Beschreibung der Linien des Cäsars;	

von

von der Art wie die Alten sich darinnen postierten. Neuer Vorschlag zu einer Circumvallation. Erklärung der Bastillen. Lehrsätze für die Verschanzungen. Angriffsplan eines festen Platzes nach den Regeln der Alten . . . . 249.

Fünfter Abschnitt. Von den Schutzlinien eines Landes. . . . . 274.

Siebentes Hauptstück. Beyspiele von Treffen, welche der schrägen Schlachtordnung beykommen, und auf die zwote und dritte Stellart des Veges angewandt sind.

Erster Abschnitt. Schlacht bey Ramilly . . . . 183.
Schlacht bey Fontenoi . . . . 186.
Zweyter Abschnitt. Manöuvres des Königs in Preussen, um die schräge Schlachtordnung zu bilden. Schlacht bey Lissa . . . . 288.

Achtes Hauptstück. Dritte Stellordnung des Veges; Schlacht bey Leuctra. . . . . . . 296.
Anmerkungen. . . . . 302.

Neuntes Hauptstück. Schlacht bey Mantinea. 308.
Beweißstellen. . . . . 315.

Zehntes Hauptstück. Uebergang des Hydaspes und Schlacht des Alexanders mit dem Porus. . . 319.
Erläuterungen . . . . 331.
Parallele und Betrachtungen. . . . . . . 336.

Eilftes Hauptstück. Krieg des Eumenes gegen den Antigonus.

Erster Abschnitt. Manöuvre des Antigonus, um den Eumenes aufzuhalten. . . . . 341.

Zwey=

Zweyter Abschnitt. Marsch des Antigonus um die Seite.
   Quartiere des Eumenes zu überfallen. . . . 350.
Vergleichung; Marsch des General Turenne
   nach dem Elsaß. . . . . 354.
Dritter Abschnitt. Schlacht bey Gabena. . . 359.
   Anmerkungen. . . . . 366.
   Lehrsätze. . . . . 375.
Zwölftes Hauptstück. Von der Reuterey. . 383.
Dreyzehntes Hauptstück. Vierte Stellart des
   Vegez; Schlacht bey Marathon. . . . . . 390.
Vergleichungen. Treffen bey Arques. . . . . 398.
   Feldzug des Agathokles in Afrika. . . . . 400.
Vierzehntes Hauptstück. Fünfte Stellart des
   Vegez. . . . . 408.
   Schlacht bey Villaviciosa. . . . . 410.
   Schlacht bey Elinga. . . . . 411.
Vergleichung. Schlacht bey Metaurum. . . 414.
   Schlacht bey Rocroy. . . . . 420.
   Lehrsätze. . . . . 422.
   Beschluß. . . . . 428.
Anhang. Von den Schutzwaffen. . . . . 433.
   Von dem Kopfzeug des Soldaten. . . . . 484.
   Von der Beinkleidung. . . . . 489.

COLMAR,
Gedruckt bey Joh. Heinrich Decker, Königl. Buchdr.

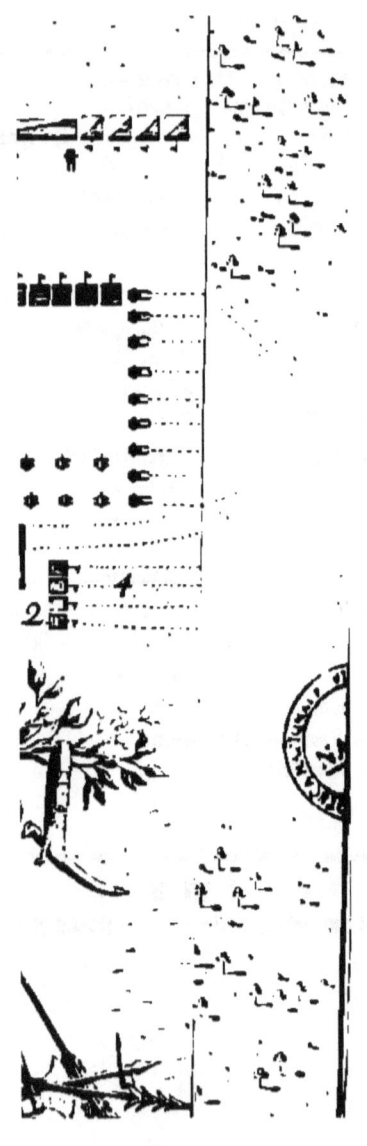

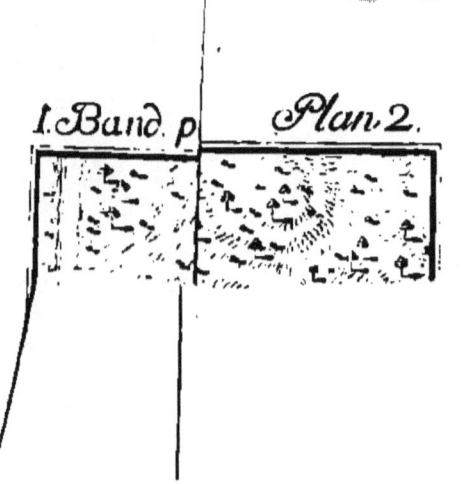

an 3.

Stellung
Armeé.
weyte Stel=
ung.
dritte er=
le Stellung

4
2
6

t=Ordnung welche

Plan 4.

Sch
Heer des Da

Plan 5.

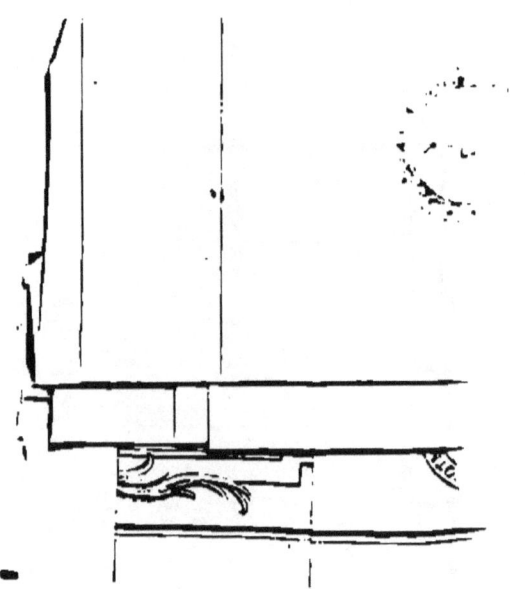

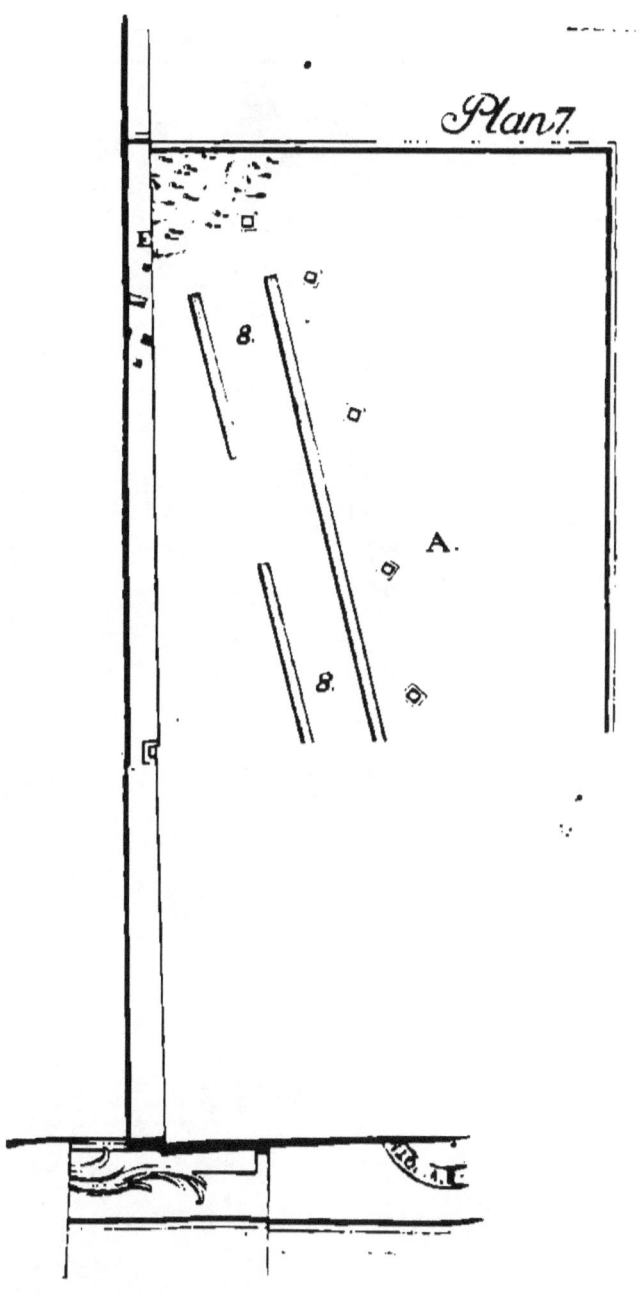

Plan. 8.

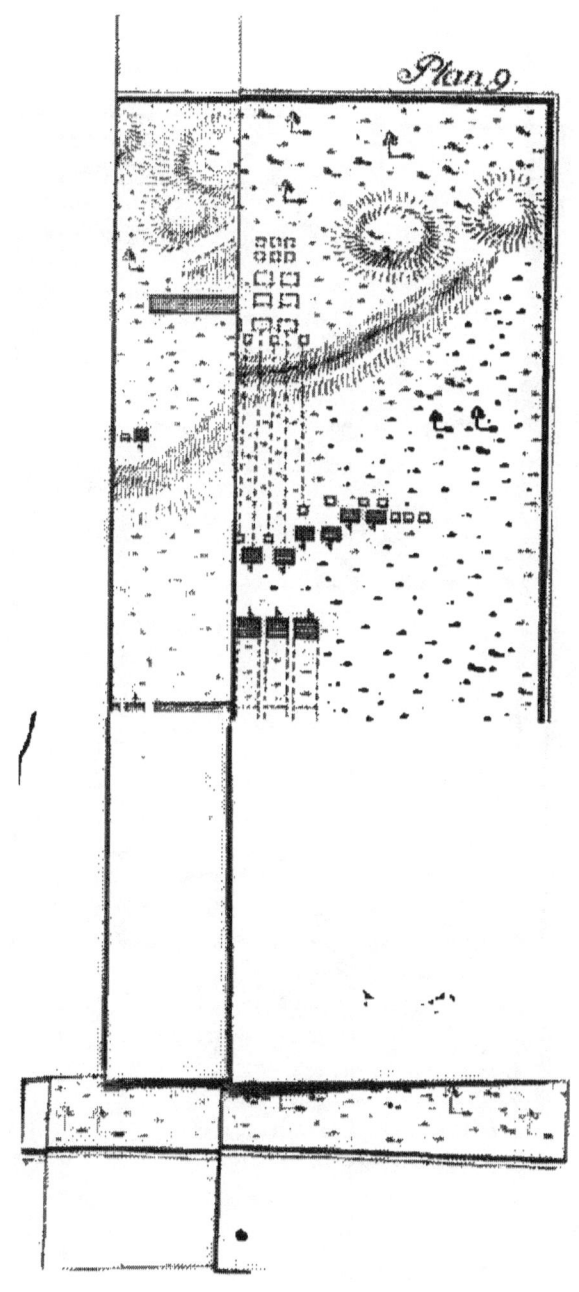

Plan 10.

Ort des Uebergangs.
Erste Stellung des
Alexanders, nach
dem Uebergang.

www.ingramcontent.com/pod-product-compliance
Lightning Source LLC
Chambersburg PA
CBHW031948290426
44108CB00011B/728